국어는 도구 과목이다. 모든 교과가 국어를 바탕으로 되어 있기 때문이다. 따라서 국어 능력을 향상시키는 것은 학업 능력을 키우는 데 매우 중요한 요소이다. 게다가 초등 과정에서는 학업과 의사소통을 위한 기초적인 언어 능력을 갖춰야 할 뿐만 아니라 고차원적인 사고력도 함께 길러야 한다.

의사소통 능력과 사고력을 키우는 데 있어 독서는 아주 중요한 역할을 한다. 영상 매체를 주로 접하며 긴 글 읽기를 꺼리고, 다양한 인간관계를 통해 이루어지는 생활 속 교육이 점차 줄어드는 현실에서 독서는 매우 유용한 학습법이다. 그러나 적절한 피드백이 없는 독서는, 자칫 편협하고 왜곡된 사고를 갖게 될 위험성을 안고 있다.

그에 대한 보완책이 독해력 훈련이다. 초등 과정에서도 중·고등 과정 못지않게 독해력 훈련이 필요하다. 다양한 영역의 지문을 접할 수 있는 독해력 훈련은 교과와 연계되어 학습에 도움을 줄 뿐 아니라 지적 호기심을 자극하여 능동적인 학습을 유도할 수 있다. 독해력 연습을 통해 사실적 사고를 바탕으로 한 고차원적인 추론 능력과 비판 능력 등을 기를 수 있는 것이다.

이번에 〈자이스토리 초등 국어 독해력 쑥쑥＋낱말 쑥쑥〉이 나왔다. 〈독해력 쑥쑥〉 파트는 중심 낱말 찾기, 중심 문장 찾기, 단락 요약하기, 단락 간의 관계 이해하기, 글의 구조 이해하기, 주제 알아보기 등 6가지 step에 따른 계단식 독해 연습을 통해, 부모님이나 선생님의 도움 없이 학생 스스로 독해력을 훈련할 수 있게 구성되어 있다. 또한 〈낱말 쑥쑥〉 파트는 초등 과정에서 집중적으로 이루어져야 할 어휘력 학습에 꼭 필요하고 중요한 내용이다. 낱말의 사전적 의미를 정확히 익히고, 문맥을 통해 낱말의 뜻을 유추해 보고, 한자를 통해 낱말의 구성을 이해하고, 낱말 퍼즐로 재미있게 학습하는 어휘 학습은 돋보이는 기획이다.

〈자이스토리 초등 국어 독해력 쑥쑥＋낱말 쑥쑥〉에서 제시한 방법으로 독해력과 낱말 학습을 한다면 탄탄한 국어 능력을 키울 수 있을 것이다. 이를 토대로 독서를 한다면 그 효과는 더욱 커질 것이다. 자이스토리 교재를 통해 독해력과 독서 능력이 한 단계 더 높이 발전하기를 바란다.

지니국어논술 학원(대치, 반포, 분당, 압구정) 대표 **윤 진 성**

교과서 지문 연계표

DAY	자이스토리 독해력 쑥쑥 5학년	교과서 연계 내용	
01	미세 먼지, 이렇게 대처하자!	사회 5-1	1. 국토와 우리 생활
02	마술과 과학이 관련이 있다고?	과학 5-2	1. 재미있는 나의 탐구
03	위치를 나타내는 기준, 방위	사회 5-1	1. 국토와 우리 생활
04	이야기 글에 꼭 필요한 요소는 무엇일까?	국어 5-1	10. 주인공이 되어
05	행운의 수와 불길한 수는 따로 있다?	수학 5-1	1. 자연수의 혼합 계산
06	민화에 담긴 조상들의 마음	예체능	미술 5학년
07	다양한 종류의 악기	예체능	음악 5학년
08	우리 민족을 하나로 이끈 3·1 운동	사회 5-2	2. 사회의 새로운 변화와 오늘날의 우리
09	거꾸로 돌려도 같은 도형	수학 5-2	1. 합동과 대칭
10	조선 시대의 신분 제도	사회 5-2	1. 옛사람들의 삶과 문화
11	다양한 바람이 부는 이유	과학 5-2	3. 날씨와 우리 생활
12	다의어와 동음이의어는 어떻게 다를까?	국어 4-1	7. 사전은 내 친구
13	다양한 색은 어떻게 분류할 수 있을까?	예체능	미술 5학년
14	표준어는 어떤 말일까?	국어 5-2	8. 우리말 지킴이
15	깊고 넓은 바다의 세계, 해양	사회 6-2	1. 세계 여러 나라의 자연과 문화
16	한강을 차지하라!	사회 5-1	1. 국토와 우리 생활
17	정다면체는 몇 개나 있을까?	수학 5-2	5. 직육면체
18	숨은 열도 꼼짝 마라!	과학 5-1	2. 온도와 열
19	국민이라면 당연히 누려야 할 권리, 기본권	사회 5-1	2. 인권 존중과 정의로운 사회
20	건강 체력 기르기	예체능	체육 5학년
21	상대방을 설득하는 말하기, 토론	국어 5-2	6. 타당성을 생각하며 토론해요
22	생물이 살아가려면 무엇이 필요할까?	과학 5-2	2. 생물과 환경
23	이 집도 1인 가구, 저 집도 1인 가구	사회 5-1	1. 국토와 우리 생활
24	우주 발명가 집단, 나사(NASA)	과학 5-1	3. 태양계와 별
25	알고 먹으면 약, 모르고 먹으면 독	예체능	실과 5학년
26	다양한 극음악의 세계	예체능	음악 5학년
27	휴대 전화 없이는 못 살아!	사회 4-2	3. 사회 변화와 문화의 다양성
28	주장하는 글로 다른 사람 설득하기	국어 5-1	5. 글쓴이의 주장
29	통계란 무엇일까?	수학 4-1	5. 막대그래프
30	속담에 담긴 일기 예보	사회 5-1	1. 국토와 우리 생활
31	전기 기구는 어떻게 작동할까?	과학 6-2	1. 전기의 이용
32	세계 속의 'K-' 열풍	사회 5-1	1. 국토와 우리 생활
33	세계인이 사랑하는 스포츠	예체능	체육 5학년
34	착한 초콜릿? 나쁜 초콜릿?	사회 6-1	2. 우리나라의 경제 발전
35	문장의 중심이 되는 낱말	국어 5-1	4. 글쓰기의 과정
36	호흡은 헥헥, 심장은 두근두근	예체능	체육 5학년

New

자이스토리

초등 국어 낱말 쑥쑥 총정리

- ·DAY별 핵심 낱말 총정리
- ·DAY별 빈칸 채우기 확인 문제
- ·낱말 쑥쑥 종합 테스트 6회
  (6일치 낱말 복습)

5 학년

수경출판사

교재 활용법

1. 낱말 쑥쑥 총정리를 가지고 다니면서 낱말의 뜻풀이를 복습하세요. 어렵거나 잘 외워지지 않았던 낱말들 위주로 반복하면 좋습니다.

2. 낱말의 뜻풀이를 충분히 익힌 다음, 아래의 예문을 읽고 빈칸에 들어갈 낱말을 직접 써 보세요.

3. STEP 1개가 끝날 때마다 핵심 낱말 총정리에서 학습한 낱말을 낱말 쑥쑥 종합 테스트로 확인해 보세요.

4. 독해 지문 전체를 다 학습한 후에도 언제든지 특별 부록을 통해 낱말을 익힐 수 있습니다. 자투리 시간에 부록을 펼쳐 보세요!

5. 잘 기억나지 않거나 어려운 낱말을 반복해서 학습하고 문제를 통해 익힌다면 어휘력과 독해력이 쑥쑥 자랄 거예요!

차 례

★ 정확히 아는 낱말에는 ☑ 표시를 해 보세요.

☐ **대처하다** : 어떤 사건에 대하여 알맞은 행동을 하다.

☐ **농도** : 기체나 액체에 들어 있는 어떤 물질의 많고 적은 정도

☐ **전광판** : 여러 개의 전구를 평면에 늘어놓고 전류를 통하여 그림이나 문자 등이 나타나도록 만든 판

☐ **주의보** : 폭풍·해일·홍수 등으로 인해 피해를 입을 위험이 있을 때 기상청에서 주의를 주는 예보

☐ **해롭다** : 좋지 않다. 이롭지 않다.

☐ **배출되다** : 안에서 밖으로 밀려 내보내지다.

☐ **삼가다** : 어떤 것을 하기 싫어하여 피하거나 하지 않다.

☐ **대비하다** : 앞으로 일어날지도 모르는 어떠한 일에 맞추어 미리 준비하다.

☐ **식습관** : 음식을 먹는 과정과 관련하여 익숙하게 하는 행동

☐ **피해** : 생명이나 몸, 재산, 명예에 손해를 입음.

★ 빈칸에 들어갈 낱말을 찾아 알맞은 형태로 쓰세요.

01 폭풍 (   )이/가 내려져서 배가 떠나지 못하고 있다.

02 감기에 걸렸을 때는 외출을 (   )는 것이 좋다.

03 나는 내일 있을 시험을 (   )해서 도서관에 갔다.

04 너무 짜게 먹는 (   )은/는 몸에 좋지 않다.

05 예상하지 못했던 추위로 과수원이 큰 (   )을/를 입었다.

06 홈런이 터지자 (   )에 선수의 이름이 크게 나타났다.

07 오랜 시간 동안 햇볕에 노출되는 것은 피부 건강에 (   ).

08 공기 중에 있는 오염 물질의 (   )이/가 점점 높아지고 있다.

09 자동차에서 해로운 가스가 (   )되고 있다.

10 경찰관은 오랜 경험으로 갑자기 닥친 위기 상황에 잘 (   ).

★ 정확히 아는 낱말에는 ☑ 표시를 해 보세요.

☐ **관련** : 둘 이상의 사람, 사물, 현상 등이 서로 관계를 맺고 있음.

☐ **속임수** : 남을 속이는 짓

☐ **오해** : 사실과 다르게 잘못 아는 것

☐ **재** : 불에 타고 남는 가루 모양의 물질

☐ **적용되다** : 알맞게 이용되거나 맞추어져 쓰이다.

☐ **장치** : 어떤 목적에 따라 일정한 일을 하는 기계나 도구

☐ **선보이다** : 처음으로 여러 사람에게 보여 주다.

☐ **애쓰다** : 마음과 힘을 다하여 무엇을 이루려고 힘쓰다.

☐ **지루하다** : 시간이 오래 걸리거나 같은 상태가 계속되어 따분하고 싫증이 나다.

☐ **탐구하다** : 진리, 학문을 파고들어 깊이 연구하다.

★ 빈칸에 들어갈 낱말을 찾아 알맞은 형태로 쓰세요.

01 모닥불을 피웠던 자리에 새까만 (   )만 남아 있다.

02 연극을 할 때 필요한 무대 (   )을/를 설치하였다.

03 사기꾼들의 (   )에 빠진 그는 큰 손해를 입었다.

04 새로 만들어진 법은 내년부터 (   ).

05 철민이는 영화가 (   )해서 하품이 나왔다.

06 이번 사건은 그와 아무런 (   )이/가 없다고 밝혀졌다.

07 학생들은 선생님이 낸 수수께끼의 답을 맞히려고 (   ).

08 그녀는 모자에서 토끼가 나오는 마술을 사람들에게 (   ).

09 예지와 신우는 대화를 통해서 서로 간에 (   )을/를 풀었다.

10 과학자들은 우주가 생겨난 원리를 끊임없이 (   )하고 있다.

★ 정확히 아는 낱말에는 ☑ 표시를 해 보세요.

☐ **기준** : 기본이 되는 원칙이나 잣대

☐ **기호** : 어떠한 뜻을 나타내기 위하여 쓰이는 부호, 문자, 표시 등을 통틀어 이르는 말

☐ **일정하다** : 어떤 것의 크기, 모양, 범위, 시간 등이 하나로 정해져 있다.

☐ **각도** : 한 점에서 갈리어 나간 두 직선의 벌어진 정도

☐ **자연물** : 자연계에 있는, 저절로 생긴 물체

☐ **정오** : 낮 열두 시

☑ **자정** : 밤 열두 시

☑ **북극성** : 작은곰자리에서 가장 밝은 별

☐ **유용하다** : 쓸모가 있다.

☐ **소통하다** : 오해가 없도록 뜻을 서로 전하다.

★ 빈칸에 들어갈 낱말을 찾아 알맞은 형태로 쓰세요.

01 ( )이/가 되니 해가 머리 위에 떠 있다.

02 이 시험은 까다로운 평가 ( )을/를 가지고 있다.

03 형은 ( )이/가 넘은 깜깜한 밤에 집으로 돌아왔다.

04 그는 허리의 ( )을/를 거의 90도로 굽혀서 인사했다.

05 우리 가족은 매주 가족 회의를 열어서 자유롭게 ( ).

06 망원경은 멀리 있는 물체를 정확히 보는 데 ( ).

07 과거에 선원들은 항해할 때 하늘의 ( )을/를 보고 길을 찾았다.

08 이 나무의 나이테는 간격이 ( ).

09 그는 하늘, 바다, 산과 같은 ( )을/를 소재로 작품을 만든다.

10 악보에는 음정과 박자, 빠르기 등을 나타내는 ( )이/가 쓰인다.

04 핵심 낱말 총정리

➤ 정답 44쪽

★ 정확히 아는 낱말에는 ✓ 표시를 해 보세요.

☐ **요소** : 무엇을 이루는 데 꼭 있어야 할 중요한 물질이나 조건

☐ **전개되다** : 내용이 점점 크고 복잡하게 펼쳐져 나가게 되다.

☐ **벌어지다** : 어떤 일이 일어나다.

☐ **짐작하다** : 일이나 상황을 어림잡아 생각하다.

☐ **특정하다** : 특별히 정하여져 있다.

☐ **시대적** : 어떤 시대에 특별하게 나타나는

☐ **서먹서먹하다** : 낯설거나 친하지 않아서 자꾸 어색하다.

☐ **인상적** : 마음속에 새겨지는 느낌이 강하게 남는 것

☐ **분위기** : 이야기의 바탕에 깔려 있는 색이나 느낌

☐ **좌우하다** : 어떤 일에 영향을 주어 뜻대로 다루다.

★ 빈칸에 들어갈 낱말을 찾아 알맞은 형태로 쓰세요.

01 추석을 맞아 마을에서 큰 잔치가 (   ).

02 김치의 맛을 (   )하는 것은 배추와 젓갈이다.

03 처음엔 (   )하던 아이들이 어느새 친해졌다.

04 그녀는 유달리 까맣게 그을린 피부가 (   )이다.

05 의식주는 사람이 살아가는 데 꼭 필요한 (   )이다.

06 이 소설에서 느껴지는 (   )은/는 따뜻하다.

07 물고기 중에는 (   )한 지역에서만 자라는 종도 있다.

08 감독은 영화의 (   ) 배경을 고려 시대로 설정하였다.

09 그의 눈을 보니 상황이 심상치 않음을 (   )할 수 있었다.

10 소설 속 이야기가 어떻게 (   )될지 궁금하다.

★ 정확히 아는 낱말에는 ☑ 표시를 해 보세요.

☐ **불길하다** : 운이 좋지 않거나 일이 보통 때와 다르다.

☐ **서양** : 유럽과 남북아메리카의 여러 나라를 통틀어 이르는 말

☐ **불행** : 행복하지 않은 일. 또는 그런 운

☐ **인식** : 사물을 구별하고 판단하여 아는 것

☐ **기운** : 눈에 보이지는 않지만 느낄 수 있는 힘이나 분위기

☐ **만물** : 세상에 있는 모든 것

☐ **조화** : 서로 잘 어울림.

☐ **여기다** : 마음속으로 그러하다고 인정하거나 생각하다.

☐ **불완전하다** : 완전하지 않거나 완전하지 못하다.

☐ **반영되다** : 다른 것에 영향을 받아 어떤 현상이 나타나다.

★ 빈칸에 들어갈 낱말을 찾아 알맞은 형태로 쓰세요.

01 봄은 ( )이/가 다시 자라나는 계절이다.

02 한옥에는 한국인의 생활 방식이 ( )되어 있다.

03 벽에 걸린 그림과 벽지의 색이 ( )을/를 이루고 있다.

04 스파게티는 ( )에서 들어온 음식이다.

05 어르신들만 떡을 좋아한다는 ( )을/를 바꿔야 한다.

06 선선한 ( )이/가 느껴지는 것을 보니 여름이 끝난 듯하다.

07 갑자기 몸이 떨리고 식은땀이 흐르는 것이 왠지 ( ).

08 유은이는 학교의 대표 선수로 선발된 것을 자랑스럽게 ( ).

09 그는 올해 교통사고라는 큰 ( )을/를 겪었다.

10 스스로 달리는 자동차 기술은 아직 ( ).

★ 정확히 아는 낱말에는 ☑ 표시를 해 보세요.

☐ **후기** : 일정 기간을 둘이나 셋으로 나누었을 때의 맨 뒤 기간

☐ **발달하다** : 기술, 사회 등의 현상이 더 높은 수준에 이르다.

☐ **풍습** : 오래전부터 지켜 내려오는 풍속과 습관

☐ **제약** : 조건을 붙여 내용에 한계를 정하거나 그 한계를 넘지 못하게 막음.

☐ **소재** : 예술 작품에서 지은이가 말하고자 하는 바를 나타내기 위해 선택하는 재료

☐ **소박하다** : 꾸밈이나 거짓이 없고 수수하다.

☐ **익살스럽다** : 남을 웃기려고 일부러 우스운 말이나 행동을 하는 데가 있다.

☐ **상징적** : 어떤 사실이나 생각이나 느낌을 떠오르게 하는 것. 또는 그 사물을 가리키는 말이나 표시가 되는 것

☐ **소망** : 어떤 일을 바람. 또는 그 바라는 것

☐ **감상하다** : 예술 작품의 아름다움을 느끼고 즐기고 이해하다.

★ 빈칸에 들어갈 낱말을 찾아 알맞은 형태로 쓰세요.

01 나는 화려한 꽃보다 (   )한 들꽃을 좋아한다.

02 동짓날에는 팥죽을 쑤어 먹는 (   )이/가 있다.

03 이 지역은 넓은 평야가 많아서 농업이 (   ).

04 거북이는 장수와 지혜를 (   )(으)로 나타낸다.

05 지완이는 창가에 앉아 주변의 풍경을 (   )하고 있다.

06 연극은 시간과 공간의 (   )을/를 받는 무대 예술이다.

07 꽃과 나비는 동양화에 자주 사용되는 (   )이다.

08 우리는 동산에 올라 달을 보면서 한 해의 (   )을/를 빌었다.

09 연극 배우의 표정은 재미있고 (   ).

10 임진왜란은 조선 시대를 전기와 (   )(으)로 갈라놓는 사건이다.

[01~06] **주어진 뜻풀이에 해당하는 낱말에 ○표 하세요.**

01 쓸모가 있다. : (사용하다 , 유용하다)

02 서로 잘 어울림. : (부화 , 조화)

03 기본이 되는 원칙이나 잣대 : (기준 , 기호)

04 진리, 학문을 파고들어 깊이 연구하다. : (탐구하다 , 탐험하다)

05 어떤 것을 하기 싫어하여 피하거나 하지 않다. : (삼가다 , 오가다)

06 조건을 붙여 내용에 한계를 정하거나 그 한계를 넘지 못하게 막음. :
(제공 , 제약)

[07~10] **주어진 초성과 뜻풀이를 참고하여 빈칸에 알맞은 낱말을 써넣으세요.**

07 | ㅇ | ㅅ | : 무엇을 이루는 데 꼭 있어야 할 중요한 물질이나 조건
➡ 노력은 성공을 이루는 (   ) 중 하나이다.

08 | ㅂ | ㅇ | ㅈ | ㄷ | : 어떤 일이 일어나다.
➡ 시끄러운 소리에 창밖을 내다보니 밖에서 싸움이 (   ).

09 | ㅇ | ㅆ | ㄷ | : 마음과 힘을 다하여 무엇을 이루려고 힘쓰다.
➡ 그는 두근거리는 가슴을 가라앉히려고 (   ).

10 | ㄷ | ㅊ | 하다 : 어떤 사건에 대하여 알맞은 행동을 하다.
➡ 우리는 빠른 변화에 (   )하는 방법을 배워야 한다.

★ 정확히 아는 낱말에는 ☑ 표시를 해 보세요.

☐ **다양하다** : 모양, 빛깔, 형태 등이 여러 가지로 많다.

☐ **종류** : 어떤 기준에 따라 여러 가지 사물을 나눈 갈래

☐ **기준** : 기본이 되는 원칙이나 잣대

☐ **연주되다** : 악기가 다루어져 노래가 표현되거나 들리다.

☐ **활** : 악기의 줄을 문질러 소리를 내는 데 사용되는 도구

☐ **분류하다** : 종류에 따라서 나누다.

☐ **켜다** : 현악기의 줄을 활 등으로 문질러 소리를 내다.

☐ **통틀어** : 있는 대로 모두 합하여

☐ **금속** : 광택이 나는 고체로, 열과 전기를 잘 전달하고, 얇게 펴지거나 늘어날 수 있는 성질을 가진 물질

☐ **특성** : 어떤 사물에만 있는 특별히 다른 성질

★ 빈칸에 들어갈 낱말을 찾아 알맞은 형태로 쓰세요.

01 중국은 지역마다 쓰이는 말이 (　　　　).

02 (　　　　)은/는 열이 잘 전달되는 물질이다.

03 문방구는 운동장을 (　　　　)(으)로 오른쪽에 있다.

04 크레파스를 색깔별로 (　　　　)해 놓으면 찾기가 쉽다.

05 현악기의 (　　　　)은/는 나무 부분과 털 부분으로 되어 있다.

06 그 바이올리니스트는 눈을 감고 바이올린을 (　　　　).

07 소나무는 추운 날씨에도 잘 견디는 (　　　　)이/가 있다.

08 우리 강아지의 발톱 개수는 (　　　　) 열여덟 개다.

09 어제 갔던 뷔페에는 음식의 (　　　　)이/가 매우 다양했다.

10 행사가 시작되기 전에 애국가가 먼저 (　　　　).

08 핵심 낱말 총정리

▶ 정답 44쪽

★ 정확히 아는 낱말에는 ☑ 표시를 해 보세요.

☐ **조기** : 슬픔을 나타내기 위해 깃봉에서 기의 한 폭만큼 내려서 다는 국기

☐ **희생되다** : 누군가를 위하거나 어떤 목적 때문에 목숨, 재산, 명예 등이 바쳐지거나 버려지다. 또는 그것이 빼앗기게 되다.

☐ **기리다** : 뛰어난 일이나 바람직한 정신, 훌륭한 사람 등을 칭찬하고 기억하다.

☐ **경축일** : 축하할 만한 일을 기뻐하고 즐 거워하는 날

☐ **탄압** : 힘이나 권력으로 상대를 억지로 눌러 꼼짝 못 하게 함.

☐ **의지** : 어떠한 일을 이루고자 하는 마음

☐ **동포** : 같은 나라 또는 같은 민족의 사람 을 다정하게 이르는 말

☐ **대규모** : 넓고 큰 범위나 크기

☐ **계기** : 어떤 일이 일어나거나 변화하도록 만드는 확실한 원인이나 기회

☐ **통치** : 나라나 지역을 도맡아 다스림.

★ 빈칸에 들어갈 낱말을 찾아 알맞은 형태로 쓰세요.

01 전쟁으로 많은 사람들이 (   ).

02 현충일에는 (   )을/를 달아야 한다.

03 한글날에 세종 대왕의 업적을 (   ).

04 많은 가수들이 해외 (   )들을 위해 공연한다.

05 조선은 유교를 소중히 하고 불교를 (   )하였다.

06 이 날을 국가 (   )(으)로 정하자는 의견이 많다.

07 올림픽을 (   )(으)로 양궁에 대한 관심이 높아졌다.

08 대통령은 나라를 (   )하는 사람이다.

09 민희의 (   )은/는 누구도 꺾을 수 없을 만큼 강하다.

10 운동회는 (   ) 행사여서 준비하는 데 시간이 꽤 걸린다.

★ 정확히 아는 낱말에는 ☑ 표시를 해 보세요.

☐ **도형** : 삼각형, 사각형, 원 등과 같이 점과 선으로 이루어진 꼴

☐ **헷갈리다** : 이것인지 저것인지 쉽게 알아차리지 못하다.

☐ **중심** : 사물의 한가운데

☐ **겹쳐지다** : 여럿이 서로 덧놓이거나 포개어지다.

☐ **대칭** : 점·선·면이 또 다른 점·선·면을 사이에 두고 같은 거리에서 마주 보고 있는 것

☐ **성질** : 사물이나 현상이 가지고 있는 다른 것과 구별되는 특징

☐ **변** : 도형을 이루는 한 직선

☐ **각** : 한 점에서 갈리어 나간 두 직선의 벌어진 정도

☐ **선분** : 두 점을 곧게 이은 선

☐ **기호** : 어떠한 뜻을 나타내기 위하여 쓰이는 부호, 문자, 표시 등을 통틀어 이르는 말

★ 빈칸에 들어갈 낱말을 찾아 알맞은 형태로 쓰세요.

01 직각은 ( )의 크기가 90도이다.

02 나는 ( ) 중에서 타원형을 좋아한다.

03 엄마의 얼굴에 외할머니의 모습이 ( ).

04 이 그림은 위아래로 ( )을/를 이룬다.

05 기름은 물보다 가벼운 ( )을/를 갖고 있다.

06 정삼각형의 세 ( )의 길이는 모두 같다.

07 칠수는 아직도 학교 가는 길이 ( ).

08 선생님을 ( )(으)로 아이들이 둘러 앉았다.

09 지도에는 사람들이 약속한 ( )이/가 쓰인다.

10 두 점은 하나의 ( )(으)로 이을 수 있다.

★ 정확히 아는 낱말에는 ☑ 표시를 해 보세요.

☐ **신분 제도** : 사람을 몇 개의 계급으로 나누어 그 계급에서 벗어나지 못하게 하는 제도

☐ **섬기다** : 신이나 윗사람을 잘 모시어 받들다.

☐ **존재하다** : 현실에 실제로 있다.

☐ **구분되다** : 어떤 기준에 따라 전체가 몇 개로 갈리어 나뉘다.

☐ **혜택** : 사회나 나라에서 주는 이익이나 도움

☐ **계층** : 사회적 위치가 비슷한 사람들의 층

☐ **생산적** : 사람이 생활하는 데 필요한 것을 만들어 내는 일과 관계된 것

☐ **통역** : 말이 통하지 않는 사람 사이에서 뜻이 통하도록 말을 옮겨 줌.

☐ **동원되다** : 어떤 목적을 위해 사람이나 물건, 방법이 모아지다.

☐ **재산** : 각각의 사람이나 단체가 가지고 있는, 경제적 가치가 있는 모든 것

★ 빈칸에 들어갈 낱말을 찾아 알맞은 형태로 쓰세요.

01 그는 자신이 가진 (   )을/를 나라에 기부했다.

02 해수는 외계인이 (   )한다고 주장하였다.

03 예부터 우리 조상들은 부모를 잘 (   ).

04 가만있는 것보다 (   )인 일을 하는 게 낫다.

05 이번 활동에는 사회의 모든 (   )이/가 참여했다.

06 물에 빠진 사람을 구하기 위해 고무보트가 (   ).

07 영철이는 일본어를 (   )하는 일을 맡았다.

08 새로 생긴 법을 통해 많은 사람들이 (   )을/를 보았다.

09 사람을 차별하는 (   )은/는 폐지되었다.

10 지하철에는 노약자의 자리가 다른 자리와 (   )되어 있다.

★ 정확히 아는 낱말에는 ☑ 표시를 해 보세요.

☐ **계절별** : 봄, 여름, 가을, 겨울에 따른. 또는 그런 것

☐ **기압** : 공기의 누르는 힘

☐ **차이** : 서로 같지 않고 다름. 또는 다른 정도나 상태

☐ **지점** : 어떤 일정한 곳

☐ **온도** : 따뜻함과 차가움의 정도. 또는 그것을 나타내는 값

☐ **채우다** : 일정한 공간에 사람, 사물, 냄새 등을 가득하게 하다.

☐ **난로** : 나무, 석탄, 석유, 가스 등으로 연료를 때거나 전기를 이용하여 열을 내어 방 안의 온도를 올리는 기구

☐ **데우다** : 식었거나 찬 것을 덥게 하다.

☐ **원리** : 사물의 기본이 되는 이치나 법칙

☐ **육지** : 강이나 바다와 같이 물이 있는 곳을 뺀 지구의 겉면

★ 빈칸에 들어갈 낱말을 찾아 알맞은 형태로 쓰세요.

01 어머니는 국을 따뜻하게 (   ).

02 날이 추워서 방의 (   )을/를 높였다.

03 드라이기가 작동하는 (   )은/는 간단하다.

04 여기가 바로 사고가 난 (   )이다.

05 새로 지은 다리는 (   )와/과 섬을 잇는다.

06 아직도 이삿짐이 방을 꽉 (   )고 있다.

07 비행기를 타면 (   )이/가 낮아져 귀가 먹먹하다.

08 수희와 호영이는 생각의 (   )이/가 많이 난다.

09 (   ) 속에 나무를 넣자 불꽃이 세게 타올랐다.

10 (   )(으)로 옷을 만들 때 쓰이는 재료가 달라진다.

DAY 12 핵심 낱말 총정리

▶정답 45쪽

★ 정확히 아는 낱말에는 ✓ 표시를 해 보세요.

☐ **부족하다** : 필요한 양이나 기준에 미치지 못해 모자라다.

☐ **평소** : 특별한 일이 없는 보통 때

☐ **이상** : 수나 양, 정도가 일정한 기준보다 더 많거나 나음.

☐ **핵심적** : 사물의 가장 중심이 되는 것

☐ **문맥** : 글이나 문장에 표현된 뜻의 앞뒤 연결

☐ **확장되다** : 범위, 규모, 세력 등이 늘어나서 넓어지다.

☐ **해당하다** : 어떤 범위나 조건 등에 바로 들어맞다.

☐ **신체** : 사람의 몸

☐ **구분하다** : 일정한 기준에 따라 전체를 몇 개로 갈라 나누다.

☐ **반면** : 뒤에 오는 말이 앞의 내용과 반대됨을 나타내는 말

★ 빈칸에 들어갈 낱말을 찾아 알맞은 형태로 쓰세요.

01 동생은 더운 (   )에 나는 춥다.

02 설희는 평균 (   )의 점수를 받았다.

03 나는 글에서 (   )인 내용에 밑줄을 쳤다.

04 초아는 (   )와/과 다르게 시무룩해 있다.

05 하나의 낱말은 (   )에 따라 여러 의미로 쓰인다.

06 우리 학교는 아이들 수에 비해 사물함이 (   ).

07 찬장의 컵을 크기별로 (   )해서 정리해 놓았다.

08 그는 (   )이/가 건강하다.

09 기훈이의 딱지 크기는 내 것의 두 배에 (   ).

10 가게가 (   )되어 더 많은 손님이 이용할 수 있다.

[01~06] 주어진 뜻풀이에 해당하는 낱말에 ○표 하세요.

01 종류에 따라서 나누다. : (압류하다 , 분류하다)

02 사물의 기본이 되는 이치나 법칙 : (원리 , 원근)

03 사물의 가장 중심이 되는 것 : (비판적 , 핵심적)

04 사회나 나라에서 주는 이익이나 도움 : (혜택 , 재택)

05 이것인지 저것인지 쉽게 알아차리지 못하다. : (헛하다 , 헷갈리다)

06 사람이 생활하는 데 필요한 것을 만들어 내는 일과 관계된 것 :
(전문적 , 생산적)

[07~10] 주어진 초성과 뜻풀이를 참고하여 빈칸에 알맞은 낱말을 써넣으세요.

07 ㅌ ㅌ ㅇ : 있는 대로 모두 합하여
➡ 이 건물에 화장실은 (　　　　) 5개도 되지 않는다.

08 ㅇ ㅈ : 어떠한 일을 이루고자 하는 마음
➡ 누나는 유학을 가겠다는 (　　　　)이/가 강하다.

09 ㅈ ㅅ : 사물의 한가운데
➡ 상수는 다트를 과녁 (　　　　)에 정확히 맞혔다.

10 ㅎ ㄷ 하다 : 어떤 범위나 조건 등에 바로 들어맞다.
➡ 무당벌레와 잠자리는 곤충에 (　　　　).

★ 정확히 아는 낱말에는 ☑ 표시를 해 보세요.

☐ **분류하다** : 종류에 따라서 나누다.

☐ **흡수하다** : 빨아서 거두어들이다.

☐ **무수히** : 수나 양을 셀 수 없이

☐ **보편적** : 모든 것에 골고루 통하는 것

☐ **속성** : 사물의 특징이나 성질

☐ **고유** : 본래부터 가지고 있는 것. 어떤 것에만 있는 것

☐ **제외하다** : 따로 떼어 내어 하나로 생각하지 않다.

☐ **불과하다** : 어떤 숫자를 넘지 않은 상태이다.

☐ **명확하다** : 아주 뚜렷하고 확실하다.

☐ **다채롭다** : 여러 가지 색이나 형태, 종류가 하나로 어울리어 화려하다.

★ 빈칸에 들어갈 낱말을 찾아 알맞은 형태로 쓰세요.

01 꽹과리는 우리나라 ( )의 전통 악기이다.

02 나무는 뿌리를 통해서 땅속의 물을 ( ).

03 그 의견에 반대하는 사람은 몇몇에 ( ).

04 학원의 학생들은 한 명을 ( )하고 모두 여자이다.

05 ( )한 증거가 없어서 결국 범인을 잡지 못하였다.

06 ( ) 많은 먼지들이 공기 중에 떠돌고 있다.

07 세아는 집에 있는 책들을 내용별로 ( ).

08 사람들은 ( )(으)로 건강을 지키기 위해서 운동을 한다.

09 도마뱀은 꼬리가 잘리더라도 다시 자라나는 ( )이/가 있다.

10 이 그림은 여러 가지 색깔을 ( )게 사용해서 아주 인상적이다.

★ 정확히 아는 낱말에는 ☑ 표시를 해 보세요.

☐ **방언** : 어느 한 지방에서만 쓰는, 표준어가 아닌 말

☐ **억양** : 말의 소리의 높고 낮은 것

☐ **표준** : 사물의 정도나 성격 등을 알기 위한 근거나 기준

☐ **공식적** : 나라에서 정하였거나 사회적으로 인정된 것

☐ **원칙** : 여러 가지 경우에 적용되는 기본적인 규칙이나 법칙

☐ **구체적** : 잘 알 수 있을 만큼 실제 예시가 있고 자세한 것

☐ **두루** : 빠짐없이 골고루

☐ **간혹** : 어쩌다가 한 번씩, 띄엄띄엄

☐ **효율적** : 들인 노력에 비하여 얻는 결과가 큰 것

☐ **풍성하다** : 넉넉하고 많다.

★ 빈칸에 들어갈 낱말을 찾아 알맞은 형태로 쓰세요.

01 나는 친구에게 예를 들어 가며 (　　　)(으)로 계획을 설명했다.

02 호민이는 A4 용지를 (　　　)(으)로 삼아 다른 종이 크기를 비교했다.

03 가을이 되니 나뭇가지마다 열매가 (　　　)하게 맺혀 있다.

04 생활 계획표를 만들면 시간을 (　　　)(으)로 쓸 수 있다.

05 윤서는 책이라면 시부터 소설, 수필까지 (　　　) 읽는 편이다.

06 선호와 나는 항상 붙어 다녀서 (　　　) 형제로 오해를 받곤 한다.

07 아주머니의 사정이 딱하기는 했지만 경찰은 (　　　)대로 처리했다.

08 그는 (　　　)이/가 없는 목소리로 말했다.

09 태권도 4단이면 태권도를 가르칠 수 있는 (　　　)인 자격이 생긴다.

10 제주도 (　　　)에는 다른 지역 사람들이 알아듣기 어려운 말이 많다.

★ 정확히 아는 낱말에는 ☑ 표시를 해 보세요.

- ☐ **차지하다** : 사물이나 공간, 지위 등을 자기 몫으로 가지다.
- ☐ **추** : 끈에 매달려 늘어진 물건을 통틀어 이르는 말
- ☐ **잠수정** : 잠수하여 바닷속을 조사하는 배
- ☐ **측정하다** : 수나 양, 크기, 성질 등을 기계나 장치로 재다.

- ☐ **무인** : 사람이 없음.
- ☐ **해저** : 바다의 밑바닥
- ☐ **수면** : 물의 겉면
- ☐ **굴곡** : 이리저리 굽어 꺾여 있음.
- ☐ **지형** : 땅의 생긴 모양이나 상태
- ☐ **편평하다** : 넓고 평평하다.

★ 빈칸에 들어갈 낱말을 찾아 알맞은 형태로 쓰세요.

01 책상이 너무 커서 자리를 많이 (　　　).

02 안경을 맞출 때는 먼저 시력을 (　　　)해야 한다.

03 송어가 퍼덕 소리를 내며 (　　　) 위로 뛰어올랐다.

04 우리나라는 동쪽이 높고 서쪽이 낮은 (　　　)이다.

05 폭풍우로 망가진 배가 깊은 (　　　)(으)로 가라앉았다.

06 울퉁불퉁한 땅을 (　　　)하게 만드는 작업이 한창이었다.

07 이 공장은 모든 작업이 기계로 처리되는 (　　　) 공장이다.

08 용수철에 (　　　)을/를 매달았더니 위아래로 마구 움직였다.

09 ○○동굴은 천장에 (　　　)이/가 많아 안전모를 써야 한다.

10 해군은 해저 8000미터까지 내려가는 (　　　)을/를 개발했다.

★ 정확히 아는 낱말에는 ☑ 표시를 해 보세요.

☐ **유역** : 강물이 흐르는 주변

☐ **연합하다** : 서로 힘을 합하여 한 편을 만들다.

☐ **유리하다** : 이익이 있다.

☐ **생산하다** : 인간이 생활하는 데 필요한 각종 물건을 만들어 내다.

☐ **세금** : 나라의 온갖 일을 하는 데 드는 돈을 마련하기 위해 국민이나 단체가 의무적으로 나라에 내는 돈

☐ **기반** : 기초가 되는 바탕

☐ **교류하다** : 문화를 서로 통하게 하다.

☐ **더디다** : 어떤 움직임이나 일에 걸리는 시간이 오래다.

☐ **통일하다** : 나누어진 것들을 하나로 모이게 하다.

☐ **일치하다** : 서로 어긋나지 않고 같거나 들어맞다.

★ 빈칸에 들어갈 낱말을 찾아 알맞은 형태로 쓰세요.

01 희섭이는 말과 행동이 하나로 (   )하는 사람이다.

02 공공시설은 국민이 낸 (   )(으)로 만들어진다.

03 이 지역에서 주로 (   )하는 특산물은 수박이다.

04 왕은 여러 나라를 (   )하여 하나의 나라로 만들었다.

05 온라인을 (   )(으)로 한 인터넷 강의가 늘고 있다.

06 우리 동아리는 옆 학교 동아리와 (   )하여 대회에 나갔다.

07 금방 나을 줄 알았던 상처가 매우 (   )게 회복되었다.

08 두 나라는 위치가 가까워 오래전부터 문화를 (   ).

09 그는 운동하기에 (   )한 신체 조건을 가지고 있다.

10 가야는 낙동강 (   )을/를 중심으로 힘을 키우던 나라이다.

17 핵심 낱말 총정리

▶ 정답 45쪽

★ 정확히 아는 낱말에는 ☑ 표시를 해 보세요.

☐ **박자** : 음악의 시간을 이루는 기본 단위

☐ **주위** : 어떤 사물이나 사람을 둘러싸고 있는 것. 또는 그 환경

☐ **둘러싸이다** : 둘리어 감싸지다.

☐ **다각형** : 셋 이상의 직선으로 둘러싸인 평면 도형

☐ **입체** : 위치·넓이·길이·두께가 있는 물체. 또는 그런 물체가 차지하는 공간

☐ **존재하다** : 현실에 있다.

☐ **수없이** : 셀 수 없을 만큼 그 수가 많이

☐ **내각** : 다각형에서 가까이 있는 두 변이 다각형의 안쪽에 만드는 모든 각

☐ **이루어지다** : 몇 가지 부분이나 요소가 모여 일정한 성질이나 모양을 가진 존재가 되다.

☐ **종류** : 사물을 일정한 기준에 따라 나누는 갈래

★ 빈칸에 들어갈 낱말을 찾아 알맞은 형태로 쓰세요.

01 ○○음악단은 유명한 연주자들로 (   ).

02 밤하늘에 총총히 빛나는 별들이 (   ) 많다.

03 삼각형의 (   )의 크기를 모두 더하면 180°이다.

04 인공위성은 지구 (   )을/를 돌고 있다.

05 그녀는 다른 행성에 생명체가 (   )한다고 생각한다.

06 나는 많은 (   )의 학용품을 갖고 있다.

07 공원의 주변은 나무 울타리로 (   ).

08 삼각형, 사각형, 오각형 등은 (   )에 속한다.

09 그는 손가락으로 (   )을/를 맞추면서 노래를 불렀다.

10 원근법을 이용하면 (   )적인 그림을 그릴 수 있다.

★ **정확히 아는 낱말에는 ☑ 표시를 해 보세요.**

☐ **유행하다** : 전염병이 널리 퍼져 돌아다
니다.

☐ **계열** : 서로 관련이 있거나 비슷한 점이
있는 한 갈래

☐ **대략적** : 자세하지 않은, 전체를 요약한 것

☐ **감지하다** : 느끼어 알다.

☐ **검역** : 해외에서 전염병이나 해충이 들어
오는 것을 막기 위하여 공항과 항구에서
하는 일들을 통틀어 이르는 말

☐ **진압하다** : 강제적인 힘으로 억눌러 진정
시키다.

☐ **화물** : 싣고 나를 수 있는 물건을 통틀어
이르는 말

☐ **용도** : 돈이나 물건이 쓰이는 곳이나 목적

☐ **야간** : 해가 진 뒤부터 날이 밝기 전까지
의 동안

☐ **단열** : 물체와 물체 사이에 열이 서로 통
하지 않도록 막음. 또는 그렇게 하는 일

★ **빈칸에 들어갈 낱말을 찾아 알맞은 형태로 쓰세요.**

01 양산은 햇빛을 차단하는 (   )(으)로 만들어졌다.

02 여행객에 대한 (   )이/가 강화되었다.

03 그녀는 여름이 되면 파란색 (   )의 옷을 자주 입는다.

04 (   )에 운전하는 것은 위험하다.

05 동물의 눈은 사람의 눈보다 빛을 (   )하는 능력이 뛰어나다.

06 잔뜩 실은 (   )의 무게 때문에 수레의 바퀴가 삐거덕거렸다.

07 스티로폼은 열이 잘 전달되지 않아서 (   ) 효과가 큰 편이다.

08 아무리 아이가 말썽을 일으켜도 폭력으로 (   )하면 안 된다.

09 선생님은 다음 시간에 배울 내용을 (   )(으)로 설명해 주셨다.

10 학생들 사이에서 (   )하고 있는 감기가 사라지지 않아 큰일이다.

[01~06] 주어진 뜻풀이에 해당하는 낱말에 ○표 하세요.

01 느끼어 알다. : (감시하다 , 감지하다)

02 현실에 있다. : (존경하다 , 존재하다)

03 문화를 서로 통하게 하다. : (교류하다 , 교육하다)

04 모든 것에 골고루 통하는 것 : (구체적 , 보편적)

05 어떤 숫자를 넘지 않은 상태이다. : (불과하다 , 불쾌하다)

06 돈이나 물건이 쓰이는 곳이나 목적 : (방도 , 용도)

[07~10] 주어진 초성과 뜻풀이를 참고하여 빈칸에 알맞은 낱말을 써넣으세요.

07 ㄱ ㅎ : 어쩌다가 한 번씩, 띄엄띄엄
➡ 나는 (   ) 옥상에 올라가 하늘을 바라보곤 한다.

08 ㅎ ㅇ ㅈ : 들인 노력에 비하여 얻는 결과가 큰 것
➡ 로봇을 이용하면 제품을 더욱 (   )(으)로 만들 수 있다.

09 ㅇ ㄹ 하다 : 이익이 있다.
➡ 불리하던 상황이 우리 편에 (   )하게 바뀌었다.

10 ㅊ ㅈ 하다 : 수나 양, 크기, 성질 등을 기계나 장치로 재다.
➡ 간호사가 온도계를 이용해서 체온을 (   ).

★ 정확히 아는 낱말에는 ☑ 표시를 해 보세요.

☐ **권리** : 당연히 요구할 수 있는 힘이나 자격

☐ **행사하다** : 권력, 힘, 권리 등을 실제로 쓰다.

☐ **존엄성** : 함부로 낮게 다룰 수 없을 만큼 높고 위엄이 있는 것

☐ **추구하다** : 원하는 것을 이루거나 얻으려고 계속하여 애쓰다.

☐ **보장하다** : 어떤 일이 어려움 없이 이루어지도록 확실한 약속이나 제도로 뒷받침하다.

☐ **평등하다** : 권리, 의무, 자격 등이 모든 사람에게 고르고 똑같다.

☐ **차별** : 둘 이상의 대상을 차이를 두어 구별함.

☐ **요구하다** : 받아야 할 것을 달라고 하다.

☐ **공정하다** : 어느 쪽으로도 치우치지 않고 올바르다.

☐ **부당하다** : 도리에 어긋나서 옳지 않다.

★ 빈칸에 들어갈 낱말을 찾아 알맞은 형태로 쓰세요.

01 모든 사람은 법 앞에 (   ).

02 심판은 경기를 (   )하게 판정해야 한다.

03 그는 자유롭게 살 (   )을/를 주장하였다.

04 나는 내가 반드시 성공할 것이라고 (   )할 수 있다.

05 수정이는 도시의 삶보다 자연의 삶을 더 (   ).

06 시험을 볼 때 (   )한 방법을 쓰면 즉시 퇴장이다.

07 유명인들은 많은 사람에게 영향력을 (   ).

08 부모는 자식들을 (   )하지 않고 똑같이 대해야 한다.

09 가게 주인은 손님에게 지난번의 외상값을 달라고 (   ).

10 아기가 태어나는 것을 보면 생명의 (   )을/를 느끼게 된다.

★ 정확히 아는 낱말에는 ✓ 표시를 해 보세요.

☐ **질병** : 몸의 온갖 병
☐ **예방하다** : 병이나 사고 같은 일이 일어나지 않도록 미리 막다.
☐ **긍정적** : 그러하거나 옳다고 인정하는 것. 혹은 바람직한 것
☐ **활기차다** : 힘이 넘치고 싱싱한 기운이 가득하다.
☐ **지속적** : 어떤 상태가 오래 계속되는 것

☐ **발휘하다** : 재능, 능력 등을 마음껏 써서 드러내다.
☐ **균형** : 어느 한쪽으로 기울거나 치우치지 않고 고른 상태
☐ **부상** : 몸에 상처를 입음.
☐ **순환하다** : 자꾸 되풀이하여 돌다.
☐ **기관** : 일정한 모양과 기능을 가지고 있는 생물체의 부분

★ 빈칸에 들어갈 낱말을 찾아 알맞은 형태로 쓰세요.

01 이 (   )은/는 전염력이 강하다.

02 우리나라는 1년을 기준으로 사계절이 (   ).

03 감기를 (   )하기 위해서는 손을 자주 씻어야 한다.

04 시끄러운 소리가 (   )(으)로 들려 온다.

05 잠을 잘 때도 우리 몸 속의 (   )은/는 활동한다.

06 의사 선생님이 (   ) 부위에 소독약을 발라 주셨다.

07 그는 오랜만에 실력을 (   )하여 맛있는 요리를 만들었다.

08 하루를 (   )게 시작하기 위해서는 전날 일찍 자는 게 좋다.

09 내 의견에 영수는 고개를 끄덕이며 (   )인 반응을 보였다.

10 징검다리를 건널 때 (   )을/를 잘 잡아야 넘어지지 않는다.

21 핵심 낱말 총정리

▶ 정답 46쪽

★ 정확히 아는 낱말에는 ☑ 표시를 해 보세요.

☐ **설득하다** : 상대편이 이쪽 편의 이야기를 따르도록 잘 설명하거나 타이르다.

☐ **찬성하다** : 어떤 행동이나 생각, 제안 등이 옳거나 좋다고 판단하여 받아들이다.

☐ **진행하다** : 어떤 일을 해 나가다.

☐ **명확하다** : 의심스러운 것 없이 아주 뚜렷하고 확실하다.

☐ **역할** : 맡아서 하기로 되어 있는 일. 또는 맡아서 하는 일

☐ **보충** : 부족한 것을 보태어 채움.

☐ **참여하다** : 어떤 일에 끼어들어 함께 하다.

☐ **객관적** : 자기와의 관계에서 벗어나 다른 사람의 입장에서 사물을 보거나 생각하는 것

☐ **존중하다** : 높이어 귀하게 대하다.

☐ **의무적** : 마음이 어떻든 상관없이 해야만 하는 것

★ 빈칸에 들어갈 낱말을 찾아 알맞은 형태로 쓰세요.

01 행사에 ( )한 사람이 많다.

02 우리 반은 한 달에 한 번씩 ( )(으)로 봉사 활동을 해야 한다.

03 너의 이번 주 ( )은/는 창틀 청소이다.

04 삶의 목표를 ( )하게 세우는 것이 중요하다.

05 다른 민족의 문화를 ( )하는 태도가 필요하다.

06 경찰이 두 사람을 ( )해서 서로 화해하도록 했다.

07 그는 일을 빠르고 정확하게 ( )하는 데 뛰어나다.

08 사람은 자기 일을 ( )(으)로 바라보기가 힘들다.

09 동생은 영양 ( )을/를 위해 약국에서 영양제를 사 먹었다.

10 민주는 계곡에 가자는 친구의 말에 ( ).

22 핵심 낱말 총정리

▶ 정답 46쪽

★ 정확히 아는 낱말에는 ☑ 표시를 해 보세요.

☐ **생물** : 생명을 가지고 스스로 생활 현상을 유지하여 나가는 물체

☐ **요소** : 사물이 이루어지는 데 꼭 필요한 성분

☐ **적응하다** : 어떤 상황이나 환경에 익숙해지거나 알맞게 변하다.

☐ **요인** : 사물이나 사건이 이루어지는 중요한 원인

☐ **양분** : 영양이 되는 성분

☐ **번식하다** : 양이나 수가 늘어서 많이 퍼지다.

☐ **유지하다** : 어떤 상태나 현상을 그대로 두거나 계속하다.

☐ **흡수하다** : 안으로 빨아들이다.

☐ **제공하다** : 무엇을 내주거나 갖다 바치다.

☐ **생태계** : 일정한 지역이나 환경에서 생물들이 서로 적응하고 관계를 맺으며 균형과 조화를 이루는 자연의 세계

★ 빈칸에 들어갈 낱말을 찾아 알맞은 형태로 쓰세요.

01 건강을 (   )하려면 편식하지 말아야 한다.

02 스펀지가 물을 (   )하자 부피가 커졌다.

03 흙에 (   )이/가 풍부해서 꽃이 잘 자란다.

04 여러 가지 (   )(으)로 인해 컴퓨터에 오류가 생겼다.

05 여름철에는 음식에 세균이 (   )하기 쉽다.

06 (   )이/가 살아가려면 산소와 물이 필요하다.

07 이 식당은 예약하는 손님에게 음료수를 (   ).

08 밴드 음악에서 드럼과 기타는 빠질 수 없는 (   )이다.

09 만득이가 학교 생활에 잘 (   )하고 있어 다행이다.

10 환경이 오염되면 (   )의 질서가 무너질 수 있다.

★ 정확히 아는 낱말에는 ☑ 표시를 해 보세요.

☐ **가구** : 일정한 곳에서 삶 및 생활을 같이 하는 사람의 무리를 세는 단위

☐ **구성하다** : 몇 가지 부분이나 요소들을 모아서 전체를 짜 이루다.

☐ **통계** : 어떤 현상을 모아 한눈에 알아보기 쉽게 일정한 법칙에 따라 숫자로 나타낸 것

☐ **대략** : 대충 짐작으로 헤아려서

☐ **증가** : 수나 양, 혹은 값이 늘어남.

☐ **누리다** : 생활 속에서 마음껏 즐기거나 맛보다.

☐ **가치** : 귀하게 여길 만하거나 중요한 성질

☐ **산업** : 인간의 생활에 필요한 물건이나 서비스를 만들어 내는 기업이나 조직

☐ **예상하다** : 어떤 일을 직접 당하기 전에 미리 생각하여 두다.

☐ **대책** : 어떤 어려운 상황을 막거나 이겨 낼 수 있는 알맞은 계획

★ 빈칸에 들어갈 낱말을 찾아 알맞은 형태로 쓰세요.

01 한국은 여러 (   ) 중에 통신 분야가 특히 발달해 있다.

02 반려동물을 기르는 인구가 점점 (   )하고 있다.

03 그 사람은 가수 활동을 하면서 많은 인기를 (   ).

04 (   )을/를 내 보았더니 사람들의 평균 키가 커지고 있다.

05 문제를 해결하기 위한 뾰족한 (   )이/가 떠오르지 않는다.

06 우리 아파트는 차를 (   )당 2대까지 주차할 수 있다.

07 이 책은 읽을 만한 (   )이/가 충분하다.

08 반에서 달리기를 잘하는 학생들로 축구팀을 (   ).

09 내가 (   )한 것보다 차가 더 막힌다.

10 집에서 학교까지 (   ) 15분 정도 걸린다.

★ 정확히 아는 낱말에는 ☑ 표시를 해 보세요.

☐ **탐사** : 알려지지 않은 사물이나 사실 등을 샅샅이 더듬어 조사함.

☐ **분석하다** : 내용이 복잡하거나 어려운 것을 하나하나 따져서 밝히다.

☐ **훈련** : 가르쳐서 익히게 함.

☐ **관측하다** : 자연 환경을 관찰하여 어떤 사실을 조사하거나 알아내다.

☐ **개발하다** : 새로운 물건을 만들거나 새로운 생각을 내어놓다.

☐ **디디다** : 발을 올려놓고 서거나 발로 내리누르다.

☐ **대표적** : 가장 두드러지거나 뛰어나 대표가 될 만한 것

☐ **재배** : 식물을 심어 가꿈.

☐ **방지** : 어떤 일이나 현상이 일어나지 못하게 막음.

☐ **손꼽히다** : 여럿 중에서 뛰어나다고 여겨지다.

★ 빈칸에 들어갈 낱말을 찾아 알맞은 형태로 쓰세요.

01 마루를 (   )면 삐걱거리는 소리가 났다.

02 계속된 (   )에 지친 선수들이 바닥에 주저앉았다.

03 이 지역은 포도 (   )이/가 불가능하다.

04 주현이는 마을 근처의 숲을 망원경으로 (   ).

05 ○○계곡은 물이 맑기로 (   ).

06 준비를 마친 대원들은 동굴 (   )을/를 시작했다.

07 초콜릿이 녹는 것을 (   )하기 위해 냉장고에 넣어 놓았다.

08 실험에 필요한 자료를 모은 후에는 꼼꼼히 (   )해야 한다.

09 우리 마을에서 자라는 (   )인 식물로는 모란이 있다.

10 새로운 약을 (   )하려면 앞으로도 수년이 걸릴 것이다.

[01~06] 주어진 뜻풀이에 해당하는 낱말에 ○표 하세요.

01 어떤 일이 어려움 없이 이루어지도록 확실한 약속이나 제도로 뒷받침하다. :

(보장하다 , 부정하다)

02 어떤 상태가 오래 계속되는 것 : (주기적 , 지속적)

03 재능, 능력 등을 마음껏 써서 드러내다. : (발휘하다 , 지휘하다)

04 사물이나 사건이 이루어지는 중요한 원인 : (요인 , 요소)

05 대충 짐작으로 헤아려서 : (대립 , 대략)

06 여럿 중에서 뛰어나다고 여겨지다. : (손수하다 , 손꼽히다)

[07~10] 주어진 초성과 뜻풀이를 참고하여 빈칸에 알맞은 낱말을 써넣으세요.

07 | ㅇ | ㄱ | 하다 : 받아야 할 것을 달라고 하다.

➡ 손님이 불량품을 새것으로 바꾸어 달라고 (   ).

08 | ㅈ | ㄱ | 하다 : 무엇을 내주거나 갖다 바치다.

➡ 책은 사람들에게 정보를 (   )해 준다.

09 | ㄷ | ㅊ | : 어떤 어려운 상황을 막거나 이겨 낼 수 있는 알맞은 계획

➡ 홍수가 난 지역 주민들이 (   )을/를 마련하기 위해 모였다.

10 | ㅂ | ㅈ | : 어떤 일이나 현상이 일어나지 못하게 막음.

➡ 환경 오염을 (   )하기 위해서는 쓰레기를 줄여야 한다.

25 핵심 낱말 총정리

정답 46쪽

★ 정확히 아는 낱말에는 ☑ 표시를 해 보세요.

☐ **화학 반응** : 두 가지 이상의 물질 사이에 화학 변화가 일어나서 다른 물질로 변화하는 것

☐ **영양분** : 영양이 되는 성분

☐ **조합** : 여럿을 한데 모아 한 덩어리로 짬.

☐ **단점** : 잘못되고 모자라는 점

☐ **보완하다** : 모자라거나 부족한 것을 채워 완전하게 하다.

☐ **알싸하다** : 매운맛이나 독한 냄새 등으로 코 속이나 혀끝이 알알하다.

☐ **해독** : 몸 안에 들어간 독을 없앰.

☐ **항균** : 균에 굽히지 않고 맞서 싸움.

☐ **손실되다** : 잃어버리게 되거나 모자람이 생겨서 손해가 생기다.

☐ **유해** : 해로움이 있음.

★ 빈칸에 들어갈 낱말을 찾아 알맞은 형태로 쓰세요.

01 식물에 (   )을/를 충분히 주어야 잘 자란다.

02 아기들에게 (   )한 환경은 빨리 바꾸어 주어야 한다.

03 약점을 (   )하면 강점이 될 수 있다.

04 나는 독벌레에 물린 친구를 위해 (   )에 필요한 약을 찾았다.

05 시계에는 수많은 부품이 (   )되어 있다.

06 매운 고추를 먹었더니 혀끝이 (   ).

07 두 가지 물질이 (   )을/를 일으켜 폭발했다.

08 매실에는 (   ) 기능이 있어서 세균을 없애는 데 효과적이다.

09 완벽해 보이는 사람에게도 (   )은/는 있다.

10 큰 화재로 인해 (   )된 문화재를 빨리 복구해야 한다.

30 낱말 쑥쑥 총정리 5학년

★ 정확히 아는 낱말에는 ☑ 표시를 해 보세요.

☐ **민속** : 사람들 사이에서 오래전부터 전해 져 내려오는 풍속이나 문화

☐ **방식** : 무엇을 제대로 하거나 알맞게 다 루는 방법이나 형식

☐ **진행되다** : 일이 되어 나가게 되다.

☐ **배역** : 배우에게 역할을 나누어 맡기는 일. 또는 그 역할

☐ **소재** : 예술 작품에서 지은이가 말하고자 하는 것을 나타내기 위해 선택하는 재료

☐ **구성되다** : 몇 가지 부분이나 요소들이 모여 일정한 전체가 짜여 이루어지다.

☐ **곁들이다** : 주로 하는 일 외에 다른 일을 덧붙여 하다.

☐ **특색** : 보통의 것과 다른 점

☐ **장르** : 문학과 예술 형식의 갈래

☐ **견주다** : 둘 이상의 사물이 어떠한 차이 가 있는지 알기 위하여 서로 대어 보다.

★ 빈칸에 들어갈 낱말을 찾아 알맞은 형태로 쓰세요.

01 다희가 이번 연극에서 맡은 (   )은/는 인어공주이다.

02 그 가수는 관객들의 흥을 돋우기 위해 노래에 춤까지 (   ).

03 작가들은 글의 (   )을/를 생활 곳곳에서 찾는다.

04 민영이는 별 (   )이/가 없는 평범한 학생이다.

05 일이 예정대로 (   )되어 모두 안심하였다.

06 나는 문학 (   ) 중에서 소설을 좋아한다.

07 한국의 (   ) 놀이에는 연날리기, 줄다리기, 널뛰기 등이 있다.

08 교과서의 내용이 모두 다섯 단원으로 (   )되어 있다.

09 지금까지 했던 (   )(으)로는 문제가 해결되지 않는다.

10 수찬이는 짝꿍과 발 크기를 (   ).

★ 정확히 아는 낱말에는 ☑ 표시를 해 보세요.

☐ **줄임말** : 낱말의 일부분이 줄어든 말. 또는 여러 낱말을 하나의 낱말로 줄여 만든 말

☐ **증상** : 병을 앓을 때 나타나는 여러 가지 상태나 모양

☐ **의존하다** : 다른 것의 도움을 받아 존재하다.

☐ **중독되다** : 술이나 마약 등을 지나치게 가까이하여 그것 없이는 견디지 못하는 상태가 되다.

☐ **수면** : 잠을 자는 일

☐ **집착하다** : 어떤 것에 늘 마음이 쏠려 잊지 못하고 매달리다.

☐ **강박** : 어떤 생각이나 감정에 사로잡혀 심하게 압박을 느낌.

☐ **명상** : 가만히 눈을 감고 깊이 생각함. 또는 그런 생각

☐ **불필요하다** : 필요하지 않다.

☐ **차단하다** : 액체나 기체 등의 흐름 또는 통로를 막거나 끊어서 통하지 못하게 하다.

★ 빈칸에 들어갈 낱말을 찾아 알맞은 형태로 쓰세요.

01 형은 (   ) 부족으로 눈이 충혈되었다.

02 옷장 속의 (   )한 옷들을 꺼내서 버렸다.

03 연수는 숙제를 스스로 하지 않고 늘 언니에게 (   ).

04 나는 또 물건을 잃어버릴지도 모른다는 (   )에 사로잡혔다.

05 지나친 (   ) 사용은 의사소통에 어려움을 일으킨다.

06 승부에 너무 (   )하면 부정 행위가 일어나기도 한다.

07 쇼핑에 (   )된 사람들은 물건을 사지 않으면 불안해 한다.

08 그는 오랜 (   )을/를 한 뒤에 깨달음을 얻었다.

09 감기의 (   )에는 코막힘, 발열 등이 있다.

10 햇볕을 (   )하기 위해 커튼을 달았다.

★ 정확히 아는 낱말에는 ☑ 표시를 해 보세요.

☐ **짜임새** : 글의 내용이 앞뒤의 연관을 제대로 갖춘 상태

☐ **내세우다** : 주장이나 의견을 내놓고 옳다고 주장하거나 고집하다.

☐ **뒷받침하다** : 어떤 주장이나 의견이 옳음을 밝혀내는 것을 돕다.

☐ **한결같다** : 처음부터 끝까지 변함없이 꼭 같다.

☐ **적절하다** : 꼭 알맞다.

☐ **오류** : 잘못된 생각이나 지식

☐ **마무리하다** : 일을 끝맺다.

☐ **강화되다** : 수준이나 정도가 더 높아지다.

☐ **사례** : 어떤 일이 전에 실제로 일어난 예

☐ **당사자** : 어떤 일이나 사건에 직접 관계가 있는 사람

★ 빈칸에 들어갈 낱말을 찾아 알맞은 형태로 쓰세요.

01 지난번 연구 결과는 대표적인 성공 (   )(으)로 꼽힌다.

02 오늘 발견된 증거는 그 소문이 사실이라는 점을 (   ).

03 떡과 차는 손님을 대접하기에 (   )한 간식이다.

04 이 글은 설명문으로서의 (   )이/가 제대로 갖춰지지 않았다.

05 선생님께서 맞춤법에 (   )이/가 있는지 확인하라고 하셨다.

06 영희와 철수의 사이는 시간이 흘러도 (   ).

07 분실 사고가 있은 후로 경비가 더 (   ).

08 민서는 장난감 조립을 거의 (   ).

09 이 물건은 (   )에게 직접 전해져야 한다.

10 지민이는 다른 친구의 말을 듣지 않고 자기 생각만을 (   ).

핵심 낱말 총정리

▶ 정답 46쪽

★ 정확히 아는 낱말에는 ☑ 표시를 해 보세요.

- ☐ **종합적** : 여러 가지를 한데 모아 합한 것
- ☐ **인구수** : 일정 지역 안에 사는 사람의 수
- ☐ **생산되다** : 인간이 생활하는 데 필요한 각종 물건이 만들어지다.
- ☐ **경향** : 현상이나 생각, 행동 등이 어떤 방향으로 기울어짐.
- ☐ **병명** : 병의 이름

- ☐ **방식** : 일정한 방법이나 형식
- ☐ **분석하다** : 얽혀 있거나 복잡한 것을 풀어서 낱낱의 요소나 성질로 나누다.
- ☐ **전달하다** : 다른 사람이나 기관에 전하다.
- ☐ **유래** : 사물이나 일이 생겨남. 또는 그 역사
- ☐ **유용하다** : 쓸모가 있다.

★ 빈칸에 들어갈 낱말을 찾아 알맞은 형태로 쓰세요.

01 커피 찌꺼기는 기름때를 제거하는 데 (   )하게 쓰인다.

02 ○○공장에서는 자동차가 하루에 100대씩 (   ).

03 중국의 (   )은/는 14억 명이 넘는다.

04 의사는 환자의 정확한 (   )을/를 알아내지 못했다.

05 상호와 나는 뜨개질을 하는 (   )이/가 서로 달랐다.

06 희연이는 지우개를 옆 사람에게 (   ).

07 ○○회사의 이름은 고대 그리스 신의 이름에서 (   )하였다.

08 고양이는 채소를 안 좋아하는 (   )이/가 있다.

09 아이들이 문제를 틀리는 원인을 2가지로 (   ).

10 여러 상황을 (   )(으)로 판단해야 한다.

30 핵심 낱말 총정리

▶ 정답 46쪽

★ 정확히 아는 낱말에는 ☑ 표시를 해 보세요.

☐ **습도** : 공기 중에 수증기가 들어 있는 정도

☐ **흔적** : 어떤 것이 없어졌거나 지나간 뒤에 남은 자국

☐ **뚜렷하다** : 엉클어지거나 흐리지 않고 아주 분명하다.

☐ **밀도** : 빽빽이 들어선 정도

☐ **사방** : 동, 서, 남, 북 네 방위. 혹은 둘레의 모든 곳

☐ **표면** : 사물의 가장 바깥쪽

☐ **원리** : 사물의 기본이 되는 이치

☐ **예측하다** : 앞으로 일어날 일을 미리 짐작하다.

☐ **가치** : 사물이 지니고 있는 쓸모

☐ **연구** : 어떤 일이나 사물에 대하여 깊이 있게 조사하고 생각하여 이치나 사실을 밝히는 일

★ 빈칸에 들어갈 낱말을 찾아 알맞은 형태로 쓰세요.

01 농촌의 인구 (　　　　)은/는 도시에 비해 낮다.

02 강도는 (　　　　)이/가 경찰로 둘러싸이자 항복했다.

03 오솔길에는 야생동물이 지나간 (　　　　)이/가 없었다.

04 나는 우리 팀이 이길 것이라고 (　　　　).

05 소금쟁이 한 마리가 연못의 (　　　　)에 떠 있다.

06 히터를 고치기 위해서는 히터가 작동하는 (　　　　)을/를 알아야 한다.

07 목욕탕 안은 온도와 (　　　　)이/가 높다.

08 탄산 음료가 치아에 안 좋다는 (　　　　) 결과가 나왔다.

09 안경을 꼈더니 물체가 (　　　　)하게 보인다.

10 경복궁은 외국인에게 자랑할 만한 (　　　　)이/가 있다.

[01~06] 주어진 뜻풀이에 해당하는 낱말에 ○표 하세요.

01 모자라거나 부족한 것을 채워 완전하게 하다. : (보완하다 , 보유하다)

02 무엇을 제대로 하거나 알맞게 다루는 방법이나 형식 : (배식 , 방식)

03 병을 앓을 때 나타나는 여러 가지 상태나 모양 : (증식 , 증상)

04 처음부터 끝까지 변함없이 꼭 같다. : (한결같다 , 한탄하다)

05 현상이나 생각, 행동 등이 어떤 방향으로 기울어짐. : (시향 , 경향)

06 어떤 것이 없어졌거나 지나간 뒤에 남은 자국 : (흔적 , 목적)

[07~10] 주어진 초성과 뜻풀이를 참고하여 빈칸에 알맞은 낱말을 써넣으세요.

07 | ㅈ | ㅎ | : 여럿을 한데 모아 한 덩어리로 짬.
➡ 나는 소문자와 숫자를 (   )하여 비밀번호를 만들었다.

08 | ㅌ | ㅅ | : 보통의 것과 다른 점
➡ 각 나라의 식생활은 그 지역의 기후 (   )에 맞춰진 것이다.

09 | ㅇ | ㅈ | 하다 : 다른 것의 도움을 받아 존재하다.
➡ 부모님께 너무 (   )하는 것은 좋지 않다.

10 | ㅇ | ㅊ | 하다 : 앞으로 일어날 일을 미리 짐작하다.
➡ 행사를 준비하는 단체에서 참가 인원을 삼천 명으로 (   ).

★ 정확히 아는 낱말에는 ☑ 표시를 해 보세요.

☐ **편리하다** : 편하고 이로우며 이용하기 쉽다.

☐ **콘센트** : 플러그를 끼워 전기를 통하게 하는 장치

☐ **플러그** : 전기가 통하는 곳에 꽂고 뺄 수 있게 전선의 끝에 달린 장치

☐ **전원** : 전기를 만들어 보내는 원천, 또는 전기 기구에 전기를 이어 주는 장치

☐ **작동하다** : 기계 등이 움직이다.

☐ **장치** : 어떤 목적에 따라 일정한 일을 하도록 만들어진 기계

☐ **부품** : 기계 등의 어떤 부분에 쓰는 물품

☐ **과정** : 일이 되어 가는 차례나 모양

☐ **의문** : 이상하거나 수상하게 생각함. 또는 궁금해함.

☐ **흥미** : 재미가 있어서 마음이 쏠리는 것

★ 빈칸에 들어갈 낱말을 찾아 알맞은 형태로 쓰세요.

01 주연이는 조리 (　　　)에 따라 호떡을 만들었다.

02 젖은 손으로 (　　　)을/를 콘센트에 끼우면 위험하다.

03 나는 (　　　)이/가 드는 점을 바로바로 선생님께 여쭤보았다.

04 컴퓨터를 다 사용하고 난 뒤에는 (　　　)을/를 꺼야 한다.

05 경찰은 지하철역에 폭탄 (　　　)이/가 있다는 신고를 받았다.

06 민철이는 새로 산 카메라를 (　　　)할 줄 모른다.

07 집 근처에 편의점이 있어 물건을 사기에 (　　　).

08 수만이는 의자를 조립하다가 (　　　) 하나를 잃어버렸다.

09 (　　　)에 플러그가 아닌 다른 물건을 끼우면 안 된다.

10 오빠는 운동하는 데 영 (　　　)이/가 없다.

★ 정확히 아는 낱말에는 ☑ 표시를 해 보세요.

☐ **열풍** : 매우 세차게 일어나는 기운이나 기세를 비유적으로 이르는 말

☐ **농촌** : 주민의 대부분이 농사를 짓는 마을이나 지역

☐ **정원** : 집 안에 있는 뜰이나 꽃밭

☐ **주목** : 관심을 가지고 보는 것

☐ **품질** : 물건의 성질과 바탕. 또는 상품의 질

☐ **주요** : 중심이 되고 중요함.

☐ **현장** : 일을 실제로 진행하거나 작업하는 그곳

☐ **누비다** : 이리저리 거리낌 없이 다니다.

☐ **합리적** : 이론이나 이치에 어긋나지 않는 것

☐ **경쟁력** : 경쟁할 만한 힘. 또는 그런 능력

★ 빈칸에 들어갈 낱말을 찾아 알맞은 형태로 쓰세요.

01 사람들이 소리가 나는 쪽을 ( )했다.

02 적당한 가격의 신발을 산 것은 ( )인 선택이었다.

03 이 가게의 물건은 ( )이/가 좋기로 소문이 나 있다.

04 범인이 범죄 ( )에 다시 모습을 드러냈다.

05 요즘 ( )은/는 모내기로 한창 바쁘다.

06 국산 밀의 품질은 외국산과 비교했을 때 ( )을/를 갖추고 있다.

07 할아버지께서 가꾸시는 집 앞 ( )에 꽃이 피었다.

08 해수는 여름방학 동안에 전국을 ( ).

09 신문 기사의 ( ) 내용은 제목에 나와 있다.

10 월드컵이 열리자 전 세계에 축구 ( )이/가 불었다.

DAY

33 핵심 낱말 총정리 ━━━━━━━━━━━━━━ ▶ 정답 47쪽

★ **정확히 아는 낱말에는 ☑ 표시를 해 보세요.**

☐ **경쟁하다** : 같은 목적을 가지고 이기거나 앞서려고 서로 겨루다.

☐ **전신** : 온몸

☐ **트래핑** : 패스된 공을 발·이마·가슴 등으로 멈추게 하는 일

☐ **전술** : 전투나 경기에서 작전을 행하는 방법이나 기술

☐ **관중** : 구경하려고 모인 사람들

☐ **기원** : 어떤 사건이나 원인의 처음

☐ **통일되다** : 나누어진 것들이 합쳐져서 하나로 모이게 되다. 또는 서로 같아지다.

☐ **규칙** : 여러 사람이 다 같이 지키기로 정한 법칙

☐ **기구** : 국가나 사회 전체와 관련된 일을 하기 위한 단체

☐ **역대** : 대대로 이어 내려온 여러 대. 또는 그동안

★ **빈칸에 들어갈 낱말을 찾아 알맞은 형태로 쓰세요.**

01 ○○○ 선수는 (　　　) 최고의 야구 선수로 꼽힌다.

02 우리 학교 학생들의 교복은 하나로 (　　　)되어 있다.

03 유엔은 국제 평화와 안전을 위한 (　　　)이다.

04 나는 호랑이를 보고 (　　　)에 땀이 났다.

05 기숙사에서는 정해진 (　　　)을/를 지켜야 한다.

06 ○○장군은 적들의 (　　　)에 제대로 넘어갔다.

07 축구를 잘하기 위해서는 (　　　) 기술이 기본이다.

08 경기장에 (　　　)이/가 갑자기 들어와서 잠시 경기가 중단되었다.

09 그는 강력한 우승 후보와 (　　　)하여 결국 승리했다.

10 과학자들은 우주의 (　　　)을/를 밝히기 위해 연구한다.

특별 부록 **39**

DAY 34 핵심 낱말 총정리

▶ 정답 47쪽

★ 정확히 아는 낱말에는 ☑ 표시를 해 보세요.

☐ **판매하다** : 상품을 팔다.

☐ **노동력** : 상품을 만드는 데 쓰이는 인간의 정신적·육체적인 모든 능력

☐ **무역** : 나라와 나라 사이에 서로 물건을 사고팔거나 교환하는 일

☐ **생산자** : 생활하는 데 필요한 각종 물건을 만들어 내는 사람

☐ **정당하다** : 올바르고 마땅하다.

☐ **소비자** : 어떤 물건이나 서비스를 써서 없애는 사람

☐ **협력하다** : 힘을 합하여 서로 돕다.

☐ **친환경적** : 자연환경을 더럽히거나 해치지 않고 자연 그대로의 환경과 잘 어울리는 것

☐ **품목** : 물품 종류의 이름

☐ **확대되다** : 넓혀져서 크게 되다.

★ 빈칸에 들어갈 낱말을 찾아 알맞은 형태로 쓰세요.

01 나는 반찬 가게에 붙은 여러 ( )을/를 둘러보았다.

02 그는 재산을 ( )하게 모았다고 주장했다.

03 그 광고는 ( )이/가 상품을 구매하게끔 만든다.

04 농촌에 일감은 많은데 ( )은/는 부족하다.

05 우리 반은 옆 반과 ( )해서 복도 창틀을 닦기로 했다.

06 노량진에서는 각종 생선을 ( )하고 있다.

07 대기 오염을 줄이기 위한 ( ) 자동차가 늘어나고 있다.

08 신라는 바다를 통한 ( )이/가 활발했다.

09 식당의 화장실이 ( )되어 이용하기가 편리하다.

10 다현이는 참외를 ( )(으)로부터 직접 구매했다.

★ 정확히 아는 낱말에는 ☑ 표시를 해 보세요.

☐ **성분** : 한 문장을 구성하는 요소

☐ **해당하다** : 범위나 조건에 들어맞다.

☐ **대상** : 어떤 일의 상대 또는 목표나 목적이 되는 것

☐ **개념** : 어떤 사실에 대한 많은 예나 복잡한 내용, 뜻을 하나로 요약한 생각

☐ **어색하다** : 일정한 기준이나 규칙, 법칙 등에 맞지 않아 자연스럽지 않다.

☐ **자립** : 남에게 의지하지 않고 스스로 섬.

☐ **수량** : 수와 양

☐ **구분되다** : 기준에 따라 전체가 몇 개로 갈리어 나뉘다.

☐ **풍성하다** : 넉넉하고 많다.

☐ **포함되다** : 함께 들어가거나 함께 넣어지다.

★ 빈칸에 들어갈 낱말을 찾아 알맞은 형태로 쓰세요.

01 심어 놓은 토마토 가지에 열매가 (　　　)하게 맺었다.

02 누나는 직장을 구하고 부모님으로부터 (　　　)했다.

03 낯선 사람과 눈을 마주치려니 (　　　).

04 보어는 문장 (　　　) 중에서 보충하는 역할을 한다.

05 담배에는 암을 일으키는 물질이 (　　　)되어 있다.

06 선생님께서 수학 시간에 곱셈의 (　　　)을/를 설명해 주셨다.

07 아까 세어 본 것보다 상자의 (　　　)이/가 줄었다.

08 기철이는 그 문제에 (　　　)하는 정확한 답을 적었다.

09 ○○회사는 중학생을 (　　　)(으)로 한 영양제를 개발했다.

10 주방과 거실이 따로 (　　　)되도록 집을 만들었다.

★ 정확히 아는 낱말에는 ☑ 표시를 해 보세요.

☐ **유독** : 많은 것 가운데 혼자 두드러지게
☐ **과정** : 어떤 일이 되어 가는 차례나 형편
☐ **기관지** : 기관에서 좌우로 갈라져 허파에 이르는 기도의 한 부분
☐ **혈관** : 몸속에서 피가 흐르는 통로
☐ **전달되다** : 어떤 물건이나 내용 등이 다른 곳이나, 다른 사람에게 전하여지다.

☐ **반복하다** : 같은 일을 되풀이하다.
☐ **평상시** : 특별한 일이 없는 보통 때
☐ **거칠어지다** : 거친 상태로 되다.
☐ **밀접하다** : 아주 가깝게 맞닿아 있다. 또는 그런 관계에 있다.
☐ **연관** : 사물이나 현상이 일정한 관계를 맺는 일

★ 빈칸에 들어갈 낱말을 찾아 알맞은 형태로 쓰세요.

01 간호사 선생님이 내 왼쪽 팔의 (　　　)에 주삿바늘을 찌르셨다.

02 우리 집 고양이는 (　　　)에 거의 잠만 잔다.

03 물에 들어가기 전에는 준비 운동 (　　　)을/를 거쳐야 한다.

04 같은 일을 여러 번 (　　　)하면 일의 처리 속도가 빨라진다.

05 나는 벌레 중에서 (　　　) 모기가 싫다.

06 철희가 여기로 이사 온 이유는 부모님의 직장과 (　　　)이/가 있다.

07 친구의 마음이 편지로 충분히 (　　　).

08 산을 높이 오를수록 바람이 (　　　).

09 음식물이 (　　　)(으)로 들어가면 기침을 하게 된다.

10 글을 쓰는 능력은 글을 읽는 능력과 (　　　).

[01~06] 주어진 뜻풀이에 해당하는 낱말에 ○표 하세요.

01 어떤 목적에 따라 일정한 일을 하도록 만들어진 기계 : (조치 , 장치)

02 물건의 성질과 바탕. 또는 상품의 질 : (품질 , 품격)

03 같은 목적을 가지고 이기거나 앞서려고 서로 겨루다. :

(경쟁하다 , 경과하다)

04 힘을 합하여 서로 돕다. : (노력하다 , 협력하다)

05 어떤 일의 상대 또는 목표나 목적이 되는 것 : (대상 , 대리)

06 사물이나 현상이 일정한 관계를 맺는 일 : (연관 , 무관)

[07~10] 주어진 초성과 뜻풀이를 참고하여 빈칸에 알맞은 낱말을 써넣으세요.

07 ㅍ ㄹ 하다 : 편하고 이로우며 이용하기 쉽다.
➡ 이 서랍은 수납공간이 넓어서 쓰기에 ( ).

08 ㄴ ㅂ ㄷ : 이리저리 거리낌 없이 다니다.
➡ 나는 새로 산 자전거로 골목을 ( ).

09 ㅅ ㅂ ㅈ : 어떤 물건이나 서비스를 써서 없애는 사람
➡ ○○회사의 물건은 가격이 싸서 ( )에게 인기가 많다.

10 ㄱ ㄴ : 어떤 사실에 대한 많은 예나 복잡한 내용, 뜻을 하나로 요약한 생각
➡ 동생은 아직 덧셈에 대한 ( )이/가 없어서 뺄셈은 무리이다.

DAY 01

01 주의보
02 삼가
03 대비
04 식습관
05 피해
06 전광판
07 해롭다
08 농도
09 배출
10 대처하였다

DAY 02

01 재
02 장치
03 속임수
04 적용된다
05 지루
06 관련
07 애썼다
08 선보였다
09 오해
10 탐구

DAY 03

01 정오
02 기준
03 자정
04 각도
05 소통한다
06 유용하다
07 북극성
08 일정하다
09 자연물
10 기호

DAY 04

01 벌어졌다
02 좌우
03 서먹서먹
04 인상적
05 요소
06 분위기
07 특정
08 시대적
09 짐작
10 전개

DAY 05

01 만물
02 반영
03 조화
04 서양
05 인식
06 기운
07 불길하다
08 여겼다
09 불행
10 불완전하다

DAY 06

01 소박
02 풍습
03 발달하였다
04 상징적
05 감상
06 제약
07 소재
08 소망
09 익살스러웠다
10 후기

DAY 01~06
낱말 쑥쑥 종합 테스트

01 유용하다
02 조화
03 기준
04 탐구하다
05 삼가다
06 제약
07 요소
08 벌어졌다
09 애썼다
10 대처

DAY 07

01 다양하다
02 금속
03 기준
04 분류
05 활
06 켰다
07 특성
08 통틀어
09 종류
10 연주되었다

DAY 08

01 희생되었다
02 조기
03 기렸다
04 동포
05 탄압
06 경축일
07 계기
08 통치

09 의지
10 대규모

DAY 09

01 각
02 도형
03 겹쳐졌다
04 대칭
05 성질
06 변
07 헷갈렸다
08 중심
09 기호
10 선분

DAY 10

01 재산
02 존재
03 섬겼다
04 생산적
05 계층
06 동원되었다
07 통역
08 혜택
09 신분 제도
10 구분

DAY 11

01 데웠다
02 온도
03 원리
04 지점
05 육지
06 채우
07 기압

memo

수경출판사 교재를 풀면서
궁금한 점이 생기셨나요?

 NAVER 수경출판사 ▼ 🔍 **www.book-sk.kr**

⭐ **수경출판사 홈페이지에서 다음 서비스를 이용하실 수 있습니다.**

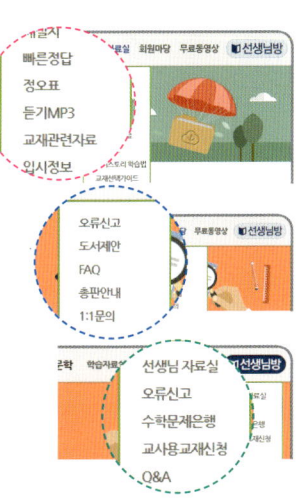

• **공부할 때 꼭 필요한** 학습자료실

해설지, 빠른 정답, 정오표, 듣기 MP3, 교재관련자료와 같은
공부할 때 꼭 필요한 파일을 다운로드 받을 수 있습니다.

• **궁금하거나 이상한 것이 있으면** 회원 마당

1:1문의, 오류신고, 도서제안 코너를 통하여 궁금한 부분을 언제든지
상담할 수 있고, 공부해 보거나 강의하고 싶은 교재의 기획을 제안할 수
있습니다.

• **선생님을 위한 강의 지원 서비스** 선생님방

선생님 자료실 코너를 통하여 강의 파일을 다운로드 받을 수 있고,
수학문제은행 코너를 통하여 시험지를 만들 수 있고, 교사용 교재신청
코너를 통하여 원하는 교사용 교재를 받아 볼 수 있습니다.

⭐**수경출판사 공식 채널을** 소개합니다! **www.book-sk.kr**

▶ [채널명: 자이스토리] 영어, 수학, 사회탐구, 과학탐구 과목의 문제별 온라인 판서강의를 시청할 수 있습니다.

📷 [ID: xistory_insta] 각종 학습 관련 소식과 여러 이벤트를 접할 수 있습니다.

f [검색: 자이스토리] 각종 학습 관련 소식과 여러 이벤트를 접할 수 있습니다.

blog [http://blog.naver.com/sookyungsto] 각종 학습 관련 소식과 여러 이벤트를 접할 수 있습니다.

TALK [채널명: 수경출판사(자이스토리)] 궁금한 부분을 언제든지 실시간 상담(1:1 상담)할 수 있습니다.

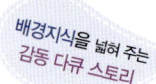
배경지식을 넓혀 주는
감동 다큐 스토리

세상에서 가장 특별한 이야기

〈세상에서 가장 특별한 이야기〉는

인류의 모든 학문 영역을 넘나드는
엄선된 주제의 아주 특별한 이야기로 구성되어 있어요.
세상에서 가장 특별한 이야기와 함께라면
21세기에 꼭 필요한 사고력과 창의력을 갖춘
융합 인재로 성장할 수 있답니다.

· 새 시대의 우편부가 되어 버린 새, 트위터
· 다윈의 진화론을 낳은 갈라파고스 핀치
· 세상을 따뜻하게 한 왕자와 제비의 우정
· 러시아 발레의 선구자, 차이콥스키의 백조의 호수

세상에서 가장
특별한 빵 이야기

세상에서 가장
특별한 여왕 이야기

세상에서 가장
특별한 별 이야기

세상에서 가장
특별한 사과 이야기

세상에서 가장
특별한 개 이야기

〈세상에서 가장 특별한 이야기〉 시리즈는 창의력 발전소 수경출판사 가 만듭니다.
좀 더 특별한 내용은 수경출판사 홈페이지와 스토리수경 블로그(http://blog.naver.com/sookyungsto)에서 만날 수 있습니다.

자이스토리

초등
국어 **독해력 쑥쑥**

낱말
쑥쑥

5학년

수경출판사

독해력이 무엇인가요?

독해력이란 글을 읽고 그 뜻을 빠르게, 정확하게 이해하는 능력이에요.
글을 읽고 그 뜻을 이해하지 못하면, 그건 그냥 글자를 눈으로 보는 것이지
독해하는 것이 아니에요.

독해력이 왜 중요한가요?

국어뿐 아니라 사회, 과학, 심지어 영어와 수학까지 모든 교과서는 '글'이에요.
그래서 독해력이 부족하면 교과서 내용이 이해가 안 되고, 문제를 읽어도
무엇을 묻는지 알기 어려워요.
반대로 독해력을 키우면 어떤 교과서든 이해가 되니까 모든 과목을 재미있게
공부할 수 있어요.

독해력은 어떻게 키우나요?

글의 뜻을 이해하는 것은 글에서 말하는 가장 중요한 내용,
즉 주제가 무엇인지 아는 것이에요.
따라서 독해력을 키우려면 결국 글의 주제를 알아내는 연습을 해야 해요.
하지만 긴 글의 주제를 한 번에 찾는 것은 어려워요.
그래서 주제를 알아내기 위한 단계별 훈련이 필요하지요.

〈자이스토리 초등 국어 독해력 쑥쑥 + 낱말 쑥쑥〉은
글의 주제를 쉽고 빠르게 알아낼 수 있는 6가지 STEP의
독해 연습을 할 수 있어요.
교과서 내용과 관련된 재미있는 글을 읽고,
'지문 술술 이해＋정답 콕콕 특강'과 함께
6가지 STEP을 따라 공부하다 보면
저절로 독해력이 쑥쑥 오릅니다.
그래서 모든 과목의 성적이 오르게 됩니다.

〈자이스토리 초등 국어
독해력 쑥쑥＋낱말 쑥쑥〉
STEP 1~6을 따라
공부하다 보면 독해력이
저절로 쑥쑥 오른다고~

독해력이 쑥쑥 오르는 자이스토리 계단식 독해 학습

독해력 쑥쑥~ 낱말 쑥쑥~

🦋 국어가 쉬워지는 계단식 독해 학습법

STEP 1 > 중심 낱말 찾기

중심 낱말을 찾으면 글에서 가장 중요하게 이야기하는 것이 무엇인지 알 수 있어요.

STEP 2 > 중심 문장 찾기

각 단락의 중심 문장을 찾으면 그 단락에서 이야기하고자 하는 내용을 쉽게 알 수 있어요.

STEP 3 > 단락 요약하기

단락을 요약하면 글 전체의 내용이 머릿속에 쉽게 들어와요.

STEP 4 > 단락 간의 관계 이해하기

단락 간의 관계를 이해하면 글 전체에서 결국 이야기하고자 하는 것을 알 수 있어요.

STEP 5 > 글의 구조 이해하기

글의 구조를 이해하면 글쓴이가 무엇을 이야기하기 위해, 어떤 방식으로 글을 썼는지 알 수 있어요.

STEP 6 주제 알아보기

주제를 아는 것은 곧 글의 핵심 내용을 이해하는 것이므로 주제를 파악하면 글을 완벽히 독해할 수 있습니다.

독해를 잘하기 위해
꼭 공부해야 할 사항들을
계단을 오르듯 차근차근
STEP 1~6에서
안내하고 있습니다.

글에서 어떤 것을 먼저 찾아야
내용을 쉽게 이해할 수 있는지,
그 후에는 어떤 과정을 거쳐야
독해를 제대로 하게 되는지를
알기 쉽게 설명하고 있어요.

계단식 독해 연습을 하면
어떤 글이든 빠르게
독해하여 문제를 쉽게
풀 수 있게 됩니다.
그래서 모든 과목의 성적이
오릅니다.

이 책의 구성과 특징

01 하루에 한 지문씩, 다양한 유형의 문제로 재미있게 독해 시작!

▶ **교과 과정과 연계된 재미있는 지문**
교과서 관련 지문을 난이도별로 담았습니다.

▶ **어휘력을 쑥쑥 높여 주는 '낱말 따라 쓰기'**
낱말을 직접 따라 쓰며 익힐 수 있습니다.

▶ **독해력을 점검할 수 있는 다양한 문제**
직접 써 보는 서술형 문제도 익힐 수 있습니다.

▶ **STEP별 실전 감각을 익히는 '독해력 완성 테스트'**
실전 문제 풀이를 훈련할 수 있습니다.

02 독해력을 쑥쑥 높여 주는 STEP ①~⑥

▶ **6가지 STEP에 따른 계단식 독해 연습**
STEP별로 각각 6일씩 공부할 수 있습니다.

STEP 1 ▶ 중심 낱말 찾기
STEP 2 ▶ 중심 문장 찾기
STEP 3 ▶ 단락 요약하기
STEP 4 ▶ 단락 간의 관계 이해하기
STEP 5 ▶ 글의 구조 이해하기
STEP 6 주제 알아보기

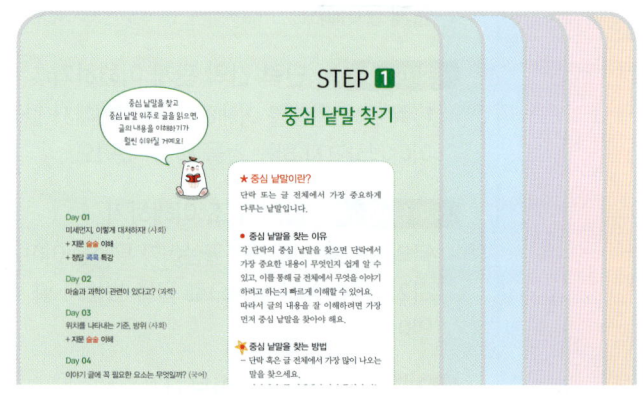

03 나만의 과외 선생님 – 지문 술술 이해, 정답 콕콕 특강

▶ **STEP별 '지문 술술 이해'**
STEP별 학습 내용을 적용하여 지문을 읽는 방법을 자세히 알려 주어, 혼자서 공부할 때도 술술 쉽게 읽을 수 있습니다.

▶ **어려운 문제도 쉽게 푸는 '정답 콕콕 특강'**
각 문제에 어떻게 접근해야 하는지 알려 주고, 지문 내용을 근거로 정답을 콕콕 찾는 방법을 익힐 수 있습니다.

04 낱말 쑥쑥 테스트 + 배경지식으로 독해력의 바탕을 탄탄히!

▶ **낱말 쑥쑥 테스트**
낱말을 완벽하게 익힐 수 있습니다.

▶ **지문과 관련된 배경지식**
독해력의 바탕이 되는 지식을 쑥쑥 얻을 수 있습니다.

▶ **특별 부록: 낱말 쑥쑥 총정리 제공!**
DAY별 핵심 낱말을 모아 나만의 사전으로 활용하고, STEP별 종합 테스트로 어휘력을 쑥쑥 키울 수 있습니다.

05 글의 내용을 완벽히 이해시키는 입체 첨삭 해설

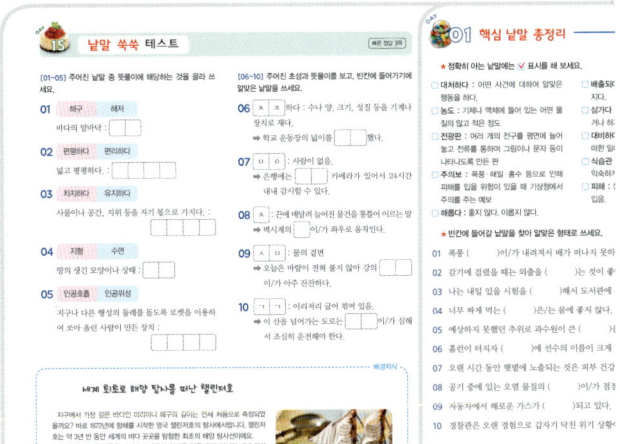

단락 요약 각 단락의 중심 내용을 요약하여 알려 줍니다.

전체 중심 낱말
전체 중심 낱말을 확인할 수 있습니다. ◯ 표시

각 단락 중심 낱말
각 단락의 중심 낱말을 확인할 수 있습니다. ◯ 표시

각 단락 중심 문장
각 단락의 중심 문장을 알아볼 수 있습니다. [ ] 표시

전체 중심 문장
글 전체에서 가장 중요한 중심 문장을 알려 줍니다. 표시

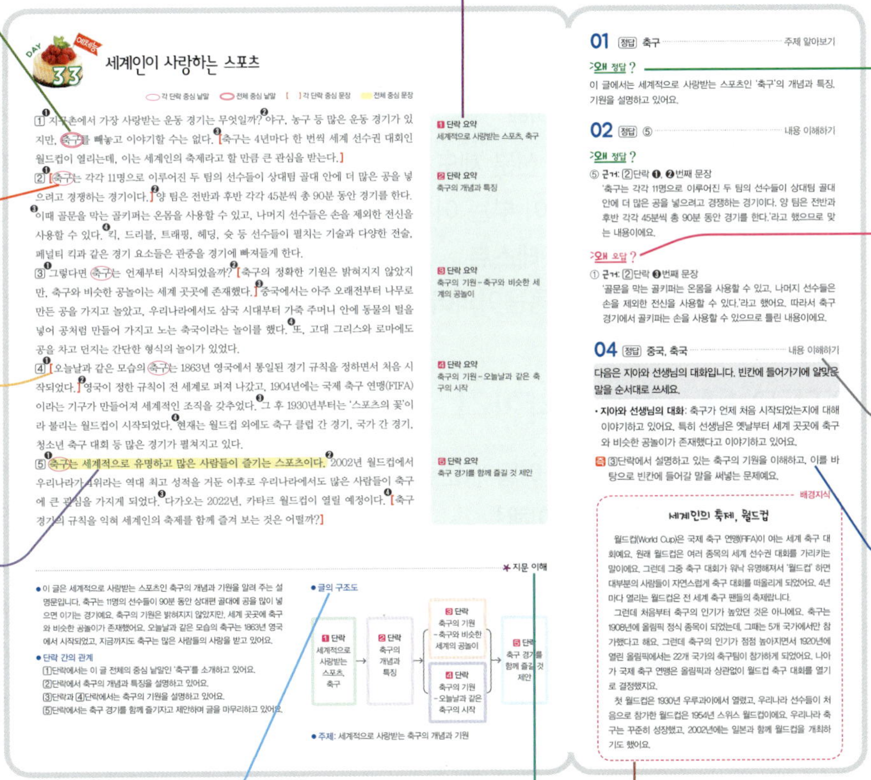

왜 정답?
정답이 되는 이유를 알기 쉽고 자세하게 풀이했습니다.

왜 오답?
왜 틀렸는지 정확히 이해할 수 있도록 자세하게 설명했습니다.

문제 유형
다양한 문제의 유형을 알려 줍니다.

문제 분석
어려운 유형의 문제를 쉽게 이해시켜 문제를 어떻게 풀어가야 하는지 알려 줍니다.

글의 구조도
글 전체의 내용과 구조를 한눈에 파악할 수 있습니다.

지문 이해
지문의 내용과 단락 간의 관계, 주제를 스스로 공부할 수 있도록 정리했습니다.

배경지식
지문과 관련된 다양한 자료로 학습과 생각의 깊이를 더할 수 있습니다.

이 책의 차례

독해력 쑥쑥 학습 계획표 36일 완성

• 하루 한 지문씩, 매일 꾸준히 공부하는 학습 계획표입니다.

• 계획표대로 공부한 날은 '확인' 칸에 ✔ 표시를 해 보세요. ✔ 표시가 늘어날수록 독해력이 쑥쑥 높아질 거예요.

DAY	공부한 날짜		확인
01	월	일	
02	월	일	
03	월	일	
04	월	일	
05	월	일	
06	월	일	
07	월	일	
08	월	일	
09	월	일	
10	월	일	
11	월	일	
12	월	일	
13	월	일	
14	월	일	
15	월	일	
16	월	일	
17	월	일	
18	월	일	

DAY	공부한 날짜		확인
19	월	일	
20	월	일	
21	월	일	
22	월	일	
23	월	일	
24	월	일	
25	월	일	
26	월	일	
27	월	일	
28	월	일	
29	월	일	
30	월	일	
31	월	일	
32	월	일	
33	월	일	
34	월	일	
35	월	일	
36	월	일	

STEP 1

중심 낱말 찾기

중심 낱말을 찾고
중심 낱말 위주로 글을 읽으면,
글의 내용을 이해하기가
훨씬 쉬워질 거예요!

★ 중심 낱말이란?

단락 또는 글 전체에서 가장 중요하게
다루는 낱말입니다.

● 중심 낱말을 찾는 이유

각 단락의 중심 낱말을 찾으면 단락에서
가장 중요한 내용이 무엇인지 쉽게 알 수
있고, 이를 통해 글 전체에서 무엇을 이야기
하려고 하는지 빠르게 이해할 수 있어요.
따라서 글의 내용을 잘 이해하려면 가장
먼저 중심 낱말을 찾아야 해요.

☆ 중심 낱말을 찾는 방법

– 단락 혹은 글 전체에서 가장 많이 나오는
  말을 찾으세요.
– 단락 혹은 글 전체에서 가장 중심이 되는
  말이 무엇인지 살펴보세요.

 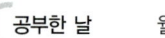

미세 먼지, 이렇게 대처하자!

언제부터인가 집을 나서기 전에 미세 먼지 농도를 확인하고 미세 먼지 차단용 마스크를 챙기는 일이 당연해졌다. 거리의 전광판에는 지역별, 시간별 미세 먼지 양이 표시되어 있고, 미세 먼지의 농도가 아주 짙을 때는 주의보가 내려지기도 한다. 도대체 미세 먼지가 무엇이길래 우리의 일상을 이렇게 바꾸어 놓은 것일까?

미세 먼지는 대기 중에 떠다니는 10마이크로미터(1마이크로미터는 100만 분의 1미터) 이하의 아주 작은 오염 물질이다. 미세 먼지는 우리 몸에 해로운 각종 물질로 이루어져 있으며, 크기가 매우 작기 때문에 폐에서 걸러지지 않고 우리 몸 깊숙이 들어온다. 또한 밖으로 쉽게 배출되지 않아 여러 가지 병을 일으키는 원인이 된다. 미세 먼지로부터 우리 몸을 지키려면 어떻게 대처해야 할까?

가장 좋은 방법은 미세 먼지를 피하는 것이다. 미세 먼지가 심한 날에는 외출을 삼가고, 출입문과 창문을 닫아 미세 먼지가 실내로 들어오지 않도록 막아야 한다. 또한 실내의 습도를 적당하게 유지하는 것이 좋다. 만약 어쩔 수 없이 외출해야 한다면 미세 먼지 차단용 마스크를 꼭 쓰고 긴 소매의 옷, 안경, 장갑 등을 이용하여 피부가 미세 먼지에 직접 닿지 않도록 해야 한다. 그리고 집에 돌아와서는 흐르는 물에 온몸을 구석구석 깨끗이 씻는다.

미세 먼지에 대비하는 식습관을 가지는 것도 중요하다. 물을 충분히 마시면 호흡 기관이 촉촉해져 미세 먼지가 코와 입을 통해 몸속으로 들어오는 것을 줄일 수 있다. 또한 섬유질이 풍부해 장운동을 활발하게 하는 과일과 채소, 미역 등의 해조류를 많이 먹으면 몸속의 미세 먼지를 배출하는 데 도움이 된다.

미세 먼지는 매년 점점 더 심해지고 있다. 아무리 건강에 좋은 운동이라도 미세 먼지가 심한 날 밖에서 한다면 오히려 몸에 더 해롭다. 우리 몸의 건강을 생각한다면 미세 먼지의 특징을 알고 이에 맞게 대처함으로써 미세 먼지로 인한 피해를 줄이도록 하자.

✏️ 뜻을 정확히 모르는 낱말들을 적어 보세요!

낱말 따라 쓰기

● 어떤 사건에 대하여 알맞은 행동을 하다. : 대 처 하다
　㉠ 너무 갑작스러워서 그 일에 제대로 대처하지 못했다.
● 기체나 액체에 들어 있는 어떤 물질의 많고 적은 정도 : 농 도
　[濃 – 짙을 농, 度 – 정도 도]
● 여러 개의 전구를 평면에 늘어놓고 전류를 통하여 그림이나 문자 등이 나타나도록 만든 판 : 전 광 판

● 폭풍·해일·홍수 등으로 인해 피해를 입을 위험이 있을 때 기상청에서 주의를 주는 예보 : 주 의 보
● 좋지 않다. 이롭지 않다. : 해 롭 다
● 안에서 밖으로 밀려 내보내지다. : 배 출 되 다
　[排 – 물리칠 배, 出 – 나갈 출]
　㉠ 공장에서 배출된 오염 물질로 강물이 더러워졌다.

STEP 1 중심 낱말 찾기

중심 낱말이란 단락 또는 글 전체에서 가장 중요하게 다루는 낱말입니다.

글의 내용을 이해하려면 가장 먼저 중심 낱말을 찾아야 해요. 각 단락의 중심 낱말을 찾으면 단락에서 가장 중요한 내용이 무엇인지 쉽게 알 수 있고, 이를 통해 글 전체에서 무엇을 이야기하려고 하는지 이해할 수 있어요.

★ 중심 낱말을 찾는 방법
• 단락 혹은 글 전체에 가장 많이 나오는 말을 찾으세요.
• 단락 혹은 글 전체에서 가장 중심이 되는 말이 무엇인지 살펴보세요.

[1단락]

1단락에서는 어떤 소재를 소개하고 그것이 무엇인지를 알려 주며 글 전체에서 다루는 것이 무엇인지 제시하는 경우가 많아요.

외출할 때 마스크를 챙기고, 거리의 전광판에 미세 먼지 양이 표시되는 등 우리의 일상을 바꾸어 놓은 미세 먼지에 대해 이야기하고 있어요.

이때 가장 많이 나오고 중심이 되는 말이 미세 먼지이므로 1단락의 중심 낱말은 1) ☐☐ ☐☐ , 입니다.

[2단락]

미세 먼지가 무엇인지 설명하고, 미세 먼지가 우리 몸에 해로운 이유에 대해 이야기하고 있어요.

1단락과 마찬가지로 가장 많이 나오고 중심이 되는 말이 미세 먼지이므로 2단락의 중심 낱말도 '미세 먼지'입니다.

[3단락]

미세 먼지에 대처하는 방법을 이야기하고 있어요. 미세 먼지가 심한 날에는 외출하지 않는 것이 가장 좋지만, 어쩔 수 없이 외출해야 한다면 2) ☐☐☐ 을/를 쓰고 긴 소매의 옷, 안경, 장갑 등을 이용하는 것이 좋다고 합니다.

가장 중심이 되는 말이 미세 먼지이므로 3단락의 중심 낱말은 '미세 먼지'입니다.

[4단락]

3단락에 이어 4단락에서도 미세 먼지에 대처하는 방법을 이야기하고 있어요. 3) ☐ 을/를 충분히 마시고 과일과 채소, 해조류를 많이 먹는 것이 좋다며 미세 먼지에 대비하는 4) ☐☐☐ 을/를 알려 주고 있네요.

1~3단락과 마찬가지로 가장 중심이 되는 말이 미세 먼지이므로 4단락의 중심 낱말도 '미세 먼지'입니다.

[5단락]

미세 먼지는 매년 더 심해지고 있으므로 미세 먼지의 특징에 맞게 대처하여 우리의 건강을 지키자고 이야기하고 있어요.

이때 가장 많이 나오고 중심이 되는 말이 미세 먼지이므로 5단락의 중심 낱말은 '미세 먼지'입니다.

★ 이 글의 단락별 중심 낱말은 모두 '미세 먼지'이므로 이 글 전체의 중심 낱말은 '5) ☐☐ ☐☐ '입니다.

빠른 정답 2쪽, 정답과 풀이 5쪽

✏️ 뜻을 정확히 모르는 낱말들을 적어 보세요!

01 중심 낱말 찾기

다음은 이 글의 핵심 내용을 정리한 것입니다. 빈칸에 공통으로 들어가기에 알맞은 말을 쓰세요.

> (　　　　)은/는 대기 중에 있는 아주 작은 오염 물질이다. 이것에 대처하는 가장 좋은 방법은 (　　　　)을/를 피하는 것이며, 식습관을 통한 대비도 중요하다.

(　　　　　　　　　　)

02 내용 이해하기

이 글의 내용으로 알맞지 <u>않은</u> 것은 무엇인가요? (　　　)

① 미세 먼지가 심한 날에는 절대로 외출하면 안 된다.
② 미세 먼지는 크기가 매우 작아 폐에서 걸러지지 않는다.
③ 미세 먼지 농도가 아주 짙을 때는 주의보가 내려지기도 한다.
④ 미세 먼지가 심한 날에 밖에서 운동하는 것은 오히려 몸에 해롭다.
⑤ 미세 먼지는 몸 밖으로 잘 배출되지 않아 여러 가지 병을 일으킬 수 있다.

03 내용 적용하기

다음은 미세 먼지 주의보가 내려진 날의 일기예보입니다. ㉠ ～ ㉣ 중 알맞지 <u>않은</u> 것을 쓰세요.

> 기상 캐스터: 오늘은 날씨가 따뜻하지만 서울을 비롯한 전국에 미세 먼지 주의보가 내려졌습니다. ㉠ 가능하면 외출을 삼가고, 미세 먼지가 밖으로 빠져나가도록 ㉡ 출입문은 열어 놓으셔야 합니다. 어쩔 수 없이 외출해야 한다면 ㉢ 미세 먼지 차단용 마스크를 꼭 쓰시기 바랍니다. ㉣ 긴 소매의 옷, 안경, 장갑을 이용하여 피부가 미세 먼지에 직접 닿지 않도록 하는 것도 중요합니다.

(　　　　　　　　　　)

04 내용 이해하기

다음은 미세 먼지에 대비하는 식습관을 정리한 것입니다. 빈칸에 들어가기에 알맞은 말을 순서대로 쓰세요.

> (　　　　)을/를 충분히 마시면 미세 먼지가 몸속으로 들어오는 것을 줄일 수 있다. 또한 과일과 채소, 미역 등의 해조류는 장운동을 활발하게 하는 (　　　　)이/가 풍부하기 때문에 몸속의 미세 먼지를 배출하는 데 도움이 된다.

(　　　　　　　　), (　　　　　　　　)

낱말 따라 쓰기

● 어떤 것을 하기 싫어하여 피하거나 하지 않다. : | 삼 | 가 | 다 |

● 앞으로 일어날지도 모르는 어떠한 일에 맞추어 미리 준비하다. : | 대 | 비 |하다

● 음식을 먹는 과정과 관련하여 익숙하게 하는 행동 : | 식 | 습 | 관 |

● '섬유'라는 단백질 실로 이루어진 물질 : | 섬 | 유 | 질 |

● 바다에서 나는 식물을 통틀어 이르는 말 : | 해 | 조 | 류 |

● 생명이나 몸, 재산, 명예에 손해를 입음. : | 피 | 해 |

● 일과 물건의 가장 중심이 되는 부분 : | 핵 | 심 |

문제 이해하고 풀기

빠른 정답 2쪽, 정답과 풀이 5쪽

01 중심 낱말 찾기

이 글의 중심 낱말에 대한 정보가 나와 있네요. 잘 읽고 빈칸에 어떤 말을 써넣어야 할지 생각해 보세요.

🌸 답을 찾으려면 이 글의 어느 부분을 봐야 할까요?

> 근거 2단락 ❶번째 문장: 미세 먼지는 대기 중에 떠다니는 10 마이크로미터 ~ 이하의 아주 작은 오염 물질이다.
> 근거 3단락 ❶번째 문장: 가장 좋은 방법은 ~ 피하는 것이다.

🌱 빈칸에는 이 글의 중심 낱말인 '미세 먼지'를 써넣어야 해요.

정답은 ＿＿＿＿＿＿ 입니다.

02 내용 이해하기

이 글의 내용과 맞지 않는 선택지를 고르는 문제입니다. 각각의 선택지와 글의 내용을 서로 비교해 보세요.

🌸 각각의 선택지 내용을 순서대로 살펴볼게요.

① 미세 먼지가 심한 날에는 절대로 외출하면 안 된다.(×)

> 근거 3단락 ❹번째 문장: 만약 어쩔 수 없이 외출해야 한다면

② 미세 먼지는 크기가 매우 작아 폐에서 걸러지지 않는다.(○)

> 근거 2단락 ❷번째 문장: 미세 먼지는 ~ 크기가 매우 작기 때문에 폐에서 걸러지지 않고 우리 몸 깊숙이 들어온다.

③ 미세 먼지 농도가 아주 짙을 때는 주의보가 내려지기도 한다.(○)

> 근거 1단락 ❷번째 문장: 미세 먼지의 농도가 아주 짙을 때는 주의보가 내려지기도 한다.

④ 미세 먼지가 심한 날에 밖에서 운동하는 것은 오히려 몸에 해롭다.(○)

> 근거 5단락 ❷번째 문장: 아무리 건강에 좋은 운동이라도 미세 먼지가 심한 날 밖에서 한다면 오히려 몸에 더 해롭다.

⑤ 미세 먼지는 몸 밖으로 잘 배출되지 않아 여러 가지 병을 일으킬 수 있다.(○)

> 근거 2단락 ❸번째 문장: 또한 밖으로 쉽게 배출되지 않아 여러 가지 병을 일으키는 원인이 된다.

정답은 ＿＿＿＿＿＿ 입니다.

03 내용 적용하기

• ㉠~㉣: 미세 먼지에 대처하는 방법을 설명하는 기상 캐스터의 말이에요.

즉 이 글에서 설명하고 있는 미세 먼지에 대처하는 방법을 이해하고, 기상 캐스터의 말 중 알맞지 않은 내용을 고르는 문제예요.

🌸 ㉠~㉣은 모두 <u>3단락</u>의 내용과 관련이 있어요.

㉠ 가능하면 외출을 삼가고,(○)

> 근거 3단락 ❷번째 문장: 미세 먼지가 심한 날에는 외출을 삼가고,

㉡ 출입문은 열어 놓으셔야 합니다.(×)

> 근거 3단락 ❷번째 문장: 미세 먼지가 심한 날에는 ~ 출입문과 창문을 닫아 미세 먼지가 실내로 들어오지 않도록 막아야 한다.

🌱 3단락에서는 미세 먼지가 실내로 들어오는 것을 막기 위해 출입문과 창문을 닫아야 한다고 설명하고 있어요.

㉢ 미세 먼지 차단용 마스크를 꼭 쓰시기 바랍니다.(○)

> 근거 3단락 ❹번째 문장: 만약 어쩔 수 없이 외출해야 한다면 미세 먼지 차단용 마스크를 꼭 쓰고

㉣ 긴 소매의 옷, 안경, 장갑을 이용하여 피부가 미세 먼지에 직접 닿지 않도록 하는 것도 중요합니다.(○)

> 근거 3단락 ❹번째 문장: 긴 소매의 옷, 안경, 장갑 등을 이용하여 피부가 미세 먼지에 직접 닿지 않도록 해야 한다.

정답은 ＿＿＿＿＿＿ 입니다.

04 내용 이해하기

이 글의 내용을 떠올리며 빈칸에 알맞은 말을 써넣는 문제입니다.

🌸 '미세 먼지에 대비하는 식습관'에 대한 내용을 살펴볼게요.

> 근거 4단락 ❷, ❸번째 문장: 물을 충분히 마시면 ~ 미세 먼지가 코와 입을 통해 몸속으로 들어오는 것을 줄일 수 있다. 또한 섬유질이 풍부해 장운동을 활발하게 하는 ~ 해조류를 많이 먹으면 몸속의 미세 먼지를 배출하는 데 도움이 된다.

정답은 ＿＿＿＿＿＿, ＿＿＿＿＿＿ 입니다.

마술과 과학이 관련이 있다고?

빠른 정답 2쪽

지문 확인

흔히 '마술은 비과학적이며 속임수일 뿐이다.'라고 생각하는 경우가 많다. 하지만 이는 마술이나 과학에 대해 잘 모르기 때문에 생긴 오해이다. 물론 재빠른 손놀림을 이용한 쉬운 마술도 있지만, 여러 가지 장치를 사용하는 다양한 마술의 원리를 살펴보면 마술이 과학과 관련이 깊다는 것을 알 수 있다.

간단한 마술부터 살펴보도록 하자. 마술사가 손에 쥐고 있던 종잇조각이 순식간에 타면서 장미로 바뀌는 마술을 본 적이 있을 것이다. 이 종이는 단순한 종이가 아니라 마술 종이라 불리는 '니트로셀룰로오스 종이'이다. 니트로셀룰로오스는 타기 시작하는 온도가 낮아 빨리 타고, 탄 이후에는 재가 남지 않는다. 그래서 마술사가 이 니트로셀룰로오스 종이에 불을 붙이면 종이가 순식간에 '확' 하고 타서 없어진다. 이때 관객의 눈은 순식간에 타오르는 불길에 쏠리게 되는데, 그 사이에 마술사가 숨기고 있던 장미를 빼서 드는 것이다.

보고 또 봐도 신기한 공중 부양 마술은 어떨까? 막대자석 2개를 가까이 두었을 때 같은 극끼리는 밀어내고 다른 극끼리는 서로 끌어당기는데, 이것은 바로 자석이 지니는 자기력 때문이다. 공중 부양 마술에는 이러한 자석의 원리가 적용된다. 마술사가 떠오르게 할 사람의 몸에는 자석으로 만든 장치가 달려 있다. 그리고 이 장치에 전류를 흘려 주면 자기력이 발생하게 되는데, 이로 인해 장치와 무대 위쪽에 달린 큰 자석이 서로 끌어당겨 사람의 몸이 떠오르게 되는 것이다.

이처럼 많은 마술에는 과학적 원리가 숨어 있고, 마술사들은 더 다양한 과학적 원리를 활용하여 새로운 마술을 선보이기 위해 애쓰기도 한다. 과학이 어렵고 지루하게 느껴진다면 흥미로운 마술에 담긴 과학적 원리부터 탐구해 보는 것은 어떨까? 마술에 담긴 과학적 원리를 통해 쉽고 재미있게 과학을 공부할 수 있을 것이다.

• 1단락 중심 낱말 :
1) ☐☐ , ☐☐

• 2단락 중심 낱말 :
2) ☐☐☐☐ / ☐☐☐

• 3단락 중심 낱말 :
3) ☐☐ ☐☐☐ / ☐☐

• 4단락 중심 낱말 :
마술, 4) ☐☐☐ / ☐☐

낱말 따라 쓰기

● 둘 이상의 사람, 사물, 현상 등이 서로 관계를 맺고 있음. : 관 련
　예 저 두 사람은 분명 관련이 있다.
● 과학적인 근거가 없는 것 : 비 과 학 적
● 남을 속이는 짓 : 속 임 수
● 사실과 다르게 잘못 아는 것 : 오 해
　[誤-그르칠 오, 解-풀 해]

● 기본이 되는 이치나 법칙 : 원 리
● 쉽고 짧으며 복잡하지 않다. : 간 단 하다
● 불에 타고 남는 가루 모양의 물질 : 재
● 운동 경기, 공연, 영화 등을 보거나 듣는 사람 : 관 객
● 공중으로 떠오름. 또는 떠오르게 함. : 공 중 부 양

01 중심 낱말 찾기

다음은 이 글의 핵심 내용을 정리한 것입니다. 빈칸에 공통으로 들어가기에 알맞은 말을 쓰세요.

> 많은 마술에는 (   )적 원리가 숨어 있다. 종잇조각이 타면서 장미로 바뀌는 마술이나 공중 부양 마술에도 (   )적 원리가 활용된다.

(   )

정답 콕콕 특강

01

이 글에서는 마술과 과학이 관련이 있다는 것을 이야기하고 있어요. 구체적으로 2단락에서는 니트로셀룰로오스 종이를 이용한 마술, 3단락에서는 공중 부양 마술에 담긴 원리를 살펴보고 있어요.

DAY 02

02 내용 이해하기

다음 설명이 이 글의 내용으로 맞으면 ○표, 틀리면 ✕표를 하세요.

(1) 니트로셀룰로오스는 타기 시작하는 온도가 높아서 빨리 탄다. (   )
(2) 재빠른 손놀림을 이용한 마술을 빼면, 모든 마술은 비과학적이다. (   )
(3) 니트로셀룰로오스 종이를 이용한 마술을 할 때, 마술사는 관객들이 불에 시선을 빼앗긴 사이에 숨기고 있던 장미를 빼서 든다. (   )

02

각각의 내용이 이 글의 어느 부분에 나오는지 살펴보세요. '재빠른 손놀림'은 1단락에, '니트로셀룰로오스 종이'는 2단락에 나오네요.

03 내용 이해하기

다음은 이 글의 제목을 정하는 과정입니다. ⓐ와 ⓑ에 들어가기에 알맞은 말을 쓰세요.

> 이 글의 1단락에서는 (ⓐ)에 대한 오해를 소개하며 (ⓐ)와/과 (ⓑ)이/가 관련이 있다고 설명하고 있다. 그리고 이에 대해 2단락과 3단락에서 각각 마술 한 가지를 예로 들고, 4단락에서 (ⓐ)에 (ⓑ)적 원리가 담겨 있다고 정리하고 있다. 따라서 이 글의 제목을 〈마술과 과학이 관련이 있다고?〉로 정하려 한다.

ⓐ: (   ), ⓑ: (   )

03

제목은 글의 핵심 내용을 담고 있어요. 각 단락에서 무엇을 이야기하고 있는지 살펴보며 빈칸에 들어갈 말을 생각해 보세요.

04 내용 적용하기

다음은 재인이가 마술사를 인터뷰한 내용입니다. ㉠~㉣ 중 알맞지 않은 것을 쓰세요.

> 재인: 마술사님의 몸이 공중으로 떠오르는 공중 부양 마술이 정말 신기합니다. 혹시 이 마술의 비밀을 알려 주실 수 있나요?
>
> 마술사: ㉠ 공중 부양 마술은 자석의 자기력을 이용한 마술입니다. 공연 전에 저는 무대 위쪽에 자석을 설치하고, ㉡ 제 몸에도 자석으로 만든 장치를 달았어요. 그리고 공연이 시작된 뒤 ㉢ 장치에 전류를 흘려주면 장치와 무대 위쪽 자석이 서로 반응하지요. 결국 ㉣ 자석의 같은 극끼리 서로 밀어내는 힘을 이용해서 제 몸이 떠오를 수 있었던 것이랍니다.

(   )

재인이와 마술사는 '공중 부양 마술'에 대해 이야기를 나누고 있어요. '공중 부양 마술'의 원리를 설명하고 있는 3단락에 주목하세요.

05 내용 이해하기 `서술형`

글쓴이가 소개한 쉽고 재미있게 과학을 공부하는 방법이 무엇인지 쓰세요.

_____

_____

_____

4단락에는 글쓴이의 의견이 드러나 있어요. 글쓴이가 제안하고 있는 것이 무엇인지 살펴보세요.

낱말 따라 쓰기

● 자석끼리 끌어당기거나 밀어냄으로써 서로에게 미치는 힘 : 자 기 력 [磁 - 자석 **자**, 氣 - 기운 **기**, 力 - 힘 **력**]

● 알맞게 이용되거나 맞추어져 쓰이다. : 적 용 되 다
　㉠ 우리 학교 규칙은 모든 학생에게 적용된다.

● 어떤 목적에 따라 일정한 일을 하는 기계나 도구 : 장 치

● 물질 안에서 전기를 띤 알갱이가 이동하는 현상 : 전 류
　[電 - 전기 **전**, 流 - 흐를 **류**]

● 충분히 잘 이용하다. : 활 용 하다

● 처음으로 여러 사람에게 보여 주다. : 선 보 이 다

● 마음과 힘을 다하여 무엇을 이루려고 힘쓰다. : 애 쓰 다
　㉠ 나는 그녀의 이름을 기억해 내려고 한참 동안 애썼다.

● 시간이 오래 걸리거나 같은 상태가 계속되어 따분하고 싫증이 나다.
　: 지 루 하다

● 진리, 학문을 파고들어 깊이 연구하다. : 탐 구 하다
　[探 - 찾을 **탐**, 究 - 연구할 **구**]

● 자극에 대하여 어떤 현상이 일어나다. : 반 응 하다

[01~06] 주어진 뜻풀이에 해당하는 낱말을 〈보기〉에서 찾아 쓰세요.

〈 보기 〉
식습관   피해   전류   주의보   해롭다   탐구하다

01 폭풍·해일·홍수 등으로 인해 피해를 입을 위험이 있을 때 기상청에서 주의를 주는 예보

:＿＿＿＿＿

02 좋지 않다. 이롭지 않다. :＿＿＿＿＿

03 음식을 먹는 과정과 관련하여 익숙하게 하는 행동

:＿＿＿＿＿

04 생명이나 몸, 재산, 명예에 손해를 입음.

:＿＿＿＿＿

05 진리, 학문을 파고들어 깊이 연구하다.

:＿＿＿＿＿

06 물질 안에서 전기를 띤 알갱이가 이동하는 현상

:＿＿＿＿＿

[07~09] 주어진 한자와 뜻풀이를 보고, 빈칸에 들어가기에 알맞은 말을 쓰세요.

07 排 물리칠 ☐ + 出 나갈 ☐ + 되다 =

☐☐ 되다

안에서 밖으로 밀려 내보내지다.

08 濃 짙을 ☐ + 度 정도 ☐ = ☐☐

기체나 액체에 들어 있는
어떤 물질의 많고 적은 정도

09 誤 그르칠 ☐ + 解 풀 ☐ = ☐☐

사실과 다르게 잘못 아는 것

[10~14] 주어진 초성과 뜻풀이를 보고, 빈칸에 들어가기에 알맞은 낱말을 쓰세요.

10 물고기는 물의 온도 변화에 크게 ☐ㅂ ☐ㅇ☐ 하였다.

자극에 대하여 어떤 현상이 일어나다.

11 나는 그런 ☐ㅅ ☐ㅇ ☐ㅅ☐ 에 넘어가지 않는다.

남을 속이는 짓

12 어른 앞에서 그런 예의없는 행동은 ☐ㅅ ☐ㄱ☐ 야 한다.

어떤 것을 하기 싫어하여
피하거나 하지 않다.

13 할아버지는 불을 피우고 남은 ☐ㅈ☐ 을/를 마당에 묻으셨다.

불에 타고 남는 가루 모양의 물질

14 우리 회사는 이번 박람회에서 신제품을 ☐ㅅ ☐ㅂ☐ ☐ㅇ☐ 기로 했다.

처음으로 여러 사람에게 보여 주다.

[15~18] 주어진 뜻풀이에 해당하는 낱말을 연결하세요.

15 자석끼리 끌어당기거나 밀어냄으로써 서로에게 미치는 힘 •

• ㉠ 공중 부양

16 공중으로 떠오름. 또는 떠오르게 함. •

• ㉡ 비과학적

17 둘 이상의 사람, 사물, 현상 등이 서로 관계를 맺고 있음. •

• ㉢ 자기력

18 과학적인 근거가 없는 것 •

• ㉣ 관련

위치를 나타내는 기준, 방위

어떤 곳의 위치를 다른 사람에게 설명해 주는 일은 쉽지 않다. 정해 놓은 기준이 없다면 사람마다 설명을 다르게 받아들일 것이다. 마주 보고 있는 두 사람에게 오른쪽과 왼쪽 방향이 서로 다른 것처럼 말이다. 마찬가지로 정확한 기준이 없다면 똑같은 지도를 읽을 때도 사람마다 다르게 읽어 불편할 것이다.

지도에서 위치를 나타내는 기준이 되는 것은 방위이며, 방위는 동서남북을 기준으로 삼아서 정한 방향을 말한다. 지도를 읽으려면 방위를 알아야 하는데, 지도에서 방위는 주로 4방위표를 이용하여 나타낸다. 지도에서 쉽게 볼 수 있는 숫자 4처럼 생긴 기호가 바로 동서남북을 나타내는 4방위표이다. 더욱 정확한 방향을 나타내기 위해서 4방위표를 일정한 각도로 나누어 8방위표, 16방위표, 24방위표, 32방위표 등으로 나타내기도 한다. 만약 지도에 방위표가 없을 때는 어떻게 할까? 이때는 위쪽을 북쪽, 아래쪽을 남쪽, 오른쪽을 동쪽, 왼쪽을 서쪽이라고 생각하면 된다.

지도나 나침반이 없을 때는 어떻게 방위를 찾을 수 있을까? 태양, 달, 별, 나무 등의 자연물을 이용하면 된다. 낮에는 태양의 위치와 나무의 가지를 보고 방위를 알 수 있다. 태양은 아침에 동쪽에서 떠서 정오에 남쪽 하늘에 있다가 저녁에는 서쪽으로 진다. 나무는 햇빛을 좋아하기 때문에 남쪽을 향해 나뭇가지들이 많이 뻗어 나와 있다. 밤에는 달이나 별을 보면 된다. 보름달은 동쪽에서 떠올라 자정에 남쪽 하늘을 지나 새벽에는 서쪽으로 이동한다. 더 쉽게 방위를 찾으려면 북극성을 이용하면 된다. 밤하늘의 북쪽에는 항상 북두칠성과 북극성이 밝게 빛나고 있기 때문이다.

이처럼 방위는 위치를 설명하는 기준이 되며 우리 생활에서 유용하게 쓰인다. 지도를 펴고 방위를 기준으로 친구에게 위치를 설명해 보자. 방위라는 일정한 기준이 있기 때문에 서로 쉽게 소통할 수 있을 것이다.

뜻을 정확히 모르는 낱말들을 적어 보세요!

낱말 따라 쓰기

● 기본이 되는 원칙이나 잣대 : 기 준

● 쓰기에 편하지 않다. : 불 편 하다

● 어떠한 뜻을 나타내기 위하여 쓰이는 부호, 문자, 표시 등을 통틀어 이르는 말 : 기 호

● 어떤 것의 크기, 모양, 범위, 시간 등이 하나로 정해져 있다. : 일 정 하다 ⑩ 우리는 일정한 속도로 맞춰 걸었다.

● 한 점에서 갈리어 나간 두 직선의 벌어진 정도 : 각 도

● 비행이나 항해에 쓰이는, 방향을 가리켜 주는 도구 : 나 침 반

● 자연계에 있는, 저절로 생긴 물체 : 자 연 물

● 낮 열두 시 : 정 오

● 밤 열두 시 : 자 정

STEP 1 중심 낱말 찾기

★ 중심 낱말을 찾는 방법
• 단락 혹은 글 전체에 가장 많이 나오는 말을 찾으세요.
• 단락 혹은 글 전체에서 가장 중심이 되는 말이 무엇인지 살펴보세요.

1단락

정확한 기준이 없으면 어떤 곳의 위치를 다른 사람에게 설명해 주는 일과, 지도를 읽는 일이 쉽지 않을 것이라고 이야기하고 있어요.

이때 가장 중심이 되는 말이 기준이므로 1단락의 중심 낱말은 '¹⁾ ☐☐'입니다.

2단락

방위는 동서남북을 기준으로 삼아서 정한 방향으로, 지도에서 위치를 나타내는 기준이 된다고 이야기하고 있어요. 구체적으로, 지도에 주로 쓰이는 4방위표에 대해서도 설명하고 있네요.

가장 많이 나오고 중심이 되는 말이 방위이므로 2단락의 중심 낱말은 ²⁾ ☐☐'입니다.

3단락

2단락에서 지도의 방위를 찾는 것을 이야기했다면, 3단락에서는 지도나 나침반이 없을 때 방위를 찾는 방법을 설명하고 있어요. 이런 경우에는 ³⁾ ☐☐☐을/를 이용하여 방위를 찾을 수 있다고 해요.

가장 중심이 되는 말이 방위이므로 3단락의 중심 낱말은 '방위'입니다.

4단락

방위의 역할을 한 번 더 정리해 주고 있네요. 또, 앞에서 설명한 방위를 활용하여 친구에게 ⁴⁾ ☐☐을/를 설명해 보자고 제안하며 글을 마무리하고 있어요.

가장 많이 나오고 중심이 되는 말이 방위이므로 4단락의 중심 낱말은 '방위'입니다.

★ 1단락의 중심 낱말은 '기준'이고, 2~4단락의 중심 낱말은 '방위'입니다. 1단락에서 이야기하고 있는 '기준'은 결국 '방위'를 말하는 것이므로 이 글 전체의 중심 낱말은 '⁵⁾ ☐☐' 입니다.

빠른 정답 2쪽, 정답과 풀이 8~9쪽

01   중심 낱말 찾기

이 글의 핵심 내용을 정리한 것입니다. 빈칸에 공통으로 들어가기에 알맞은 말을 쓰세요.

> (　　　　)은/는 동서남북을 기준으로 삼아서 정한 방향을 말하며, 지도에서
> (　　　　)은/는 주로 4방위표를 이용하여 나타낸다.

(　　　　　　　　　　　　　)

정답 콕콕 특강

01
주어진 내용이 이 글의 어느 부분에 나오는지 확인해 보세요.

02   내용 이해하기

다음은 지도를 읽는 방법을 정리한 것입니다. 빈칸에 들어갈 말을 순서대로 쓰세요.

> 지도에 방위표가 없을 때는 위쪽을 (　　　)쪽, 아래쪽을 (　　　)쪽, 오른쪽
> 을 (　　　)쪽, 왼쪽을 (　　　)쪽이라고 생각하고 지도를 읽어야 한다.

(　　　　　　), (　　　　　　), (　　　　　　), (　　　　　　)

02
2단락에서 '지도에 방위표가 없을 때'는 어떻게 해야 하는지 설명하고 있어요.

03   내용 이해하기

이 글의 내용으로 알맞지 <u>않은</u> 것은 무엇인가요?   (　　)

① 방위는 지도에서 위치를 나타내는 기준이 된다.
② 방위표가 없는 지도는 잘못 만들어진 지도이다.
③ 나침반이나 지도가 없을 때는 자연물을 이용하여 방위를 찾을 수 있다.
④ 지도에 표시된 숫자 4처럼 생긴 기호는 동서남북을 나타내는 방위표이다.
⑤ 8방위표, 16방위표, 24방위표 등은 4방위표를 일정한 각도로 나눈 것이다.

03
2단락에서는 방위의 개념과 지도에 쓰이는 방위표를, 3단락에서는 지도나 나침반이 없을 때 방위를 찾는 방법을 설명하고 있어요.

04   알맞은 반응 찾기

이 글은 읽은 학생들의 반응으로 알맞지 <u>않은</u> 것은 무엇인가요?   (　　)

① 정오에 태양이 떠 있는 곳은 남쪽 하늘이군.
② 나뭇가지들이 많이 뻗어 나와 있는 방향은 남쪽이군.
③ 북두칠성과 북극성은 항상 밤하늘의 북쪽에 떠 있군.
④ 태양과 달리 보름달은 뜨고 지는 방향이 항상 달라지는군.
⑤ 기준을 정해 두지 않으면 똑같은 지도를 사람마다 다르게 읽겠군.

04
'학생들의 반응'은 이 글의 내용과 일치해야 해요. 각 선택지를 이 글의 내용과 비교해 보세요.

낱말 따라 쓰기

● 작은곰자리에서 가장 밝은 별 : | 북 | 극 | 성 |

● 큰곰자리에서 국자 모양을 이루며 가장 뚜렷하게 보이는 일곱 개의 별
                  : | 북 | 두 | 칠 | 성 |

● 쓸모가 있다. : | 유 | 용 | 하다 [有 - 있을 유, 用 - 쓸 용]

● 오해가 없도록 뜻을 서로 전하다. : | 소 | 통 | 하다
    예) 나는 연희와 서로의 생각을 제대로 <u>소통</u>할 수 없어 답답했다.

낱말 쑥쑥 테스트

빠른 정답 2쪽

[01~06] 주어진 뜻풀이에 해당하는 낱말을 〈보기〉에서 찾아 쓰세요.

〈 보기 〉
방위   자연물   나침반   각도
자정   정오   기준

01 한 점에서 갈리어 나간 두 직선의 벌어진 정도

: _____

02 기본이 되는 원칙이나 잣대 : _____

03 비행이나 항해에 쓰이는, 방향을 가리켜 주는 도구

: _____

04 밤 열두 시 : _____

05 자연계에 있는, 저절로 생긴 물체 : _____

06 낮 열두 시 : _____

[07~10] 문장의 의미를 생각하여, 밑줄 친 말과 가장 비슷한 낱말을 〈보기〉에서 찾아 쓰세요.

〈 보기 〉
일정   소통   유용   기호

07 수학에서는 0 이상의 수를 나타낼 때 '+' <u>부호</u>를 쓰지 않기도 한다.

➡ 한글은 소리를 [   ](으)로 나타낸 문자이다.

08 도서 목록은 책을 찾는 데 <u>쓸모가 있다</u>.

➡ 물티슈는 책상을 편하고 깨끗하게 닦을 수 있어서 [   ]하다.

09 나는 미국에서 온 친구와 영어로 <u>대화했다</u>.

➡ 듣지 못하거나 말하지 못하는 사람은 다른 사람과 수화로 [   ]한다.

10 학급 게시판에 하나로 <u>정해진</u> 간격에 맞춰 압정을 꽂았다.

➡ 어머니께서는 삼촌에게 돈을 받고 건물을 [   ]한 기간 동안 빌려 주기로 하셨다.

배경지식

방위를 알려 두는 나침반

나침반은 비행이나 항해에 쓰이는, 방향을 알려 주는 도구입니다. 나침반의 가운데에는 자석으로 만들어진 바늘이 있어요. 이를 '자침'이라고 불러요. 그리고 지구도 자석의 성질을 가지고 있어서 북극은 S극, 남극은 N극인 커다란 자석이라고 볼 수 있어요. 자석은 서로 같은 극끼리 밀어내고 서로 다른 극끼리 끌어당깁니다. 그래서 나침반이 지구라는 자석과 반응하여 나침반의 N극은 북쪽을 가리키고, S극은 남쪽을 가리켜요.

옛날부터 사람들은 항해와 비행을 할 때만이 아니라 등산을 하거나 여행을 갈 때도 길을 잃지 않기 위해 나침반을 사용했어요. 특히 항해용 나침반은 배가 아무리 기울어져도 방위를 적어 놓은 원반이 늘 수평을 유지할 수 있게 만들어졌어요. 그래서 배를 타고 큰 바다를 건너는 탐험가들에게 항해용 나침반은 없어서는 안 될 물건이었어요.

DAY 04 이야기 글에 꼭 필요한 요소는 무엇일까?

이야기 글에 빠져서는 안 되는 3가지 요소가 있다. 바로 인물, 사건, 배경이다. 인물은 일정한 상황에서 어떤 역할을 하는 사람을 뜻한다.

> 정훈이는 지난달에 우리 반으로 전학을 왔다. 처음에는 수줍음이 많아 아이들과 친해지기 어려웠지만, 시간이 지날수록 선생님과 아이들 모두 친절하고 예의 바른 정훈이를 좋아하게 되었다.

위 글에 등장하는 인물은 정훈, 선생님, 아이들이다. 이야기는 인물의 말과 행동을 중심으로 전개된다. 따라서 앞으로 전개될 이야기는 정훈이를 중심으로 학교생활과 관련하여 벌어지는 이야기일 것이라고 짐작해 볼 수 있다.

사건이란 이야기 속에서 인물들이 겪거나 벌이는 일을 말한다. 사건은 인물의 행동이 이어져서 일어나는 일이며, 사건과 사건이 이어질 때는 보통 시간의 흐름이 변하거나 장소가 바뀐다.

> 점심시간, 아이들이 화단에 줄 물을 큰 주전자에 받아 왔다. 물이 가득 담긴 주전자가 무거워 낑낑거리며 옮기고 있는데 축구를 하던 정훈이가 다가와 주전자를 옮기는 것을 도와주었다.

위 글에서 사건은 정훈이가 아이들이 물이 가득 담긴 주전자를 옮기는 것을 도와준 일이다. 글쓴이는 특정한 의도에 따라 사건이 진행되는 순서를 다르게 할 수 있다.

배경이란 일이 일어나는 시간과 장소, 환경을 말한다. 일이 일어나는 시간을 시간적 배경, 일이 일어나는 장소를 공간적 배경, 일이 일어난 당시의 사회 및 시대 상황을 시대적 배경이라고 한다.

> 오늘은 5학년의 마지막 날이다. 정훈이는 교실로 들어서며 친구들을 처음 만났을 때 서먹서먹했던 것을 떠올렸고, 1년이라는 시간이 빠르게 흘렀다고 생각했다.

위 글의 시간적 배경은 '5학년의 마지막 날'이고, 공간적 배경은 '교실'이다. 배경은 인물의 성격과 행동에 영향을 주고, 장면을 인상적으로 만드는 등 글의 분위기를 좌우한다.

✏️ 뜻을 정확히 모르는 낱말들을 적어 보세요!

-
-
-
-
-
-
-
-
-
-

낱말 따라 쓰기

- 무엇을 이루는 데 꼭 있어야 할 중요한 물질이나 조건 : 요 소
  예) 자동차는 엔진, 타이어 등 여러 가지 요소로 이루어져 있다.
- 내용이 점점 크고 복잡하게 펼쳐져 나가게 되다. : 전 개 되 다
- 어떤 일이 일어나다. : 벌 어 지 다

- 일이나 상황을 어림잡아 생각하다. : 짐 작 하다
- 꽃을 심기 위하여 흙을 한층 높게 하여 꾸며 놓은 꽃밭 : 화 단
- 특별히 정하여져 있다. : 특 정 하다
  [特 — 특별할 특, 定 — 정할 정]

✏️ 뜻을 정확히 모르는 낱말들을 적어 보세요!

01 중심 낱말 찾기

다음은 이 글의 핵심 내용을 정리한 것입니다. 빈칸에 들어가기에 알맞은 말을 쓰세요.

이야기 글에 꼭 필요한 요소 3가지는 (   ), (   ), (   )이다.

(   ), (   ), (   )

DAY
04

02 내용 이해하기

다음 설명이 각각 어떤 요소에 해당하는지 연결해 보세요.

(1) 일이 일어나는 시간과 장소, 환경 •   • ㉠ 인물

(2) 이야기 속에서 인물들이 겪거나 벌이는 일 •   • ㉡ 사건

(3) 일정한 상황에서 어떤 역할을 하는 사람 •   • ㉢ 배경

03 내용 이해하기

이야기 글의 3가지 요소에 대한 설명으로 알맞지 <u>않은</u> 것은 무엇인가요?   (   )

① 배경은 글의 분위기를 좌우한다.
② 인물이 처한 개인적인 상황을 시대적 배경이라고 한다.
③ 사건과 사건이 이어질 때는 보통 시간의 흐름이나 장소가 바뀐다.
④ 글쓴이는 어떤 의도에 따라 사건이 진행되는 순서를 다르게 할 수 있다.
⑤ 시간적 배경은 일이 일어나는 시간, 공간적 배경은 일이 일어나는 장소를 말한다.

04 내용 이해하기

다음은 '인물'에 대한 설명입니다. 빈칸에 들어가기에 알맞은 말을 이 글에서 찾아 쓰세요.

> 이야기의 인물을 파악하면 앞으로 어떤 이야기가 나올지 짐작할 수 있다. 그 이유는 이야기가 인물의 (　　　)와/과 (　　　)을/를 중심으로 전개되기 때문이다.

(　　　　　　　　　　), (　　　　　　　　　　)

05 내용 적용하기 `서술형`

다음 이야기 글을 읽고 인물, 사건, 배경을 써 보세요.

> 오늘은 5학년이 된 첫날이다. 친한 친구들과 모두 다른 반이 된 찬희는 다소 기운 없는 모습을 하고 교실에 앉아 있었다. 뒷문이 열리는 소리에 뒤를 돌아보자, 수지가 교실로 들어와 뒤쪽에 떨어진 쓰레기를 줍는 것이 보였다. 찬희는 예쁘고 착한 수지와 친구가 되고 싶다고 생각했다.

(1) 인물: (　　　　　　　　　　　　　　　)
(2) 사건: (　　　　　　　　　　　　　　　　)
(3) 시간적 배경: (　　　　　　　　　　　　)
(4) 공간적 배경: (　　　　　　　　　　　　)

뜻을 정확히 모르는 낱말들을 적어 보세요!

낱말 따라 쓰기

● 무엇을 하고자 하는 생각이나 계획 : 의 도

● 일이 되어 나아가게 되다. : 진 행 되 다

● 시간에 관한 : 시 간 적

● 공간에 관한 : 공 간 적

● 어떤 시대에 특별하게 나타나는 : 시 대 적

● 낯설거나 친하지 않아서 자꾸 어색하다. : 서 먹 서 먹 하다

● 어떤 사물이나 일의 효과가 다른 것에 미치는 일 : 영 향
　예 매일 늦게 자는 것은 건강에 나쁜 영향을 끼친다.

● 마음속에 새겨지는 느낌이 강하게 남는 것 : 인 상 적

● 이야기의 바탕에 깔려 있는 색이나 느낌 : 분 위 기
　예 시의 분위기를 느끼며 시를 읽으니 더욱 이해가 잘 되었다.

● 어떤 일에 영향을 주어 뜻대로 다루다. : 좌 우 하다

● 낱낱의 사람에 속하거나 관계되는 것 : 개 인 적

● 어떤 대상이나 일을 잘 이해하여 확실하게 알다. : 파 악 하다
　[把-잡을 파, 握-쥘 악]

[01~05] 주어진 낱말 중 뜻풀이에 해당하는 것을 골라 쓰세요.

01 [개인적] [전체적]

낱낱의 사람에 속하거나 관계되는 것 : ☐☐☐

02 [시간적] [시대적]

어떤 시대에 특별하게 나타나는 : ☐☐☐

03 [특정하다] [좌우하다]

어떤 일에 영향을 주어 뜻대로 다루다. : ☐☐☐☐

04 [진행되다] [진화되다]

일이 되어 나아가게 되다. : ☐☐☐☐

05 [짐작하다] [집착하다]

일이나 상황을 어림잡아 생각하다. : ☐☐☐☐

[06~11] 주어진 초성과 뜻풀이를 보고, 빈칸에 들어가기에 알맞은 낱말을 쓰세요.

06 어제 말다툼을 한 이후로 철수와 나는 ☐ㅅ☐ㅁ☐ ☐ㅅ☐ㅁ☐ 해졌다.
낯설거나 친하지 않아서 자꾸 어색하다.

07 나는 이미 이 영화를 봐서 영화의 내용이 어떻게 ☐ㅈ☐ㄱ☐ 되는지 알고 있다.
내용이 점점 크고 복잡하게 펼쳐져 나가게 되다.

08 그 배우는 눈빛 연기가 ☐ㅇ☐ㅅ☐ㅈ☐(이)다.
마음속에 새겨지는 느낌이 강하게 남는 것

09 수빈이는 나에게 좋은 ☐ㅇ☐ㅎ☐을/를 주는 친구이다.
어떤 사물이나 일의 효과가 다른 것에 미치는 일

10 이 문제를 해결하려면, 가장 먼저 문제가 일어난 이유를 ☐ㅍ☐ㅇ☐해야 한다.
어떤 대상이나 일을 잘 이해하여 확실하게 알다.

11 형에게는 또 다른 ☐ㅇ☐ㄷ☐이/가 있는 것이 확실하다.
무엇을 하고자 하는 생각이나 계획

배경지식

눈길을 사로잡는 제목

좋은 이야기 글을 쓰기 위해서는 매력적인 인물과 흥미진진한 사건, 탄탄한 배경이 필요해요. 그리고 이 세 가지 만큼이나 중요한 요소가 있어요. 바로 좋은 제목입니다. 글을 읽는 사람은 보통 제목을 가장 먼저 보기 때문에 제목은 글을 대표한다고 할 수 있어요.

제목을 잘 정하는 방법은 무엇일까요? 이야기 글의 제목은 이야기의 중심 내용을 담고 있는 것이 좋아요. 그러면 읽는 사람이 제목만 보고도 내용을 짐작할 수 있지요. 또한 이야기 글의 제목은 읽는 사람의 흥미를 이끌어 낼 수 있어야 해요. 누구나 들어봤을 만한 표현을 조금 바꿔 제목을 짓거나, 비슷한 발음의 낱말을 늘어놓는 방법으로 제목을 지으면 읽는 사람의 눈길을 끌 수 있어요. 제목은 글의 첫인상을 좌우하므로 알맞으면서도 재미있는 제목을 붙이는 것이 아주 중요해요.

행운의 수와 불길한 수는 따로 있다?

오랜 옛날부터 사람들은 숫자에 여러 가지 의미를 붙였고, 이러한 모습은 오늘날에도 동양과 서양을 가리지 않고 흔히 찾아볼 수 있다. 행운을 가져오는 수와 불행을 부르는 수에 대한 동양과 서양의 인식을 알아보자.

동양 사람들은 아주 오래전부터 3이라는 수를 완벽한 수라고 생각했다. 동양에서는 흔히 우주 만물을 만들어 내는 근원이면서 서로 반대되는 기운인 음과 양이 서로 조화를 이루어야 한다고 생각했다. 그래서 홀수 1과 짝수 2가 더해진 숫자 3을 음과 양의 조화가 이루어진 완벽한 수라고 여겨 좋아한 것이다.

반면, 한자에서 죽음을 뜻하는 글자인 '死(사)'와 소리가 같은 숫자 4는 불행을 부르는 수라고 생각했다. 그래서 오늘날에도 엘리베이터를 보면 4 대신 영어 'Four'의 첫 글자를 따서 F로 표시하는 경우가 많다.

서양 사람들은 7을 '행운의 숫자'라는 뜻의 '럭키 세븐'이라고 부를 만큼 좋아한다. 그들이 이렇게 7을 좋아하는 것은 종교와 관련이 깊다. 성경의 창세기에 따르면 하나님은 6일 동안 만물을 창조하고 7일째 되는 날 편안히 쉬었다고 한다. 또한 서양에서는 오래전부터 3을 하늘의 완전함을 나타내는 숫자로, 4를 땅의 완전함을 나타내는 숫자로 여겨 왔다. 그래서 3과 4가 더해진 숫자 7을 하늘과 땅이 완전히 합해진 행운의 수라고 여긴 것이다.

반면에 서양 사람들은 13이라는 숫자를 불완전하고 불행한 숫자라고 여긴다. 서양에서는 1년을 12달로, 오전과 오후를 각각 12시간으로 나눌 만큼 12를 '완전함'을 뜻하는 수로 생각했다. 그래서 12에 1을 더한 수인 13을 완전함을 파괴하는 숫자, 불완전한 숫자라고 생각하여 싫어한 것이다. 또한 예수가 제자들과 마지막 만찬을 나눌 때 13번째로 도착한 유다가 예수를 배신하였다는 성경 속 이야기도 서양 사람들이 13을 불길한 수로 여기게 된 것에 영향을 미쳤다.

✏️ 뜻을 정확히 모르는 낱말들을 적어 보세요!

1234
5678
90

낱말 따라 쓰기

● 좋은 운 : 행 운 [幸 - 다행 행, 運 - 운수 운]

● 운이 좋지 않거나 일이 보통 때와 다르다. : 불 길 하다

● 아시아의 동부 및 남부 지역. 한국, 중국, 일본 등이 있다. : 동 양

● 유럽과 남북아메리카의 여러 나라를 통틀어 이르는 말 : 서 양

● 행복하지 않은 일. 또는 그런 운 : 불 행

● 사물을 구별하고 판단하여 아는 것 : 인 식

● 세상에 있는 모든 것 : 만 물

● 사물이 처음 시작되는 뿌리나 원인 : 근 원
  [根 - 뿌리 근, 源 - 근원 원]

● 눈에 보이지는 않지만 느낄 수 있는 힘이나 분위기 : 기 운

빠른 정답 2쪽, 정답과 풀이 12~13쪽

✎ 뜻을 정확히 모르는 낱말들을 적어 보세요!

01 중심 낱말 찾기

다음은 이 글의 핵심 내용을 정리한 것입니다. 빈칸에 들어가기에 알맞은 말을 쓰세요.

> 옛날부터 사람들은 (   )에 여러 가지 의미를 붙였다. 동양에서는 숫자 3을 좋아하고 4를 불길하게 여겼으며, 서양에서는 숫자 7을 행운의 수라고 생각하고 13을 불길한 수로 여겼다.

(   )

02 내용 이해하기

다음은 숫자 3과 7에 대한 동서양의 인식을 정리한 것입니다. ㉠~㉣에 들어갈 말을 이 글에서 찾아 쓰세요.

1	+ 2	= 3
(㉠)	(㉡)	음과 양의 조화가 이루어진 수
3	+ 4	= 7
(㉢)의 완전함을 나타냄.	(㉣)의 완전함을 나타냄.	(㉢)와/과 (㉣)이/가 완전히 합해진 수

㉠: (   ), ㉡: (   )
㉢: (   ), ㉣: (   )

03 내용 이해하기

이 글의 내용으로 알맞지 <u>않은</u> 것은 무엇인가요? (   )

① 4는 한자에서 죽음을 뜻하는 글자인 '死'와 소리가 같다.
② 서양 사람들은 13을 완전함을 파괴하는 숫자라고 생각했다.
③ 동양 사람들은 음과 양이 서로 조화를 이루어야 한다는 생각을 가졌다.
④ 오늘날에는 사람들이 숫자에 여러 가지 의미를 붙이는 모습을 찾아볼 수 없다.
⑤ 엘리베이터에 4 대신 F가 표시된 것은 4가 불길하다는 동양의 인식이 반영된 것이다.

04 내용 적용하기

다음 중 2단락에 추가할 수 있는 예시로 가장 알맞은 것은 무엇인가요? （　　　）

① 건물 4층에 사는 것을 싫어하는 사람들이 있다.

② 미국에서는 '13일의 금요일'이라는 공포 영화가 만들어졌다.

③ 우리나라에서는 가위바위보로 승부를 결정할 때 세 번씩 하는 경우가 많다.

④ 엘리베이터를 타면 3층 다음에 4층을 건너뛰고 5층이라고 표시된 경우가 있다.

⑤ 영국에 살다 온 민경이는 수학 시험을 볼 때 모르는 문제의 답은 무조건 '7'이라고 쓴다.

✏️ 뜻을 정확히 모르는 낱말들을 적어 보세요!

05 내용 추측하기 【서술형】

다음은 숫자에 대한 서양 사람들의 인식을 정리한 것입니다. 빈칸에 들어가기에 알맞은 말을 4단락에서 찾아 쓰세요.

> 서양 사람들이 숫자 7을 행운의 수로 여기는 것과 숫자 13을 불길한 수로 여기는 것에는 모두 성경 속 이야기가 영향을 미쳤다. 즉, 숫자 7과 13에 대한 서양 사람들의 인식은 공통적으로 _____.

_____

_____

_____

낱말 따라 쓰기 🍬

● 서로 잘 어울림. : 조 화

　예 같이 일하는 사람들 사이의 조화가 아주 중요하다.

● 마음속으로 그러하다고 인정하거나 생각하다. : 여 기 다

　예 사람들은 내가 범인이라고 여기고 있다.

● 기독교의 이치를 적은 책 : 성 경

● 신이 우주에 있는 모든 것을 처음으로 만들다. : 창 조 하다

● 완전하지 않거나 완전하지 못하다. : 불 완 전 하다

● 조직, 질서, 관계 등을 산산이 흩어지게 하거나 무너뜨리다. : 파 괴 하다

● 스승으로부터 가르침을 받거나 받은 사람 : 제 자

● 손님을 불러 함께 먹는 저녁 식사 : 만 찬

● 믿음이나 의리를 저버리다. : 배 신 하다
　[背－등질 배, 信－믿을 신]

● 다른 것에 영향을 받아 어떤 현상이 나타나다. : 반 영 되 다

　예 시나 소설에는 우리의 삶이 반영되어 있다.

● 나중에 더 더하여 채우다. : 추 가 하다

● 이기는 것과 지는 것 : 승 부

● 중간에 어느 순서나 자리를 빼고 넘기다. : 건 너 뛰 다

[01~06] 주어진 뜻풀이에 해당하는 낱말을 〈보기〉에서 찾아 쓰세요.

〈 보기 〉
인식   창조하다   만물   건너뛰다
근원   조화   반영되다

01 세상에 있는 모든 것 : _____

02 사물을 구별하고 판단하여 아는 것
: _____

03 서로 잘 어울림. : _____

04 중간에 어느 순서나 자리를 빼고 넘기다.
: _____

05 신이 우주에 있는 모든 것을 처음으로 만들다.
: _____

06 다른 것에 영향을 받아 어떤 현상이 나타나다.
: _____

[07~12] 주어진 초성과 뜻풀이를 보고, 빈칸에 들어가기에 알맞은 낱말을 쓰세요.

07 인간들은 지구의 환경을 [ㅍ ㄱ]하고 있다.
조직, 질서, 관계 등을 산산이 흩어지게 하거나 무너뜨리다.

08 너까지 우리를 [ㅂ ㅅ]하니 더 이상 믿을 만한 사람이 없구나.
믿음이나 의리를 저버리다.

09 어젯밤 꿈이 [ㅂ ㄱ]하니 오늘은 모든 것을 조심해라.
운이 좋지 않거나 일이 보통 때와 다르다.

10 오늘은 [ㅎ ㅇ]이/가 따라줘서 게임에서 계속 이기고 있다.
좋은 운

11 여행 준비물을 적은 메모에 더 [ㅊ ㄱ]할 것이 없나 확인해 보자.
나중에 더 더하여 채우다.

12 나는 우리나라의 한복, 중국의 치파오 등 의 전통 옷을 좋아한다. [ㄷ ㅇ]
아시아의 동부 및 남부 지역. 한국, 중국, 일본 등이 있다.

배경지식

행운과 불행을 결정하는 숫자의 발음

여러분이 가장 좋아하는 숫자는 무엇인가요? 세계의 각 나라들은 저마다의 이유로 특정한 숫자를 행운의 수라고 여기기도 하고, 반대로 불길한 수라고 여기기도 해요. 가장 흔한 이유 중 하나는 바로 숫자의 발음입니다.

중국에서는 숫자 6이 행운을 가져다준다고 믿어요. 숫자 6의 중국어 발음은 '류'인데, '류'는 '물 흐르듯이 순조롭다.'라는 뜻을 가진 중국어 낱말과 발음이 비슷하기 때문이에요. 반면에 태국에서는 숫자 6이 불행의 숫자로 여겨집니다. 6은 태국어로 '혹'이라고 발음하는데, 이는 '넘어지다.'라는 뜻의 태국어 낱말인 '혹롬'과 발음이 비슷하기 때문이에요. 그래서 태국 사람들은 6을 실패를 가져오는 숫자라고 여겨요.

DAY 06 독해력 완성 테스트 [STEP 1]

✿✿✿ :상
✿✿✽ :중
✿✽✽ :하

공부한 날	월	일
맞은 개수		/ 5개

[01~05] 다음 글을 읽고, 물음에 답하세요.

민화는 말 그대로 백성(民 백성 민)들이 그린 그림(畵 그림 화)이다. 조선 후기에는 상공업 등이 발달하여 부를 쌓은 백성들이 늘어나고, 백성들의 삶이 더 여유로워졌다. 그러자 백성들은 일상생활에서 쉽게 볼 수 있는 해와 달, 나무, 꽃, 닭, 개, 물고기 등이나 옛날부터 전해 오는 이야기, 풍습을 소재로 그림을 그려 집안을 장식했다. 그리는 사람에 제약이 없고 다루는 소재가 다양했던 민화는 그리는 방법에도 일정한 형식이 없었다. 그래서 민화는 정통 회화에 비해 창의적인 표현이 돋보이고 소박하고 익살스러운 멋이 있다.

민화에는 여러 가지 종류가 있으며, 보통 무엇을 그렸는지에 따라 종류를 구분한다. 우리가 흔히 민화를 생각하면 떠오르는 호랑이와 까치를 그린 그림은 〈작호도〉라고 한다. 우리 조상들은 까치가 좋은 소식을 전해 주고, 호랑이가 악귀를 막아 준다고 생각했다. 그래서 복을 불러들이고 악귀를 내쫓고 싶은 바람을 담아 〈작호도〉를 그렸다. 〈화조도〉는 한 쌍의 새와 꽃을 그린 민화로, 주로 갓 결혼한 부부의 방을 장식하기 위해 그려졌다. 〈화조도〉에는 정답게 노는 새처럼 부부가 한평생 사이좋게 지내며 함께 늙어가길 바라는 마음이 담겨 있다.

〈문자도〉, 〈모란도〉, 〈어해도〉도 우리 민화의 대표적인 종류이다. 효(孝 효도 효), 충(忠 충성 충), 예(禮 예절 예)와 같은 글자를 그림으로 그린 〈문자도〉는 사람의 도리를 지키며 살아가자는 의미가 담긴 민화이다. 또한 꽃 중의 왕이라 여겨지는 모란꽃을 그린 〈모란도〉에는 재산이 많아지고 지위가 높아지기를 바라는 마음이 담겨 있다. 〈어해도〉는 꽃게를 그린 그림이다. 꽃게의 껍질을 뜻하는 '갑(甲 갑옷 갑)'이라는 한자가 상징적으로 '첫째' 또는 '으뜸'을 의미하기 때문에 〈어해도〉는 과거 시험에 합격하기를

바라는 마음을 담아 그려졌다.

이처럼 우리 조상들은 예쁘고 멋진 그림으로 집안을 장식하려는 뜻과 함께, 행복하고 건강하게 살고 싶은 소망을 담아 민화를 그렸다. 그러므로 민화를 감상할 때는 그림에 담긴 의미를 생각해 보고, 그림을 조상들의 생활 모습과 연관 지어 살펴보는 것이 좋다.

---

01 ✿✽✽

다음은 이 글의 핵심 내용을 정리한 것입니다. 빈칸에 들어가기에 알맞은 말을 쓰세요.

> (   )은/는 무엇을 그렸는지에 따라 〈작호도〉, 〈화조도〉, 〈문자도〉, 〈모란도〉, 〈어해도〉 등 다양한 종류로 구분할 수 있다.

(   )

02 ✿✽✽

다음은 민화가 발달한 배경을 정리한 것입니다. 빈칸에 들어가기에 알맞은 말을 순서대로 쓰세요.

> 조선 후기에 (   ) 등이 발달하여 부를 쌓은 백성들이 늘어나고, 백성들의 삶이 더 여유로워짐.

↓

> 백성들은 일상생활에서 쉽게 볼 수 있는 것들과 옛날부터 전해 오는 이야기, 풍습을 소재로 그림을 그려 집안을 (   )함.

(   ), (   )

03 ✽✽✽

이 글의 '민화'에 대한 설명으로 알맞지 <u>않은</u> 것은 무엇인가요? ( )

① 정통 회화에 비해 창의적인 표현이 돋보인다.
② 행복하고 건강한 삶에 대한 소망이 담겨 있다.
③ 소박하고 익살스러워 집안을 장식하기에는 좋지 않았다.
④ 그리는 사람에 제약이 없고, 그리는 방법에도 정해진 형식이 없었다.
⑤ 일상생활에서 쉽게 보는 것들과 전해 오는 이야기, 풍습 등 다루는 소재가 다양했다.

04 ✽✽✽

오른쪽은 민화의 한 종류입니다. 이 그림을 바르게 이해하지 <u>못한</u> 사람은 누구인가요? ( )

출처: e뮤지엄(http://www.emuseum.go.kr)

① 영미: 호랑이와 까치가 있는 것으로 보아 〈작호도〉이군.
② 민교: 이 그림에서 까치는 좋은 소식을 전해 주는 존재이겠군.
③ 환희: 이 그림은 주로 갓 결혼한 부부의 방을 장식하는 데 쓰였겠군.
④ 은미: 조상들은 이 그림을 보며 호랑이가 악귀를 막아 준다고 생각했겠군.
⑤ 수진: 이 그림에는 복을 불러들이고 악귀를 내쫓기를 바랐던 조상들의 소망이 담겨 있겠군.

05 ✽✽✽ 서술형

민화를 감상하는 방법을 4단락에서 찾아 쓰세요.

DAY
06

낱말 따라 쓰기

● 일정 기간을 둘이나 셋으로 나누었을 때의 맨 뒤 기간 : 후 기
● 상품을 사고팔아 이익을 얻는 상업과, 재료에 기술과 힘을 들여 새로운 물건으로 만드는 공업을 함께 이르는 말 : 상 공 업
● 기술, 사회 등의 현상이 더 높은 수준에 이르다. : 발 달 하다
● 넉넉한 생활. 또는 넉넉한 재산 : 부
● 오래전부터 지켜 내려오는 풍속과 습관 : 풍 습
● 예술 작품에서 지은이가 말하고자 하는 바를 나타내기 위해 선택하는 재료 : 소 재
● 조건을 붙여 내용에 한계를 정하거나 그 한계를 넘지 못하게 막음. : 제 약 예) 제약이 너무 많으면 답답하다.
● 한 사회나 집단의 중심이 되는 전통 : 정 통
● 새로운 것을 생각해 내는 특성을 가진 것 : 창 의 적
● 꾸밈이나 거짓이 없고 수수하다. : 소 박 하다
예) 그는 평소에 소박한 생활을 한다.
● 남을 웃기려고 일부러 우스운 말이나 행동을 하는 데가 있다. : 익 살 스 럽 다
● 몹쓸 귀신 : 악 귀 [惡 - 악할 악, 鬼 - 귀신 귀]
● 사람이 마땅히 행하여야 할 바른길 : 도 리
● 사회적 신분에 따르는 위치나 자리 : 지 위
● 어떤 사실이나 생각이나 느낌을 떠오르게 하는 것. 또는 그 사물을 가리키는 말이나 표시가 되는 것 : 상 징 적
● 어떤 일을 바람. 또는 그 바라는 것 : 소 망
● 예술 작품의 아름다움을 느끼고 즐기고 이해하다. : 감 상 하다

잠깐! 쉬어가기

＊ 다음 가로 열쇠와 세로 열쇠 문제를 잘 읽고, 빈칸에 알맞은 답을 써 보세요.

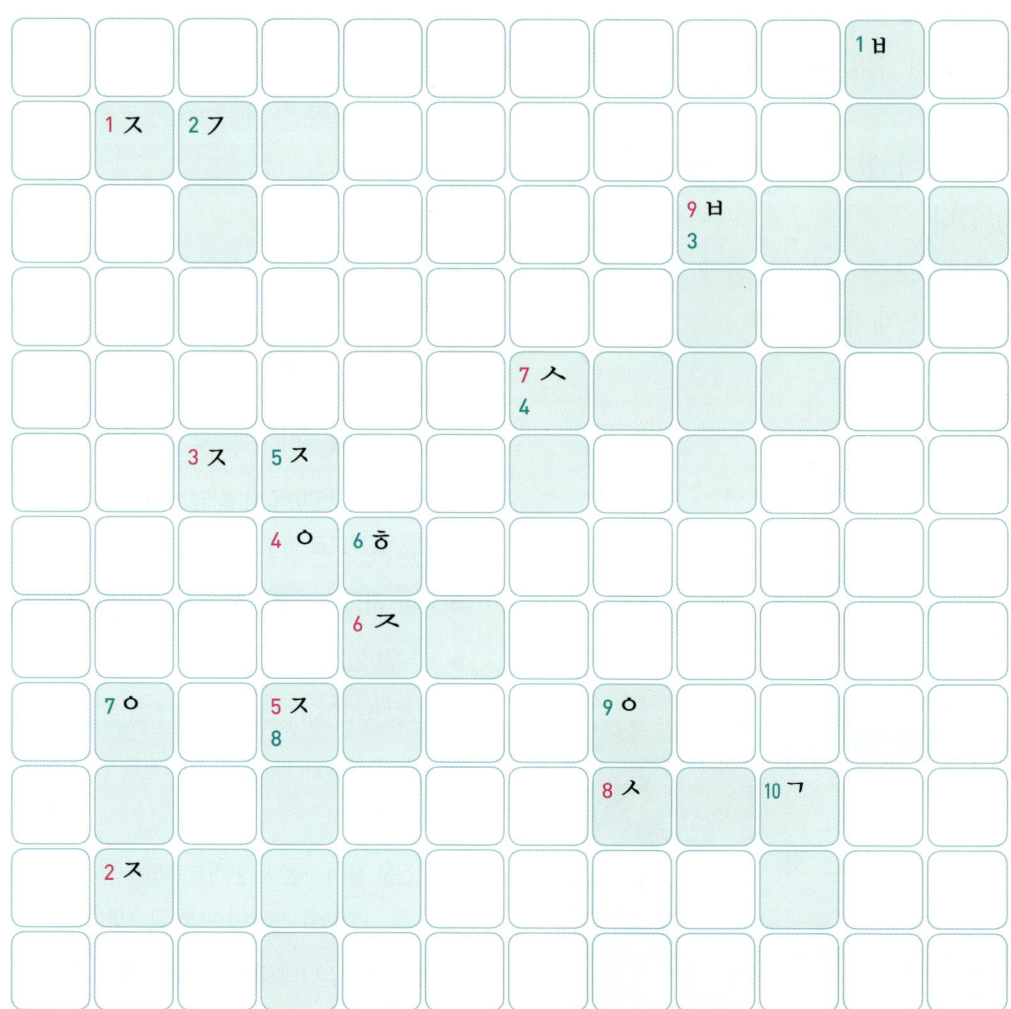

가로 열쇠

1 자석끼리 끌어당기거나 밀어냄으로써 서로에게 미치는 힘

2 알맞게 이용되거나 맞추어져 쓰이다.

3 밤 열두 시

4 사실과 다르게 잘못 아는 것

5 물질 안에서 전기를 띤 알갱이가 이동하는 현상

6 서로 잘 어울림.

7 꾸밈이나 거짓이 없고 수수하다.

8 음식을 먹는 과정과 관련하여 익숙하게 하는 행동

9 다른 것에 영향을 받아 어떤 현상이 나타나다.

세로 열쇠

1 안에서 밖으로 밀려 내보내지다.

2 어떠한 뜻을 나타내기 위하여 쓰이는 부호, 문자, 표시 등을 통틀어 이르는 말

3 자극에 대하여 어떤 현상이 일어나다.

4 어떤 일을 바람. 또는 그 바라는 것

5 낮 열두 시

6 바다에서 나는 식물을 통틀어 이르는 말

7 마음속에 새겨지는 느낌이 강하게 남는 것

8 내용이 점점 크고 복잡하게 펼쳐져 나가게 되다.

9 사물을 구별하고 판단하여 아는 것

10 둘 이상의 사람, 사물, 현상 등이 서로 관계를 맺고 있음.

STEP 2

중심 문장 찾기

중심 문장을 찾으면 각 단락에서 글쓴이가 가장 중요하게 내세우는 내용이 무엇인지 쉽게 알 수 있어요!

★ **중심 문장이란?**

단락 또는 글 전체의 중심이 되는 내용이 들어 있는 문장입니다.

● **중심 문장을 찾는 이유**

하나의 단락에서는 보통 하나의 중심 내용을 이야기해요.
따라서 각 단락의 중심 문장을 찾으면 그 단락에서 이야기하고자 하는 내용을 쉽게 알 수 있고, 이를 통해 글 전체에서 말하고자 하는 바를 정확하게 이해할 수 있어요.

⭐ **중심 문장을 찾는 방법**

- 단락을 이루는 문장 중 가장 중심이 되는 문장을 찾으세요.
- 단락의 내용을 모두 포함하고 있는 문장을 찾으세요.

다양한 종류의 악기

빠른 정답 2쪽

지문 확인

세상에는 다양한 종류의 악기가 있으며 새로운 악기도 계속 만들어지고 있다. 피아노, 탬버린, 트라이앵글과 같이 우리 주변에서 쉽게 볼 수 있는 악기부터 우쿨렐레, 칼림바와 같이 낯선 악기도 있다. 우리가 알고 있는 악기들을 기준을 정해 정리해 본다면 어떻게 나눌 수 있을까? 악기의 종류가 다양하듯 악기를 나누는 기준 역시 다양하다.

먼저, 악기가 어디서 만들어지고 연주되었는지에 따라 전통 악기와 다른 나라의 악기로 분류할 수 있다. 가야금, 태평소, 소고, 꽹과리, 북, 장구, 징, 거문고 등 옛날부터 우리 조상들이 사용하던 악기를 전통 악기라고 한다. 반면 바이올린, 기타, 피아노, 클라리넷, 플루트, 드럼 등 다른 나라에서 만들어지고 연주되던 악기는 다른 나라의 악기로 분류할 수 있다.

악기를 소리 내는 방법에 따라 분류할 수도 있다. 바이올린, 첼로, 거문고, 가야금 등은 줄을 활로 켜거나 손가락으로 뜯어 소리를 낸다. 이러한 악기들은 현악기라고 한다. 그리고 플루트, 클라리넷, 색소폰, 피리, 단소, 대금 등은 입으로 불어서 악기 안의 공기를 진동시켜 소리를 낸다. 이러한 악기들은 관악기라고 한다. 마지막으로 타악기는 두드려서 소리를 내는 악기를 통틀어 이르는 말이다. 북, 탬버린, 실로폰, 캐스터네츠, 꽹과리, 장구, 징 등이 타악기이다.

악기를 만드는 재료에 따라서도 분류할 수 있다. 단소, 가야금, 기타, 바이올린, 거문고, 첼로 등은 나무로 만든 악기이다. 색소폰, 호른, 트럼펫, 피콜로, 심벌즈, 트라이앵글, 꽹과리, 징 등은 금속으로 만든 악기이고, 북, 장구, 드럼, 소고 등은 가죽을 이용해 만든 악기이다.

이처럼 다양한 악기들은 특성에 따라 여러 가지 기준으로 분류할 수 있다. 내가 가장 좋아하는 악기는 어떤 기준에 따라, 어떤 악기로 분류할 수 있을지 생각해 보자.

- 1단락 중심 낱말 :
1) ☐☐

- 2단락 중심 낱말 :
악기

- 3단락 중심 낱말 :
2) ☐☐

- 4단락 중심 낱말 :
3) ☐☐

- 5단락 중심 낱말 :
악기

낱말 따라 쓰기

● 모양, 빛깔, 형태 등이 여러 가지로 많다. : 다 양 하다

● 어떤 기준에 따라 여러 가지 사물을 나눈 갈래 : 종 류

● 기본이 되는 원칙이나 잣대 : 기 준

● 악기가 다루어져 노래가 표현되거나 들리다. : 연 주 되 다

● 어떤 단체에서, 옛날부터 전해 내려오는 생활 모습과 행동, 생각하는 방식 : 전 통 [傳-전할 전, 統-거느릴 통]

● 종류에 따라서 나누다. : 분 류 하다
예 나는 식물을 색깔에 따라 분류했다.

● 악기의 줄을 문질러 소리를 내는 데 사용되는 도구 : 활

● 현악기의 줄을 활 등으로 문질러 소리를 내다. : 켜 다

● 흔들려 움직임. : 진 동

STEP 2 중심 문장 찾기

빠른 정답 2쪽

중심 문장이란 단락 또는 글 전체의 중심이 되는 내용이 들어 있는 문장입니다.

하나의 단락에서는 보통 하나의 중심 내용을 이야기합니다. 그러므로 각 단락의 중심 문장을 찾으면 그 단락에서 이야기하고자 하는 내용을 쉽게 알 수 있고, 이를 통해 글 전체에서 말하고자 하는 바를 정확하게 이해할 수 있답니다.

> **★ 중심 문장을 찾는 방법**
> • 단락을 이루는 문장 중 가장 중심이 되는 문장을 찾으세요.
> • 단락의 내용을 모두 포함하고 있는 문장을 찾으세요.

1단락

다양한 종류의 악기에 대해 이야기하고 있네요. 가장 중심이 되는 말이 악기이므로 1단락의 중심 낱말은 '악기'입니다.

1단락의 중심 내용은 악기의 종류가 다양하고 악기를 나누는 기준도 다양하다는 것이므로, 이 내용을 포함하고 있는 중심 문장은 '악기의 종류가 다양하듯 악기를 나누는 1) ☐☐ 역시 다양하다.'입니다.

2단락

악기를 분류하는 첫 번째 기준을 설명하고 있어요. 가장 많이 등장하는 말이 악기이므로 2단락의 중심 낱말은 '악기'입니다.

어디서 만들어지고 연주되었는지에 따라 악기를 분류할 수 있다는 것이 2단락의 중심 내용이므로, 중심 문장은 '먼저, 악기가 어디서 만들어지고 연주되었는지에 따라 2) ☐☐☐☐ 와/과 다른 나라의 악기로 분류할 수 있다.'입니다.

3단락

악기를 분류하는 두 번째 기준을 설명하고 있어요. 가장 많이 등장하고 중심이 되는 말이 악기이므로 3단락의 중심 낱말은 '악기'입니다.

소리 내는 방법에 따라 악기를 현악기, 관악기, 타악기로 분류할 수 있다는 것이 3단락의 중심 내용이에요. 그러므로 중심 문장은 '악기를 소리 내는 3) ☐☐ 에 따라 분류할 수도 있다.'입니다.

4단락

2단락과 3단락에 이어 악기를 분류하는 세 번째 기준을 설명하고 있어요. 가장 중심이 되는 말이 악기이므로 4단락의 중심 낱말은 '악기'입니다.

4단락의 중심 내용은 만드는 재료에 따라 악기를 분류할 수 있다는 것이므로, 중심 문장은 '악기를 만드는 4) ☐☐ 에 따라서도 분류할 수 있다.'입니다.

5단락

가장 중심이 되는 말이 악기이므로, 5단락의 중심 낱말은 '악기'입니다.

2~4단락의 내용을 간단히 정리한 것이 5단락의 중심 내용이므로, 중심 문장은 '이처럼 다양한 5) ☐☐ 들은 특성에 따라 여러 가지 기준으로 분류할 수 있다.'입니다.

★ 이 글의 단락별 중심 낱말은 모두 '악기'이므로 이 글 전체의 중심 낱말은 '악기'입니다.

★ 이 글의 중심 내용은 악기를 다양한 기준에 따라 분류할 수 있다는 것이므로, 이 글 전체의 중심 문장은 '이처럼 다양한 악기들은 특성에 따라 여러 가지 기준으로 분류할 수 있다.'입니다.

01   중심 문장 찾기

3단락의 중심 문장으로 가장 알맞은 것은 무엇인가요?   (   )

① 악기를 소리 내는 방법에 따라 분류할 수도 있다.

② 이러한 악기들은 현악기라고 한다.

③ 북, 탬버린, 실로폰, 캐스터네츠, 꽹과리, 장구, 징 등이 타악기이다.

02   내용 이해하기

이 글의 내용으로 알맞지 <u>않은</u> 것은 무엇인가요?   (   )

① 악기를 나누는 기준은 다양하다.

② 두드려서 소리를 내는 악기를 타악기라고 한다.

③ 북, 장구, 드럼, 소고는 금속으로 만든 악기이다.

④ 줄을 손가락으로 뜯어 소리를 내는 악기는 현악기이다.

⑤ 전통 악기란 옛날부터 우리 조상들이 사용하던 악기를 말한다.

03   내용 이해하기

이 글을 읽고 정리한 내용입니다. ㉠과 ㉡에 알맞은 말을 이 글에서 찾아 쓰세요.

> '플루트, 클라리넷, 색소폰, 피리, 단소, 대금'은 (㉠   )에 따라 (㉡   )(으)
> 로 분류할 수 있다.

㉠ : (   ), ㉡ : (   )

04   알맞은 반응 찾기

이 글을 읽은 학생들의 반응으로 가장 알맞은 것은 무엇인가요?   (   )

① 줄을 활로 켜서 소리 내는 악기는 현악기에 해당하지 않는군.

② 관악기는 손으로 두드려서 악기 안의 공기를 진동시켜 소리를 내는군.

③ 악기를 소리 내는 방법에 따라 분류하면 실로폰과 장구는 다른 종류에 속하는군.

④ 거문고는 전통 악기, 바이올린은 다른 나라의 악기지만 현악기라는 공통점이
있군.

⑤ 피아노는 다른 나라에서 만들어졌지만 우리나라에서도 많이 연주되므로 전통
악기로 볼 수 있군.

낱말 따라 쓰기 🍬

● 있는 대로 모두 합하여 :

통	틀	어

예 지금 내 지갑에는 **통틀어**
천 원뿐이다.

● 광택이 나는 고체로, 열과 전
기를 잘 전달하고, 얇게 펴지
거나 늘어날 수 있는 성질을
가진 물질 :

금	속

● 어떤 사물에만 있는 특별히
다른 성질 :

특	성

[**特**−특별할 **특**, **性**−성질 **성**]

● 어떤 범위나 조건에 바로 들
어맞다. :

해	당

하다

예 민호의 성적은 학교에서
높은 편에 **해당**한다.

● 서로 비슷하거나 같은 점 :

공	통	점

문제 이해하고 풀기

빠른 정답 2쪽, 정답과 풀이 16쪽

01 중심 문장 찾기

선택지가 모두 3단락에 있는 문장이네요. 그중에서도 가장 중요한 내용을 담고 있는 문장이 무엇인지 생각해 보세요.

🌸 3단락에서 어떤 이야기를 하고 있나요?

3단락의 중심 내용은 악기를 소리 내는 방법에 따라 현악기, 관악기, 타악기로 분류할 수 있다는 것이에요.
그러므로 중심 문장은 '악기를 소리 내는 방법에 따라 분류할 수도 있다.'예요.

정답은 _____ 입니다.

02 내용 이해하기

이 글의 내용과 맞지 않는 선택지를 고르는 문제입니다. 각각의 선택지와 글의 내용을 서로 비교해 보세요.

🌸 각각의 선택지 내용을 순서대로 살펴볼게요.

① 악기를 나누는 기준은 다양하다. (○)

> **근거** ①단락 ❹번째 문장: 악기의 종류가 다양하듯 악기를 나누는 기준 역시 다양하다.

② 두드려서 소리를 내는 악기를 타악기라고 한다. (○)

> **근거** ③단락 ❻번째 문장: 타악기는 두드려서 소리를 내는 악기를 통틀어 이르는 말이다.

③ 북, 장구, 드럼, 소고는 금속으로 만든 악기이다. (×)

> **근거** ④단락 ❸번째 문장: 북, 장구, 드럼, 소고 등은 가죽을 이용해 만든 악기이다.

④ 줄을 손가락으로 뜯어 소리를 내는 악기는 현악기이다.
(○)

> **근거** ③단락 ❷, ❸번째 문장: 바이올린, 첼로, 거문고, 가야금 등은 줄을 활로 켜거나 손가락으로 뜯어 소리를 낸다. 이러한 악기들은 현악기라고 한다.

⑤ 전통 악기란 옛날부터 우리 조상들이 사용하던 악기를 말한다. (○)

> **근거** ②단락 ❷번째 문장: 가야금, 태평소, 소고, 꽹과리, 북, 장구, 징, 거문고 등 옛날부터 우리 조상들이 사용하던 악기를 전통 악기라고 한다.

정답은 _____ 입니다.

03 내용 이해하기

'플루트, 클라리넷, 색소폰, 피리, 단소, 대금'에 대한 분류가 이 글의 어느 부분에 나오는지 떠올려 보세요.

🌸 이 글의 3단락을 볼까요?

> **근거** ③단락 ❶, ❹, ❺번째 문장: 악기를 소리 내는 방법에 따라 분류할 수도 있다. / 플루트, 클라리넷, 색소폰, 피리, 단소, 대금 등은 입으로 불어서 ~ 이러한 악기들은 관악기라고 한다.

정답은 _____ , _____ 입니다.

04 알맞은 반응 찾기

이 글을 읽은 학생들의 반응 중 알맞은 것을 고르는 문제입니다.

① 줄을 활로 켜서 소리 내는 악기는 현악기에 해당하지 않는군. (×)

> **근거** ③단락 ❷, ❸번째 문장: 바이올린, ~ 등은 줄을 활로 켜거나 손가락으로 뜯어 소리를 낸다. 이러한 악기들은 현악기라고 한다.

② 관악기는 손으로 두드려서 악기 안의 공기를 진동시켜 소리를 내는군. (×)

> **근거** ③단락 ❹, ❺번째 문장: 입으로 불어서 악기 안의 공기를 진동시켜 소리를 낸다. 이러한 악기들은 관악기라고 한다.

③ 악기를 소리 내는 방법에 따라 분류하면 실로폰과 장구는 다른 종류에 속하는군. (×)

> **근거** ③단락 ❼번째 문장: 북, 탬버린, 실로폰, 캐스터네츠, 꽹과리, 장구, 징 등이 타악기이다.

④ 거문고는 전통 악기, 바이올린은 다른 나라의 악기지만 현악기라는 공통점이 있군. (○)

> **근거** ②단락 ❷, ❸번째 문장: 거문고 등 옛날부터 우리 조상들이 ~ 다른 나라의 악기로 분류할 수 있다.
> **근거** ③단락 ❷, ❸번째 문장: 바이올린, 첼로, 거문고, 가야금 등은 ~ 이러한 악기들은 현악기라고 한다.

⑤ 피아노는 다른 나라에서 만들어졌지만 우리나라에서도 많이 연주되므로 전통 악기로 볼 수 있군. (×)

> **근거** ②단락 ❸번째 문장: 피아노, ~ 등 다른 나라에서 만들어지고 연주되던 악기는 다른 나라의 악기로 분류할 수 있다.

정답은 _____ 입니다.

우리 민족을 하나로 이끈 3·1 운동

해마다 3월 1일이 되면 태극기를 조기로 달아야 할지 고민해 본 적이 있을 것이다. 3월 1일에는 우리나라의 독립을 위해 희생된 많은 사람들의 죽음을 슬퍼하고 기리기 위해 조기를 달아야 할 것 같기 때문이다. 하지만 이 날은 민족이 하나 되어 대한민국의 자주독립을 외친 경축일이므로 조기를 달지 않는다. 우리 민족의 힘을 보여 주었다고 평가받는 3·1 운동은 어떤 운동이었고, 어떤 의미를 가질까?

일제의 식민 통치가 시작된 지 10년이 흘렀을 때, 일제의 탄압으로 국내에서 항일 운동을 하는 사람들을 거의 찾아볼 수 없었다. 그러던 중 1919년 종교 지도자들을 중심으로 우리 민족의 독립 의지를 세계에 알리기 위한 저항 운동이 일어났다. 그것이 바로 3·1 운동이다.

3·1 운동은 현재 서울 종로구에 위치한 탑골 공원에서 시작되어 각 지방과 우리 동포들이 살고 있는 해외로까지 빠르게 퍼져 나갔다. 대규모 민족 운동이 되어 모든 사람들이 거리로 뛰쳐나와 독립 선언서를 읽고 태극기를 흔들며 독립 만세를 외친 것이다. 일제의 탄압으로 도시에서 독립 만세 운동을 벌이기 힘들어질 때는 농촌에서 독립 만세 운동이 계속되는 식으로 3개월 동안 약 1500번의 만세 운동이 일어났다. 또한 처음에는 학생들과 종교인들이 중심이 되어 만세 운동을 하였지만, 점차 노동자, 농민, 상인 등 다양한 사람들이 참여하여 약 200만 명이 독립 만세를 외쳤다고 한다.

일제는 사람들에게 총을 쏘거나 칼을 휘두르고 불을 지르는 등 평화적으로 3·1 운동을 하는 사람들을 잔인하게 탄압하였다. _____(가)_____ 우리 민족은 일제의 탄압에 굴하지 않고 대한민국 임시 정부를 만들어 다양한 독립운동을 계속 펼쳐 갔다. 3·1 운동이 독립운동의 중요한 전환점이 된 것이다. 또한 3·1 운동은 우리 민족을 하나로 모으는 계기가 되었을 뿐만 아니라 우리와 같이 식민 통치로 고통받고 있던 다른 아시아 나라들의 독립운동에도 큰 영향을 주었다.

지문 확인

- **1단락 중심 낱말 :**
  1) ☐·☐☐☐
- **2단락 중심 낱말 :**
  3·1 운동
- **3단락 중심 낱말 :**
  2) ☐·☐☐☐
- **4단락 중심 낱말 :**
  3·1 운동

낱말 따라 쓰기

- 슬픔을 나타내기 위해 깃봉에서 기의 한 폭만큼 내려서 다는 국기
  : 조 기 [弔 – 마음 아파할 조, 旗 – 깃발 기]

- 누군가를 위하거나 어떤 목적 때문에 목숨, 재산, 명예 등이 바쳐지거나 버려지다. 또는 그것이 빼앗기게 되다. : 희 생 되 다

- 뛰어난 일이나 바람직한 정신, 훌륭한 사람 등을 칭찬하고 기억하다.
  : 기 리 다 예 우리는 돌아가신 선생님을 기리기 위해 모였다.

- 한 나라가 다른 나라의 간섭을 받지 않고 주권을 행사하는 능력을 갖추는 일 : 자 주 독 립
  [自 – 스스로 자, 主 – 주인 주, 獨 – 홀로 독, 立 – 설 립]

- 축하할 만한 일을 기뻐하고 즐거워하는 날 : 경 축 일

- 사물의 가치나 수준 등을 따져서 정함. : 평 가

- 일본 제국 : 일 제

01 중심 문장 찾기

2단락의 중심 문장으로 가장 알맞은 것은 무엇인가요? (   )

① 일제의 식민 통치가 시작된 지 10년이 흘렀을 때, 일제의 탄압으로 국내에서 항일 운동을 하는 사람들을 거의 찾아볼 수 없었다.

② 그러던 중 1919년 종교 지도자들을 중심으로 우리 민족의 독립 의지를 세계에 알리기 위한 저항 운동이 일어났다. 그것이 바로 3·1 운동이다.

정답 콕콕 특강

01

2단락의 중심 낱말이 무엇이고, 가장 중심이 되는 내용이 무엇인지 떠올려 보세요. 그리고 이 내용을 가장 잘 담고 있는 문장을 고르세요.

DAY
08

02 내용 이해하기

이 글을 읽고 '3·1 운동'에 대해 정리한 메모입니다. 알맞지 않은 것은 무엇인가요?

(   )

- 일어난 시기: 1919년 ⸺⸺⸺⸺⸺⸺⸺⸺⸺⸺⸺⸺ ①
- 일어난 장소: 서울 탑골 공원 → 각 지방과 해외 ⸺⸺ ②
- 참여한 사람들: 학생과 종교인 → 노동자를 뺀 일부 사람들 ⸺ ③
- 목적: 우리 민족의 독립 의지를 세계에 알리기 위해 ⸺ ④
- 영향: 독립운동의 중요한 전환점이 되었으며, 다른 아시아 나라들의 독립운동에 영향을 줌. ⸺⸺⸺⸺⸺⸺⸺⸺⸺⸺⸺⸺⸺ ⑤

02

3·1 운동에 대한 각각의 내용이 나오는 부분을 살펴보세요. '일어난 시기'와 '목적'은 2단락에, '일어난 장소'와 '참여한 사람들'은 3단락에, '영향'은 4단락에 나오고 있어요.

03 알맞은 반응 찾기

이 글을 읽은 학생들의 반응으로 알맞지 않은 것은 무엇인가요? (   )

① 효진: 3·1 운동은 국내뿐만이 아니라 해외로까지 퍼져 나갔군.

② 지윤: 3·1 운동은 우리 민족의 힘을 보여 주었다고 평가받는군.

③ 아영: 3·1 운동은 우리 민족이 전국 곳곳으로 흩어지는 계기가 되었군.

④ 혜리: 일제는 평화적으로 3·1 운동을 하는 사람들을 잔인하게 탄압했군.

⑤ 희정: 우리 민족은 일제의 탄압 속에서도 대한민국 임시 정부를 세워 독립운동을 이어 갔군.

03

3·1 운동의 영향에 대해 설명하고 있는 4단락에 주목하여, 이 글의 내용과 다른 이야기를 하고 있는 학생을 찾아보세요.

04 올바른 접속어 찾기

(가)에 들어갈 이어 주는 말로 가장 알맞은 것은 무엇인가요?　　　　　　　　(　　　)

① 그리고　　　　　　② 그럼에도　　　　　　③ 왜냐하면

④ 그러므로　　　　　⑤ 예를 들면

04

(가)의 바로 앞뒤 내용이 같은 흐름으로 이어진다면 '그리고', 반대 내용이라면 '그럼에도', 원인과 결과로 이어진다면 '왜냐하면'이나 '그러므로'를 (가)에 넣어야 해요. 혹시 예시를 들고 있다면 '예를 들면'이 알맞아요.

05 내용 이해하기 【서술형】

다음은 이 글을 읽고 정리한 내용입니다. 빈칸에 들어가기에 알맞은 말을 쓰세요.

> 3·1 운동이 일어났을 때 많은 사람들이 우리나라의 독립을 외치다 죽었지만 3월 1일에는 조기를 달지 않는다. 그 이유는 _____.

_____

_____

_____

05

'3월 1일에 조기를 달지 않는 이유'를 설명하고 있는 단락은 몇 번째 단락인지 떠올려 보세요.

낱말 따라 쓰기

- 힘이나 권력으로 상대를 억지로 눌러 꼼짝 못 하게 함. : 탄 압
- 일본 제국주의에 맞서 싸우는 운동 : 항 일 운 동
- 남을 가르쳐 이끄는 사람 : 지 도 자
- 어떠한 일을 이루고자 하는 마음 : 의 지
- 정치적인 힘이나 다른 나라의 지배 등에 맞서 싸우는 운동 : 저 항 운 동
- 서울 이외의 지역 : 지 방
- 같은 나라 또는 같은 민족의 사람을 다정하게 이르는 말 : 동 포
- 넓고 큰 범위나 크기 : 대 규 모
- 어떤 일을 분명하게 널리 알리는 내용을 적은 글 : 선 언 서

- 어떤 일에 끼어들어 함께 하다. : 참 여 하다
- 전쟁이나 싸움 없이 평온한 것 : 평 화 적
- 어떤 힘이나 어려움에 뜻을 굽히다. : 굴 하 다
  예) 어떤 반대에도 굴하지 말고 하고 싶은 일을 하렴.
- 다른 방향이나 상태로 바뀌게 되는 기회 : 전 환 점
- 어떤 일이 일어나거나 변화하도록 만드는 확실한 원인이나 기회 : 계 기 [契-들어맞을 계, 機-계기 기]
- 강한 나라가 힘으로 빼앗은 나라에 자기 나라 사람들을 보내서 살게 하는 것 : 식 민 [植-심을 식, 民-백성 민]
- 나라나 지역을 도맡아 다스림. : 통 치
- 전체의 한 부분 : 일 부 [一-하나 일, 部-떼 부]

[01~04] 주어진 뜻풀이에 해당하는 낱말을 연결하세요.

01 어떤 사물에만 있는 특별히 다른 성질 · · ㉠ 분류하다

02 종류에 따라서 나누다. · · ㉡ 기리다

03 뛰어난 일이나 바람직한 정신, 훌륭한 사람 등을 칭찬하고 기억하다. · · ㉢ 특성

04 어떠한 일을 이루고자 하는 마음 · · ㉣ 의지

[05~09] 주어진 뜻풀이에 해당하는 낱말을 〈보기〉에서 찾아 쓰세요.

〈 보기 〉
전통   통치   자주독립
굴하다   저항 운동   연주되다

05 나라나 지역을 도맡아 다스림. : _____

06 어떤 힘이나 어려움에 뜻을 굽히다. : _____

07 정치적인 힘이나 다른 나라의 지배 등에 맞서 싸우는 운동 : _____

08 한 나라가 다른 나라의 간섭을 받지 않고 주권을 행사하는 능력을 갖추는 일 : _____

09 악기가 다루어져 노래가 표현되거나 들리다. : _____

[10~13] 주어진 초성과 뜻풀이를 보고, 빈칸에 들어가기에 알맞은 낱말을 쓰세요.

10 은지와 나는 [ㄱ | ㅌ | ㅈ] 이/가 많아서 이야기가 잘 통한다. 서로 비슷하거나 같은 점

11 [ㄷ | ㄱ | ㅁ] 농장에서는 기계가 거의 모든 일을 한다. 넓고 큰 범위나 크기

12 이번 여행은 내 인생의 [ㅈ | ㅎ | ㅈ] 이/가 될 것이다. 다른 방향이나 상태로 바뀌게 되는 기회

13 우리나라에는 설날에 어른들에게 세배를 하는 [ㅈ | ㅌ] 이/가 있다. 어떤 단체에서, 옛날부터 전해 내려오는 생활 모습과 행동, 생각하는 방식

[14~17] 문장의 의미를 생각하여, 빈칸에 들어가기에 알맞은 낱말을 〈보기〉에서 찾아 쓰세요.

〈 보기 〉
계기   탄압   진동   참여

14 할아버지의 자동차는 너무 오래되어서 [ ] 이/가 심하다.

15 민지와 나는 원래 서먹서먹한 사이였는데, 이번 운동회를 [ ] (으)로 단짝 친구가 되었다.

16 조선 시대에는 다른 나라의 종교를 믿는 사람들을 [ ] 하기도 했다.

17 친구들이 하는 게임을 지켜보던 은진이는 곧 게임에 [ ] 했다.

거꾸로 돌려도 같은 도형

한글이 적힌 낱말 카드를 거꾸로 돌려서 읽을 때 헷갈리는 경우가 있다. 'ㄹ, ㅁ, ㅇ' 등은 거꾸로 돌려도 같은 모양이라 읽는 데 문제가 없지만, 'ㄱ, ㄴ, ㄷ, ㅂ, ㅅ, ㅈ' 등은 바로 읽기 어려울 수 있다. 그렇다면 어떤 글자, 어떤 도형이 거꾸로 돌려도 같은 모양이 되는 것일까?

원이나 정사각형의 중심에 핀을 꽂고 180° 돌리면 처음 도형과 완전히 겹쳐진다. 하지만 삼각형의 중심에 핀을 꽂고 180° 돌리면 처음 도형과 완전히 겹쳐지지 않는다. 원이나 정사각형처럼 한 점을 중심으로 180° 돌렸을 때 처음 도형과 완전히 겹쳐지는 도형을 '점대칭도형'이라고 한다. 이때 중심이 되는 점을 대칭의 중심이라고 하며, 점대칭도형에서 대칭의 중심은 단 1개뿐이다.

그렇다면 점대칭도형은 어떤 성질을 가지고 있을까? 대칭의 중심을 기준으로 하여 도형을 180° 돌렸을 때 겹쳐지는 점을 대응점, 겹쳐지는 변을 대응변, 겹쳐지는 각을 대응각이라고 한다. 완전히 겹쳐지는 점대칭도형에서 대응변의 길이는 서로 같고, 대응각의 크기도 서로 같을 수밖에 없다. 또한 각각의 대응점에서 대칭의 중심까지의 거리는 같다. 즉, 점대칭도형의 대응점끼리 이은 선분은 대칭의 중심에 의해 똑같이 나누어지는데, 이를 '이등분된다'라고 한다.

또, 한 점을 중심으로 2개의 도형을 180° 돌렸을 때 두 도형이 완전히 겹쳐지는 경우도 있다. 이때는 두 도형이 점대칭의 위치에 있다고 하며, 두 도형을 '점대칭의 위치에 있는 도형'이라고 한다. (가) 점대칭의 위치에 있는 도형도 점대칭도형이 가지고 있는 성질을 똑같이 가지고 있다.

'ㄹ, ㅁ, ㅇ'을 거꾸로 돌려도 읽는 데 문제가 없는 이유는 이 글자들이 점대칭도형처럼 한 점을 중심으로 180° 돌렸을 때 처음 글자와 완전히 겹쳐지기 때문이다. 한글 외에도 영어나 숫자 같은 기호, 혹은 일상에서 볼 수 있는 다양한 모양들을 180° 돌려 보면서 점대칭도형과 같은 성질을 갖는 것이 무엇인지 찾아보자.

지문 확인

• 1단락 중심 낱말 :
1) □□□ 돌려도
같은 모양

• 2단락 중심 낱말 :
2) □□□□
□

• 3단락 중심 낱말 :
점대칭도형

• 4단락 중심 낱말 :
3) □□□□ 의 위치
에 있는 도형

• 5단락 중심 낱말 :
점대칭도형

낱말 따라 쓰기

● 삼각형, 사각형, 원 등과 같이 점과 선으로 이루어진 꼴 : 도 형

● 이것인지 저것인지 쉽게 알아차리지 못하다. : 헷 갈 리 다

● 사물의 한가운데 : 중 심 [中 – 가운데 중, 心 – 마음 심]

● 여럿이 서로 덧놓이거나 포개어지다. : 겹 쳐 지 다

● 점·선·면이 또 다른 점·선·면을 사이에 두고 같은 거리에서 마주 보고 있는 것 : 대 칭

● 사물이나 현상이 가지고 있는 다른 것과 구별되는 특징 : 성 질
  예 빛은 앞으로 곧게 뻗어 나가는 성질을 가졌다.

STEP 2 중심 문장 찾기

빠른 정답 2쪽

★ 중심 문장을 찾는 방법
- 단락을 이루는 문장 중 가장 중심이 되는 문장을 찾으세요.
- 단락의 내용을 모두 포함하고 있는 문장을 찾으세요.

1단락

거꾸로 돌려도 같은 모양이 되는 글자와 도형에 대해 이야기하고 있어요. 이와 관련하여 가장 중요한 말이 중심 낱말이므로 1단락의 중심 낱말은 '거꾸로 돌려도 같은 모양'입니다.

1단락의 중심 내용은 어떤 도형이 거꾸로 돌려도 같은 모양이 될지 물음을 던지는 것이므로, 이 내용을 포함하고 있는 중심 문장은 '그렇다면 ~ 1) ☐☐☐ 돌려도 같은 모양이 되는 것일까?'입니다.

2단락

점대칭도형이 무엇인지 설명하고 있으므로 2단락의 중심 낱말은 '점대칭도형'입니다.

2단락의 중심 내용은 한 점을 중심으로 180° 돌렸을 때 처음 도형과 완전히 겹쳐지는 도형이 점대칭도형이라는 것이에요. 그러므로 중심 문장은 '원이나 정사각형처럼 ~ 처음 도형과 완전히 겹쳐지는 도형을 '2) ☐☐☐☐☐'(이)라고 한다.'입니다.

3단락

점대칭도형의 성질에 대해 이야기하고 있으므로 3단락의 중심 낱말은 '점대칭도형'입니다.

3단락에서는 점대칭도형의 성질을 쭉 늘어놓고 있어요. 이런 경우에는 점대칭도형의 성질에 대해 물음을 던지는 문장이 3단락의 전체 내용을 포함한다고 볼 수 있어요. 그러므로 중심 문장은 '그렇다면 점대칭도형은 어떤 3) ☐☐을/를 가지고 있을까?'입니다.

4단락

점대칭도형과 비슷한 또 다른 경우를 설명하고 있어요. 이 경우를 가리키는 말이 가장 중심이 되므로 4단락의 중심 낱말은 '점대칭의 위치에 있는 도형'입니다.

점대칭의 위치에 있는 도형이 어떤 도형인지 설명하는 것이 4단락의 중심 내용이므로, 중심 문장은 '또, 한 점을 중심으로 2개의 도형을 180° 돌렸을 때 ~ '점대칭의 4) ☐☐에 있는 도형'이라고 한다.'입니다.

5단락

가장 중심이 되는 말이 점대칭도형이므로 5단락의 중심 낱말은 '점대칭도형'입니다.

1단락에서 이야기한 'ㄹ, ㅁ, ㅇ'이 점대칭도형 같은 글자이기 때문에 거꾸로 돌려도 읽는 데 문제가 없다는 것이 5단락의 중심 내용이에요. 그러므로 이 내용을 포함하고 있는 중심 문장은 "ㄹ, ㅁ, ㅇ'을 거꾸로 돌려도 읽는 데 문제가 없는 이유는 ~ 5) ☐☐☐☐처럼 한 점을 중심으로 180° 돌렸을 때 처음 글자와 완전히 겹쳐지기 때문이다.'입니다.

★ 모든 단락의 중심 낱말 중에서 가장 많이 나오고 중심이 되는 것이 '점대칭도형'이므로 **이 글 전체의 중심 낱말은 '점대칭도형'**입니다.

★ 이 글의 중심 내용은 점대칭도형이 무엇인지 설명하는 것이므로, **이 글 전체의 중심 문장은 '원이나 정사각형처럼 한 점을 중심으로 180° 돌렸을 때 처음 도형과 완전히 겹쳐지는 도형을 '점대칭도형'이라고 한다.'**입니다.

01   중심 문장 찾기

2단락의 중심 문장으로 가장 알맞은 것은 무엇인가요? ( )

① 원이나 정사각형의 중심에 핀을 꽂고 180° 돌리면 처음 도형과 완전히 겹쳐진다.

② 하지만 삼각형의 중심에 핀을 꽂고 180° 돌리면 처음 도형과 완전히 겹쳐지지 않는다.

③ 원이나 정사각형처럼 한 점을 중심으로 180° 돌렸을 때 처음 도형과 완전히 겹쳐지는 도형을 '점대칭도형'이라고 한다.

02   내용 이해하기

이 글의 내용으로 알맞지 <u>않은</u> 것은 무엇인가요? ( )

① 원과 정사각형은 점대칭도형이다.

② 한글 'ㄹ, ㅁ, ㅇ'은 180° 돌려도 처음과 같은 모양이 된다.

③ 한글 'ㄱ, ㄴ, ㄷ, ㅂ'은 거꾸로 돌리면 바로 읽기 어려울 수도 있다.

④ 점대칭도형을 180° 돌렸을 때 겹쳐지는 점을 '대칭의 중심'이라고 한다.

⑤ 한 점을 중심으로 두 도형을 180° 돌렸을 때 두 도형이 완전히 겹쳐진다면, 두 도형은 점대칭의 위치에 있는 도형이다.

03   내용 이해하기

점대칭도형에 대한 설명으로 맞으면 ○표, 틀리면 ✕표를 하세요.

(1) 대칭의 중심은 단 1개만 있다. ( )

(2) 대응점끼리 이은 선분은 대칭의 중심에 의해 이등분된다. ( )

(3) 대응변의 길이는 같지만, 대응각의 크기는 서로 다를 수 있다. ( )

04   내용 추측하기

다음은 연지가 ㈎에 대해 이해한 내용입니다. 빈칸에 들어갈 말에 ○표를 하세요.

> 점대칭의 위치에 있는 도형도 점대칭도형이 가지고 있는 성질을 똑같이 가지고 있다고 했으니까, 점대칭의 위치에 있는 도형들도 대응점, 대응변, 대응각이 있겠네. 그리고 대응변의 길이와 대응각의 크기가 서로 (같고 / 다르고), 각각의 대응점에서 대칭의 중심까지의 거리가 (같을 / 다를) 거야.

정답 콕콕 특강

01

중심 문장은 그 단락의 중심 내용을 담고 있는 문장이에요. 2단락의 중심 내용이 무엇인지 떠올려 보세요.

02

①~⑤의 내용이 각각 이 글의 어느 부분에 나오는지 살펴보세요. 글에 나온 말을 조금씩 바꿔 틀린 내용을 만들어 내니 함정에 빠지지 않게 조심하세요!

03

3단락에서 설명하고 있는 점대칭도형의 성질에 주목하여 문제를 풀어 보세요.

04

㈎를 이해하기 위해서는 점대칭도형의 성질이 무엇인지 알아야 해요. 점대칭도형의 성질에 대한 내용이 이 글의 어느 부분에 나오는지 찾아보세요.

낱말 따라 쓰기

● 도형을 이루는 한 직선 : 변

● 한 점에서 갈리어 나간 두 직선의 벌어진 정도 : 각

● 두 점을 곧게 이은 선 : 선 분

● 어떠한 뜻을 나타내기 위하여 쓰이는 부호, 문자, 표시 등을 통틀어 이르는 말 : 기 호

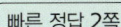

[01~05] 주어진 뜻풀이에 해당하는 낱말을 〈보기〉에서 찾아 쓰세요.

〈 보기 〉
대칭 선분 변 각 도형

01 도형을 이루는 한 직선 : _____

02 두 점을 곧게 이은 선 : _____

03 삼각형, 사각형, 원 등과 같이 점과 선으로 이루어진 꼴 : _____

04 한 점에서 갈리어 나간 두 직선의 벌어진 정도 : _____

05 점·선·면이 또 다른 점·선·면을 사이에 두고 같은 거리에서 마주 보고 있는 것 : _____

[06~09] 문장의 의미를 생각하여, 밑줄 친 낱말과 가장 비슷한 낱말을 〈보기〉에서 찾아 쓰세요.

〈 보기 〉
성질 중심 기호 헷갈리다

06 친구가 쓴 글을 읽다가 영어 알파벳 'l'과 숫자 '1'을 착각했다.
➡ 티셔츠의 앞면과 뒷면을 _____.

07 벽에 써 있는 표시를 잘 보면 미로를 빠져나갈 수 있다.
➡ 나와 수진이만 알 수 있는 _____ 을/를 사용하여 비밀 편지를 썼다.

08 그 가게는 마을의 한가운데에 있어서 손님이 많다.
➡ 과녁의 _____ 을/를 향해 총을 쏴라.

09 고무에 열을 가했더니 원래의 속성이 사라졌다.
➡ 설탕은 물에 잘 녹는 _____ 이/가 있다.

배경지식

대칭을 이용한 데칼코마니

대칭에는 점대칭뿐만 아니라 선대칭, 면대칭 등 다양한 종류가 있어요. 그중에서도 선대칭은 미술 작품을 만들 때 사용되기도 해요. 우리가 미술 시간에 한 번쯤 만들어 본 '데칼코마니' 작품이 바로 선대칭을 이용한 것이지요.

나비 날개 모양의 데칼코마니 작품을 만드는 과정을 떠올려 볼까요? 먼저 원하는 색깔의 그림물감과 종이를 준비하고, 종이를 반으로 접었다가 펴요. 그럼 이제 한가운데 접힌 선을 나비의 몸통이라 생각하고 종이의 왼쪽 면 위에 그림물감을 짜서 나비의 날개를 반쪽만 그리는 거예요. 마지막으로 종이를 다시 반으로 접었다가 펴면, 짠! 나비의 두 쪽 날개가 모두 완성됩니다.

이렇게 만들어진 나비의 날개를 잘 살펴보면, 가운데의 접힌 선을 기준으로 양쪽 날개의 모양이 완전히 똑같다는 것을 알 수 있어요. 종이의 왼쪽에 짠 물감이 오른쪽으로 옮겨 묻으면서 한 쌍의 날개가 만들어졌기 때문이에요. 이처럼 직선을 사이에 두고 반으로 접었을 때 완전히 겹쳐지는 대칭을 '선대칭'이라고 해요. 그리고 선대칭을 이용해서 미술 작품을 만드는 방법을 '데칼코마니'라고 한답니다. 데칼코마니의 원리를 알았으니, 가운데 선을 기준으로 하여 반으로 접었을 때 어떤 모양이 나올지 상상하며 더 멋진 데칼코마니 작품을 만들어 볼까요?

조선 시대의 신분 제도

공부한 날   월   일

빠른 정답 2쪽

지문 확인

조선 시대를 배경으로 하는 드라마를 보면, 낡은 옷을 입은 하인이 좋은 옷을 차려입은 사람에게 '대감' 혹은 '마님'이라고 하며 섬기는 장면이 자주 나온다. 이는 신분 제도가 존재했던 조선 시대의 사회 모습을 보여 주는 것이다.

조선 시대에는 '양천제'라는 신분 제도를 바탕으로 양인과 천민이 구분되었다. 양인은 일반 백성을, 천민은 노비나 무당 같은 사람들을 말했다. 양인은 직업에 따라 유교를 공부하는 선비(사), 농사를 짓는 농민(농), 물건을 만드는 수공업자(공), 물건을 사고파는 상인(상)으로 나뉘었다. 그중에서도 선비가 가장 높은 신분이었고, 농민, 수공업자, 상인의 순서로 낮은 신분이었다. 이후 시간이 지나면서 양인이 양반, 중인, 상민으로 나누어졌고, 이에 따라 모든 사람이 양반, 중인, 상민, 천민의 네 계층으로 구분되었다.

양반은 관리가 되어 나랏일에 참여하는 사람들로, 많은 혜택을 누렸다. 땅과 노비를 가지고 있었던 양반들은 생산적인 일을 하는 것이 아니라, 관리가 되어 나라를 다스리거나 학자로서 유교 경전을 공부하였다. 중인은 주로 양반을 도와 관청에서 일하거나 의학, 통역과 같은 전문적인 일을 하는 기술자가 되었다. 중인은 상민보다는 신분이 높았으나 양반처럼 높은 관직에 오르기는 어려웠다.

상민은 농업, 상업, 수공업 등의 일을 하던 일반 백성들이었다. 상민의 대부분은 농민이었으며, 농민들은 농사를 지어 거두어들인 곡식의 일부를 세금으로 내거나 땅 주인에게 바쳤다. 또한 상민은 16세부터 60세까지 나라를 지키는 군인으로 동원되었으며, 성을 쌓거나 궁궐을 짓는 등 나라에 큰 공사가 있을 때는 나가서 일을 했다. 상민은 교육을 받을 수 있고 과거를 통해 관리가 될 수도 있었지만 먹고살기 힘든 경우가 많아 실제로 교육을 받고 관리가 되는 일은 거의 없었다.

가장 낮은 신분인 천민은 대부분이 노비로, 나라와 개인의 재산으로 여겨졌다. 또한 당시 가장 천한 일로 여겨졌던 소나 돼지를 잡는 일을 하는 사람들도 천민에 속했다. 그래서 천민은 다른 계층 사람들에게 무시를 당하는 경우가 많았다.

조선 시대의 신분 제도는 1894년 갑오개혁으로 신분 제도가 사라질 때까지 사람들의 생활에 큰 영향을 미쳤다. 오늘날에도 우리 사회에는 신분 제도의 영향으로 가문이나 족보를 따지는 생각이 남아 있기도 하다.

- 1단락 중심 낱말 :
1) ☐☐ ☐☐

- 2단락 중심 낱말 :
2) ☐☐☐

- 3단락 중심 낱말 :
3) ☐☐ , ☐☐

- 4단락 중심 낱말 :
4) ☐☐

- 5단락 중심 낱말 :
5) ☐☐

- 6단락 중심 낱말 :
6) ☐☐☐
의 신분 제도

낱말 따라 쓰기

● 사람을 몇 개의 계급으로 나누어 그 계급에서 벗어나지 못하게 하는 제도 : 신 분 제 도

● 신이나 윗사람을 잘 모시어 받들다. : 섬 기 다
예) 사람들은 공자를 스승으로 섬겼다.

빠른 정답 2쪽, 정답과 풀이 21~22쪽

✏️ 뜻을 정확히 모르는
낱말들을 적어 보세요!

01 중심 문장 찾기

4단락의 중심 문장으로 가장 알맞은 것은 무엇인가요? (   )

① 상민은 농업, 상업, 수공업 등의 일을 하던 일반 백성들이었다.

② 또한 상민은 16세부터 60세까지 나라를 지키는 군인으로 동원되었으며, 성을 쌓거나 궁궐을 짓는 등 나라에 큰 공사가 있을 때는 나가서 일을 했다.

③ 상민은 교육을 받을 수 있고 과거를 통해 관리가 될 수도 있었지만 먹고살기 힘든 경우가 많아 실제로 교육을 받고 관리가 되는 일은 거의 없었다.

02 글쓰기 방식 이해하기

이 글에 대한 설명으로 가장 알맞은 것은 무엇인가요? (   )

① 신분 제도가 사라진 이후에 생긴 문제를 소개하고 있다.

② 조선 시대 신분 제도의 장점과 단점을 이야기하고 있다.

③ 조선 시대에 신분 제도가 생겨난 이유를 이야기하고 있다.

④ 조선 시대의 신분 제도를 계층에 따라 나누어 설명하고 있다.

⑤ 고려 시대부터 조선 시대까지 신분 제도가 변화한 과정을 시간 순서대로 설명하고 있다.

03 내용 이해하기

'조선 시대의 신분 제도'에 대한 설명으로 맞으면 ○표, 틀리면 ✕표를 하세요.

(1) 천민은 가장 낮은 신분으로, 대부분이 노비였다. (   )

(2) 조선 시대의 신분 제도는 갑오개혁을 거치며 더욱 강화되었다. (   )

(3) 양반은 관리가 되어 나랏일에 참여하였고, 많은 혜택을 누렸다. (   )

(4) 상민은 일반 백성들로, 양반들과 구분되어 절대 관리가 될 수 없었다. (   )

(5) 중인은 양반을 도와 관청에서 일하거나 의학, 통역 등의 일을 하는 기술자가 되었다. (   )

04 내용 적용하기

다음은 조선 시대에 살았던 사람들의 말입니다. 각각의 사람들이 '양반, 중인, 상민, 천민' 중 어느 신분에 해당하는지 쓰세요.

(1) "나는 소와 돼지를 잡는 일을 한다고 사람들에게 무시를 받아." (   )

(2) "올해는 농사가 잘 안되어서 세금을 내고 나니 남는 게 없구나." (   )

(3) "상민보다는 신분이 높지만, 양반들처럼 높은 관직을 하기는 어려운 내 처지가 슬프군." (   )

(4) "아버지처럼 관리가 되어 나라에 도움이 되어야 할지, 유교 경전을 계속 공부할지 고민이야." (   )

✏️ 뜻을 정확히 모르는 낱말들을 적어 보세요!

05 내용 이해하기 **서술형**

오늘날 신분 제도의 영향이 남아 있는 우리 사회의 모습을 이 글에서 찾아 쓰세요.

_____

_____

_____

───────────────────────── 낱말 따라 쓰기

● 현실에 실제로 있다. : 존 재 하다

● 어떤 기준에 따라 전체가 몇 개로 갈리어 나뉘다. : 구 분 되 다

● 남의 재산이 되어 그 밑에서 시키는 일을 하던 사람 : 노 비

● 귀신을 섬겨 점을 치고 굿을 하는 것을 직업으로 하는 사람 : 무 당

● 사회적 위치가 비슷한 사람들의 층 : 계 층
　[階-계단 계, 層-층 층]

● 사회나 나라에서 주는 이익이나 도움 : 혜 택

● 사람이 생활하는 데 필요한 것을 만들어 내는 일과 관계된 것 : 생 산 적 [生-날 생, 産-낳을 산, 的-적 적]

● 종교와 관련된 내용을 적은 책 : 경 전

● 나라의 일을 실제로 하는 기관 : 관 청

● 사람의 몸의 건강과 병, 상처의 치료와 예방을 연구하는 학문 : 의 학 [醫-의학 의, 學-배울 학]

● 말이 통하지 않는 사람 사이에서 뜻이 통하도록 말을 옮겨 줌. : 통 역 [通-통할 통, 譯-번역할 역]

● 어떤 분야에 대해 많은 지식과 경험을 가지고 그 일을 잘하는 것 : 전 문 적 예 박사님은 전문적인 지식을 갖추셨다.

● 나랏일을 하는 사람의 높고 낮은 위치 : 관 직

● 어떤 목적을 위해 사람이나 물건, 방법이 모아지다. : 동 원 되 다 예 그를 구하기 위해 온갖 방법이 동원되었다.

● 각각의 사람이나 단체가 가지고 있는, 경제적 가치가 있는 모든 것 : 재 산 [財-재물 재, 産-재산 산]

● 사람을 깔보거나 낮추어 보거나 하찮게 여김. : 무 시

● 한 가문에서 핏줄이 이어져 온 관계를 적어 기록한 책 : 족 보

낱말 쏙쏙 테스트

빠른 정답 2쪽

[01~05] 주어진 뜻풀이에 해당하는 낱말을 〈보기〉에서 찾아 쓰세요.

〈 보기 〉
의학   생산적   족보   관직   섬기다

01 나랏일을 하는 사람의 높고 낮은 위치

: _____

02 사람이 생활하는 데 필요한 것을 만들어 내는 일과 관계된 것 : _____

03 한 가문에서 핏줄이 이어져 온 관계를 적어 기록한 책 : _____

04 사람의 몸의 건강과 병, 상처의 치료와 예방을 연구하는 학문 : _____

05 신이나 윗사람을 잘 모시어 받들다.

: _____

[06~10] 주어진 초성과 뜻풀이를 보고, 빈칸에 들어가기에 알맞은 낱말을 쓰세요.

06 우리 할머니는 지하철을 탈 때 요금을 내지 않아도 되는 ㅎ ㅌ 을/를 받으신다.
사회나 나라에서 주는 이익이나 도움

07 가난한 사람들과 부자인 사람들 사이에 일어나는 ㄱ ㅊ 갈등이 심각하다.
사회적 위치가 비슷한 사람들의 층

08 할아버지는 한국 전쟁이 일어났을 때 군대에 ㄷ ㅇ 된 형을 아직까지 만나지 못했다고 하셨다.
어떤 목적을 위해 사람이나 물건, 방법이 모아지다.

09 자동차를 좋아하던 형은 이제 자동차를 고치는 일을 ㅈ ㅁ ㅈ (으)로 하고 있다.
어떤 분야에 대해 많은 지식과 경험을 가지고 그 일을 잘하는 것

10 민교는 다른 사람에게 ㅁ ㅅ 을/를 당하지 않
사람을 깔보거나 낮추어 보거나 하찮게 여김.
으려고 무엇이든 열심히 배우려고 노력했다.

배경지식

양반 신분을 돈으로 사다!

조선 후기, 신분 제도에 큰 변화가 일어났어요. 일부 상민들이 '공명첩'을 사서 양반이 되는 일이 생겼던 것이에요. 공명첩이란 나라에서 돈을 낸 사람들에게 관직을 주기 위해 만들었던 문서로, 받는 사람의 이름이 비어 있었어요. 공명첩을 사서 빈칸에 자신의 이름을 써넣으면 누구든지 양반으로 신분을 높일 수 있었답니다.

어떻게 이런 문서가 생겨난 것일까요? 조선 후기에는 여러 차례의 전쟁으로 인해 나라의 상황이 좋지 않았어요. 이러한 외중에 농사 기술과 시장이 발달하면서 부를 쌓은 상민들이 등장하기 시작했지요. 부자가 된 상민들은 세금도 내지 않고, 군대나 나라의 공사에 불려나가지 않아도 되는 양반이 되고 싶어 했어요. 그래서 살림이 어려웠

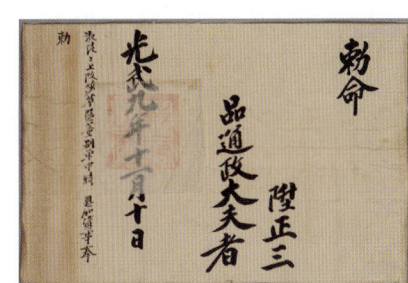

▲ 공명첩의 실제 모습
출처: e뮤지엄 (http://www.emuseum.go.kr)

던 나라에서는 부자 상민들에게 양반 관직을 팔아 나랏돈을 마련했던 것이에요. 또한 양반들 중에서도 가난한 사람들이 생겨났고, 그들은 먹고살기 위해 양반 신분을 나타내는 자신의 족보를 상민들에게 팔았어요.

이렇게 돈으로 양반 신분을 사고팔 수 있게 되면서 조선의 신분 제도에 큰 변화가 일어났고, 태어나면서부터 주어진 신분대로만 살아야 했던 사람들의 생각도 변화하기 시작했어요. 그래서 조선 후기에는 신분 제도가 점점 약해져 갔답니다.

다양한 바람이 부는 이유

빠른 정답 2쪽

지문 확인

동쪽에서 부는 샛바람, 서쪽에서 부는 하늬바람, 남쪽에서 부는 마파람, 북쪽에서 부는 높바람 등 우리나라에는 계절별로 다양한 이름의 바람이 분다. 이렇게 다양한 종류의 바람이 부는 이유는 무엇일까?

바람은 기압의 차이에 따라 일어나는 공기의 움직임을 말한다. 기압의 차이는 보통 두 지점의 온도가 다를 때 일어난다. 온도가 높은 곳의 공기는 가벼워서 위로 올라가고, 이때 생기는 빈자리를 채우려고 찬 공기가 따뜻한 곳으로 움직여 가면서 바람이 부는 것이다. 온도가 높은 지점은 공기의 양이 적어 저기압이고, 온도가 낮은 지점은 공기의 양이 많아 고기압이므로 바람은 고기압에서 저기압으로 분다.

우리의 생활 속에서도 공기의 움직임을 쉽게 찾아볼 수 있다. 난로 위에 바람개비를 들고 있으면 우리가 입으로 바람을 불지 않아도 바람개비가 뱅글뱅글 돌아간다. 난로 때문에 데워진 공기가 위로 올라가고 주변의 차가운 공기가 그 빈자리를 채우면서 생기는 공기의 흐름으로 바람개비가 돌아가는 것이다.

바닷가에서도 같은 원리로 바람이 분다. 낮에는 햇빛을 받은 육지가 바다보다 빨리 데워지기 때문에 육지 쪽의 따뜻한 공기는 위로 올라가고 바다 쪽의 찬 공기가 육지 쪽으로 이동하면서 바다에서 육지로 바람이 분다. 이를 해풍이라고 한다. 반대로 밤에는 육지에서 바다로 바람이 부는데, 이를 육풍이라고 한다. 낮과 달리 밤에 육풍이 부는 이유는 햇빛이 없는 밤에 육지가 바다보다 빨리 차가워지기 때문이다. 이에 따라 _____⑦_____.

정리하면, 바람은 온도가 낮은 곳에서 높은 곳, 즉 고기압에서 저기압으로 이동하는 공기의 움직임이다. 지구 전체를 놓고 생각해 볼 때, 태양 에너지를 적게 받는 지역이 있는 반면 많이 받는 지역도 있다. 이에 따른 공기의 다양한 움직임으로 인해 여러 가지 종류의 바람이 부는 것이다.

- 1단락 중심 낱말 :
  1) ☐☐
- 2단락 중심 낱말 :
  바람
- 3단락 중심 낱말 :
  2) ☐☐의 움직임
- 4단락 중심 낱말 :
  3) ☐☐, 육풍
- 5단락 중심 낱말 :
  바람

낱말 따라 쓰기

- 봄, 여름, 가을, 겨울에 따른. 또는 그런 것 : 계 절 별
- 공기의 누르는 힘 : 기 압
- 서로 같지 않고 다름. 또는 다른 정도나 상태 : 차 이

- 어떤 일정한 곳 : 지 점
  예 바닷가에서 3㎞ 떨어진 지점에 집을 지었다.
- 따뜻함과 차가움의 정도. 또는 그것을 나타내는 값 : 온 도
  예 욕조에 받은 물의 온도가 적당했다.

빠른 정답 2쪽, 정답과 풀이 23~24쪽

뜻을 정확히 모르는
낱말들을 적어 보세요!

01 중심 문장 찾기

각 단락의 중심 문장으로 가장 알맞은 것은 무엇인가요? ( )

① 2단락: 바람은 기압의 차이에 따라 일어나는 공기의 움직임을 말한다.

② 3단락: 우리의 생활 속에서도 공기의 움직임을 쉽게 찾아볼 수 있다.

③ 4단락: 반대로 밤에는 육지에서 바다로 바람이 부는데, 이를 육풍이라고 한다.

02 내용 이해하기

다음은 바람이 부는 원리를 정리한 것입니다. 빈칸에 들어갈 말로 알맞은 것에 ○표를 하세요.

> 온도가 (높은 / 낮은) 곳의 공기는 가벼워서 위로 올라가고, 이때 생기는 빈 자리를 채우기 위해 (차가운 / 따뜻한) 공기가 따뜻한 곳으로 이동한다. 이러한 공기의 움직임을 '바람'이라고 한다.

03 내용 이해하기

이 글의 내용으로 알맞지 <u>않은</u> 것은 무엇인가요? ( )

① 바닷가에서는 낮에 해풍이, 밤에 육풍이 분다.

② 우리나라에서는 계절별로 다양한 종류의 바람이 분다.

③ 바람은 기압의 차이에 따라 일어나는 공기의 움직임이다.

④ 지구는 어느 지역이나 똑같은 양의 태양 에너지를 받는다.

⑤ 온도가 높은 지점은 저기압이고, 온도가 낮은 지점은 고기압이다.

DAY
11

04 내용 추측하기

(가)에 들어갈 내용으로 가장 알맞은 것은 무엇인가요? ( )

① 바다 쪽의 따뜻한 공기가 위로 올라가고 육지 쪽의 찬 공기가 바다로 이동하는 것이다.

② 바다 쪽의 찬 공기가 위로 올라가고 육지 쪽의 따뜻한 공기가 바다로 이동하는 것이다.

③ 바다 쪽의 따뜻한 공기가 아래로 내려오면서 육지 쪽의 찬 공기를 위로 밀어내는 것이다.

④ 육지 쪽의 따뜻한 공기가 위로 올라가고 바다 쪽의 찬 공기가 육지로 이동하는 것이다.

⑤ 육지 쪽의 따뜻한 공기가 아래로 내려오면서 바다 쪽의 찬 공기를 위로 밀어내는 것이다.

05 내용 이해하기 **서술형**

난로 위에 바람개비를 들고 있으면 입으로 바람을 불지 않아도 바람개비가 돌아가는 이유를 쓰세요.

_____

_____

_____

✏️ 뜻을 정확히 모르는 낱말들을 적어 보세요!

낱말 따라 쓰기

- 일정한 공간에 사람, 사물, 냄새 등을 가득하게 하다. : 채 우 다
  예 빈 병에 땅콩을 가득 채웠다.
- 공기 중에서 주위보다 기압이 낮은 곳 : 저 기 압
- 공기 중에서 주위보다 기압이 높은 곳 : 고 기 압
- 나무, 석탄, 석유, 가스 등으로 연료를 때거나 전기를 이용하여 열을 내어 방 안의 온도를 올리는 기구 : 난 로
- 바람이 불면 빙빙 도는 장난감 : 바 람 개 비

- 식었거나 찬 것을 덥게 하다. : 데 우 다
- 사물의 기본이 되는 이치나 법칙 : 원 리
  [原-근원 원, 理-이치 리]
- 강이나 바다와 같이 물이 있는 곳을 뺀 지구의 겉면 : 육 지
- 태양이 내보내는 에너지 : 태 양 에 너 지
  [太-클 태, 陽-볕 양]
- 경계가 나누어진 어느 범위의 땅 : 지 역

낱말 쑥쑥 테스트

빠른 정답 2쪽

[01~05] 주어진 낱말 중 뜻풀이에 해당하는 것을 골라 쓰세요.

01 | 저기압 | 고기압 |

공기 중에서 주위보다 기압이 낮은 곳 :

02 | 육지 | 지역 |

경계가 나누어진 어느 범위의 땅 :

03 | 습도 | 온도 |

따뜻함과 차가움의 정도. 또는 그것을 나타내는 값 :

04 | 차이 | 차별 |

서로 같지 않고 다름. 또는 다른 정도나 상태 :

05 | 억압 | 기압 |

공기의 누르는 힘 :

[06~09] 주어진 초성과 뜻풀이를 보고, 빈칸에 들어가기에 알맞은 낱말을 쓰세요.

06 | ㅈ | ㅈ | : 어떤 일정한 곳
➡ 수영장의 가운데 [   ] 까지 들어가니 바닥에 발이 닿지 않았다.

07 | ㅊ | ㅇ | ㄷ | : 일정한 공간에 사람, 사물, 냄새 등을 가득하게 하다.
➡ 좋아하는 것으로 방 안을 가득 [   ].

08 | ㄷ | ㅇ | ㄷ | : 식었거나 찬 것을 덥게 하다.
➡ 식은 음식을 따뜻하게 [   ].

09 | ㄱ | ㅈ | ㅂ | : 봄, 여름, 가을, 겨울에 따른. 또는 그런 것
➡ 수아의 옷장에는 엄청나게 많은 옷이 [   ] (으)로 정리되어 있었다.

DAY
11

배경지식

바람의 힘을 이용하는 풍력 발전기

바람개비 돌리기를 해본 적이 있나요? 바람개비를 입으로 호호 불거나, 손에 바람개비를 쥐고 달리면 막대 끝에 달린 날개가 빙글빙글 돌아가지요. 사람들은 옛날부터 바람개비와 비슷한 모양을 한 '풍차'를 이용하여 에너지를 만들었어요.

풍차는 바람의 힘으로 날개가 돌아가면서 작동하는 기계인데, 낮은 곳의 물을 위로 퍼 올리는 일처럼 큰 힘이 필요한 곳에 쓰였어요. 그리고 오늘날에는 풍차를 이용한 '풍력 발전기'가 발명되어 우리 생활에 많은 이로움을 주고 있어요. 풍력 발전기에 달린 풍차가 바람의 힘을 받아 돌아가면, 풍차와 연결된 발전기가 작동하면서 우리가 사용할 수 있는 전기 에너지를 만들어 내요.

풍력 발전기는 바람의 세기가 세고, 풍차의 크기가 클수록 많은 에너지를 만들 수 있어서 주로 강원도와 제주도처럼 바람이 많이 불고 넓은 지역에 세워져 있어요.

독해력 완성 테스트 [STEP 2]

DAY 12

✿✿✿ :상
✿✿✾ :중
✿✾✾ :하

공부한 날   월   일
맞은 개수   / 5개

[01~05] 다음 글을 읽고, 물음에 답하세요.

다음 대화에서 다희와 민준이는 똑같이 '손', '다리'라는 말을 사용하고 있지만 서로 다른 의미로 사용하고 있다.

> 다희: 오늘은 손이 부족해서 너무 힘들었어.
> 민준: 그러게. 평소보다 삼십 분이나 늦게 끝났어. 얼른 손 씻고 집에 가자.
> 다희: 잠깐만 쉬자. 오래 서 있었더니 다리가 너무 아파.
> 민준: 안 돼. 다리 건너서 집에 가려면 오래 걸리니까 얼른 출발해야 해.

다희가 말한 '손'은 '일을 하는 사람'을 의미하고, 민준이가 말한 '손'은 '사람의 팔목 끝에 달린 부분'을 의미한다. 이와 같이 하나의 낱말이 두 가지 이상의 뜻을 가질 경우, 이 낱말을 '다의어'라고 한다. 다의어의 여러 가지 의미 중 기본적이고 핵심적인 의미는 '중심 의미'이고, 문맥에 따라 중심 의미가 확장되어 쓰이는 의미는 '주변 의미'이다. 우리말에서는 거의 모든 낱말이 다의어에 해당한다.

한편, 동음이의어는 소리는 같지만 뜻이 서로 다른 낱말을 말한다. 위 대화에서 다희가 말한 '다리'는 '사람이나 동물의 몸통 아래 붙어 있는 신체의 부분'을 의미하고, 민준이가 말한 '다리'는 '물을 건너거나 또는 한편의 높은 곳에서 다른 편의 높은 곳으로 건너다닐 수 있도록 만든 시설물'을 의미한다. 이와 같이 동음이의어는 소리만 같을 뿐 의미가 전혀 다른, 서로 다른 낱말이다.

다의어와 동음이의어를 어떻게 구분할 수 있을까? 다의어는 중심 의미를 바탕으로 주변 의미가 생겨나 만들어진 것이기 때문에 중심 의미와 주변 의미가 서로 관련이 있다. '사람의 팔목 끝에 달린 부분'이라는 '손'의 중심 의미에 대해, 일을 하는 '손'이 부족하다는 뜻으로 '일을 하는 사람'이라는 주변 의미가 만들어진 것처럼 말이다. 반면 동음이의어는 서로 소리가 같을 뿐 의미는 전혀 관련이 없다. 그래서 국어사전에서 낱말을 찾아보면 다의어는 하나의 낱말 아래 의미가 「1」, 「2」, 「3」……으로 묶여 있지만, 동음이의어는 '다리¹', '다리²'와 같이 아예 다른 낱말로 구분되어 있다.

이처럼 다의어와 동음이의어는 비슷한 것 같지만 서로 다른 개념이다. 이 두 가지를 구분하는 것이 헷갈린다면 한 가지만 기억하자. 다의어는 하나의 낱말이고, 동음이의어는 서로 다른 낱말이라는 점을 말이다.

---

01 ✿✾✾
각 단락의 중심 문장으로 가장 알맞은 것은 무엇인가요?
(   )

① 2단락: 우리말에서는 거의 모든 낱말이 다의어에 해당한다.
② 3단락: 한편, 동음이의어는 소리는 같지만 뜻이 서로 다른 낱말을 말한다.
③ 4단락: 반면 동음이의어는 서로 소리가 같을 뿐 의미는 전혀 관련이 없다.

02 ✿✾✾
이 글에 나온 내용은 무엇인가요?   (   )
① 동음이의어의 불편함
② 국어사전이 만들어진 이유
③ 다의어와 동음이의어의 장점
④ 다양한 다의어를 사용하는 방법
⑤ 다의어와 동음이의어를 구분하는 방법

03 ✽✽✽

이 글의 내용으로 알맞지 <u>않은</u> 것은 무엇인가요?

( )

① 우리말에서 대부분의 낱말은 다의어에 해당한다.
② 두 가지 이상의 뜻을 가진 낱말을 다의어라고 한다.
③ 신체의 한 부분인 '다리'와 시설물인 '다리'는 동음이의어이다.
④ 소리는 같지만 뜻이 서로 다른 낱말을 동음이의어라고 한다.
⑤ 국어사전에서 다의어는 각각의 의미에 따라 아예 다른 낱말로 구분되어 있다.

04 ✽✽✽

다음은 국어사전에서 '쓰다'를 찾은 것입니다. 이를 이해한 것으로 맞으면 ○표, 틀리면 ✕표를 하세요.

> **쓰다¹**
> 「1」붓, 펜, 연필과 같이 선을 그을 수 있는 도구로 종이 등에 획을 그어서 일정한 글자의 모양이 이루어지게 하다.
> 　　예 소희는 글씨를 예쁘게 쓰는 연습을 했다.
> 「2」머릿속의 생각을 종이 등에 글로 나타내다.
> 　　예 그는 공책을 펴고 일기를 썼다.
>
> **쓰다²**
> 「1」혀로 느끼는 맛이 한약이나 씀바귀 등의 맛과 같다.
> 　　예 입에 쓴 약이 몸에는 좋다고 했다.
> 「2」마음에 들지 않고 싫거나 괴롭다.
> 　　예 윤수는 어머니의 꾸중이 너무 쓰게 느껴졌다.

(1) '쓰다²'는 '쓰다¹'의 동음이의어이다. ( )
(2) '쓰다¹'와 '쓰다²'는 다의어 관계이다. ( )
(3) '쓰다²'의 「1」은 중심 의미, 「2」는 주변 의미이다. ( )
(4) '쓰다¹'와 '쓰다²'는 각각 두 가지 의미를 가지므로 모두 다의어이다. ( )

05 ✽✽✽ 서술형

4단락의 내용을 바탕으로, 다의어와 동음이의어가 어떻게 다른지 쓰세요.

_____

_____

_____

_____

낱말 따라 쓰기

- 필요한 양이나 기준에 미치지 못해 모자라다. : 부 족 하다
  예 문제를 푸는 데 시간이 부족하다.
- 특별한 일이 없는 보통 때 : 평 소
- 수나 양, 정도가 일정한 기준보다 더 많거나 나음. : 이 상
- 사물을 이루는 바탕이나 기초가 되는 것 : 기 본 적
- 사물의 가장 중심이 되는 것 : 핵 심 적
  예 선생님이 하시는 말의 핵심적인 내용을 기억해라.
- 글이나 문장에 표현된 뜻의 앞뒤 연결 : 문 맥
  [文-글월 문, 脈-줄기 맥]
- 범위, 규모, 세력 등이 늘어나서 넓어지다. : 확 장 되 다
- 어떤 범위나 조건 등에 바로 들어맞다. : 해 당 하다
  예 이 문장이 2단락의 중심 문장에 해당한다.
- 사람의 몸 : 신 체 [身-몸 신, 體-몸 체]
- 일정한 기준에 따라 전체를 몇 개로 갈라 나누다. : 구 분 하다
  예 우리는 옳은 일과 옳지 않은 일을 구분할 수 있다.
- 뒤에 오는 말이 앞의 내용과 반대됨을 나타내는 말 : 반 면
- 이것인지 저것인지 쉽게 알아차리지 못하다. : 헷 갈 리 다
- 좋거나 잘하는 점 : 장 점
- 글씨나 그림에서, 붓 등으로 한 번 그은 줄이나 점 : 획
  예 글자의 획이 가늘다.
- 한국의 전통적인 의술에서 쓰이는 약 : 한 약
- 국화과의 여러해살이풀. 익히지 않고 먹으면 쓴맛이 난다. : 씀 바 귀
- 아랫사람의 잘못을 꾸짖는 말 : 꾸 중

○○○자로 끝나는 말은?

빠른 정답 3쪽

＊ 다음에서 설명하는 낱말을 빈칸에 적어 보세요.

1 압 압 '압'자로 끝나는 말은?

(1) 공기의 누르는 힘 : ☐ 압

(2) 공기 중에서 주위보다 기압이 낮은 곳 : ☐ ☐ 압

(3) 공기 중에서 주위보다 기압이 높은 곳 : ☐ ☐ 압

(4) 힘이나 권력으로 상대를 억지로 눌러 꼼짝 못 하게 함. : ☐ 압

2 점 점 '점'자로 끝나는 말은?

(1) 어떤 일정한 곳 : ☐ 점

(2) 좋거나 잘하는 점 : ☐ 점

(3) 서로 비슷하거나 같은 점 : ☐ ☐ 점

(4) 다른 방향이나 상태로 바뀌게 되는 기회 : ☐ ☐ 점

3 기 기 '기'자로 끝나는 말은?

(1) 어떤 일이 일어나거나 변화하도록 만드는 확실한 원인이나 기회 : ☐ 기

(2) 슬픔을 나타내기 위해 깃봉에서 기의 한 폭만큼 내려서 다는 국기 : ☐ 기

4 적 적 '적'자로 끝나는 말은?

(1) 사물의 가장 중심이 되는 것 : ☐ ☐ 적

(2) 전쟁이나 싸움 없이 평온한 것 : ☐ ☐ 적

(3) 사물을 이루는 바탕이나 기초가 되는 것 : ☐ ☐ 적

(4) 사람이 생활하는 데 필요한 것을 만들어 내는 일과 관계된 것 : ☐ ☐ 적

(5) 어떤 분야에 대해 많은 지식과 경험을 가지고 그 일을 잘하는 것 : ☐ ☐ 적

STEP 3
단락 요약하기

단락별로 글의 내용을
요약하면 긴 글에서도
필요한 내용을 빠르게 찾아
문제를 바로 풀 수 있어요!

★ **단락 요약이란?**

단락의 중심 내용을 한 문장으로 간단하게
표현하는 것입니다.

● **단락을 요약하는 이유**

단락을 요약하면 글에서 무엇을 이야기
하고 있는지 쉽게 이해하고, 글의 내용을
더 잘 기억할 수 있어요.

🌟 **단락을 요약하는 방법**

– 중심 문장을 선택하여 중심 낱말을 포함
한 간단한 말로 표현하세요.
– 대상의 의미, 구체적인 정보를 이야기
하고 있다면 이 내용들을 모두 담을 수
있는 표현을 사용하여 정리하세요.
– 구체적인 예시가 나온다면 이 예시를
통해 무엇을 이야기하려는 것인지 생각
하여 정리해 보세요.

다양한 색은 어떻게 분류할 수 있을까?

공부한 날   월   일

빠른 정답 3쪽

지문 확인

알록달록 물든 단풍, 노릇노릇하게 구워진 맛있는 빵 등에서 색이 사라진다면 어떨까? 아름다움을 제대로 느끼거나 표현하지 못할 것이다. 색이란 빛을 흡수하고 반사하는 결과로 나타나는 사물의 밝고 어두움이나 노랑, 빨강, 파랑 같은 물체의 빛깔을 가리킨다. 색은 사람이 눈으로 느끼는 인상 중 가장 빠르고 강하게 감정을 불러일으키기 때문에 우리는 색을 통해 다양한 감정을 경험하고 표현한다.

그렇다면 우리가 눈으로 보고 구별할 수 있는 무수히 많은 색은 어떻게 분류할 수 있을까? 색을 분류하는 방법은 여러 가지가 있는데, 가장 보편적인 것은 무채색과 유채색으로 구분하는 것이다.

무채색은 흰색과 여러 단계의 회색 및 검은색을 이른다. 흰색은 빛을 많이 반사할 때, 검은색은 빛을 거의 다 흡수할 때 나타나는 색이다. 물체에 닿은 빛이 반사되는 정도가 약 85%면 흰색, 약 30%면 회색, 약 3%면 검은색이다. 즉, 빛을 많이 반사할수록 밝은색으로, 적게 반사할수록 어두운색으로 나타난다. 이러한 무채색의 속성에는 색의 밝고 어두운 정도인 명도는 있지만, 색 자체가 갖는 고유의 특성인 색상과 색의 선명한 정도인 채도는 없다.

유채색은 순수한 무채색을 제외했을 때 남는, 색감을 가지고 있는 모든 색을 말한다. 즉, 빨강, 초록, 파랑의 원색은 물론, 이 색들을 섞으면 나오는 주황, 노랑, 보라 등의 중간색이나 이러한 색들의 색감을 아주 조금이라도 가지고 있는 모든 색이 유채색에 포함된다. 유채색은 무려 750만 종이나 되지만 실제로 눈으로 구별할 수 있는 색은 300여 종에 불과하다. 유채색은 색상, 명도, 채도의 3가지 속성을 모두 가지고 있다.

흑백 사진과 컬러 사진을 비교해 보면 무채색과 유채색의 차이를 명확하게 알 수 있다. 흑백 사진은 무채색으로 표현되어 흰색과 회색, 검은색 외에는 색이 없고, 컬러 사진은 무채색과 유채색이 모두 표현되어 다채로운 색이 존재한다.

- 1단락의 중심 문장에 표시해 보세요.
- 2단락의 중심 문장에 표시해 보세요.
- 3단락의 중심 문장에 표시해 보세요.
- 4단락의 중심 문장에 표시해 보세요.
- 5단락의 중심 문장에 표시해 보세요.

낱말 따라 쓰기

● 종류에 따라서 나누다. : 분류 하다

● 빨아서 거두어들이다. : 흡수 하다 [吸-마실 흡, 收-거둘 수]

● 빛, 전파 등이 일정한 방향으로 나아가다가 다른 물체에 부딪혀서 나아가던 방향이 반대로 바뀌다. 또는 방향을 반대로 바꾸다. :
반사 하다 예 거울에 빛이 반사하여 눈이 부셨다.

● 어떤 대상에 대하여 마음속에 새겨지는 느낌 : 인상

● 성질이나 종류에 따라 갈라놓다. : 구별 하다

● 수나 양을 셀 수 없이 : 무수히

● 모든 것에 골고루 통하는 것 : 보편적

STEP 3 단락 요약하기

빠른 정답 3쪽

단락 요약이란 단락의 내용을 한 문장으로 간단하게 표현하는 것입니다.

단락별로 간단하게 표현한 것을 모아 정리하면 전체 글을 요약한 것이 돼요. 따라서 단락을 요약하면 글에서 무엇을 이야기하고 있는지 쉽게 이해할 수 있어요.

★ 단락을 요약하는 방법

① 중심 문장을 선택하여 중심 낱말을 포함한 간단한 말로 표현하세요.

② 대상의 의미, 구체적인 정보를 이야기하고 있다면 이 내용들을 모두 담을 수 있는 표현을 사용하여 정리하세요.

③ 구체적인 예시가 나온다면 이 예시를 통해 무엇을 이야기하려는 것인지 생각하여 정리해 보세요.

[1단락]

가장 중심이 되는 말이 색이므로 1단락의 중심 낱말은 '색'입니다.

색이란 무엇인지 설명하고, 우리는 색을 통해 다양한 감정을 경험하고 표현한다고 이야기하고 있어요. 색의 의미가 무엇인지, 색이 어떤 역할을 하는지 설명하고 있는 것이에요. 그러므로 1단락을 요약하면 '1) ☐의 의미와 역할'입니다.(요약 방법 ② 적용)

[2단락]

색에 대해 주로 이야기하고 있으므로 2단락의 중심 낱말은 '색'입니다.

또, 색을 어떻게 분류하는지에 대해 이야기하고 있으므로 '색을 분류하는 방법은 ~ 무채색과 유채색으로 구분하는 것이다.'가 2단락의 중심 문장입니다. 이것을 중심 낱말을 포함한 말로 간단하게 표현하여 2단락을 요약하면 '색을 2) ☐☐ 하는 방법'입니다.(요약 방법 ① 적용)

[3단락]

가장 중심이 되는 말이 무채색이므로 3단락의 중심 낱말은 '무채색'입니다.

2단락에서 이야기한 색의 분류 중 무채색의 의미와 특징을 설명하고 있어요. 그러므로 3단락을 요약하면 '색의 분류 – 3) ☐☐☐'입니다.(요약 방법 ② 적용)

[4단락]

이번에는 유채색에 대해 주로 이야기하고 있으므로 4단락의 중심 낱말은 '유채색'입니다.

색의 분류 중 유채색의 의미와 특징이 무엇인지 설명하고 있으므로 4단락을 요약하면 '색의 분류 – 4) ☐ ☐☐'입니다.(요약 방법 ② 적용)

[5단락]

무채색과 유채색의 차이를 흑백 사진과 컬러 사진을 통해 알 수 있다고 하네요. 가장 중심이 되는 말이 무채색과 유채색이므로 5단락의 중심 낱말은 '무채색과 유채색'입니다.

흑백 사진과 컬러 사진이라는 예시를 통해 무채색과 유채색의 특징을 설명하고 있어요. 그러므로 5단락을 요약하면 '5) ☐☐에 나타나는 무채색과 유채색의 특징'입니다.(요약 방법 ③ 적용)

★ 각 단락을 요약한 것 중에서 더 중요한 내용을 뽑아 다시 간추리면 글 전체의 내용을 요약한 것이 됩니다.

★ 이 글에서는 색의 분류에 대한 구체적인 정보를 담고 있는 2~4단락의 요약이 중요합니다. 그러므로 이 글 전체를 요약하면 '색의 분류와 무채색, 유채색의 특징'입니다.

DAY
13

01 단락 요약하기

다음은 각 단락의 내용을 요약한 것입니다. 빈칸에 들어갈 말을 순서대로 쓰세요.

1단락	( )의 의미와 역할
2단락	색을 분류하는 방법
3단락	색의 분류 – ( )
4단락	색의 분류 – ( )
5단락	사진에 나타나는 무채색과 유채색의 특징

(   ), (   ), (   )

02 내용 이해하기

이 글의 '색'에 대한 설명으로 알맞지 <u>않은</u> 것은 무엇인가요?　　　(   )

① 색은 무채색과 유채색으로 분류할 수 있다.
② 무채색의 속성에 명도는 있지만 색상과 채도는 없다.
③ 색은 빛을 흡수하고 반사하는 결과로 나타나는 현상이다.
④ 순수한 무채색을 제외했을 때 남는 모든 색은 유채색이다.
⑤ 빛을 많이 반사할수록 어두운색으로, 적게 반사할수록 밝은색으로 나타난다.

03 알맞은 반응 찾기

다음은 이 글을 읽고 나눈 대화입니다. 틀린 내용을 말한 사람의 이름을 쓰세요.

> 주아: 무채색은 흰색과 검은색 두 가지밖에 없구나.
> 예서: 반대로 유채색은 무려 750만 종이나 되지만 우리 눈으로는 300여 종만 구별할 수 있어.
> 민준: 무채색 중에서 검은색은 빛을 거의 반사하지 못해서 나타나는 색이야.
> 준서: 맞아. 어떤 물체가 빛을 3% 정도만 반사한다면 그 물체는 검은색일 거야.

(   )

04 내용 이해하기

다음은 흑백 사진과 컬러 사진을 비교한 것입니다. 빈칸에 들어갈 말을 순서대로 쓰세요.

흑백 사진	( )(으)로만 표현된 사진
컬러 사진	무채색과 ( )(으)로 표현된 사진

(   ), (   )

빠른 정답 3쪽, 정답과 풀이 27쪽

✏️ 뜻을 정확히 모르는 낱말들을 적어 보세요!

●
●
●
●
●
●
●
●

낱말 따라 쓰기

● 사물의 특징이나 성질 :
　　　속 성

● 본래부터 가지고 있는 것 어떤 것에만 있는 것 : 고 유

● 따로 떼어 내어 하나로 생각하지 않다. : 제 외 하다

● 모든 색의 기본이 되는 빛깔 : 원 색
　[原 – 근원 원, 色 – 빛 색]

● 어떤 숫자를 넘지 않은 상태이다. : 불 과 하다

● 아주 뚜렷하고 확실하다. :
　　　명 확 하다

● 여러 가지 색이나 형태, 종류가 하나로 어울리어 화려하다.
　: 다 채 롭 다
　㉠ 이번 축제에서는 다채로운 행사가 열린다.

문제 이해하고 풀기

빠른 정답 3쪽, 정답과 풀이 27쪽

01 단락 요약하기

각 단락의 내용을 요약하여 표로 정리해 놓았네요. 잘 읽고 빈 칸에 어떤 말을 써넣어야 할지 생각해 보세요.

🌸 1, 3, 4단락의 중심 내용을 떠올려 볼까요?

1단락에서는 이 글 전체의 중심 낱말인 '색'의 의미와 역할을 설명하고 있어요.

3단락과 4단락에서는 색의 두 가지 분류인 '무채색'과 '유채색'에 대해 각각 설명하고 있어요.

정답은 _____, _____, _____ 입니다.

02 내용 이해하기

이 글의 '색'에 대한 내용과 맞지 않는 선택지를 고르는 문제입니다. 각각의 선택지와 글의 내용을 서로 비교해 보세요.

🌸 각각의 선택지 내용을 순서대로 살펴볼게요.

① 색은 무채색과 유채색으로 분류할 수 있다.(○)

근거 ②단락 ❷번째 문장: 색을 분류하는 방법은 ~ 무채색과 유채색으로 구분하는 것이다.

② 무채색의 속성에 명도는 있지만 색상과 채도는 없다.(○)

근거 ③단락 ❺번째 문장: 무채색의 속성에는 색의 밝고 어두운 정도인 명도는 있지만, ~ 선명한 정도인 채도는 없다.

③ 색은 빛을 흡수하고 반사하는 결과로 나타나는 현상이다.(○)

근거 ①단락 ❸번째 문장: 색이란 빛을 흡수하고 반사하는 결과로 나타나는 ~ 물체의 빛깔을 가리킨다.

④ 순수한 무채색을 제외했을 때 남는 모든 색은 유채색이다.(○)

근거 ④단락 ❶번째 문장: 유채색은 순수한 무채색을 제외했을 때 남는, 색감을 가지고 있는 모든 색을 말한다.

⑤ 빛을 많이 반사할수록 어두운색으로, 적게 반사할수록 밝은색으로 나타난다.(×)

근거 ③단락 ❹번째 문장: 빛을 많이 반사할수록 밝은색으로, 적게 반사할수록 어두운색으로 나타난다.

정답은 _____ 입니다.

03 알맞은 반응 찾기

이 글을 읽고 나눈 대화에서 틀린 내용을 말한 사람을 고르는 문제입니다. 각 사람의 말이 이 글의 내용과 비교했을 때 맞는 말인지 살펴보세요.

주아: 무채색은 흰색과 검은색 두 가지밖에 없구나.(×)

근거 ③단락 ❶번째 문장: 무채색은 흰색과 여러 단계의 회색 및 검은색을 이른다.

예서: 반대로 유채색은 무려 750만 종이나 되지만 우리 눈으로는 300여 종만 구별할 수 있어.(○)

근거 ④단락 ❸번째 문장: 유채색은 무려 750만 종이나 되지만 실제로 눈으로 구별할 수 있는 색은 300여 종에 불과하다.

민준: 무채색 중에서 검은색은 빛을 거의 반사하지 못해서 나타나는 색이야.(○)

근거 ③단락 ❷번째 문장: 검은색은 빛을 거의 다 흡수할 때 나타나는 색이다.

준서: 맞아. 어떤 물체가 빛을 3% 정도만 반사한다면 그 물체는 검은색일 거야.(○)

근거 ③단락 ❸번째 문장: 물체에 닿은 빛이 반사되는 정도가 약 85%면 흰색, ~ 약 3%면 검은색이다.

정답은 _____ 입니다.

04 내용 이해하기

흑백 사진과 컬러 사진을 비교한 내용이 표로 정리되어 있어요.

🌸 흑백 사진과 컬러 사진의 특징이 이 글의 어느 부분에 나오는지 떠올려 보세요.

근거 ⑤단락 ❷번째 문장: 흑백 사진은 무채색으로 표현되어 흰색과 회색, 검은색 외에는 색이 없고, 컬러 사진은 무채색과 유채색이 모두 표현되어 다채로운 색이 존재한다.

🍃 흑백 사진은 '무채색'으로만 표현된 사진이고, 컬러 사진은 '무채색과 유채색'으로 표현된 사진이에요.

정답은 _____, _____ 입니다.

표준어는 어떤 말일까?

지문 확인

제주도에서 태어나고 자란 지민이는 직장을 옮기신 부모님을 따라 서울로 이사를 왔다. 어느 날 학교에서 급식으로 나온 누룽지를 먹은 지민이가 "코소롱호다"라고 말하자 친구들은 지민이의 말을 이해하지 못했다.

- 1단락의 중심 문장에 표시해 보세요.

지민이의 상황은 왜 벌어진 것일까? 그 이유는 지민이가 서울에 사는 사람들에게는 낯선 제주도 방언을 사용했기 때문이다. 같은 우리말이어도 지역마다 사용하는 억양, 낱말, 표현 등이 조금씩 다르다. 그래서 우리나라는 의사소통을 제대로 하기 위해 표준어를 정해 놓았다. 표준어란 한 나라에서 표준으로 정한 말이자 공식적으로 쓰는 언어이다. 표준어를 정한 원칙을 살펴보면 표준어가 구체적으로 어떤 말인지 알 수 있다.

- 2단락의 중심 문장에 표시해 보세요.

첫째, 표준어는 교양 있는 사람들이 두루 쓰는 말이다. 교양 있는 사람들이란 나라에서 정한 표준어를 올바르게 배우고 사용하는 사람들을 말한다. 또한 교양 있는 사람들이 쓰는 말이므로 속된 말이나 유행어는 표준어에 해당하지 않는다.

- 3단락의 중심 문장에 표시해 보세요.

둘째, 표준어는 현대에 쓰이는 말이다. 세월이 흐르면 같은 소리를 가진 글자라도 사라지거나 변하고, 같은 뜻을 가진 낱말이 변하거나 새로운 낱말이 생겨나기도 한다. 그러므로 이제 쓰이지 않게 된 말은 표준어가 될 수 없고 우리가 살아가는 현재에 쓰이는 말이 표준어가 된다.

- 4단락의 중심 문장에 표시해 보세요.

마지막으로, 표준어는 서울말이다. 서울은 오랜 세월 동안 우리나라의 수도로서 정치, 경제, 문화의 중심지 역할을 해 왔다. 이에 따라 각 지역에서 사용하는 다양한 말 중 서울에서 쓰이는 말이 표준이 되는 말로 두루 쓰일 만하기에 표준어가 된 것이다.

- 5단락의 중심 문장에 표시해 보세요.

정리하면, 우리나라의 표준어는 '교양 있는 사람들이 두루 쓰는 현대 서울말'이다. 간혹 표준어가 더 낫고 표준어가 아닌 말은 못하다고 생각하는 사람이 있는데, 이는 잘못된 인식이다. 표준어는 효율적인 의사소통과 정보 전달, 교육 등을 위해 정한 것이며, 각 지역의 방언은 우리말을 풍성하고 다양하게 해 주기 때문이다. 따라서 표준어를 바르게 이해하고 알맞게 사용하려는 태도를 가져야 한다.

- 6단락의 중심 문장에 표시해 보세요.

낱말 따라 쓰기

- 어느 한 지방에서만 쓰는, 표준어가 아닌 말 : 방언
- 말의 소리의 높고 낮은 것 : 억양
- 말이나 글, 몸짓 등의 방법을 통해 서로 자기의 생각을 주고받는 것 : 의사소통

[意-뜻 의, 思-생각 사, 疏-트일 소, 通-통할 통]

- 사물의 정도나 성격 등을 알기 위한 근거나 기준 : 표준
- 나라에서 정하였거나 사회적으로 인정된 것 : 공식적

  예 대통령은 결정된 일을 공식적으로 발표했다.

- 여러 가지 경우에 적용되는 기본적인 규칙이나 법칙 : 원칙

  예 우리끼리는 거짓말을 하지 않는 것이 원칙이다.

01 단락 요약하기

빠른 정답 3쪽, 정답과 풀이 28~29쪽

다음은 2단락의 내용을 요약하는 과정입니다. 빈칸에 공통으로 들어가기에 알맞은 말을 쓰세요.

> 2단락의 중심 낱말은 ( )이고, 중심 내용은 의사소통을 제대로 하기 위해 표준어를 정했다는 것과 표준어가 무엇인지 설명하는 것이다. 따라서 2단락을 요약하면 '( )을/를 정한 이유와 ( )의 의미'이다.

( )

02 내용 이해하기

다음 중 이 글에 나오지 <u>않는</u> 내용은 무엇인가요? ( )

① 방언의 기능
② 표준어의 의미
③ 표준어를 정한 원칙
④ 표준어를 정한 이유
⑤ 방언이 사라져 가는 이유

03 내용 이해하기

이 글의 내용으로 알맞지 <u>않은</u> 것은 무엇인가요? ( )

① 속된 말이나 유행어는 표준어에 해당하지 않는다.
② 세월이 흐르면 글자가 사라지거나 변하기도 한다.
③ 표준어는 방언과 달리 우리말을 풍성하고 다양하게 해 준다.
④ 같은 우리말이어도 지역마다 사용하는 억양, 낱말, 표현 등이 조금씩 다르다.
⑤ 교양 있는 사람들이란 나라에서 정한 표준어를 올바르게 배우고 사용하는 사람들을 말한다.

정답 콕콕 특강

01

2단락에서는 '의사소통을 제대로 하기 위해' 표준어를 정해 놓았으며, 표준어란 '한 나라에서 표준으로 정한 말이자 공식적으로 쓰는 언어'라고 했어요. 이 내용을 간단히 표현하면 2단락을 요약한 것이 됩니다.

02

'표준어'에 대해서는 이 글 전체에서, '방언'에 대해서는 2단락과 6단락에서 이야기하고 있어요.

DAY
14

03

'속된 말이나 유행어', '방언', '교양 있는 사람들'과 같은 말이 이 글의 어느 부분에 나오는지 살펴보세요.

04 알맞은 반응 찾기

다음은 이 글을 읽고 학생들이 나눈 대화입니다. '표준어'에 대해 바르게 이해한 사람은 누구인가요? ( )

① 혜리: 최근 인터넷상에서 유행하는 줄임말은 표준어라고 보기 어려워.

② 승주: 공식적인 자리에서는 표준어보다 방언을 사용하는 것이 더 적절해.

③ 희준: 표준어는 각 지방에서 사용하는 다양한 말을 공평하게 섞어서 정한 것이구나.

④ 나경: 오늘날 더 이상 쓰이지 않게 된 글자라도 역사적으로 의미가 있으면 표준어로 삼는구나.

⑤ 수완: 방언을 사용하는 사람보다 표준어를 사용하는 사람이 더 훌륭한 사람이라고 볼 수 있어.

04

학생들이 '표준어'에 대해 어떻게 이해했는지 나와 있네요. 각 학생의 말이 이 글의 내용과 일치하는지 살펴봐야 해요.

05 내용 이해하기 [서술형]

표준어를 정한 원칙에 따라 우리나라의 표준어를 정의한 말을 6단락에서 찾아 쓰세요.

_____

_____

_____

05

'정의'란 어떤 말이나 사물의 뜻을 밝혀 정하는 것을 말해요. 6단락에서 표준어를 정의하고 있는 말을 찾아보세요.

낱말 따라 쓰기

● 잘 알 수 있을 만큼 실제 예시가 있고 자세한 것 : 구 체 적

● 학문, 지식, 사회생활을 바탕으로 한 품위. 또는 문화에 대한 폭넓은 지식 : 교 양 [敎-가르칠 교, 養-기를 양]

● 빠짐없이 골고루 : 두 루
  예 정민이는 다양한 친구들과 두루 잘 지낸다.

● 고상하지 못하고 천하다. : 속 되 다

● 비교적 짧은 시기 동안에 여러 사람의 입에 오르내리는 말 : 유 행 어 [流-퍼질 유, 行-유행할 행, 語-말씀 어]

● 지금의 시대 : 현 대 [現-지금 현, 代-시대 대]

● 어떤 일이나 활동의 중심이 되는 곳 : 중 심 지 [中-가운데 중, 心-마음 심, 地-땅 지]

● 어쩌다가 한 번씩, 띄엄띄엄 : 간 혹

● 사물을 분별하고 판단하여 아는 것 : 인 식

● 들인 노력에 비하여 얻는 결과가 큰 것 : 효 율 적
  예 같은 방향에 있는 곳은 한 번에 같이 가는 것이 효율적이다.

● 넉넉하고 많다. : 풍 성 하다

● 몸의 조직이나 기관, 혹은 어떤 사물이나 개념의 작용 : 기 능

● 꼭 알맞다. : 적 절 하다

● 어느 쪽으로도 치우치지 않고 고르다. : 공 평 하다
  예 우리 싸우지 말고 공평하게 나누어 먹자.

[01~06] 주어진 뜻풀이에 해당하는 낱말을 〈보기〉에서 찾아 쓰세요.

〈 보기 〉
교양 억양 보편적 두루
공식적 방언 효율적

01 나라에서 정하였거나 사회적으로 인정된 것 :
_____

02 말의 소리의 높고 낮은 것 : _____

03 들인 노력에 비하여 얻는 결과가 큰 것 :
_____

04 빠짐없이 골고루 : _____

05 학문, 지식, 사회생활을 바탕으로 한 품위. 또는 문화에 대한 폭넓은 지식 : _____

06 모든 것에 골고루 통하는 것 : _____

[07~10] 주어진 뜻풀이에 해당하는 낱말을 연결하세요.

07 종류에 따라서 나누다. •   • ㉠ 다채롭다

08 따로 떼어 내어 하나로 생각하지 않다. •   • ㉡ 분류하다

09 빨아서 거두어들이다. •   • ㉢ 흡수하다

10 여러 가지 색이나 형태, 종류가 하나로 어울리어 화려하다. •   • ㉣ 제외하다

[11~15] 문장의 의미를 생각하여, 밑줄 친 낱말과 가장 비슷한 말을 〈보기〉에서 찾아 쓰세요.

〈 보기 〉
적절 풍성 원칙 간혹 고유

11 지현이는 <u>타고난</u> 그림 실력으로 대회에서 우승했다.
➡ 사람마다 가지고 있는 ☐☐의 성질을 성격이라고 한다.

12 전학 간 현지와 연락이 끊겼지만, <u>가끔</u> 선생님께서 현지의 소식을 전해 주시곤 한다.
➡ 평소에는 똑똑한 희선이지만 ☐☐ 실수할 때가 있다.

13 이곳 공연이 유명하다더니, 과연 <u>볼거리가 많구나</u>.
➡ 농부는 일 년 동안 열심히 일해서 ☐☐한 결실을 거두었다.

14 수지가 쓴 내용은 이 문제의 정답으로 <u>알맞다</u>.
➡ 그는 선생님의 질문에 ☐☐하게 대답했다.

15 학생들은 스스로가 정한 <u>규칙</u>을 따르기로 약속했다.
➡ 두 나라는 함께 만든 ☐☐을/를 발표했다.

[16~17] 주어진 한자와 뜻풀이를 보고, 빈칸에 들어가기에 알맞은 말을 쓰세요.

16 意 뜻 ☐ + 思 생각 ☐ + 疏 트일 ☐
+ 通 통할 ☐ = ☐☐☐☐
말이나 글, 몸짓 등의 방법을 통해 서로 자기의 생각을 주고받는 것

17 中 가운데 ☐ + 心 마음 ☐ + 地 땅 ☐
= ☐☐☐
어떤 일이나 활동의 중심이 되는 곳

깊고 넓은 바다의 세계, 해양

빠른 정답 3쪽

지문 확인

우주에서 봤을 때 지구는 푸른색의 바다와 녹색의 산, 갈색의 흙, 흰색의 구름이 조화를 이루고 있다. 그중에서도 바다는 지구 표면에서 가장 넓은 면적을 차지하고 있으며, 지구 표면의 약 70%를 차지하는 넓고 큰 바다를 해양이라고 한다. 태평양, 대서양, 인도양 등 세계 지도에서 많이 보았던 바다들이 모두 해양에 해당한다.

그렇다면 해양은 얼마나 깊을까? 세계에서 가장 깊은 바다인 마리아나 해구는 깊이가 약 11,034m이다. 이는 세계에서 가장 높은 산인 에베레스트산의 높이를 넘어서는 깊이이다. 마리아나 해구에 에베레스트산을 넣으면 2,000m 정도의 공간이 남을 정도라고 한다.

이렇게 깊은 해양의 깊이를 재는 방법은 무엇일까? 옛날에는 추를 단 끈을 이용해 바다 밑바닥까지의 거리를 쟀다. 하지만 요즘에는 사람이 잠수정을 타고 바닷속으로 내려가거나 무인 잠수정을 이용해 깊이를 잰다. 더 나아가 초음파를 쏜 후 초음파가 바닥에 반사되어 되돌아오는 시간을 측정해 바다의 깊이를 계산하기도 하고, 인공위성을 이용하여 해저 지도를 만들기도 한다.

한편, 해양을 겉에서 보면 파도가 칠 뿐 수면 자체는 굴곡이 없어 보인다. 그래서 100여 년 전까지만 해도 사람들은 해양의 밑바닥이 평평한 들판이라고 생각했다. 20세기에 들어서야 과학자들이 여러 가지 연구를 통해 해양의 밑바닥이 육지의 모습과 비슷하다는 것을 밝혀내었다. 육지에 산, 계곡, 들판 등 다양한 지형이 있는 것처럼 해양의 밑바닥에도 산과 계곡, 벌판 등이 존재한다는 사실을 알게 된 것이다. 바다 밑에 있는 산을 '해산', 바다 밑에 있는 깊은 계곡을 '해구', 바다 밑에 길게 이어진 산맥은 '해령', 평야처럼 편평한 지역은 '심해저 평원'이라고 한다.

또한 바다 깊은 곳에서는 육지와 마찬가지로 지진이나 화산 활동이 일어나고, 이로 인해 지형이 끊임없이 변한다. 바다 밑에서 생긴 화산이 해수면 위로 올라오면 '화산섬'이 만들어지기도 하는데, 울릉도와 제주도, 하와이 등이 이렇게 생긴 화산섬이다. 지금도 우리 눈에 보이지는 않지만 다양한 이유로 바닷속 지형은 끊임없이 변하고 있다.

- 1단락의 중심 문장에 표시해 보세요.
- 2단락의 중심 문장에 표시해 보세요.
- 3단락의 중심 문장에 표시해 보세요.
- 4단락의 중심 문장에 표시해 보세요.
- 5단락의 중심 문장에 표시해 보세요.

낱말 따라 쓰기

● 사물이나 공간, 지위 등을 자기 몫으로 가지다. : 차 지 하다

● 끈에 매달려 늘어진 물건을 통틀어 이르는 말 : 추

● 잠수하여 바닷속을 조사하는 배 : 잠 수 정

● 사람이 없음. : 무 인 [無-없을 무, 人-사람 인]

● 수나 양, 크기, 성질 등을 기계나 장치로 재다. : 측 정 하다
[測-헤아릴 측, 定-정할 정]

● 지구나 다른 행성의 둘레를 돌도록 로켓을 이용하여 쏘아 올린 사람이 만든 장치 : 인 공 위 성

STEP 3 단락 요약하기

빠른 정답 3쪽

★ 단락을 요약하는 방법

① 중심 문장을 선택하여 중심 낱말을 포함한 간단한 말로 표현하세요.

② 대상의 의미, 구체적인 정보를 이야기하고 있다면 이 내용들을 모두 담을 수 있는 표현을 사용하여 정리하세요.

③ 구체적인 예시가 나온다면 이 예시를 통해 무엇을 이야기하려는 것인지 생각하여 정리해 보세요.

1단락

가장 중심이 되는 말이 해양이므로 1단락의 중심 낱말은 '해양'입니다.

또한 '그중에서도 바다는 지구 표면에서 가장 넓은 면적을 차지하고 있으며, ~ 넓고 큰 바다를 해양이라고 한다.'가 1단락의 중심 문장이므로, 이것을 간단하게 표현하여 1단락을 요약하면 '지구에서 가장 넓은 면적을 차지하는 1) ☐☐'입니다.(요약 방법 ① 적용)

2단락

1단락과 마찬가지로 해양에 대해 주로 이야기하고 있으므로 2단락의 중심 낱말도 '해양'입니다.

해양이 얼마나 깊은지에 대해 이야기하고 있으므로 2단락을 요약하면 '해양의 2) ☐☐'입니다.(요약 방법 ② 적용)

3단락

가장 중심이 되는 말이 해양의 깊이이므로 3단락의 중심 낱말은 '해양의 깊이'입니다.

해양의 깊이를 잴 때 옛날에는 추를 단 끈을 이용했지만 요즘에는 잠수정, 초음파 등을 이용한다고 설명하고 있어요. 그러므로 3단락을 요약하면 '해양의 3) ☐☐을/를 재는 방법'입니다.(요약 방법 ② 적용)

4단락

해양의 밑바닥이 어떤 모습인지에 대해 이야기하고 있으므로 4단락의 중심 낱말은 '해양의 밑바닥'입니다.

과학자들이 밝혀낸 해양 밑바닥의 모습이 육지의 모습과 비슷하다는 것이 4단락의 중심 내용이에요. 그러므로 4단락을 요약하면 '육지의 모습과 비슷한 해양의 4) ☐☐☐'입니다.(요약 방법 ② 적용)

5단락

바닷속 지형이 끊임없이 변한다고 이야기하고 있으므로 5단락의 중심 낱말은 '바닷속 지형'입니다.

바닷속 지형이 지진이나 화산 활동으로 인해 계속 변한다는 것이 5단락의 중심 내용이에요. 이 내용을 정리하여 5단락을 요약하면 '끊임없이 변하는 바닷속 5) ☐☐'입니다.(요약 방법 ② 적용)

★ 각 단락을 요약한 것 중에서 더 중요한 내용을 뽑아 다시 간추리면 글 전체의 내용을 요약한 것이 됩니다.

★ 이 글에서는 해양이 넓고 깊으며, 바닷속 지형이 다양하다는 것이 가장 중요한 내용입니다. 그러므로 이 글 전체를 요약하면 '깊고 넓은 해양과 다양한 바닷속 지형'입니다.

▲ 다양한 모습을 하고 있는 해양의 밑바닥

01 단락 요약하기

빠른 정답 3쪽, 정답과 풀이 30~31쪽

다음은 각 단락의 내용을 요약한 것입니다. 빈칸에 들어갈 말을 순서대로 쓰세요.

1단락	지구에서 가장 넓은 면적을 차지하는 ( )
2단락	해양의 깊이
3단락	해양의 ( )을/를 재는 방법
4단락	( )의 모습과 비슷한 해양의 밑바닥
5단락	끊임없이 변하는 바닷속 지형

(   ), (   ), (   )

정답 콕콕 특강

01

각 단락의 중심 낱말이 무엇인지, 중심 낱말에 대해 주로 어떤 이야기를 했는지 떠올려 보세요.

02 내용 이해하기

이 글의 '해양'에 대한 설명으로 맞으면 ○표, 틀리면 ✕표를 하세요.

(1) 태평양, 대서양, 인도양은 모두 해양이다.   (   )

(2) 산과 계곡은 해양에서는 볼 수 없는 지형이다.   (   )

(3) 20세기에 들어서야 해양의 지형이 어떻게 생겼는지 밝혀졌다.   (   )

02

'태평양, 대서양, 인도양'은 1단락에, '산과 계곡', '20세기'는 4단락에 나오는 말이에요.

03 알맞은 반응 찾기

이 글은 읽은 학생들의 반응으로 알맞지 <u>않은</u> 것은 무엇인가요?   (   )

① 해양은 겉으로 보이는 것과 밑바닥의 모습이 다르군.

② 해양이 아무리 깊어도 에베레스트산의 높이만큼 깊지는 않군.

③ 울릉도와 제주도가 바닷속 화산 활동으로 인해 생긴 섬이었군.

④ 해산, 해구, 해령, 심해저 평원은 모두 해양의 지형에 해당하는군.

⑤ 20세기 이전의 사람들은 해양의 밑바닥이 평평한 들판이라고 생각했군.

03

해양의 깊이에 대해서는 2단락과 3단락에서, 해양의 지형에 대해서는 4단락과 5단락에서 설명하고 있어요.

04 내용 이해하기

해양의 깊이를 재는 방법을 정리한 것입니다. ㉠~㉢에 알맞은 말을 쓰세요.

과거	(㉠)을/를 단 끈을 이용해 바다 밑바닥까지의 거리를 잼.
현재	사람이 (㉡)을/를 타고 바닷속으로 내려가거나 무인 잠수정을 이용함. (㉢)을/를 쏜 후 그것이 바닥에 반사되어 되돌아오는 시간을 측정함.

㉠: (   ), ㉡: (   ), ㉢: (   )

04

3단락에서 '해양의 깊이를 재는 방법'을 설명하고 있네요. 표의 내용을 잘 읽고, ㉠~㉢에 들어갈 말이 무엇인지 생각해 보세요.

낱말 따라 쓰기

● 바다의 밑바닥 : 해 저 [海-바다 해, 底-밑 저]

● 물의 겉면 : 수 면 [水-물 수, 面-겉 면]

● 이리저리 굽어 꺾여 있음. : 굴 곡

● 땅의 생긴 모양이나 상태 : 지 형

● 넓고 평평하다. : 편 평 하다

낱말 쑥쑥 테스트

빠른 정답 3쪽

[01~05] 주어진 낱말 중 뜻풀이에 해당하는 것을 골라 쓰세요.

01 　해구　　해저

바다의 밑바닥 : ☐☐

02 　편평하다　　편리하다

넓고 평평하다. : ☐☐☐☐

03 　차지하다　　유지하다

사물이나 공간, 지위 등을 자기 몫으로 가지다. :
☐☐☐☐

04 　지형　　수면

땅의 생긴 모양이나 상태 : ☐☐

05 　인공호흡　　인공위성

지구나 다른 행성의 둘레를 돌도록 로켓을 이용하여 쏘아 올린 사람이 만든 장치 :
☐☐☐☐

[06~10] 주어진 초성과 뜻풀이를 보고, 빈칸에 들어가기에 알맞은 낱말을 쓰세요.

06 ☐ㅊ☐ㅈ☐하다 : 수나 양, 크기, 성질 등을 기계나 장치로 재다.

➡ 학교 운동장의 넓이를 ☐☐했다.

07 ☐ㅁ☐ㅇ☐ : 사람이 없음.

➡ 은행에는 ☐☐ 카메라가 있어서 24시간 내내 감시할 수 있다.

08 ☐ㅊ☐ : 끈에 매달려 늘어진 물건을 통틀어 이르는 말

➡ 벽시계의 ☐이/가 좌우로 움직인다.

09 ☐ㅅ☐ㅁ☐ : 물의 겉면

➡ 오늘은 바람이 전혀 불지 않아 강의 ☐☐ 이/가 아주 잔잔하다.

10 ☐ㄱ☐ㄱ☐ : 이리저리 굽어 꺾여 있음.

➡ 이 산을 넘어가는 도로는 ☐☐이/가 심해서 조심히 운전해야 한다.

배경지식

세계 최초로 해양 탐사를 떠난 챌린저호

　지구에서 가장 깊은 바다인 마리아나 해구의 깊이는 언제 처음으로 측정되었을까요? 바로 1872년에 항해를 시작한 영국 챌린저호의 탐사에서랍니다. 챌린저호는 약 3년 반 동안 세계의 바다 곳곳을 탐험한 최초의 해양 탐사선이에요.

　챌린저호의 탐험가들은 마리아나 해구의 깊이를 쟀을 뿐만 아니라 세계 각지에 사는 해양 동식물의 표본을 모았어요. 또한 바닷물의 흐름과 온도를 측정해서 도표로 나타내기도 했고, 바닷속 지형에 대한 정보를 모아서 다른 배들이 쉽게 항해를 할 수 있도록 돕기도 했어요. 깊은 바다 밑바닥에 해구(계곡)와 해령(산맥)이 있다는 것도 챌린저호의 탐사에서 처음 밝혀진 사실이에요.

　챌린저호의 탐사가 성공적으로 이루어진 후에는 많은 나라에서 바다를 연구하고 탐사하는 데 관심을 갖기 시작했어요. 즉, 챌린저호는 해양 탐사의 시작이자 모범이라고 할 수 있어요.

한강을 차지하라!

지문 확인

4세기 백제 근초고왕, 5세기 고구려 광개토 대왕과 장수왕, 6세기 신라 진흥왕 때 각 나라가 공통적으로 차지하고 있었던 지역은 어디일까? 그곳은 바로 한강 유역이다. 삼국은 한강 유역을 차지하기 위해 서로 연합하여 전쟁을 치렀다. 고구려가 한강 유역을 차지하면 백제와 신라가 연합하여 한강 유역을 빼앗고, 신라가 한강 유역을 차지하면 고구려와 백제가 연합하여 한강 유역을 노리는 식으로 말이다. 삼국은 왜 한강 유역을 차지하기 위해 끊임없이 노력했을까?

• 1단락의 중심 문장에 표시해 보세요.

첫 번째 이유는 한강이 한반도의 한가운데 위치하여 교통이 편리하기 때문이다. 이는 전쟁을 할 때 매우 유리했다. 한강에 배를 띄우면 육지로 이동할 때보다 군사나 물건을 빠르게 옮길 수 있었고, 이것은 나라의 힘을 키우는 데 큰 도움이 되었다.

• 2단락의 중심 문장에 표시해 보세요.

두 번째 이유는 한강 유역의 넓게 펼쳐진 평야와 풍부한 물 덕분에 농사가 잘되어 많은 곡식을 생산할 수 있었기 때문이다. 그 덕분에 먹을 것이 많아져 백성들의 삶이 편안해지고, 나라는 세금을 더 거두어들여 경제적 기반을 탄탄하게 할 수 있었다.

• 3단락의 중심 문장에 표시해 보세요.

마지막 이유는 한강 유역이 황해를 통해 중국과 교류하기에 유리한 위치였기 때문이다. 당시 중국은 삼국보다 발전된 문화와 기술을 가지고 있었다. 한강 유역을 차지한 나라는 중국과의 교류로 나라를 빠르게 발전시킬 수 있었다.

• 4단락의 중심 문장에 표시해 보세요.

백제와 고구려에 비해 약하고 발전도 더뎠던 신라가 삼국을 통일할 수 있었던 것도 한강 유역을 차지한 후 빠르게 힘을 키웠기 때문이다. 또한 삼국의 전성기가 한강 유역을 차지한 시기와 거의 일치하는 것을 통해서도 한강 유역이 한반도의 주도권을 잡기 위해 꼭 필요한 곳이었음을 알 수 있다.

• 5단락의 중심 문장에 표시해 보세요.

낱말 따라 쓰기

● 둘 이상의 것이 서로 비슷하거나 같은 것 : 공 통 적

● 강물이 흐르는 주변 : 유 역

● 서로 힘을 합하여 한 편을 만들다. : 연 합 하다

● 남의 것을 빼앗으려고 벼르다. : 노 리 다

● 남북한 국토를 이루고 있는, 삼면이 바다로 둘러싸이고 한 면은 육지에 이어진 땅 : 한 반 도

● 편하고 이로우며 이용하기 쉽다. : 편 리 하다

● 이익이 있다. : 유 리 하다 [有 – 있을 유, 利 – 이로울 리]

● 강이나 바다와 같이 물이 있는 곳을 뺀 지구의 겉면 : 육 지

● 예전에, 군인이나 군대를 이르던 말 : 군 사

● 평평하고 넓은 들 : 평 야 [平 – 평평할 평, 野 – 들 야]

빠른 정답 3쪽, 정답과 풀이 32~33쪽

✏️ 뜻을 정확히 모르는
낱말들을 적어 보세요!

01 단락 요약하기

다음은 5단락의 내용을 요약하는 과정입니다. 빈칸에 공통으로 들어가기에 알맞은 말을 쓰세요.

> 5단락의 중심 낱말은 (   )이고, 중심 내용은 삼국 시대에 (   )이/가 한반도의 주도권을 잡기 위해 꼭 필요한 곳이었다는 것이다. 따라서 5단락을 요약하면 '한반도의 주도권을 잡기 위해 꼭 필요했던 (   )'이다.

(   )

02 내용 이해하기

다음은 이 글의 내용을 정리한 것입니다. ㉠~㉢에 들어가기에 알맞은 말을 쓰세요.

삼국이 한강 유역을 차지하기 위해 노력했던 이유	한반도의 한가운데 있어 (㉠)이/가 편리하기 때문
	넓은 평야와 풍부한 물 덕분에 (㉡)이/가 잘되었기 때문
	황해를 통해 (㉢)와/과 교류하기에 유리했기 때문

㉠: (   ), ㉡: (   ), ㉢: (   )

DAY
16

03 내용 이해하기

이 글의 내용으로 알맞지 <u>않은</u> 것은 무엇인가요?   (   )

① 한강을 차지하면 전쟁을 할 때 유리했다.
② 삼국은 한강 유역을 차지하기 위해 전쟁을 치렀다.
③ 한강 유역을 차지하면 나라의 경제적 기반을 탄탄하게 할 수 있었다.
④ 삼국 시대에는 군사나 물건을 빠르게 옮기기 위해 한강보다는 육지를 이용했다.
⑤ 백제와 고구려, 신라는 각각 4세기, 5세기, 6세기에 한강 유역을 차지하고 있었다.

04 내용 추측하기

이 글을 읽고 한반도의 5세기 상황을 추측한 것으로 알맞지 <u>않은</u> 것은 무엇인가요?

( )

① 고구려의 백성들은 먹을 것이 더 많아졌겠군.
② 삼국 중 고구려가 한반도의 주도권을 잡고 있었겠군.
③ 고구려가 한강을 차지한 시기이므로 고구려의 전성기였겠군.
④ 백제와 신라는 고구려가 차지한 한강 유역을 빼앗으려 했겠군.
⑤ 고구려는 한강을 차지하면서 영토가 더 넓어져 교통이 불편해졌겠군.

뜻을 정확히 모르는 낱말들을 적어 보세요!

05 내용 이해하기 **서술형**

신라가 삼국을 통일할 수 있었던 이유를 5단락에서 찾아 쓰세요.

_____

_____

_____

──── 낱말 따라 쓰기

- 넉넉하고 많다. : 풍 부 하다
- 사람의 식량이 되는 쌀, 보리, 콩, 밀, 옥수수 등을 통틀어 이르는 말
  : 곡 식   [穀-곡식 곡, 食-먹을 식]
- 인간이 생활하는 데 필요한 각종 물건을 만들어 내다. : 생 산 하다
  예 브라질은 커피 원두를 세계에서 가장 많이 생산하는 국가이다.
- 나라의 온갖 일을 하는 데 드는 돈을 마련하기 위해 국민이나 단체가 의무적으로 나라에 내는 돈 : 세 금
- 경제나 돈, 수입, 재산에 관한 것 : 경 제 적
- 기초가 되는 바탕 : 기 반
- 조직이나 기구 등이 쉽게 무너지거나 흔들리지 않는 상태에 있다.
  : 탄 탄 하다
- 한반도와 중국에 둘러싸인 바다 : 황 해

- 문화를 서로 통하게 하다. : 교 류 하다
  [交-사귈 교, 流-흐를 류]
- 어떤 움직임이나 일에 걸리는 시간이 오래다. : 더 디 다
- 나누어진 것들을 하나로 모이게 하다. : 통 일 하다
  [統-거느릴 통, 一-하나 일]
- 힘이나 권력, 기세 등이 가장 왕성한 시기 : 전 성 기
- 서로 어긋나지 않고 같거나 들어맞다. : 일 치 하다
- 중심적인 위치에서 이끌어 나갈 수 있는 권리 : 주 도 권
  예 말하기를 좋아하는 지영이는 친구들과 대화할 때마다 주도권을 잡으려 한다.
- 나라의 통치권이 미치는 영역 : 영 토

[01~06] 주어진 뜻풀이에 해당하는 낱말을 〈보기〉에서 찾아 쓰세요.

〈 보기 〉

생산 유리 교류 평야
기반 육지 통일

01 문화를 서로 통하게 하다. : ☐☐ 하다

02 이익이 있다. : ☐☐ 하다

03 나누어진 것들을 하나로 모이게 하다. : ☐☐ 하다

04 평평하고 넓은 들 : ☐☐

05 기초가 되는 바탕 : ☐☐

06 인간이 생활하는 데 필요한 각종 물건을 만들어 내다. : ☐☐ 하다

[07~10] 문장의 의미를 생각하여, 밑줄 친 말과 가장 비슷한 낱말을 〈보기〉에서 찾아 쓰세요.

〈 보기 〉

더디다 주도권 연합 편리하다

07 무거운 짐을 옮길 때 수레를 이용하면 쉽고 편하다.
➡ 도로에 차가 많은 출근 시간에는 지하철을 이용하는 것이 _____.

08 동생은 걸음이 느리다.
➡ 처음 해보는 일이 익숙하지 않아서 일을 하는 속도가 _____.

09 신하들이 힘을 합쳐서 왕을 몰아낼 계획을 세웠다.
➡ 일제 강점기에는 일본에 맞서기 위해 여러 지역의 의병들이 _____ 하기도 했다.

10 그는 우리의 대장이므로 우리를 이끌어 나갈 권리가 있다.
➡ 우리 중 가장 힘이 센 승현이가 모임에서 항상 _____ 을/를 잡는다.

배경지식

신라 진흥왕, 한강을 되찾다!

고구려의 장수왕이 한강을 차지하며 세력을 크게 확장하자 백제와 신라는 긴장하기 시작했어요. 그래서 한강의 옛 주인이었던 백제는 신라와 연합하여 고구려를 공격하기로 했지요.

마침내 백제의 성왕과 신라의 진흥왕은 '나제 동맹'을 맺고 힘을 합쳐서 한강 주변의 영토를 차지했어요. 그리고 한강 상류 지역은 신라가, 한강 하류 지역은 백제가 나누어 갖기로 했지요. 그런데 진흥왕은 여기에 만족하지 않고 백제의 땅도 차지해야겠다고 마음을 먹었어요. 한강 하류 지역을 거쳐야만 중국과 직접 교류하기가 쉬웠기 때문이에요.

진흥왕은 백제를 기습적으로 공격했고, 전투에서 승리하여 마침내 한강 하류 지역까지 차지했어요. 그리고 이를 기념하기 위해 북한산에 '북한산 신라 진흥왕 순수비'를 세웠어요. 이 일은 삼국 시대에 한강이 얼마나 중요한 지역이었는지를 알려 주는 사건이에요. 북한산 신라 진흥왕 순수비는 현재 국립중앙박물관에 옮겨져 있답니다.

▲ 북한산 신라 진흥왕 순수비

출처: e뮤지엄 (http://www.emuseum.go.kr)

정다면체는 몇 개나 있을까?

빠른 정답 3쪽

지문 확인

보드게임을 할 때 쓰는 주사위, 피아노를 칠 때 박자를 세 주는 메트로놈, 과자를 담은 상자 등 우리 주위에는 면으로 둘러싸인 다양한 모양의 사물이 존재한다. 이와 같이 평면 다각형으로 둘러싸인 입체 도형을 다면체라고 한다. 다면체의 이름은 면의 수에 따라 정해지고, 면이 4개이면 사면체, 5개이면 오면체, 6개이면 육면체가 되는 식으로 무수히 많은 다면체가 존재한다.

- 1단락의 중심 문장에 표시해 보세요.

그렇다면 정다면체는 무엇일까? 정다면체란 다면체 중에서 한 꼭짓점에 모이는 면의 수가 같고, 면의 모양이 모두 같은 다면체를 말한다. 예를 들어 주사위는 크기가 같은 정사각형 6개로 둘러싸인 정다면체이다. 그렇다면 정다면체 역시 수없이 많이 존재할까?

- 2단락의 중심 문장에 표시해 보세요.

정삼각형은 한 내각의 크기가 60°이고, 한 꼭짓점에 모이는 정삼각형이 1개나 2개일 경우 입체 도형을 만들 수 없다. 또한 한 꼭짓점에 정삼각형이 6개 모이면 360°로 평면이 되므로 이 경우에도 입체 도형을 만들 수 없다. 따라서 한 꼭짓점에 모이는 삼각형의 개수가 3개, 4개, 5개일 때만 정삼각형으로 이루어진 정다면체를 만들 수 있다. 이러한 정다면체가 각각 정사면체, 정팔면체, 정이십면체이다.

- 3단락의 중심 문장에 표시해 보세요.

정사각형은 한 내각의 크기가 90°이다. (가) 앞의 경우와 같이 생각해 보았을 때 한 꼭짓점에 정사각형이 3개씩 모인 경우에만 입체 도형을 만들 수 있다. 따라서 각 면이 정사각형인 정다면체는 정육면체 한 가지뿐이다. 마찬가지로 한 내각의 크기가 108°인 정오각형은 한 꼭짓점에 정오각형이 3개씩 모인 경우에만 입체 도형을 만들 수 있다. 따라서 각 면이 정오각형인 정다면체는 정십이면체 하나이다.

- 4단락의 중심 문장에 표시해 보세요.

반면 정육각형부터는 정다면체를 만들 수 없다. 정육각형은 한 내각의 크기가 120°이다. 한 꼭짓점에 모이는 정육각형이 1개나 2개일 경우 입체 도형을 만들 수 없고, 정육각형이 3개 모이면 360°로 평면이 되므로 정육각형으로는 정다면체를 만들 수 없다. 이와 같은 이유로 정칠각형, 정팔각형 등도 정다면체를 만들 수 없다.

- 5단락의 중심 문장에 표시해 보세요.

정리하면, 정다면체는 정사면체, 정육면체, 정팔면체, 정십이면체, 정이십면체로 딱 5개만 존재한다. 우리 주변에 존재하는 정다면체를 찾아, 각각 어떤 다각형으로 이루어진 정다면체인지 살펴보자.

- 6단락의 중심 문장에 표시해 보세요.

낱말 따라 쓰기

- 음악의 시간을 이루는 기본 단위 : 박 자

- 어떤 사물이나 사람을 둘러싸고 있는 것. 또는 그 환경 : 주 위

- 둘리어 감싸지다. : 둘 러 싸 이 다
  예 그 가수는 무대에서 내려오자마자 사람들에게 둘러싸였다.

01 단락 요약하기

다음은 각 단락의 내용을 요약한 것입니다. ㉠~㉣에 들어가기에 알맞은 말을 쓰세요.

1단락	다면체의 의미와 종류
2단락	(㉠)의 의미
3단락	(㉡)(으)로 만들 수 있는 정다면체
4단락	(㉢)와/과 정오각형으로 만들 수 있는 정다면체
5단락	정다면체를 만들 수 없는 도형들
6단락	(㉣)개만 존재하는 정다면체

㉠: (   ), ㉡: (   )

㉢: (   ), ㉣: (   )

02 내용 이해하기

이 글의 내용으로 알맞지 않은 것은 무엇인가요? (   )

① 정사각형의 한 내각은 90°이다.

② 정다면체의 종류는 수없이 많다.

③ 정칠각형으로는 정다면체를 만들 수 없다.

④ 정십이면체는 각 면이 정오각형인 정다면체이다.

⑤ 정사각형으로 만들 수 있는 정다면체는 한 가지뿐이다.

03 내용 추측하기

다음은 (가)의 과정을 나타낸 것입니다. 빈칸에 들어가기에 알맞은 말을 순서대로 쓰세요.

┌─────────────────────────┐   ┌─────────────────────────┐
│ 한 꼭짓점에 모이는 정사각형이 1개 │   ＋   │ 한 꼭짓점에 정사각형이 (   )개 │
│ 나 2개일 경우 입체 도형을 만들 수 │   │ 모이면 360°로 (   )이/가 되기 │
│ 없다.   │   │ 때문에 입체 도형을 만들 수 없다. │
└─────────────────────────┘   └─────────────────────────┘

(   ), (   )

04 알맞은 반응 찾기

이 글은 읽은 학생들의 반응으로 알맞지 <u>않은</u> 것은 무엇인가요? ( )

① 주사위도 정다면체이군.
② 면이 6개인 택배 상자는 육면체이군.
③ 정팔면체는 정삼각형으로 이루어진 입체 도형이군.
④ 정삼각형으로 만들 수 있는 정다면체는 세 가지이군.
⑤ 한 꼭짓점에 모이는 정육각형의 개수가 3개이면 정다면체를 만들 수 있군.

뜻을 정확히 모르는 낱말들을 적어 보세요!

05 내용 적용하기 서술형

다음 도형은 정다면체의 한 종류입니다. 이 도형은 무엇이며, 어떤 다각형으로 이루어졌는지 쓰세요.

낱말 따라 쓰기

- 일정한 면 위에 두 점을 찍고 연결했을 때, 이 직선이 항상 그 표면 위에 놓이는 경우의 면 : 평 면 [平-평평할 평, 面-면 면]
- 셋 이상의 직선으로 둘러싸인 평면 도형 : 다 각 형
- 위치·넓이·길이·두께가 있는 물체. 또는 그런 물체가 차지하는 공간 : 입 체 ㉾ 이 영화는 입체 영상으로 만들어졌다.
- 셀 수 없이 : 무 수 히
- 현실에 있다. : 존 재 하다 [存-있을 존, 在-있을 재]
- 각을 이루고 있는 두 변이 만나는 점 : 꼭 짓 점
- 셀 수 없을 만큼 그 수가 많이 : 수 없 이
  ㉾ 수영장에 사람들이 수없이 몰려들었다.

- 다각형에서 가까이 있는 두 변이 다각형의 안쪽에 만드는 모든 각 : 내 각 [內-안 내, 角-각도 각]
- 몇 가지 부분이나 요소가 모여 일정한 성질이나 모양을 가진 존재가 되다. : 이 루 어 지 다
- 어떤 대상의 둘레 : 주 변
  ㉾ 우리 집 주변에는 고양이가 많다.
- 사물을 일정한 기준에 따라 나누는 갈래 : 종 류
- 편지나 짐, 상품 등을 원하는 장소까지 직접 배달해 주는 일 : 택 배 [宅-집 택, 配-나눌 배]

[01~06] 주어진 뜻풀이에 해당하는 낱말을 〈보기〉에서 찾아 쓰세요.

〈 보기 〉

평면 주위 존재하다 수없이
이루어지다 꼭짓점

01 몇 가지 부분이나 요소가 모여 일정한 성질이나 모양을 가진 존재가 되다. : _____

02 어떤 사물이나 사람을 둘러싸고 있는 것. 또는 그 환경 : _____

03 각을 이루고 있는 두 변이 만나는 점 : _____

04 현실에 있다. : _____

05 일정한 면 위에 두 점을 찍고 연결했을 때, 이 직선이 항상 그 표면 위에 놓이는 경우의 면 : _____

06 셀 수 없을 만큼 그 수가 많이 : _____

[07~11] 주어진 초성과 뜻풀이를 보고, 빈칸에 들어가기에 알맞은 낱말을 쓰세요.

07 집에 있는 모든 책을 ㅈㄹ 에 따라 나눠서 정리했더니 원하는 책을 찾기 훨씬 쉬워졌다.
사물을 일정한 기준에 따라 나누는 갈래

08 시골 할머니댁에 가서 밤하늘을 보면 ㅁㅅㅎ 많은 별들이 떠 있다.
셀 수 없이

09 노래를 부를 때는 ㅂㅈ 을/를 잘 맞춰야 듣기에 좋다.
음악의 시간을 이루는 기본 단위

10 우리 학교 ㅈㅂ 에는 친구들과 함께 놀 수 있는 곳이 많다.
어떤 대상의 둘레

DAY 17

11 선생님께서 삼각형, 사각형, 오각형 등 ㄷㄱㅎ 을/를 그려 오라는 숙제를 내주셨다.
셋 이상의 직선으로 둘러싸인 평면 도형

배경지식

정다각형이란 무엇일까?

정다면체란 '한 꼭짓점에 모이는 면의 수가 같고, 면의 모양이 모두 같은 다면체'라는 것을 이제 잘 알았을 거예요. 그렇다면 정다면체의 한 면을 이루는 평면 도형인 '정다각형'은 무엇일까요? 정다각형은 변의 길이가 모두 같고, 각의 크기도 모두 같은 다각형이에요. 변의 개수에 따라서 이름을 붙이는데, 변이 3개인 정다각형은 정삼각형, 변이 4개인 정다각형은 정사각형, 변이 5개인 정다각형은 정오각형, 변이 6개인 정다각형은 정육각형이에요.

그렇다면 그림 속 마름모는 정다각형일까요? 정답은 '아니다.'예요. 마름모는 네 변의 길이가 모두 같지만, 네 각의 크기는 모두 같지 않을 수도 있기 때문이에요. 마름모이면서 네 각의 크기가 모두 같을 때만 정다각형이 되는 것인데, 이러한 도형이 바로 정사각형이랍니다.

독해력 완성 테스트 [STEP 3]

✽✽✽ :상
✽✽✽ :중
✽✽✽ :하

공부한 날   월   일
맞은 개수   / 5개

[01~05] 다음 글을 읽고, 물음에 답하세요.

신종 코로나바이러스가 유행할 때 텔레비전 화면에 자주 나온 장면이 있다. 파란색 계열의 바탕에 빨간색, 주황색, 노란색 등으로 사람의 대략적인 형태가 나타난 장면인데, 이것은 바로 열화상 카메라를 이용하여 사람을 찍은 모습이다. 열화상 카메라는 무엇이고, 우리 생활에 어떤 도움을 줄까?

열화상 카메라는 열을 감지하여 한눈에 보여 주는 장치로, 열을 온도에 따라 다양한 색으로 나타내 우리 눈으로 볼 수 있게 해 준다. 일반 카메라는 빛이 없는 곳에서는 촬영을 할 수 없다. 반면 열화상 카메라는 적외선을 이용하여 열을 감지하기 때문에 빛이 있고 없고와 상관없이, 심지어 연기와 같은 장애물이 있어도 촬영을 할 수 있다. 이러한 점을 활용하여 열화상 카메라는 여러 분야에서 유용하게 쓰이고 있다.

우선, 열화상 카메라는 화재를 진압하고 예방하는 데 쓰이고 있다. 연기 때문에 한 치 앞도 못 볼 때 소방관들은 열화상 카메라를 이용하여 사람을 찾아 구하고, 화재를 효과적으로 진압할 수 있다. 또한 열화상 카메라는 눈에 잘 보이지 않는 작은 불씨도 감지할 수 있기 때문에 불이 잘 나는 봄, 가을에는 열화상 카메라를 단 무인 항공기(드론)를 띄워 산불 감시 활동을 벌이기도 한다.

그리고 열화상 카메라는 검역을 할 때도 이용된다. 공항이나 항구에서는 열화상 카메라를 이용하여 승객과 화물을 검사하고, 이를 통해 전염병이나 해충이 국내로 들어오는 것을 막는다. 또, 열화상 카메라는 군사적 용도로도 이용된다. 열화상 카메라를 이용하면 빛이 전혀 없는 밤에도 체온을 감지하여 사람을 찾아낼 수 있기 때문에 군대에서는 야간 감시 장비로 열화상 카메라를 이용한다.

이 밖에도 가축이 병이 들었는지를 판단할 때, 단열이 제대로 되는지 확인할 때, 살얼음이 언 도로를 찾아낼 때 등 열화상 카메라가 이용되는 분야는 아주 다양하다. 즉, 열화상 카메라는 우리의 삶을 더 편리하고 안전하게 만들어 주고 있다고 할 수 있다.

01 ✽✽✽

다음은 각 단락의 내용을 요약한 것입니다. 빈칸에 들어가기에 알맞은 말을 순서대로 쓰세요.

1단락	( ) 카메라에 대한 물음
2단락	열화상 카메라의 의미와 장점
3단락	열화상 카메라의 활용 - ( ) 진압과 예방
4단락	열화상 카메라의 활용 - ( ), 군사적 용도
5단락	우리 삶을 편리하고 안전하게 해 주는 열화상 카메라

(   ), (   )
(   )

02 ✽✽✽

다음 중 이 글에 나온 내용은 무엇인가요?   (   )

① 열화상 카메라의 생김새
② 열화상 카메라를 사용하는 방법
③ 적외선을 이용하는 것의 위험성
④ 소방관들이 화재를 진압하는 이유
⑤ 일반 카메라와 열화상 카메라의 차이점

03 ✱✱❀

이 글의 '열화상 카메라'에 대한 설명으로 알맞지 <u>않은</u> 것은 무엇인가요?　　　　　　　　（　　　）

① 열화상 카메라는 열을 눈으로 볼 수 있게 해 주는 카메라이다.

② 열화상 카메라를 이용하면 살얼음이 언 도로를 찾아낼 수 있다.

③ 열화상 카메라를 이용하여 가축이 병이 들었는지 판단할 수 있다.

④ 열화상 카메라를 이용해도 빛이 없는 밤에는 사람을 찾아낼 수 없다.

⑤ 열화상 카메라를 이용하여 전염병과 해충이 국내로 들어오는 것을 막을 수 있다.

04 ✱✱✱

다음 대화에서 <u>틀린</u> 말을 한 사람의 이름을 쓰세요.

> 서윤: 열화상 카메라로 내 몸을 찍으면 빨간색, 노란색, 주황색 등 여러 가지 색으로 보이겠네.
>
> 윤지: 그렇지. 열화상 카메라는 햇빛의 자외선을 이용해 우리 몸을 다양한 색으로 보이게 해.
>
> 수진: 열화상 카메라는 우리 눈에 잘 보이지 않는 작은 불씨도 감지할 수 있어.
>
> 영준: 맞아. 그래서 산불 감시 활동에도 유용하게 쓰이지.

（　　　　　　　　　）

05 ✱✱❀ 서술형

연기 때문에 한 치 앞도 못 볼 때 소방관들이 열화상 카메라를 이용하는 이유를 쓰세요.

_____

_____

_____

낱말 따라 쓰기

● 전염병이 널리 퍼져 돌아다니다. : 유 행 하다

● 서로 관련이 있거나 비슷한 점이 있는 한 갈래 : 계 열

● 자세하지 않은, 전체를 요약한 것 : 대 략 적
　예 나는 재호에게 영화의 줄거리를 대략적으로 말해 주었다.

● 사물의 생김새나 모양 : 형 태

● 느끼어 알다. : 감 지 하다 [感-느낄 감, 知-알 지]
　예 동물은 본능적으로 위험을 감지할 수 있다.

● 가로막아서 거치적거리게 하는 사물 : 장 애 물

● 쓸모가 있다. : 유 용 하다
　예 그 문제집은 복습할 때 유용하다.

● 불이 나는 재앙. 또는 불로 인한 재난 : 화 재

● 강제적인 힘으로 억눌러 진정시키다. : 진 압 하다
　예 경찰들이 달려드는 사람을 진압했다.

● 병이나 사고 같은 일이 일어나지 않도록 미리 막다. : 예 방 하다
　[豫-미리 예, 防-막을 방]
　예 안전사고를 예방하기 위해 교육을 했다.

● 어떤 목적을 지닌 행동에 의하여 보람이나 좋은 결과가 드러나는 것
　: 효 과 적 [效-나타날 효, 果-결과 과, 的-적 적]
　예 스마트폰을 공부하는 데 효과적으로 이용할 수 있다.

● 어떤 일이 일어나지 않게 하거나 보살피기 위해 주의 깊게 살핌.
　: 감 시 [監-살필 감, 視-볼 시]

● 일을 계획하여 시작하거나 펼쳐 놓다. : 벌 이 다
　예 선수들이 불꽃 튀는 대결을 벌였다.

● 해외에서 전염병이나 해충이 들어오는 것을 막기 위하여 공항과 항구에서 하는 일들을 통틀어 이르는 말 : 검 역

● 싣고 나를 수 있는 물건을 통틀어 이르는 말 : 화 물

● 인간의 생활에 해를 끼치는 벌레 : 해 충

● 군대, 군인, 전쟁 등 군에 관계되는 것 : 군 사 적

● 돈이나 물건이 쓰이는 곳이나 목적 : 용 도

● 해가 진 뒤부터 날이 밝기 전까지의 동안 : 야 간

● 집에서 기르는 짐승. 소, 말, 돼지, 닭, 개 등을 통틀어 이른다. :
　가 축 [家-집 가, 畜-짐승 축]

● 물체와 물체 사이에 열이 서로 통하지 않도록 막음. 또는 그렇게 하는 일 : 단 열
　예 단열이 잘 되게 집을 지으면 난방비를 줄일 수 있다.

DAY
18

잠깐!
쉬어가기

빠른 정답 3쪽, 정답과 풀이 71쪽
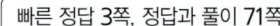

＊주어진 뜻풀이에 해당하는 낱말을 쓰고, 글자판의 가로, 세로, 대각선에서 찾아 ○표를 하세요.

(1) 말의 소리의 높고 낮은 것 :

(2) 모든 것에 골고루 통하는 것 :

(3) 셀 수 없을 만큼 그 수가 많이 :

(4) 강제적인 힘으로 억눌러 진정시키다. :

(5) 사물이나 공간, 지위 등을 자기 몫으로 가지다. :

(6) 병이나 사고 같은 일이 일어나지 않도록 미리 막다. :

(7) 비교적 짧은 시기 동안에 여러 사람의 입에 오르내리는 말 :

(8) 어떤 목적을 지닌 행동에 의하여 보람이나 좋은 결과가 드러나는 것 :

(9) 말이나 글, 몸짓 등의 방법을 통해 서로 자기의 생각을 주고받는 것 :

예	월	고	요	키	통	분	진	압	하	다	치
방	원	흡	충	수	사	속	바	으	키	불	보
하	드	성	없	유	지	통	사	입	면	양	편
다	속	이	다	진	의	정	참	화	재	체	적
키	이	요	싸	색	적	니	합	재	잠	화	다
으	준	머	수	억	있	기	요	충	유	행	어
일	율	절	효	양	간	문	먹	압	수	간	평
러	상	과	러	곡	없	윤	의	차	굴	는	풍
불	이	다	하	다	차	롭	다	사	둘	존	산
과	인	안	의	우	유	지	과	보	소	형	혹
율	스	외	이	양	채	준	하	너	억	통	사
효	과	적	편	제	리	다	혼	다	옹	진	자

단락 간의 관계를 이해하면 어떤 일이 되어 가는 단계, 대상이 변해 가는 과정 등 글의 흐름을 쉽게 알 수 있어요!

STEP 4
단락 간의 관계 이해하기

★ **단락 간의 관계 이해란?**

각 단락이 서로 어떻게 이어져 있는지 알아 보는 것입니다.

● **단락 간의 관계를 이해해야 하는 이유**

각 단락이 어떻게 연결되어 있는지를 이해 하면 글 전체에서 결국 이야기하고자 하는 것이 무엇인지 알 수 있어요.

단락 간의 관계를 이해하는 방법

– '그리고, 또, 또한, 마찬가지로' 등의 이어 주는 말이 나오면 앞의 내용과 비슷한 내용이 이어질 것을 알 수 있어요.

– '그러나, 하지만, 그렇지만, 그럼에도' 등의 이어 주는 말이 나오면 앞의 내용과 반대되거나 다른 방향의 내용이 이어 질 것을 알 수 있어요.

– '그러므로, 그래서, 따라서' 등의 이어 주는 말이 나오면 앞의 내용이 이유가 되는 결과가 이어질 것을 알 수 있어요.

– '즉, 정리하면' 등의 이어 주는 말이 나오면 앞의 내용을 요약하는 내용이 이어질 것을 알 수 있어요.

국민이라면 당연히 누려야 할 권리, 기본권

공부한 날   월   일

빠른 정답 3쪽

지문 확인

선거철이 되면 '국민의 권리를 행사합시다!'라고 써 있는 포스터나 광고를 자주 볼 수 있다. 국민의 권리를 행사하기 위해서는 먼저 그것이 무엇인지 알아야 한다. 민주주의 국가의 국민이라면 누구나 태어날 때부터 가지고 있는 기본적인 권리가 있는데, 이를 기본권이라고 한다. 우리나라는 인간의 존엄성과 행복을 추구할 권리를 보장하고자 헌법에 국민의 기본권을 정해 두고 있다. 기본권에는 어떤 권리가 포함될까?

먼저, 기본권으로는 자유권과 평등권이 있다. 자유권은 국가의 간섭을 받지 않고 자기의 뜻에 따라 자유롭게 행동하고 생각할 수 있는 권리이다. 원하는 종교를 믿을 권리, 살고 싶은 곳에 살 수 있는 권리, 원하는 직업을 얻을 수 있는 권리 등이 자유권에 속한다. 그리고 평등권은 모든 국민이 법 앞에 평등하므로 누구든지 성별, 종교, 직업, 장애 등에 의해 차별받지 않을 권리이다. 평등권은 모든 국민이 공평한 기회를 갖는다는 뜻도 포함하고 있다.

또한 사회권, 청구권, 참정권도 기본권에 해당한다. 사회권은 인간다운 생활을 하기 위해 필요한 최소한의 사회적 보장을 국가에 요구할 수 있는 권리이다. 사회권에는 일할 기회를 요구할 권리, 교육을 받을 권리, 깨끗한 환경에서 살 권리 등이 있다. 그리고 청구권은 국민이 기본권을 보장받기 위하여 국가에 어떤 일을 해 달라고 요구할 수 있는 권리로, 공정한 재판을 받을 수 있는 권리, 억울하거나 부당한 일을 당했을 때 재판을 요구할 권리 등이 있다. 참정권은 국민의 한 사람으로서 정치에 참여할 수 있는 권리로, 투표에 참여할 권리, 선거에서 후보자로 나설 수 있는 권리, 공무원이 되어 나랏일을 할 권리 등이 있다.

정리하면, 우리 국민의 기본권으로는 자유권, 평등권, 사회권, 청구권, 참정권이 있다. 많은 사람들이 모여 사는 현대 사회에서는 이렇게 다양한 각자의 기본권이 서로 부딪치기도 한다. 이런 경우에는 서로의 기본권을 존중하고 각자의 권리를 조금씩 양보하여 모두의 권리가 조화롭게 실현될 수 있도록 노력해야 한다.

- 1단락 요약 :
1) ☐☐☐의 의미

- 2단락 요약 :
기본권의 종류 – 자유권,
2) ☐☐☐

- 3단락 요약 :
기본권의 종류 – 사회권,
3) ☐☐☐, 참정권

- 4단락 요약 :
서로의
4) ☐☐을/를
존중하는 것의 중요성

낱말 따라 쓰기

- 당연히 요구할 수 있는 힘이나 자격 : 권 리
  예 사람에게는 교육받을 권리가 있다.
- 선거일을 앞뒤로 한 얼마 동안의 시기 : 선 거 철
- 권력, 힘, 권리 등을 실제로 쓰다. : 행 사 하다
- 국민이 권력을 가지고 그 권력을 스스로 행사하는 제도 : 민 주
  주 의 [民-백성 민, 主-주인 주, 主-주인 주, 義-옳을 의]

- 함부로 낮게 다룰 수 없을 만큼 높고 위엄이 있는 것 : 존 엄 성
- 원하는 것을 이루거나 얻으려고 계속하여 애쓰다. : 추 구 하다
- 어떤 일이 어려움 없이 이루어지도록 확실한 약속이나 제도로 뒷받침하다. : 보 장 하다
- 권리, 의무, 자격 등이 모든 사람에게 고르고 똑같다. : 평 등 하다

STEP 4 단락 간의 관계 이해하기

빠른 정답 3쪽

단락 간의 관계 이해하기는 각 단락들이 서로 어떻게 이어져 있는지 알아보는 것입니다.

각 단락이 어떻게 연결되어 있는지를 이해하면 글 전체에서 결국 이야기하고자 하는 것이 무엇인지 알 수 있어요.

★ **단락 간의 관계를 이해하는 방법**

- '**그리고, 또, 또한, 마찬가지로**' 등이 나오면 앞의 내용과 비슷한 내용이 이어질 것을 알 수 있어요.
- '**그러나, 하지만, 그렇지만, 그럼에도**' 등이 나오면 앞의 내용과 반대되거나 다른 방향의 내용이 이어질 것을 알 수 있어요.
- '**그러므로, 그래서, 따라서**' 등이 나오면 앞의 내용이 이유가 되어 나타나는 결과가 이어질 것을 알 수 있어요.
- '**즉, 정리하면**' 등이 나오면 앞의 내용을 요약하거나, 다시 한번 말하면서 강조하는 내용이 이어질 것을 알 수 있어요.
- '**이, 그, 저, 이러한**' 등이 나오면 이 표현들이 앞의 내용 중 무엇을 가리키는지 살펴보세요.

1단락

민주주의 국가의 국민이라면 누구나 가지는 '기본권'이 무엇인지 설명하고 있어요. 그러므로 1단락을 요약하면 '기본권의 의미'입니다.

[단락 간의 관계] ·1) ☐☐☐ 에는 어떤 권리가 포함될까?'라는 마지막 문장을 통해 뒤에 이어질 내용이 기본권의 종류일 것이라고 예상할 수 있어요.

2단락

기본권으로는 자유권과 평등권이 있다고 이야기하고 있으므로 2단락을 요약하면 '기본권의 종류 – 자유권, 평등권'입니다.

[단락 간의 관계] 2단락이 ·2) ☐☐ '(이)라는 말로 시작하는 것을 통해 다음 단락에서도 기본권의 종류를 설명할 것이라고 추측할 수 있어요.

3단락

사회권, 청구권, 참정권도 기본권의 종류에 해당한다고 이야기하고 있으므로 3단락을 요약하면 '기본권의 종류 – 사회권, 청구권, 참정권'입니다.

[단락 간의 관계] ·3) ☐☐ '(이)라는 말은 앞의 내용과 비슷한 내용이 이어질 것을 알려 줍니다. 2단락에 이어서 3단락에서도 기본권의 종류를 설명하고 있네요.

4단락

서로의 기본권을 존중하고 각자의 권리를 조금씩 양보해야 한다는 것이 중심 내용이에요. 그러므로 4단락을 요약하면 '서로의 기본권을 존중하는 것의 중요성'입니다.

[단락 간의 관계] ·4) ☐☐☐ '(이)라는 말로 시작하며 2, 3단락에서 설명한 기본권의 종류를 요약하고 있어요. 또, 서로의 기본권을 5) ☐☐ 해야 한다면서 글을 마무리하고 있어요.

★ 이 글은 1단락에서 글 전체의 중심 낱말인 '기본권'이 무엇인지 소개한 후, 2단락과 3단락에서 기본권의 종류를 설명하고 있어요.

4단락에서는 앞 내용인 기본권의 종류를 요약하고, 서로의 기본권을 존중하는 것이 중요하다고 이야기하며 글을 마무리하고 있어요.

★ [단락 간의 관계] 정리

- 1단락: 기본권의 의미 — 중심 낱말 소개, 중심 낱말의 의미 설명
- 2단락: 기본권의 종류
  – 자유권, 평등권
- 3단락: 기본권의 종류
  – 사회권, 청구권, 참정권
  — 중심 낱말의 종류 설명
- 4단락: 서로의 기본권을 존중하는 것의 중요성
  — 앞 내용 요약, 마무리

DAY
19

01 단락 간의 관계 이해하기

각 단락에 대한 설명으로 알맞지 <u>않은</u> 것은 무엇인가요? ( )

① 1단락에서 중심 낱말인 기본권에 대해 질문을 던지고, 2단락과 3단락에서 이에 답하고 있다.

② 2단락과 3단락은 서로 반대되는 이야기를 하고 있다.

③ 4단락에서는 2단락과 3단락의 내용을 요약하고 있다.

02 내용 이해하기

이 글의 내용을 정리한 것입니다. 빈칸에 들어가기에 알맞은 말을 순서대로 쓰세요.

> ( )이란 민주주의 국가의 국민이라면 누구나 태어날 때부터 가지고 있는 기본적인 권리를 말하며, 기본권의 종류에는 ( ), 평등권, ( ), 청구권, 참정권이 있다.

( ), ( ), ( )

03 내용 적용하기

다음은 이 글을 읽고 수빈이가 쓴 메모입니다. 빈칸에 공통으로 들어가기에 알맞은 말을 쓰세요.

> 나는 기본권 중에 ( )에 대한 내용이 가장 흥미로웠다. 나중에 성인이 되면 꼭 투표에 참여하여 ( )을/를 행사할 것이다.

( )

04 알맞은 반응 찾기

이 글을 읽고 나눈 대화입니다. 글의 내용과 맞지 <u>않는</u> 말을 한 사람은 누구인가요?
( )

① 지우: 민주주의 국가의 국민이라면 누구나 기본권을 보장받아야 해.

② 수아: 맞아. 그래서 우리나라는 헌법으로 국민의 기본권을 정해 두고 있어.

③ 은우: 내가 나중에 원하는 직업을 얻을 수 있는 권리는 사회권에 해당하는구나.

④ 지호: 기본권을 보장받지 못하는 사람들은 청구권에 의해 국가에 재판을 요구할 수 있어.

⑤ 예준: 우리 부모님은 늘 모든 사람을 차별하지 말라고 하시는데, 그건 평등권과 관련이 있겠구나.

빠른 정답 3쪽, 정답과 풀이 38쪽

✏️ 뜻을 정확히 모르는 낱말들을 적어 보세요!

-
-
-
-
-
-
-

낱말 따라 쓰기

● 둘 이상의 대상을 차이를 두어 구별함. : 차 별

● 어느 쪽으로도 치우치지 않고 고르다. : 공 평 하다
㉐ 너 하나, 나 하나 공평하게 나눠 가지자.

● 받아야 할 것을 달라고 하다. : 요 구 하다

● 어느 쪽으로도 치우치지 않고 올바르다. : 공 정 하다

● 도리에 어긋나서 옳지 않다. : 부 당 하다
[不-아닐 부, 當-마땅할 당]

● 자기의 주장을 굽혀 남의 의견에 따르다. : 양 보 하다

● 꿈, 희망, 계획 등이 실제로 이루어지다. : 실 현 되 다

문제 이해하고 풀기

01 단락 간의 관계 이해하기

단락 간의 관계를 선택지로 주고, 알맞지 않은 것이 무엇인지 묻고 있어요.

🌸 각각의 선택지 내용을 순서대로 살펴볼게요.

① 1단락에서 중심 낱말인 기본권에 대해 질문을 던지고, 2단락과 3단락에서 이에 답하고 있다. (○)

> 근거 **1**단락 **❺**번째 문장: 기본권에는 어떤 권리가 포함될까?
> 근거 **2**단락 **❶**번째 문장: 먼저, 기본권으로는 자유권과 평등권이 있다.
> 근거 **3**단락 **❶**번째 문장: 또한 사회권, 청구권, 참정권도 기본권에 해당한다.

② 2단락과 3단락은 서로 반대되는 이야기를 하고 있다. (×)

> 근거 **2**단락 **❶**번째 문장: 먼저, 기본권으로는 자유권과 평등권이 있다.
> 근거 **3**단락 **❶**번째 문장: 또한 사회권, 청구권, 참정권도 기본권에 해당한다.

🍃 2단락과 3단락에서는 모두 기본권의 종류를 설명하고 있어요. 3단락이 '또한'이라는 말로 시작하는 것을 통해 2단락과 비슷한 내용이 3단락에서도 이어짐을 알 수 있어요.

③ 4단락에서는 2단락과 3단락의 내용을 요약하고 있다. (○)

> 근거 **4**단락 **❶**번째 문장: 정리하면, 우리 국민의 기본권으로는 자유권, 평등권, 사회권, 청구권, 참정권이 있다.

정답은 _____ 입니다.

02 내용 이해하기

이 글 전체의 중심 낱말이 무엇인지, 글에서 중심 낱말에 대해 어떤 이야기를 하고 있는지 떠올리며 문제를 풀어 보세요.

🌸 이 글의 **1단락**과 **4단락**을 볼까요?

> 근거 **1**단락 **❸**번째 문장: 민주주의 국가의 국민이라면 누구나 태어날 때부터 가지고 있는 기본적인 권리가 있는데, 이를 기본권이라고 한다.
> 근거 **4**단락 **❶**번째 문장: 정리하면, 우리 국민의 기본권으로는 자유권, 평등권, 사회권, 청구권, 참정권이 있다.

정답은 _____, _____, _____ 입니다.

03 내용 적용하기

수빈이의 메모를 이해하려면 이 글의 어느 부분을 살펴봐야 하는지 생각해 보세요.

🌸 수빈이가 말하는 권리는 **3단락**에 나와요.

> 근거 **3**단락 **❺**번째 문장: 참정권은 국민의 한 사람으로서 정치에 참여할 수 있는 권리로, 투표에 참여할 권리, ~ 등이 있다.

🍃 수빈이가 '성인이 되면 꼭 투표에 참여'하겠다는 것은 기본권 중 '참정권'을 행사하는 것이에요.

정답은 _____ 입니다.

04 알맞은 반응 찾기

각 선택지의 내용을 이 글의 내용과 비교해 보세요.

🌸 각각의 선택지 내용을 순서대로 살펴볼게요.

① 지우: 민주주의 국가의 국민이라면 누구나 기본권을 보장받아야 해. (○)

> 근거 **1**단락 **❸**번째 문장: 민주주의 국가의 국민이라면 누구나 ~ 기본적인 권리가 있는데, 이를 기본권이라고 한다.

② 수아: 맞아. 그래서 우리나라는 헌법으로 국민의 기본권을 정해 두고 있어. (○)

> 근거 **1**단락 **❹**번째 문장: 우리나라는 ~ 헌법에 국민의 기본권을 정해 두고 있다.

③ 은우: 내가 나중에 원하는 직업을 얻을 수 있는 권리는 사회권에 해당하는구나. (×)

> 근거 **2**단락 **❸**번째 문장: 원하는 직업을 얻을 수 있는 권리 등이 자유권에 속한다.

④ 지호: 기본권을 보장받지 못하는 사람들은 청구권에 의해 국가에 재판을 요구할 수 있어. (○)

> 근거 **3**단락 **❹**번째 문장: 청구권은 국민이 기본권을 보장받기 위하여 ~ 재판을 요구할 권리 등이 있다.

⑤ 예준: 우리 부모님은 늘 모든 사람을 차별하지 말라고 하시는데, 그건 평등권과 관련이 있겠구나. (○)

> 근거 **2**단락 **❹**번째 문장: 평등권은 모든 국민이 ~ 성별, 종교, 직업, 장애 등에 의해 차별받지 않을 권리이다.

정답은 _____ 입니다.

건강 체력 기르기

건강 체력은 사람이 건강하게 살아가는 데 기초가 되는 신체적 능력을 말한다. 규칙적으로 운동을 하면 건강 체력을 기를 수 있으며 질병을 예방하고 긍정적인 마음으로 활기찬 삶을 살아갈 수 있다. 건강 체력의 종류에는 무엇이 있으며, 각각의 건강 체력을 기르려면 어떤 운동을 해야 할까?

우선, 건강 체력에는 근력과 근지구력이 있다. 근력이란, 우리 몸의 뼈를 둘러싸고 있는 근육이 한 번 움직일 때 낼 수 있는 힘을 말한다. 근육은 우리 몸이 움직일 수 있게 해 주므로 근력이 좋은 사람일수록 더 힘차게 활동할 수 있다. 근지구력은 오랜 시간 동안 일정한 근력을 지속적으로 발휘할 수 있는 능력을 말한다. 근력과 함께 근지구력을 기르면 오랫동안 운동할 수 있고 피곤을 덜 느끼며, 신체가 균형 있게 발달하여 힘이 강해진다. 근력이나 근지구력을 기르기 위한 운동으로는 팔 굽혀 펴기, 윗몸 일으키기, 덤벨을 이용한 운동 등이 있다.

다음으로, 유연성은 우리 몸의 근육과 관절을 부드럽게 움직일 수 있는 능력을 말한다. 유연성을 기르면 몸의 움직임이 자연스러워지고 일상생활을 하거나 운동을 할 때 부상을 예방할 수 있다. 유연성을 기르기 위한 운동으로는 스트레칭, 요가 등이 있다.

마지막으로, 심폐 지구력은 움직이거나 운동을 할 때 심장과 폐 등 숨을 쉬거나 혈액이 순환하는 일에 관련된 기관이 견딜 수 있는 힘을 말한다. 심폐 지구력을 기르면 쉽게 피로해지지 않으며 오랜 시간 동안 신체 활동을 이어 나갈 수 있다. 심폐 지구력을 기르기 위한 운동으로는 걷기, 달리기, 수영, 자전거 타기, 등산, 줄넘기 등이 있다.

이와 같이 건강 체력에는 다양한 종류가 있으므로 각각의 건강 체력을 기르기 위해서는 그에 맞는 운동을 해야 한다. 자신의 건강 체력 수준을 알아보고, 스스로에게 맞는 운동 계획을 세워 건강 체력을 길러 보자.

지문 확인

• 1단락 요약 :
1) ☐☐ ☐☐
의 의미와 중요성

• 2단락 요약 :
건강 체력의 종류 –
2) ☐☐ , 근지구력

• 3단락 요약 :
건강 체력의 종류 –
3) ☐☐☐

• 4단락 요약 :
건강 체력의 종류 –
4) ☐☐ ☐☐
☐

• 5단락 요약 :
5) ☐☐ ☐☐
을/를 기를 것 제안

낱말 따라 쓰기

• 몸의 온갖 병 : 질 병
  예 아직 치료 방법을 찾지 못한 질병들이 많다.

• 병이나 사고 같은 일이 일어나지 않도록 미리 막다. : 예 방 하다
  [豫-미리 예, 防-막을 방]

• 그러하거나 옳다고 인정하는 것. 혹은 바람직한 것 : 긍 정 적

• 힘이 넘치고 싱싱한 기운이 가득하다. : 활 기 차 다

• 어떤 상태가 오래 계속되는 것 : 지 속 적
  예 지속적인 스트레스는 두통을 불러일으킨다.

• 재능, 능력 등을 마음껏 써서 드러내다. : 발 휘 하다

01 단락 간의 관계 이해하기

각 단락에 대한 설명으로 알맞지 않은 것은 무엇인가요? (　　)

① 1단락에서 건강 체력에 대해 질문을 던지고, 이에 대해 2~4단락에서 답하고 있다.

② 2~4단락에서 건강 체력의 여러 가지 종류를 소개하고 있다.

③ 5단락에서는 1~4단락에서와 달리 건강 체력의 단점을 이야기하고 있다.

02 내용 이해하기

다음 설명이 각각 어떤 건강 체력에 해당하는지 연결해 보세요.

(1) 우리 몸의 뼈를 둘러싸고 있는 근육이 한 번 움직일 때 낼 수 있는 힘　·

(2) 움직이거나 운동을 할 때 숨을 쉬거나 혈액이 순환하는 일에 관련된 기관이 견딜 수 있는 힘　·

(3) 오랜 시간 동안 일정한 근력을 지속적으로 발휘할 수 있는 능력　·

(4) 우리 몸의 근육과 관절을 부드럽게 움직일 수 있는 능력　·

·　㉠ 근력

·　㉡ 근지구력

·　㉢ 유연성

·　㉣ 심폐 지구력

03 내용 이해하기

이 글의 내용으로 알맞지 않은 것은 무엇인가요? (　　)

① 규칙적인 운동으로 건강 체력을 기를 수 있다.

② 유연성을 기르면 몸의 움직임이 자연스러워진다.

③ 근력과 근지구력을 기르면 피곤을 덜 느끼게 된다.

④ 걷는 것은 건강 체력을 기르는 데 전혀 도움이 되지 않는다.

⑤ 건강 체력이란 사람이 건강하게 살아가는 데 기초가 되는 신체적 능력을 말한다.

정답 콕콕 특강

01

각 단락을 요약한 내용을 떠올리면서 단락들이 서로 어떻게 이어져 있는지 살펴보세요.

02

2단락에서는 근력과 근지구력, 3단락에서는 유연성, 4단락에서는 심폐 지구력을 설명하고 있어요. 각각의 건강 체력이 무엇인지 살펴보세요.

03

각 단락의 중심 낱말을 떠올리면서 ①~⑤에 대한 내용이 어느 단락에 나오는지 생각해 보세요.

DAY
20

04 내용 적용하기

〈보기〉의 상황에 대한 설명으로 알맞지 <u>않은</u> 것은 무엇인가요?　　（　　　）

〈 보기 〉

　　최근 서준이는 쉽게 피로를 느껴 건강 체력을 측정해 보았다. 유연성과 심폐 지구력이 부족하다는 결과가 나왔고, 서준이는 계획을 세워 꾸준히 운동하기로 마음을 먹었다.

① 서준이가 매일 꾸준히 스트레칭을 한다면 유연성을 기를 수 있다.
② 달리기, 줄넘기와 같은 간단한 운동도 서준이에게 도움이 될 것이다.
③ 서준이가 유연성을 기른다면 운동하다가 다치는 일을 예방할 수 있다.
④ 서준이가 쉽게 피로를 느끼는 것은 심폐 지구력이 부족한 것과 관련이 있다.
⑤ 건강 체력을 측정한 결과에 따라 서준이는 팔 굽혀 펴기와 덤벨 운동을 계획할 것이다.

04

〈보기〉에서 서준이는 유연성과 심폐 지구력이 부족하다고 했어요. 3단락과 4단락의 내용을 통해 서준이가 어떤 운동을 하면 좋을지 생각해 보세요.

05 내용 이해하기 `서술형`

이 글에 나온 건강 체력의 종류를 한 가지 쓰고, 그 건강 체력을 기르기 위해 어떤 운동을 해야 하는지 쓰세요.

_____

_____

_____

05

건강 체력의 종류에 대해 설명하고 있는 2~4단락의 내용을 떠올리며 답을 써 보세요.

낱말 따라 쓰기

● 지치고 힘들 때 몸으로 느끼는 괴로움 : 피 곤

● 어느 한쪽으로 기울거나 치우치지 않고 고른 상태 : 균 형
　예 균형이 안 맞는지 의자가 털걱털걱한다.

● 신체, 정서, 지능 등이 자라거나 성숙하다. : 발 달 하다
　[發 - 필 발, 達 - 통달할 달]

● 팔 운동을 하는 운동 기구 : 덤 벨

● 뼈와 뼈가 서로 맞닿아 연결되어 있는 곳 : 관 절

● 몸에 상처를 입음. : 부 상
　예 그 선수는 발목 부상으로 이번 경기에서 빠지게 되었다.

● 사람이나 동물의 몸 안의 혈관을 돌며 산소와 영양분을 공급하고, 그 과정에서 나온 찌꺼기를 옮기는 붉은색의 액체 = 피 : 혈 액

● 자꾸 되풀이하여 돌다. : 순 환 하다 [循 - 돌 순, 環 - 고리 환]

● 일정한 모양과 기능을 가지고 있는 생물체의 부분 : 기 관

● 수나 양, 크기, 성질 등을 기계나 장치로 재다. : 측 정 하다

[01~05] 주어진 뜻풀이에 해당하는 낱말을 〈보기〉에서 찾아 쓰세요.

〈 보기 〉

민주주의   보장하다   존엄성
공평하다   차별하다   선거철

01 국민이 권력을 가지고 그 권력을 스스로 행사하는 제도 : _____

02 선거일을 앞뒤로 한 얼마 동안의 시기 : _____

03 함부로 낮게 다룰 수 없을 만큼 높고 위엄이 있는 것 : _____

04 어느 쪽으로도 치우치지 않고 고르다. : _____

05 어떤 일이 어려움 없이 이루어지도록 확실한 약속이나 제도로 뒷받침하다. : _____

[06~09] 주어진 뜻풀이에 해당하는 낱말을 연결하세요.

06 몸의 온갖 병   •   • ㉠ 평등하다

07 몸에 상처를 입음.   •   • ㉡ 부상

08 권리, 의무, 자격 등이 모든 사람에게 고르고 똑같다.   •   • ㉢ 질병

09 뼈와 뼈가 서로 맞닿아 연결되어 있는 곳   •   • ㉣ 관절

[10~13] 주어진 초성과 뜻풀이를 보고, 빈칸에 들어가기에 알맞은 낱말을 쓰세요.

10 우리 반 친구들은 모두 학급 반장을 뽑는 투표에 참여할 |ㄱ|ㄹ| 이/가 있다.
당연히 요구할 수 있는 힘이나 자격

11 어떤 일을 |ㅈ|ㅅ|ㅈ| (으)로 하면 습관이 된다.
어떤 상태가 오래 계속되는 것

12 조선 시대에는 왕이 아주 큰 권력을 |ㅎ|ㅅ| 하였다.
권력, 힘, 권리 등을 실제로 쓰다.

13 매일 늦게까지 일을 하는 언니의 얼굴에는 |ㅍ| |ㄱ| 이/가 가득했다.
지치고 힘들 때 몸으로 느끼는 괴로움

[14~17] 문장의 의미를 생각하여, 주어진 낱말 중 빈칸에 들어가기에 알맞은 것을 골라 쓰세요.

14 추천   추구

내 삶의 목적은 행복을 | | 하는 것이다.

15 순환   순서

피가 잘 | | 하지 않으면 몸이 저리거나 쥐가 난다.

16 발휘   발표

내일 있을 경기에서 내 실력을 충분히 | | 하고 싶다.

17 측정   결정

어제 공부한 시간을 | | 해 봤더니 세 시간 정도였어.

DAY
20

상대방을 설득하는 말하기, 토론

지민이네 집에서는 매해 용돈을 올려야 하는지 말아야 하는지 서로의 의견을 이야기한다. 지민이와 동생은 용돈을 올려야 한다는 생각에 찬성하지만, 부모님은 이 생각에 반대한다. 따라서 지민이와 동생, 부모님은 서로를 설득해야 하는 상황에 놓인다. 이처럼 한 가지 주제에 대해 여러 사람이 찬성과 반대로 나뉘어 의견을 이야기하고, 자기 쪽의 주장을 받아들이도록 상대방을 설득하는 의사소통을 토론이라고 한다. 우리의 생활을 돌이켜 보면 부모님뿐만 아니라 친구들과, 혹은 학급 회의 시간에 자주 토론을 해 왔다는 것을 알 수 있다. 어떻게 해야 토론을 잘 진행할 수 있을까?

가장 먼저는 토론의 주제를 잘 정해야 한다. 토론의 주제는 찬성과 반대로 의견을 나눌 수 있고, 명확한 것이어야 한다. '어떤 과목을 제일 좋아하는가?'처럼 찬성과 반대로 의견을 나눌 수 없는 것은 토론의 주제가 될 수 없다. 또, '공부를 잘하는 학생은 보충 학습에 참여하지 않아도 되는가?'라는 주제로 토론을 하려면 공부를 잘하는 학생의 기준이 무엇인지 토론 전에 분명하게 정해야 한다. 그리고 토론의 주제는 한 가지여야 한다. ____(가)____, '학생은 10시 이후로 놀이터와 PC방에 가지 말아야 한다.'라는 주제는 놀이터와 PC방에 가는 것이 각각 다른 주제이기 때문에 이 두 가지를 나누어 따로 토론을 진행해야 한다.

다음으로, 토론할 때는 사람들이 각자의 역할에 맞는 자세로 참여하는 것도 중요하다. 토론을 진행하는 사회자는 찬성과 반대 쪽에 말할 기회를 공평하게 주고 공정하게 토론을 이끌어 가야 한다. 그리고 토론하는 사람들은 말싸움이 아니라 객관적인 근거를 들어 논리적으로 상대방을 설득해야 한다. 이때 서로의 말을 무시하지 않고 예의 바른 태도로 상대방을 존중하는 것이 토론하는 사람의 기본자세이다.

우리는 모두 다양한 생각을 가지고 함께 살아가므로 토론은 꼭 필요한 의사소통 방법이다. 올바른 토론을 통해 다른 사람의 생각을 존중하고 자신의 생각을 표현한다면 모두가 살기 좋은 사회를 만들 수 있을 것이다.

지문 확인

- **1단락 요약 :**
  1) ☐☐ 의 의미

- **2단락 요약 :**
  토론을 잘 진행하는 방법 –
  2) ☐☐ 잘 정하기

- **3단락 요약 :**
  토론을 잘 진행하는 방법 –
  토론하는 사람들의 알맞은
  3) ☐☐

- **4단락 요약 :**
  올바른 4) ☐☐ 을/를
  하는 것의 중요성

낱말 따라 쓰기

- 상대편이 이쪽 편의 이야기를 따르도록 잘 설명하거나 타이르다. :
  ☐설 ☐득 하다 [說-말씀 설, 得-얻을 득]

- 어떤 행동이나 생각, 제안 등이 옳거나 좋다고 판단하여 받아들이다.
  : ☐찬 ☐성 하다 [贊-도울 찬, 成-이룰 성]

- 어떤 행동이나 생각, 제안 등에 따르지 않고 맞서다. : ☐반 ☐대 하다

- 어떤 일을 해 나가다. : ☐진 ☐행 하다

- 의심스러운 것 없이 아주 뚜렷하고 확실하다. : ☐명 ☐확 하다
  예 그 사람이 범인이라는 명확한 증거가 있다.

- 부족한 것을 보태어 채움. : ☐보 ☐충

- 태도나 목표 등이 흐릿하지 않고 확실하다. : ☐분 ☐명 하다

STEP 4 단락 간의 관계 이해하기

빠른 정답 3쪽

★ 단락 간의 관계를 이해하는 방법

• '그리고, 또, 또한, 마찬가지로' 등이 나오면 앞의 내용과 비슷한 내용이 이어질 것을 알 수 있어요.

• '그러나, 하지만, 그렇지만, 그럼에도' 등이 나오면 앞의 내용과 반대되거나 다른 방향의 내용이 이어질 것을 알 수 있어요.

• '그러므로, 그래서, 따라서' 등이 나오면 앞의 내용이 이유가 되어 나타나는 결과가 이어질 것을 알 수 있어요.

• '즉, 정리하면' 등이 나오면 앞의 내용을 요약하거나, 다시 한번 말하면서 강조하는 내용이 이어질 것을 알 수 있어요.

• '이, 그, 저, 이러한' 등이 나오면 이 표현들이 앞의 내용 중 무엇을 가리키는지 살펴보세요.

1단락

지민이네의 상황을 예로 들어 토론이란 무엇인지 설명하고 있어요. 그러므로 1단락을 요약하면 '토론의 의미'입니다.

[단락 간의 관계] '어떻게 해야 1) [   ][   ]을/를 잘 진행할 수 있을까?'라는 마지막 문장을 통해 뒤에 이어질 내용을 예상할 수 있어요.

2단락

토론을 잘 진행하기 위해서는 토론의 주제를 잘 정해야 한다고 이야기하고 있으므로 2단락을 요약하면 '토론을 잘 진행하는 방법 – 주제 잘 정하기'입니다.

[단락 간의 관계] 1단락에서 이야기한 토론을 잘 진행하는 방법에 대해 2단락에서 설명하고 있어요. 또한 2단락이 '가장 2) [   ][   ]는'이라는 말로 시작하므로, 이를 통해 다음 단락에도 토론을 잘 진행하는 방법이 나올 것이라고 추측할 수 있어요.

3단락

2단락에 이어 토론을 잘 진행하는 방법을 설명하고 있어요. 토론에 참여하는 사람들이 각자의 역할에 맞는 자세를 갖추는 것이 중요하다고 이야기하고 있으므로 3단락을 요약하면 '토론을 잘 진행하는 방법 – 토론하는 사람들의 알맞은 자세'입니다.

[단락 간의 관계] '3) [   ][   ]으로'라는 말을 통해 2단락의 내용이 3단락에서도 이어진다는 것을 알 수 있어요.

4단락

올바른 토론을 통해 모두가 살기 좋은 사회를 만들 수 있다는 것이 중심 내용이에요. 그러므로 4단락을 요약하면 '올바른 토론을 하는 것의 4) [   ][   ]'입니다.

[단락 간의 관계] 1~3단락의 내용과 관련하여 올바른 토론을 하는 것이 왜 중요한지 이야기하고 있어요.

★ 이 글은 1단락에서 글 전체의 중심 낱말인 '토론'이 무엇인지 소개한 후, 2단락과 3단락에서 토론을 잘 진행하는 방법을 설명하고 있어요.

4단락에서는 올바른 토론을 하는 것의 중요성을 이야기하며 글을 마무리하고 있어요.

★ [단락 간의 관계] 정리

• 1단락: 토론의 의미 — 중심 낱말 소개, 중심 낱말의 의미 설명

• 2단락: 토론을 잘 진행하는 방법 – 주제 잘 정하기

• 3단락: 토론을 잘 진행하는 방법 – 토론하는 사람들의 알맞은 자세

중심 낱말에 대한 또 다른 설명

• 4단락: 올바른 토론을 하는 것의 중요성 — 중심 낱말의 중요성 설명, 마무리

DAY 21

01 단락 간의 관계 이해하기

각 단락에 대한 설명으로 알맞지 <u>않은</u> 것은 무엇인가요? ( )

① 1단락에서는 지민이네 가족의 상황을 예시로 들고 있다.
② 1단락의 중심 낱말인 '토론'에 대해 2단락과 3단락에서 더 자세히 이야기하고 있다.
③ 4단락에서는 1~3단락의 내용을 시간 순서대로 정리하고 있다.

정답 콕콕 특강

01
'가장 먼저는', '다음으로'와 같이 단락 간의 관계를 나타내는 말에 표시하고, 이 말들을 통해 무엇을 알 수 있는지 생각해 보세요.

02 내용 이해하기

이 글의 내용으로 알맞지 <u>않은</u> 것은 무엇인가요? ( )

① 토론할 때는 예의 바른 태도로 상대방을 존중해야 한다.
② 사회자는 옳다고 생각하는 쪽에 말할 기회를 더 주어야 한다.
③ 토론의 목적은 내 주장을 받아들이도록 상대방을 설득하는 것이다.
④ 토론하는 사람들은 객관적인 근거를 들어 논리적으로 상대방을 설득해야 한다.
⑤ 토론은 한 가지 주제에 대하여 여러 사람이 찬성과 반대로 나뉘어 의견을 이야기하는 말하기이다.

02
토론의 의미와 목적은 1단락에서, 토론할 때의 자세는 3단락에서 이야기하고 있어요.

03 내용 적용하기

다음 중 토론의 주제로 알맞지 <u>않은</u> 것은 무엇인가요? ( )

① 학급 반장은 필요한가?
② 초등학생이 화장을 해도 되는가?
③ 학교 축제 때 어떤 연극을 할 것인가?
④ 초등학생이 아르바이트를 해도 되는가?
⑤ 초등학생도 의무적으로 교복을 입어야 하는가?

03
2단락에서 토론의 주제는 찬성과 반대로 의견을 나눌 수 있고, 명확해야 하며, 한 가지여야 한다고 했어요.

04 올바른 접속어 찾기

(가)에 들어갈 이어 주는 말로 가장 알맞은 것은 무엇인가요? ( )

① 또한 ② 그러나 ③ 그리고 ④ 왜냐하면 ⑤ 예를 들어

04
(가) 뒤에 이어지는 내용이 앞 내용과 비슷한지, 다른지, 혹은 앞 내용의 원인인지, 예시인지를 살펴보세요.

낱말 따라 쓰기

● 맡아서 하기로 되어 있는 일. 또는 맡아서 하는 일 : 역 할
● 어떤 일에 끼어들어 함께 하다. : 참 여 하다
● 자기와의 관계에서 벗어나 다른 사람의 입장에서 사물을 보거나 생각하는 것 : 객 관 적
　(예) 그는 항상 누구의 편도 들지 않고 객관적인 태도를 보인다.

● 생각이나 추측이 이치에 맞는 것 : 논 리 적
● 높이어 귀하게 대하다. : 존 중 하다
● 어떤 일이나 운동을 하기 위하여 기본적으로 반드시 갖추어야 할 태도나 습관 : 기 본 자 세
● 마음이 어떻든 상관없이 해야만 하는 것 : 의 무 적

낱말 쏙쏙 테스트

[01~06] 주어진 뜻풀이에 해당하는 낱말을 〈보기〉에서 찾아 쓰세요.

〈 보기 〉
논리적   설득하다   진행하다
분명하다   참여하다   존중하다

01 상대편이 이쪽 편의 이야기를 따르도록 잘 설명하거나 타이르다. : _____

02 생각이나 추측이 이치에 맞는 것 : _____

03 어떤 일을 해 나가다. : _____

04 태도나 목표 등이 흐릿하지 않고 확실하다. : _____

05 높이어 귀하게 대하다. : _____

06 어떤 일에 끼어들어 함께 하다. : _____

[07~12] 주어진 초성과 뜻풀이를 보고, 빈칸에 들어가기에 알맞은 낱말을 쓰세요.

07 형은 내가 하는 말에 항상 ㅂ ㄷ 하기 때문에 우리는 자주 싸운다.
어떤 행동이나 생각, 제안 등에 따르지 않고 맞서다.

08 언니의 말은 아주 ㅁ ㅎ 해서 믿음이 간다.
의심스러운 것 없이 아주 뚜렷하고 확실하다.

09 나는 채소와 과일을 충분히 먹어서 영양 ㅂ ㅊ 을/를 하려고 노력한다.
부족한 것을 보태어 채움.

10 우리 반 학생이라면 누구든 ㅇ ㅁ ㅈ (으)로 매일 일기를 써야 한다.
마음이 어떻든 상관없이 해야만 하는 것

11 누구의 말이 맞는지 ㄱ ㄱ ㅈ (으)로 판단해야 한다.
자기와의 관계에서 벗어나 다른 사람의 입장에서 사물을 보거나 생각하는 것

12 이번 일에서는 네 ㅇ ㅎ 이/가 아주 중요하다.
맡아서 하기로 되어 있는 일. 또는 맡아서 하는 일

〜 배경지식 〜

링컨 대통령의 이름을 딴 토론이 있다?

미국의 제16대 대통령 링컨을 알고 있나요? 링컨은 남북 전쟁을 승리로 이끌고, 노예 제도를 없애는 등 많은 업적을 남겨 지금까지도 미국인들에게 사랑을 받는 대통령이에요. 심지어 링컨 대통령의 이름을 딴 토론 형식도 있다고 해요. 바로 '링컨-더글러스 토론'입니다.

링컨-더글러스 토론은 다양한 토론 형식 중 하나로, 링컨이 대통령이 되기 이전 국회 의원을 뽑는 선거에서 상대 후보자인 더글러스와 진행한 토론의 형식이에요. 두 사람은 봄부터 가을까지 총 일곱 차례에 걸쳐 일대일 토론을 했어요.

링컨-더글러스 토론은 일대일 토론이어서 우리 편 없이 혼자 토론해야 한다는 부담이 있어요. 내가 낸 의견에 대해 상대방의 질문이 이어지면, 그것에 바로 대답하고 이어서 반박을 해야 하므로 토론 내내 온 신경을 집중해야 해요. 그래서 이 토론을 하면 토론하는 사람의 실력이 바로 드러나지요. 비록 링컨은 더글러스와의 선거에서는 졌지만, 이 토론을 통해 사람들에게 많이 알려졌어요. 그리고 이를 계기로 결국에는 대통령으로 뽑힐 수 있었답니다.

생물이 살아가려면 무엇이 필요할까?

빠른 정답 3쪽

화단의 풀들이 잘 자라는 것, 우리가 살아가는 것에는 어떤 요소들이 영향을 미칠까? 생물을 둘러싸고 있으며 생물이 살아가는 데 영향을 주는 것을 환경이라고 한다. 모든 생물은 환경의 영향을 받고 환경에 적응하며 살아가고 있다.

보통 식물이 살아가려면 햇빛, 공기, 물, 흙 등이 필요하고, 동물이 살아가려면 먹이, 물, 공기 등이 필요하다. 이처럼 생물이 살아가는 데 필요한 것을 크게 두 가지로 나누면 비생물적 환경 요인과 생물적 환경 요인이라고 할 수 있다.

비생물적 환경 요인은 햇빛, 물, 공기, 흙 등과 같이 생물이 아닌 환경 요인이다. 햇빛은 식물이 양분을 만드는 광합성에 꼭 필요한 요소이며, 동물이 번식하는 데 영향을 주기도 한다. 즉, 햇빛은 생물이 자라고 생활하는 데 큰 영향을 미친다. 그리고 물은 생물이 생명을 유지하는 데 반드시 필요하다. 식물은 뿌리를 통해 물을 흡수하여 잎으로 호흡하고 열매를 맺는다. 동물은 몸의 대부분이 물로 이루어져 있으며 물을 마시지 않으면 생명을 이어갈 수 없다. 또한 동물은 공기 없이 숨을 쉴 수 없고, 흙은 식물이 자라는 데 필요한 양분과 살아갈 장소를 제공해 준다.

생물적 환경 요인은 생태계 안에서의 역할에 따라 크게 생산자, 소비자, 분해자로 구분할 수 있다. 광합성을 하여 스스로 먹이를 만드는 모든 생물은 생산자이고, 생산자 혹은 다른 동물을 먹는 초식 동물이나 육식 동물은 소비자이다. 또한 죽은 동물이나 식물을 분해하여 흙으로 되돌리는 역할을 하는 생물은 분해자이다. 즉, 생물적 환경 요인은 서로 먹고 먹히는 관계에 있는 모든 생물을 말한다.

모든 생물은 살아가면서 비생물적 환경 요인의 영향을 받고, 생물적 환경 요인끼리는 서로 먹고 먹히는 복잡한 관계로 연결되어 있다. 비생물적 환경 요인과 생물적 환경 요인은 떼려야 뗄 수 없는 관계이며, 서로 영향을 주고받으며 생물이 살아가는 데 꼭 필요한 역할을 하고 있는 것이다.

지문 확인

• 1단락 요약 :
1) ☐☐ 의 의미

• 2단락 요약 :
환경 요인의 분류

• 3단락 요약 :
환경 요인의 종류－
2) ☐☐☐☐
환경 요인

• 4단락 요약 :
환경 요인의 종류－
3) ☐☐☐
환경 요인

• 5단락 요약 :
서로 4) ☐☐ 을/를
주고받는 비생물적 환경 요인
과 생물적 환경 요인

낱말 따라 쓰기

● 생명을 가지고 스스로 생활 현상을 유지하여 나가는 물체 :
　생 물　[生 – 날 생, 物 – 만물 물]

● 꽃을 심기 위하여 흙을 한층 높게 하여 꾸며 놓은 꽃밭 : 화 단

● 사물이 이루어지는 데 꼭 필요한 성분 : 요 소

● 무엇에 원인이 되거나 힘을 미치어 반응이나 변화가 생기게 하는 것
　: 영 향　예 예리는 나에게 좋은 영향을 준다.

● 어떤 상황이나 환경에 익숙해지거나 알맞게 변하다. : 적 응 하다

● 사물이나 사건이 이루어지는 중요한 원인 : 요 인
　예 이번 시험의 실패 요인은 게으름이다.

빠른 정답 3쪽, 정답과 풀이 43~44쪽

✏️ 뜻을 정확히 모르는
낱말들을 적어 보세요!

01 단락 간의 관계 이해하기

각 단락에 대한 설명으로 가장 알맞은 것은 무엇인가요? ( )

① 2단락에서는 환경 요인을 두 가지로 분류하고, 이것을 3단락과 4단락에서 각각 설명하고 있다.

② 4단락에서는 3단락에서와 마찬가지로 비생물적 환경 요인에 대해 설명하고 있다.

③ 5단락에서는 3단락과 4단락에서 이야기하지 않은 또 다른 환경 요인을 소개하고 있다.

02 내용 이해하기

다음은 이 글의 내용을 정리한 것입니다. ㉠~㉢에 들어가기에 알맞은 말을 쓰세요.

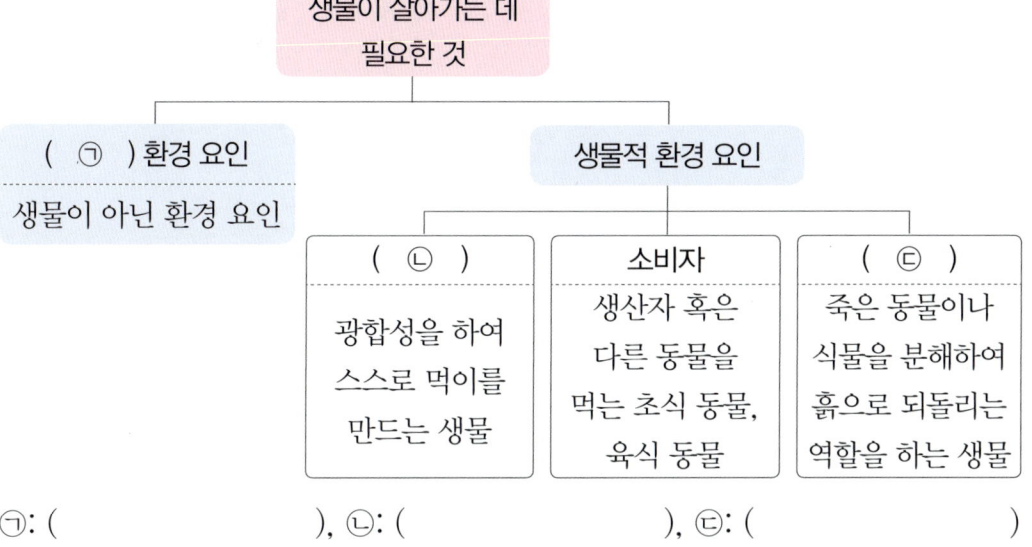

㉠: ( ), ㉡: ( ), ㉢: ( )

03 내용 이해하기

이 글의 내용으로 알맞지 <u>않은</u> 것은 무엇인가요? ( )

① 흙은 식물이 자라는 데 필요한 양분을 제공한다.

② 동물의 몸을 이루고 있는 성분은 대부분 공기이다.

③ 식물이 광합성을 할 때 햇빛은 꼭 필요한 요소이다.

④ 서로 먹고 먹히는 관계에 있는 모든 생물은 생물적 환경 요인에 해당한다.

⑤ 환경이란 생물을 둘러싸고 있으며 생물이 살아가는 데 영향을 주는 것을 말한다.

DAY
22

04 내용 적용하기

이 글을 읽고 〈보기〉의 상황을 이해한 내용으로 알맞지 <u>않은</u> 것은 무엇인가요?

(   )

뜻을 정확히 모르는 낱말들을 적어 보세요!

〈 보기 〉

어제 수민이는 산에 올랐다가 도토리나무를 보았다. 주위를 둘러보니 햇빛이 잘 들어 도토리나무가 광합성을 하기에 좋고, 계곡이 근처에 있어 물을 얻기에도 좋아 보였다. 또, 수민이는 다람쥐 한 마리가 와서 도토리를 주워 먹는 모습을 보기도 했다.

① 햇빛과 물은 비생물적 환경 요인에 해당한다.
② 도토리나무와 다람쥐는 먹고 먹히는 관계에 있다.
③ 다람쥐는 생물적 환경 요인 중 분해자에 해당한다.
④ 도토리나무는 생물적 환경 요인 중 생산자에 해당한다.
⑤ 도토리나무는 비생물적 환경 요인과 생물적 환경 요인의 영향을 모두 받고 있다.

05 내용 이해하기 【서술형】

우리가 살아가며 영향을 받는 비생물적 환경 요인을 세 가지 쓰세요.

_____

_____

_____

낱말 따라 쓰기

- 영양이 되는 성분 : 양 분
- 녹색식물이 빛 에너지를 이용하여 이산화 탄소와 수분으로 녹말·당 등의 화합물을 만들어 내는 일 : 광 합 성
- 양이나 수가 늘어서 많이 퍼지다. : 번 식 하다
- 어떤 상태나 현상을 그대로 두거나 계속하다. : 유 지 하다
- 안으로 빨아들이다. : 흡 수 하다 [吸-마실 흡, 收-거둘 수]
- 생물이 산소를 들이마시고 이산화 탄소를 몸 밖으로 내보내다. : 호 흡 하다 [呼-내쉴 호, 吸-마실 흡]

- 무엇을 내주거나 갖다 바치다. : 제 공 하다
- 일정한 지역이나 환경에서 생물들이 서로 적응하고 관계를 맺으며 균형과 조화를 이루는 자연의 세계 : 생 태 계
- 식물을 주로 먹고 사는 동물 : 초 식 동 물
- 동물의 고기를 먹고 사는 동물 : 육 식 동 물
- 종류에 따라서 나누다. : 분 류 하다
  예 윤지는 색깔에 따라 빨래를 <u>분류</u>했다.

[01~05] 주어진 낱말 중 뜻풀이에 해당하는 것을 골라 쓰세요.

01 양분   양보

영양이 되는 성분 : ☐☐

02 적용하다   적응하다

어떤 상황이나 환경에 익숙해지거나 알맞게 변하다. : ☐☐☐☐

03 흡수하다   호흡하다

안으로 빨아들이다. : ☐☐☐☐

04 정지하다   유지하다

어떤 상태나 현상을 그대로 두거나 계속하다. : ☐☐☐☐

05 분류하다   교류하다

종류에 따라서 나누다. : ☐☐☐☐

[06~09] 주어진 초성과 뜻풀이를 보고, 빈칸에 들어가기에 알맞은 낱말을 쓰세요.

06 ㅇ ㅎ : 무엇에 원인이 되거나 힘을 미치어 반응이나 변화가 생기게 하는 것
➡ 물을 자주 마시는 습관은 건강에 좋은 ☐☐을/를 준다.

07 ㄱ ㅎ ㅅ : 녹색식물이 빛 에너지를 이용하여 이산화 탄소와 수분으로 녹말·당 등의 화합물을 만들어 내는 일
➡ 햇빛이 잘 드는 곳에 식물을 두면 ☐☐이/가 더 잘 일어난다.

08 ㅈ ㄱ 하다 : 무엇을 내주거나 갖다 바치다.
➡ 이 식당에서 식사를 하면 후식으로 아이스크림을 ☐☐한다.

09 ㅎ ㄷ : 꽃을 심기 위하여 흙을 한층 높게 하여 꾸며 놓은 꽃밭
➡ ☐☐에 심어 놓은 꽃들이 활짝 폈다.

DAY
22

배경지식

식물의 잎이 초록색인 이유

식물은 광합성을 통해 스스로 양분을 만들어요. 그런데 식물의 잎이 초록색인 이유도 광합성과 관련이 있다고 해요. 정확히 말하자면 광합성에 꼭 필요한 역할을 하는 '엽록소'라는 색소와 관련이 있어요. 엽록소는 햇빛을 식물이 쓸 수 있는 에너지로 바꾸는 역할을 하는데, 바로 이 엽록소가 녹색 색소이기 때문에 식물의 잎이 초록색으로 보이는 것이랍니다.

그렇다면 봄, 여름에는 초록색이던 나무의 잎이 가을에는 빨갛고 노란 색으로 바뀌는 이유는 무엇일까요? 가을이 되면 나무는 겨울을 지낼 준비를 해요. 이 과정에서 나무는 성장을 잠시 멈추고, 잎에서 일어나는 광합성도 서서히 줄어듭니다. 이에 따라 광합성을 하지 못하게 된 엽록소도 점점 줄어들지요. 그래서 잎에서 초록색이 사라지고 그동안 보이지 않던 빨강, 노랑 등 다른 색이 보이게 되는 것이에요.

이 집도 1인 가구, 저 집도 1인 가구

빠른 정답 3쪽

시골에 홀로 계시는 할머니, 대도시에서 혼자 회사를 다니는 삼촌, 고양이를 자식처럼 생각하며 사는 이모 등 혼자 사는 사람들이 점점 많아지고 있다. 이렇게 한 가정을 구성하고 있는 식구가 1명인 가구를 '1인 가구'라고 한다. 2020년을 기준으로 한 통계를 보면 우리나라 전체 가구 중 1인 가구의 비율은 29.3%에 이른다. 대략 열 집 중 세 집은 1인 가구란 의미이다.

우리나라는 1인 가구의 증가 속도가 다른 나라에 비해 빠른 편이다. 그 이유는 무엇일까? 첫째, 일자리를 구하기 어려워지면서 결혼하는 나이를 늦추는 20~30대 사람들이 많아지고 있기 때문이다. 가정을 꾸릴 나이의 사람들이 경제적인 어려움 때문에 결혼을 미루는 것이다. 둘째, 전통적인 가족의 형태에서 벗어나 스스로를 위한 삶을 살고자 하는 사람들이 늘고 있기 때문이다. 스스로를 위해 1인 가구를 선택하는 사람들은 공부나 취미 생활 등 자신이 원하는 일을 하면서 삶을 누리는 것에 큰 가치를 둔다. 마지막으로, 의학의 발달로 수명이 길어지면서 배우자가 죽은 후 자식들과 따로 사는 노인 인구가 빠르게 증가하고 있는 것도 1인 가구의 증가에 영향을 미치고 있다.

그렇다면 1인 가구가 증가함으로 인해 우리 사회는 어떻게 변화하고 있을까? 1인 가구의 증가는 집, 식품, 가전제품 등 우리 생활과 관련된 각종 산업에 큰 영향을 미치고 있다. 1인 가구를 위한 소형 주택이 큰 인기를 끌고 있으며, 적은 양씩 포장된 음식이나 즉석식품 등이 많이 팔리고 있다. 또한 1인용 전기밥솥, 소형 세탁기 등 1인 가구를 위한 작은 규모의 가전제품이 만들어졌고, 심지어 이러한 가전제품을 일정 기간 동안 빌려서 쓰는 서비스도 생겨났다.

전문가들은 1인 가구가 앞으로 점점 더 많아질 것이라고 예상한다. 1인 가구는 개인의 가치와 행복이 커진다는 장점도 있지만, 외로움으로 인한 우울증이나 고독사 등 사회적 문제를 일으키기도 한다. 건강한 1인 가구 문화를 만들기 위해 이러한 문제에 대한 대책도 함께 생각해 보아야 할 때이다.

지문 확인

- **1단락 요약 :**
  1) ☐ ☐ | ☐ ☐
  의 의미

- **2단락 요약 :**
  우리나라에 2) ☐ ☐
  ☐ ☐ 이/가 빠르게 늘고 있는 이유

- **3단락 요약 :**
  1인 가구의 3) ☐ ☐
  (으)로 인해 변화한 우리 사회의 모습

- **4단락 요약 :**
  건강한 1인 가구 문화를 위한
  4) ☐ ☐ 의 필요성

낱말 따라 쓰기

- 일정한 곳에서 삶 및 생활을 같이하는 사람의 무리를 세는 단위 :
  가 구 [家-집 가, 口-입 구]

- 몇 가지 부분이나 요소들을 모아서 전체를 짜 이루다. : 구 성 하다

- 어떤 현상을 모아 한눈에 알아보기 쉽게 일정한 법칙에 따라 숫자로 나타낸 것 : 통 계

- 대충 짐작으로 헤아려서 : 대 략 [大-큰 대, 略-간략할 략]

- 수나 양, 혹은 값이 늘어남. : 증 가 [增-더할 증, 加-더할 가]

- 옛날부터 이어져 내려오는 것 : 전 통 적

- 생활 속에서 마음껏 즐기거나 맛보다. : 누 리 다

빠른 정답 3쪽, 정답과 풀이 45~46쪽

✏️ 뜻을 정확히 모르는
낱말들을 적어 보세요!

01 단락 간의 관계 이해하기

각 단락에 대한 설명으로 가장 알맞지 <u>않은</u> 것은 무엇인가요? ( )

① 1단락에서는 이 글 전체의 중심 낱말인 '1인 가구'가 무엇인지 소개하고 있다.

② 2단락에서는 1인 가구가 늘고 있는 이유를, 3단락에서는 1인 가구를 줄일 방법을 설명하고 있다.

③ 4단락에서는 1인 가구의 장점과 문제점을 이야기하고 있다.

02 내용 이해하기

이 글의 내용으로 알맞지 <u>않은</u> 것은 무엇인가요? ( )

① 우리나라는 다른 나라에 비해 1인 가구의 증가 속도가 빠르다.

② 1인 가구란 한 가정을 구성하고 있는 식구가 1명인 가구를 말한다.

③ 아내 혹은 남편이 죽은 후 혼자 사는 노인 인구가 빠르게 증가하고 있다.

④ 1인 가구가 늘어나면서 적게 포장된 음식이나 즉석식품이 많이 팔리고 있다.

⑤ 전문가들은 앞으로 1인 가구가 늘어나는 속도가 점점 느려질 것이라고 예상한다.

03 내용 적용하기

다음은 1인 가구인 재연이네 고모의 상황입니다. ㉠~㉣ 중 이 글의 내용과 맞지 <u>않는</u> 것을 쓰세요.

재연이의 고모는 올해 ㉠ 큰 집이 아닌 작은 집으로 이사를 했고, ㉡ 여러 가지 소형 가전제품을 사기도 했다. ㉢ 20대였을 때에는 일자리를 구하지 못해 결혼을 미루느라 혼자 살았지만, 30대가 된 지금은 오히려 스스로 1인 가구가 되기를 선택하였다. ㉣ 자기만을 위한 삶보다 가족을 이루는 삶에 더 큰 가치를 두고 있기 때문이다.

( )

DAY
23

다음 중 〈보기〉의 빈칸에 들어갈 말로 가장 알맞은 것은 무엇인가요? ( )

뜻을 정확히 모르는
낱말들을 적어 보세요!

〈 보기 〉

혼자 사는 사람들은 갑작스러운 사고나 질병으로 인해 위험한 상황에 놓였을 때, 스스로 제때 신고하지 못하여 더 큰 어려움을 겪기도 한다. 이렇게 1인 가구가 처할 수 있는 위험한 상황에 대비하기 위하여 _____이/가 등장했다.

① 신문이나 물 등을 집으로 배달해 주는 서비스
② 하나의 기계로 냉방과 난방을 모두 해결할 수 있는 가전제품
③ 휴대 전화를 이용해 가스 잠금장치를 작동시킬 수 있는 서비스
④ 버튼을 누르면 소방서, 경찰서에서 출동하는 목걸이 모양의 응급 호출기
⑤ 관심사가 비슷한 사람들과 인터넷상에서 대화를 나눌 수 있게 해 주는 스마트폰 애플리케이션

05 내용 이해하기 〔서술형〕

1인 가구가 늘어남에 따라 생길 수 있는 문제점은 무엇인지 쓰세요.

_____

_____

낱말 따라 쓰기

● 귀하게 여길 만하거나 중요한 성질 : 가 치
● 생물이 살아 있는 정해진 햇수 : 수 명
● 부부의 한쪽에서 본 다른 쪽. 남편이나 아내 : 배 우 자
● 인간의 생활에 필요한 물건이나 서비스를 만들어 내는 기업이나 조직 : 산 업 🄰 인터넷이 발달하면서 문화 산업이 크게 성장했다.
● 같은 종류의 사물 가운데 작은 크기나 양 : 소 형
● 물건이 싸이거나 꾸려지다. : 포 장 되 다
● 쉽게 해 먹을 수 있도록 특별하게 처리하여 만든 음식 : 즉 석 식 품
● 어떤 일을 직접 당하기 전에 미리 생각하여 두다. : 예 상 하다
 [豫 – 미리 예, 想 – 생각할 상]

● 혼자 사는 사람이 앓다가 가족이나 이웃 모르게 죽는 일 : 고 독 사 [孤 – 외로울 고, 獨 – 홀로 독, 死 – 죽을 사]
● 어떤 어려운 상황을 막거나 이겨 낼 수 있는 알맞은 계획 : 대 책
● 늦지 않은, 바로 알맞은 그때 : 제 때
● 방이나 건물 안의 온도를 낮춰 차게 하는 일 : 냉 방
● 방이나 건물 안의 온도를 높여 따뜻하게 하는 일 : 난 방
● 어떤 일이나 상황을 급한 대로 우선 처리함. : 응 급
● 특정한 일을 해내기 위해 만들어진 스마트폰이나 컴퓨터의 프로그램 : 애 플 리 케 이 션

[01~05] 주어진 뜻풀이에 해당하는 낱말을 연결하세요.

01 옛날부터 이어져 내려오는 것 · · ㉠ 응급

02 일정한 곳에서 삶 및 생활을 같이하는 사람의 무리를 세는 단위 · · ㉡ 가구

03 어떤 일이나 상황을 급한 대로 우선 처리함. · · ㉢ 전통적

04 생활 속에서 마음껏 즐기거나 맛보다. · · ㉣ 통계

05 어떤 현상을 모아 한눈에 알아보기 쉽게 일정한 법칙에 따라 숫자로 나타낸 것 · · ㉤ 누리다

[06~11] 주어진 초성과 뜻풀이를 보고, 빈칸에 들어가기에 알맞은 낱말을 쓰세요.

06 보통 강아지는 사람에 비해 ㅅ ㅁ 이/가 짧다.
생물이 살아 있는 정해진 햇수

07 떨어진 성적을 다시 올리기 위해 ㄷ ㅊ 을/를 세워야 한다.
어떤 어려운 상황을 막거나 이겨 낼 수 있는 알맞은 계획

08 평생 함께할 ㅂ ㅇ ㅈ 은/는 신중하게 정해야 한다.
부부의 한쪽에서 본 다른 쪽. 남편이나 아내

09 우리 집은 ㄴ ㅂ 이/가 잘 되어서 겨울에도 춥지 않다.
방이나 건물 안의 온도를 높여 따뜻하게 하는 일

10 오늘 공연장에 사람들이 ㄷ ㄹ 2천 명쯤 모인 것 같다.
대충 짐작으로 헤아려서

11 자동차 수의 ㅈ ㄱ (으)로 공기가 점점 더 나빠지고 있다.
수나 양, 혹은 값이 늘어남.

배경지식

'나'를 위해 소비하는 포미족

1인 가구가 많아지면서 새로운 소비 형태를 보이는 사람들이 생겨났어요. 바로 '포미(FOR ME)족'이에요. 포미(FOR ME)란 건강(For Health), 1인 가구(One), 여가(Recreation), 편리함(More Convenient), 비싼 가격(Expensive)이라는 영어의 앞글자를 따서 만들어진 말이에요. 포미족은 자신이 중요하게 여기는 것을 위해 과감하게 돈과 시간을 쓰는 사람들을 말한답니다.

이들은 주로 자신의 건강, 취미 생활과 관련된 상품을 갖거나 서비스를 누리기 위해 소비를 해요. 가격이 비싸더라도 자신에게 즐거움과 행복을 줄 수 있다면 기꺼이 돈을 내고 사지요. 오늘날 많은 기업들이 포미족의 소비에 관심을 보이고 있어요. 기업들은 고급스럽고 매력적인 디자인과 뛰어난 품질을 갖춘 상품을 만들어서 포미족의 눈길을 사로잡으려 노력하고 있답니다.

DAY 24 독해력 완성 테스트 [STEP 4]

✱✱✱ :상
✱✱✱ :중
✱✱✱ :하

공부한 날   월   일
맞은 개수   / 5개

[01~05] 다음 글을 읽고, 물음에 답하세요.

달 탐사, 우주선 발사 등의 말과 함께 짝꿍처럼 붙어 다니는 말이 있다. 바로 미국 항공 우주국 '나사(NASA)'이다. 나사는 미국의 우주 개발에 대한 모든 일을 맡고 있는 국가 기관으로 우주선을 만들고 발사하는 일, 우주선이 보내온 자료를 분석하는 일, 우주인을 뽑아 훈련시키고 우주를 관측하는 일 등을 하고 있다. 그런데 우주와는 거리가 먼 우리의 일상 생활이 나사와 관련이 있을 때가 있다. 우리가 일상에서 자주 쓰는 물건 중에는 나사에서 개발한 것들이 많기 때문이다.

에어쿠션이 있는 신발은 착용감이 좋고, 걸음을 디딜 때 우리 몸이 충격을 덜 받게 해 주어 인기가 많다. 이 에어쿠션은 원래 우주복 신발에 처음 사용된 기술이다. 무중력 상태에서 긴 시간을 보내는 우주인들은 관절과 물렁뼈가 늘어져 통증이 심했다. 나사에서는 이 고통을 줄이기 위해 질소 화합물을 이용하여 에어쿠션을 만들었다.

나사에서는 우주인들이 잘 먹고 마시게 하려는 목적으로도 많은 것을 만들었다. 가장 대표적인 것이 바로 우리가 집이나 학교에서 자주 사용하는 정수기이다. 정수기 안에는 물을 깨끗하게 걸러 주는 '필터'라는 장치가 있는데, 이것은 우주인들이 우주에서도 깨끗하고 안전한 물을 마실 수 있도록 나사에서 개발한 것이다. 또, 흙 없이 액체만으로 식물을 기르는 '수경 재배' 기술 역시 나사에서 개발하였다. 지구와 같은 재배 환경을 갖출 수 없는 우주에서 식물 재배에 필요한 양분을 녹인 액체만으로도 직접 식물을 길러 먹을 수 있게 한 것이다.

선글라스에 덮인 자외선 차단 물질과 스마트폰 액정으로 쓰는 긁힘 방지 유리 역시 나사에서 만든 기술이다. 자외선 차단 물질은 우주에서 지내는 우주인들의 시력을 보호하기 위해, 긁힘 방지 유리는 우주복의 헬멧에 상처가 생기는 것을 막기 위해 만들었다.

이 밖에도 귀 온도계, 전동 드릴, 화재경보기 등 우리의 일상을 편리하게 해 주는 물건 중에는 나사의 기술이 적용된 것들이 많다. 그래서 우주 개발의 중심지로 손꼽히는 나사는 사실 유용한 물건을 끊임없이 만들어 내는 발명가 집단이라고도 할 수 있다.

01 ✱✱✱

각 단락에 대한 설명으로 알맞지 <u>않은</u> 것은 무엇인가요?
(   )

① 1단락에서 나사와 우리의 일상이 관련 있다고 이야기하고, 2~5단락에서 그 예시를 들고 있다.
② 2~4단락에서 나사에서 발명한 것들을 소개하고, 그것들을 만든 목적을 설명하고 있다.
③ 5단락에서는 1~4단락의 내용을 시간 순서대로 정리하고 있다.

[02~03] 다음은 나사(NASA)의 발명품을 정리한 것입니다. 이 표를 보고 02, 03에 답하세요.

( )	우주에서 관절과 물렁뼈 통증을 겪는 우주인들을 위해 만들었다.
필터	㉠ 물을 깨끗하게 걸러 주는 장치이다. ㉡ 우리의 일상생활에서는 정수기의 안쪽에 넣어 사용한다.
수경 재배 기술	양분을 녹인 ( )만으로도 식물을 길러 먹을 수 있게 한 기술이다.
자외선 차단 물질	㉢ 우주에서 지내는 우주인들의 헬멧을 보호하기 위해 만들었다.
긁힘 방지 유리	㉣ 우리의 일상생활에서는 스마트폰 액정에 사용되고 있다.

02 ✿✿✿

빈칸에 들어가기에 알맞은 말을 순서대로 쓰세요.

(   ), (   )

03 ✿✿✿

㉠~㉣ 중 이 글의 내용과 맞지 <u>않는</u> 것은 무엇인가요?

(   )

04 ✿✿✿

이 글을 읽은 학생들의 반응으로 알맞지 <u>않은</u> 것은 무엇인가요? (   )

① 우주에서는 지구와 같은 재배 환경을 갖출 수 없군.
② 에어쿠션이 있는 신발을 신으면 걸을 때 무릎에 충격이 덜 가겠군.
③ 아직은 나사에서 발명한 것들을 우리의 일상생활에서 쓰지 못하는군.
④ 무중력 상태에서 오랜 시간 동안 있으면 관절과 물렁뼈가 늘어지는군.
⑤ 나사에서는 우주인들이 우주에서 먹고 마시는 데 불편함이 없도록 돕기 위해 많은 것을 만들었군.

05 ✿✿✿ 서술형

이 글과 〈보기〉에서 공통으로 다루고 있는 중심 내용이 무엇인지 쓰세요.

〈 보기 〉

　나사(NASA)에서는 별의 표면 온도를 측정하기 위해 적외선 기술을 개발했고, 이 기술을 이용하여 귀 온도계가 만들어졌다. 귀 온도계는 사람의 귀에서 나오는 에너지를 측정하여 체온을 알려 주는 기계로, 현재 병원이나 가정에서 많은 사람들이 유용하게 사용하고 있다.

_____

_____

낱말 따라 쓰기

● 알려지지 않은 사물이나 사실 등을 샅샅이 더듬어 조사함. : 탐 사

● 로켓, 인공위성 등을 이용해서 지구를 비롯한 여러 천체를 조사하고 연구하여 인간의 생활에 도움이 되는 기술을 개발하는 일 : 우 주 개 발

● 내용이 복잡하거나 어려운 것을 하나하나 따져서 밝히다. : 분 석 하다 [分-나눌 분, 析-밝힐 석]

● 우주 비행을 위하여 특별한 훈련을 받은 비행사 : 우 주 인

● 가르쳐서 익히게 함. : 훈 련

● 자연 환경을 관찰하여 어떤 사실을 조사하거나 알아내다.
　: 관 측 하다 예 과학자는 오랜 시간 동안 별들을 관측했다.

● 새로운 물건을 만들거나 새로운 생각을 내어놓다. : 개 발 하다

● 입거나, 쓰거나, 신거나 하였을 때 느끼는 느낌 : 착 용 감
　예 신발이 꽉 껴서 착용감이 불편하다.

● 발을 올려놓고 서거나 발로 내리누르다. : 디 디 다

● 중력이 없는 것처럼 느끼는 현상. 혹은 중력이 없는 것 : 무 중 력 [無-없을 무, 重-무거울 중, 力-힘 력]

● 이루려고 하는 일이나 나아가는 방향 : 목 적

● 가장 두드러지거나 뛰어나 대표가 될 만한 것 : 대 표 적

● 물이나 기름같이 부피는 있으나 일정한 모양을 가지지 않고 흐를 수 있는 물질 : 액 체

● 식물을 심어 가꿈. : 재 배
　예 문익점은 목화 재배 방법을 널리 알렸다.

● 액체나 기체 등의 흐름 또는 통로를 막거나 끊어서 통하지 못하게 함. : 차 단 [遮-가릴 차, 斷-끊을 단]

● 어떤 일이나 현상이 일어나지 못하게 막음. : 방 지

● 눈으로 볼 수 있는 능력 : 시 력 [視-볼 시, 力-힘 력]

● 위험해지거나 곤란해지지 않도록 잘 보살펴 돌보다. : 보 호 하다

● 불이 났을 때 자동으로 위험 신호를 울리는 장치 : 화 재 경 보 기

● 여럿 중에서 뛰어나다고 여겨지다. : 손 꼽 히 다
　예 이 음식점은 맛집으로 손꼽힌다.

● 아직까지 없던 기술이나 물건을 새로 생각하여 만들어 내는 일을 하는 사람 : 발 명 가

● 사물의 가장 바깥쪽. 또는 가장 윗부분 : 표 면

DAY
24

✱ 사다리 타기에 따라, 빈칸에 들어가기에 알맞은 낱말의 뜻을 〈보기〉에서 골라 번호를 쓰세요.

〈 보기 〉

① 식물을 심어 가꿈.

② 어떤 상태가 오래 계속되는 것

③ 어떤 일이나 현상이 일어나지 못하게 막음.

④ 어떤 상황이나 환경에 익숙해지거나 알맞게 변하다.

⑤ 위험해지거나 곤란해지지 않도록 잘 보살펴 돌보다.

⑥ 중력이 없는 것처럼 느끼는 현상. 혹은 중력이 없는 것

STEP 5

글의 구조 이해하기

글의 구조를 이해하면 글의 내용을 구체적인 상황에 적용하거나 내용을 추측하는 문제도 쉽게 풀 수 있어요!

★ 글의 구조 이해란?
단락 간의 관계를 바탕으로 글의 짜임을 살펴보는 것입니다.

● 글의 구조를 이해해야 하는 이유
글의 구조를 이해하면 글쓴이가 무엇을 이야기하기 위해, 어떤 방식으로 글을 썼는지 알 수 있어요.

글의 구조를 이해하는 방법
① 먼저, 각 단락의 내용을 요약하여 단락 간의 관계를 살펴보세요.
② 단락 간의 관계를 바탕으로 글의 구조를 따져 보고, 이를 구조도로 정리하세요.
  – 단락마다 다른 이야기가 이어진다면 각 단락을 기차 형태로 나란히 놓으세요.
  – 같은 종류의 내용을 다루는 단락끼리는 묶을 수 있어요.

알고 먹으면 약, 모르고 먹으면 독

빠른 정답 4쪽

지문 확인

우리 몸속에서는 끊임없이 화학 반응이 일어난다. 음식을 먹음으로써 각종 영양분을 흡수하는 과정도 화학 반응에 해당한다. 다양한 영양소가 들어 있는 음식을 먹으면 몸속에서 수많은 화학 반응이 일어나 에너지를 만드는 것이다. 이러한 화학 반응의 결과로 같이 먹을 때 도움이 되는 음식과 같이 먹을 때 해가 되는 음식이 있다. 알아 두면 좋은 음식 조합에는 어떤 것들이 있을까?

• 1단락 중심 낱말 :
1) ☐☐ 조합

된장과 부추, 고등어와 무는 함께 먹으면 좋은 음식 조합이다. 콩으로 만든 된장은 단백질이 풍부한 대신 비타민이 부족하고, 나트륨이 많아 짜기 때문에 부추와 함께 먹는 것이 좋다. 부추는 비타민이 풍부할 뿐만 아니라 나트륨을 몸 밖으로 내보내는 역할을 하는 칼륨

▲ 부추를 넣은 된장찌개

• 2단락 중심 낱말 :
음식 2) ☐☐

도 들어 있기 때문이다. 즉, 된장은 부추와 함께 먹을 때 단점을 보완할 수 있다. 또한 고등어는 단백질이 풍부하고, 무는 단백질의 소화를 돕는 효소가 있어 이 두 가지를 함께 요리하면 좋다. 게다가 무는 비타민 C가 풍부하여 영양을 보충할 수 있고, 알싸한 맛을 내는 성분이 있어 고등어의 비린 맛을 잡아 주기도 한다.

그렇다면 함께 먹으면 좋지 않은 음식 조합에는 어떤 것들이 있을까? 미역은 '바다의 채소'라 불릴 만큼 칼슘이 풍부하고 해독 작용을 하며, 파 역시 항균과 해독 작용을 하고 감기 예방에 효과가 있다. 그렇지만 이 두 가지를 함께 먹으면 오히려 각각의 영양분이 손실된다. 미역에는 콜레스테롤이 혈관에 달라붙는 것을 막고 유해 물질을 해독해 주는 성분이 있는데, 파와 함께 요리하면 이 성분의 효과가 떨어지게 되는 것이다. 그래서 미역국에는 보통 파가 들어가지 않는다.

• 3단락 중심 낱말 :
음식 조합

이처럼 다양한 음식은 우리 몸속에서 화학 반응을 일으켜 같이 먹을 때 좋은 효과를 내기도, 안 좋은 효과를 내기도 한다. 우리 몸에 도움이 되는 음식 조합을 알아 두어 건강해지는 식습관을 가지도록 하자.

• 4단락 중심 낱말 :
3) ☐☐ ☐☐

낱말 따라 쓰기

● 두 가지 이상의 물질 사이에 화학 변화가 일어나서 다른 물질로 변화하는 것 : 화 학 반 응

● 영양이 되는 성분 : 영 양 분

● 아끼는 것을 잃거나 손해를 보는 것 : 해 [害 - 해로울 해]

● 여럿을 한데 모아 한 덩어리로 짬. : 조 합

● 잘못되고 모자라는 점 : 단 점

● 모자라거나 부족한 것을 채워 완전하게 하다. : 보 완 하다
㉮ 문제점을 보완하면 더 좋은 작품이 될 것이다.

● 부족한 것을 보태어 채우다. : 보 충 하다
[補 - 기울 보, 充 - 가득할 충]

STEP 5 글의 구조 이해하기

빠른 정답 4쪽

글의 구조 이해하기는 단락 간의 관계를 바탕으로 글의 짜임을 살펴보는 것입니다.

> ★ **글의 구조를 이해하는 방법**
> ① 먼저, 각 단락의 내용을 요약하여 단락 간의 관계를 살펴보세요.
> ② 단락 간의 관계를 바탕으로 글의 구조를 살펴보고, 이를 구조도로 정리하세요.
>   • 단락마다 다른 이야기가 이어진다면 각 단락을 기차 형태로 나란히 놓으세요.
>   • 같은 종류의 내용을 다루는 단락끼리는 묶을 수 있어요.

1단락

우리 몸의 화학 반응으로 인해 같이 먹으면 도움이 되는 음식과 해가 되는 음식이 있다는 것이 중심 내용이에요. 그러므로 1단락을 요약하면 '같이 먹을 때 도움이 되거나 해가 되는 음식 1) ☐☐'입니다.

2단락

된장과 부추, 고등어와 무를 함께 먹으면 좋다고 이야기하고 있으므로 2단락을 요약하면 '함께 먹으면 좋은 음식 조합'입니다.

3단락

미역과 2) ☐은/는 같이 먹으면 오히려 각각의 영양분이 손실된다고 이야기하고 있으므로 3단락을 요약하면 '함께 먹으면 좋지 않은 음식 조합'입니다.

[단락 간의 관계] 1단락에서 '알아 두면 좋은 음식 조합'이 있다고 이야기하고, 이에 대해 2단락과 3단락에서 '함께 먹으면 좋은 음식 조합'과 '함께 먹으면 좋지 않은 음식 조합'으로 나누어 소개하고 있어요.

4단락

음식 조합을 잘 알아 두어 우리 몸이 건강해지는 식습관을 가지자는 것이 중심 내용이에요. 그러므로 4단락을 요약하면 '음식 조합을 통해 건강해지는 3) ☐☐ ☐을/를 가질 것 제안'입니다.

[단락 간의 관계] 4단락에서는 '4) ☐☐☐'이라고 하며 앞의 내용을 다시 한번 이야기하고 있어요.

[글의 구조]

★ 1단락에서 함께 먹을 때 도움이 되거나 해가 되는 음식 조합이 있다고 이야기하고, 2단락과 3단락에서 이것을 각각 설명하고 있어요.
  4단락에서는 1~3단락의 내용을 요약하여 정리하고 있어요.
★ 2단락과 3단락에서는 모두 구체적인 음식들을 예로 들어 '음식 조합'을 자세히 설명하고 있으므로 두 단락을 묶을 수 있어요.
★ 글의 구조도를 그리면 다음과 같습니다.

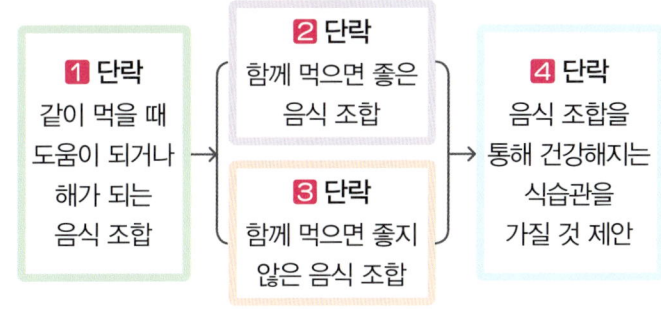

01 글의 구조 이해하기

이 글의 구조를 정리한 것입니다. 빈칸에 공통으로 들어가기에 알맞은 말을 쓰세요.

빠른 정답 4쪽, 정답과 풀이 49쪽

✏️ 뜻을 정확히 모르는 낱말들을 적어 보세요!

> 1단락에서는 몸속에서 일어나는 화학 반응으로 인해 함께 먹을 때 도움이 되거나 해가 되는 (   )이/가 있다고 이야기하고 있다. 2단락과 3단락에서는 각각 함께 먹으면 좋은 (   )와/과 좋지 않은 (   )을/를 구체적인 예를 들어 설명하고 있다. 그리고 4단락에서는 몸에 좋은 (   )을/를 잘 알아 둘 것을 제안하고 있다.

(   )

02 내용 이해하기

이 글의 내용으로 알맞지 <u>않은</u> 것은 무엇인가요? (   )

① 된장은 나트륨이 많아서 짠맛이 난다.
② 미역은 칼슘이 풍부하고 해독 작용을 한다.
③ 파는 항균 작용을 하며 감기 예방에 효과가 있다.
④ 고등어에는 단백질의 소화를 돕는 효소가 풍부하게 들어 있다.
⑤ 부추에 들어 있는 칼륨은 나트륨을 몸 밖으로 내보내는 역할을 한다.

03 내용 이해하기

이 글에서 이야기한 음식 조합끼리 연결하고, 그에 해당하는 설명으로 알맞은 것에 연결하세요.

(1) 된장 •   • ㉠ 고등어 •

(2) 무 •   • ㉡ 미역 •

(3) 파 •   • ㉢ 부추 •

• ⓐ 함께 먹으면 단점을 보완하고 영양을 보충할 수 있다.

• ⓑ 함께 먹으면 각각의 영양분이 손실된다.

04 글쓴이의 의도 이해하기

이 글을 통해 글쓴이가 하고 싶은 말을 정리한 것입니다. 빈칸에 알맞은 말을 쓰세요.

> 어떤 음식을 함께 먹는지에 따라 우리 몸에 좋은 효과를 내기도, 안 좋은 효과를 내기도 합니다. 그러므로 건강에 도움이 되는 음식 조합을 알아 두어 우리 몸이 건강해지는 (   )을/를 가지도록 합시다.

(   )

낱말 따라 쓰기

● 매운맛이나 독한 냄새 등으로 코 속이나 혀끝이 알알하다. :
  | 알 | 싸 |하다
  예 나는 고추냉이의 알싸한 맛이 싫어.

● 서로 관련된 한 덩어리의 전체를 이루고 있는 것의 한 부분
  : | 성 | 분 |

● 몸 안에 들어간 독을 없앰.
  : | 해 | 독 |
  [解-풀 해, 毒-독 독]

● 균에 굽히지 않고 맞서 싸움.
  : | 항 | 균 |

● 잃어버리게 되거나 모자람이 생겨서 손해가 생기다. :
  | 손 | 실 | 되 | 다 |

● 해로움이 있음. : | 유 | 해 |
  [有-있을 유, 害-해로울 해]

문제 이해하고 풀기

빠른 정답 4쪽, 정답과 풀이 49쪽

01 글의 구조 이해하기

각 단락을 요약한 후 중심 내용 간에 서로 어떤 관계가 있는지 따져 보면 글의 구조를 쉽게 이해할 수 있어요.

🔧 **각 단락에서 어떤 이야기를 하고 있는지 떠올려 봅시다.**

1단락에서 알아 두면 좋은 음식 조합이 있다고 소개하고, 2단락에서는 함께 먹으면 좋은 음식 조합을, 3단락에서는 함께 먹으면 좋지 않은 음식 조합을 설명하고 있어요. 4단락에서는 음식 조합을 잘 알아 두자고 하며 글을 마무리하고 있어요.

정답은 _____ 입니다.

02 내용 이해하기

각각의 선택지 내용이 이 글의 어느 부분에 나오는지 찾고, 선택지와 글의 내용을 서로 비교해 보세요.

🔧 **각각의 선택지 내용을 순서대로 살펴볼게요.**

① 된장은 나트륨이 많아서 짠맛이 난다. (○)

> **근거** ②단락 ❷번째 문장: 된장은 단백질이 풍부한 대신 비타민이 부족하고, 나트륨이 많아 짜기 때문에

② 미역은 칼슘이 풍부하고 해독 작용을 한다. (○)

> **근거** ③단락 ❷번째 문장: 미역은 '바다의 채소'라 불릴 만큼 칼슘이 풍부하고 해독 작용을 하며,

③ 파는 항균 작용을 하며 감기 예방에 효과가 있다. (○)

> **근거** ③단락 ❷번째 문장: 파 역시 항균과 해독 작용을 하고 감기 예방에 효과가 있다.

④ 고등어에는 단백질의 소화를 돕는 효소가 풍부하게 들어 있다. (×)

> **근거** ②단락 ❺번째 문장: 고등어는 단백질이 풍부하고, 무는 단백질의 소화를 돕는 효소가 있어 ~ 함께 요리하면 좋다.

⑤ 부추에 들어 있는 칼륨은 나트륨을 몸 밖으로 내보내는 역할을 한다. (○)

> **근거** ②단락 ❸번째 문장: 부추는 ~ 나트륨을 몸 밖으로 내보내는 역할을 하는 칼륨도 들어 있기 때문이다.

정답은 _____ 입니다.

03 내용 이해하기

이 글에서 어떤 음식 조합을 이야기했고, 그것의 효과가 무엇이라고 했는지 떠올려 보세요.

🔧 **2단락과 3단락에서 음식 조합의 구체적인 예를 소개하고 있어요.**

(1) 된장

> **근거** ②단락 ❹번째 문장: 된장은 부추와 함께 먹을 때 단점을 보완할 수 있다.

(2) 무

> **근거** ②단락 ❻번째 문장: 무는 비타민 C가 풍부하여 영양을 보충할 수 있고, 알싸한 맛을 내는 성분이 있어 고등어의 비린 맛을 잡아 주기도 한다.

(3) 파

> **근거** ③단락 ❸번째 문장: 이 두 가지를 함께 먹으면 오히려 각각의 영양분이 손실된다.

🍃 2단락에서는 함께 먹으면 좋은 음식 조합으로 '된장과 부추', '고등어와 무'를 소개하고, 각각을 함께 먹으면 단점을 보완하고 영양을 보충할 수 있다고 했어요.
그리고 3단락에서는 함께 먹으면 좋지 않은 음식 조합으로 '미역과 파'를 이야기하며, 이 두 가지를 함께 먹으면 서로의 영양분이 손실된다고 했어요.

정답은 (1) _____ (2) _____
(3) _____ 입니다.

04 글쓴이의 의도 이해하기

글쓴이가 하고 싶은 말은 보통 글의 마지막 단락에 나오는 경우가 많아요. 무엇이 좋고 나쁜지를 이야기하거나, 무언가를 하자고 제안하는 내용에 주목하세요.

🔧 **이 글의 마지막 단락을 볼까요?**

> **근거** ④단락 ❷번째 문장: 우리 몸에 도움이 되는 음식 조합을 알아 두어 건강해지는 식습관을 가지도록 하자.

🍃 글쓴이는 우리에게 건강해지는 식습관을 가지자고 제안하고 있어요. 따라서 빈칸에 들어갈 말은 '식습관'이에요.

정답은 _____ 입니다.

다양한 극음악의 세계

지문 확인

오랜 옛날부터 사람들은 이야기를 담은 음악을 즐겼고, 이는 동서양을 가리지 않고 다양한 형식으로 발전하였다. 우리나라의 판소리와 창극, 서양의 오페라와 뮤지컬같이 이야기를 음악으로 만든 것을 극음악이라고 한다.

판소리는 우리나라의 가장 대표적인 전통 극음악으로, 이야기를 가락이 있는 소리로 들려주는 민속 음악이다. 판소리는 소리꾼이 북 치는 사람의 장단에 맞추어 노래와 이야기를 섞는 방식으로 진행된다. 게다가 중간중간 소리꾼의 간단한 동작, 북 치는 사람이 넣는 추임새, 장단의 변화와 같은 효과를 주어 사람들을 이야기에 깊이 빠져들게 한다.

창극은 판소리의 형식을 빌려 만든 극음악이다. 특별한 무대 장치가 없고 소리꾼이 한 명인 판소리와 달리, 창극은 장면에 따라 무대가 바뀌고 여러 사람이 배역을 맡아 노래를 한다. 소리를 내는 방식이 같아 판소리와 창극을 구별하기 어렵다면 무대가 바뀌는지, 노래를 몇 명이 부르는지 살펴보면 된다.

서양의 대표적인 극음악으로는 오페라와 뮤지컬이 있다. 오페라는 배우들의 노래와 연기, 무대 배경, 무용이 모두 합쳐진 종합 예술이다. 16세기에 이탈리아에서 시작된 오페라는 옛날이야기를 소재로 하는 경우가 많으며, 배우들이 노래를 부를 때 움직임이 크지 않다.

반면 뮤지컬은 오페라보다 무용과 연극적인 요소가 더 많은 현대극이다. 다양한 소재의 현대적인 이야기를 주로 다루기 때문에 배우들의 움직임이 많고 극의 흐름이 빠른 편이다. 여러 배우들이 노래를 하고 장면마다 무대가 바뀐다는 점에서 오페라와 뮤지컬이 비슷하게 느껴질 수 있다. 하지만 오페라는 처음부터 끝까지 음악으로만 구성되어 배우들의 대사도 노래로 불리는 반면, 뮤지컬은 연극에 노래와 춤이 곁들여져 말과 노래가 섞여 있다는 차이점이 있다.

이처럼 우리나라와 서양의 극음악은 음악과 극이 어우러졌다는 점에서 모두 공통되지만, 각각이 서로 다른 특색을 지니고 있다. 앞으로 극음악을 보게 된다면 이와 같은 차이점을 눈여겨보며 각 장르만의 매력을 느껴 보는 것은 어떨까?

- 1단락 중심 낱말 :
  1) ☐☐☐
- 2단락 중심 낱말 :
  2) ☐☐☐
- 3단락 중심 낱말 :
  3) ☐☐
- 4단락 중심 낱말 :
  4) ☐☐☐
- 5단락 중심 낱말 :
  5) ☐☐☐
- 6단락 중심 낱말 :
  극음악

낱말 따라 쓰기

- 음들이 일정한 리듬에 따라 이어져 있는 것 : 가 락
- 사람들 사이에서 오래전부터 전해져 내려오는 풍속이나 문화 :
  민 속   [民－백성 민, 俗－풍속 속]
- 춤, 노래 등의 빠르기나 가락을 이끄는 박자 : 장 단
- 무엇을 제대로 하거나 알맞게 다루는 방법이나 형식 : 방 식
- 일이 되어 나가게 되다. : 진 행 되 다

01 글의 구조 이해하기

다음은 이 글의 구조를 정리한 것입니다. 빈칸에 공통으로 들어가기에 알맞은 말을 쓰세요.

> 1단락에서는 이 글의 중심 낱말인 (   )을/를 소개하고 있다. 그리고 2단락과 3단락에서는 우리나라의 (   )을/를, 4단락과 5단락에서는 서양의 (   )을/를 나누어 설명하고 있다. 6단락에서는 앞에서 살펴본 우리나라와 서양의 (   )이/가 지니는 공통점과 각각의 특색을 이야기하며 글을 마무리하고 있다.

(   )

02 글쓰기 방식 이해하기

이 글에 대한 설명으로 알맞지 <u>않은</u> 것은 무엇인가요? (   )

① 오페라와 뮤지컬의 차이점을 설명하고 있다.
② 판소리와 창극이 무엇인지 각각 밝히고 있다.
③ 오페라가 언제, 어디서 시작되었는지 설명하고 있다.
④ 우리나라와 서양의 극음악을 구분하여 설명하고 있다.
⑤ 우리나라와 서양의 극음악 중 더 나은 것이 무엇인지 견주고 있다.

03 내용 이해하기

이 글의 '판소리'에 대한 설명으로 알맞지 <u>않은</u> 것은 무엇인가요? (   )

① 소리꾼과 북 치는 사람이 등장한다.
② 우리나라의 대표적인 전통 극음악이다.
③ 처음부터 끝까지 장단이 바뀌지 않는다.
④ 소리꾼은 북 장단에 맞추어 노래와 이야기를 섞는다.
⑤ 소리꾼이 간단한 동작을 하거나, 북 치는 사람이 추임새를 넣기도 한다.

빠른 정답 4쪽, 정답과 풀이 50~51쪽

정답 콕콕 특강

01

주어진 글의 구조를 1단락 / 2단락과 3단락 / 4단락과 5단락 / 6단락으로 끊어서 읽어 보세요.

02

이 글은 전체적으로 우리나라와 서양의 극음악을 설명하고 있어요. 판소리와 창극에 대한 내용은 2단락과 3단락에, 오페라와 뮤지컬에 대한 내용은 4단락과 5단락에 나와요.

03

2단락에서 판소리가 무엇이고, 어떤 특징을 지니는지 설명하고 있어요.

DAY
26

04 내용 적용하기

다음은 수진이가 뮤지컬 배우를 인터뷰한 내용입니다. ㉠, ㉡에 들어가기에 알맞은 말을 쓰세요.

> 수진: 뮤지컬 배우가 되려면 어떤 노력을 해야 할까요?
>
> 뮤지컬 배우: 뮤지컬은 오페라와 달라요. (㉠)은/는 대사를 노래로 부르고, 움직임도 적어요. 그런데 (㉡)은/는 말과 노래가 섞여 있고, 춤까지 곁들여져서 움직임이 많지요. 따라서 뮤지컬 배우가 되려면 노래와 함께 춤도 연습해야 하고, 대사를 자연스럽게 말할 줄도 알아야 해요.

㉠: (   ), ㉡: (   )

04

뮤지컬 배우는 뮤지컬과 오페라의 차이점을 이야기하고 있어요. 이에 대한 내용이 글의 어느 부분에 나오는지 찾아보세요.

05 내용 이해하기 **서술형**

판소리와 창극의 차이점이 무엇인지 쓰세요.

_____

_____

_____

05

판소리와 창극이 어떻게 다른지 설명하고 있는 3단락의 내용에 주목하세요.

낱말 따라 쓰기

- 판소리에서, 북 치는 사람이 노래의 사이사이에 흥을 돋우기 위하여 넣는 소리 : 추 임 새
- 배우에게 역할을 나누어 맡기는 일. 또는 그 역할 : 배 역
- 성질이나 종류에 따라 갈라놓다. : 구 별 하다
- 예술 작품에서 지은이가 말하고자 하는 것을 나타내기 위해 선택하는 재료 : 소 재
- 현대 사회의 문제나 생활을 중심 내용으로 하는 연극 : 현 대 극 [現 ─ 지금 현, 代 ─ 시대 대, 劇 ─ 연극 극]
- 몇 가지 부분이나 요소들이 모여 일정한 전체가 짜여 이루어지다. : 구 성 되 다 [構 ─ 얽을 구, 成 ─ 이룰 성]

- 연극이나 영화 등에서 배우가 하는 말 : 대 사
- 주로 하는 일 외에 다른 일을 덧붙여 하다. : 곁 들 이 다
- 여럿이 조화되어 한 덩어리나 한판을 크게 이루게 되다. : 어 우 러 지 다
- 보통의 것과 다른 점 : 특 색 [特 ─ 특별할 특, 色 ─ 빛 색]
- 문학과 예술 형식의 갈래 : 장 르
- 사람의 마음을 사로잡아 끄는 힘 : 매 력
- 둘 이상의 사물이 어떠한 차이가 있는지 알기 위하여 서로 대어 보다. : 견 주 다 예 누가 더 춤을 잘 추는지 견주어 보자.
- 어떤 자리나 무대에 나오다. : 등 장 하다

[01~05] 주어진 낱말 중 뜻풀이에 해당하는 것을 골라 쓰세요.

01 보충하다   보호하다

부족한 것을 보태어 채우다. :

02 특별하다   구별하다

성질이나 종류에 따라 갈라놓다. :

03 조합   조사

여럿을 한데 모아 한 덩어리로 짬. :

04 곁들이다   알싸하다

주로 하는 일 외에 다른 일을 덧붙여 하다. :

05 가락   가요

음들이 일정한 리듬에 따라 이어져 있는 것 :

[06~08] 주어진 한자와 뜻풀이를 보고, 빈칸에 들어가기에 알맞은 말을 쓰세요.

06 特 특별할 ☐ + 色 빛 ☐ = ☐☐
보통의 것과 다른 점

07 民 백성 ☐ + 俗 풍속 ☐ = ☐☐
사람들 사이에서 오래전부터 전해져 내려오는 풍속이나 문화

08 有 있을 ☐ + 害 해로울 ☐ = ☐☐
해로움이 있음.

[09~11] 주어진 뜻풀이에 해당하는 낱말을 연결하세요.

09 여럿이 조화되어 한 덩어리나 한판을 크게 이루게 되다. •

 •㉠ 견주다

10 둘 이상의 사물이 어떠한 차이가 있는지 알기 위하여 서로 대어 보다. •

 •㉡ 손실되다

11 잃어버리게 되거나 모자람이 생겨서 손해가 생기다. •

 •㉢ 어우러지다

[12~16] 주어진 뜻풀이를 보고, 빈칸에 들어가기에 알맞은 낱말을 쓰세요.

12 춤 연습을 게을리하면 다음 주에 있을 공연에 ☐ㅎ☐ 을/를 끼칠 것이다.
아끼는 것을 잃거나 손해를 보는 것

13 사과 껍질은 ☐ㅎ☐ㄱ☐ 작용이 뛰어나므로 사과
균에 굽히지 않고 맞서 싸움.
는 깨끗이 씻어서 껍질째 먹는 것이 좋다.

14 시와 소설은 다른 ☐ㅈ☐ㄹ☐ (이)지만 나는 두 가지를 모두 좋아한다. 문학과 예술 형식의 갈래

15 재민이는 이번 연극에서 꼭 맡고 싶은 ☐ㅂ☐ㅇ☐
이/가 있다.
배우에게 역할을 나누어 맡기는 일. 또는 그 역할

16 이 음악은 ☐ㅈ☐ㄷ☐ 이/가 빨라 아주 흥겹다.
춤, 노래 등의 빠르기나 가락을 이끄는 박자

휴대 전화 없이는 못 살아!

빠른 정답 4쪽

지문 확인

언제부턴가 스마트폰이 우리의 생활에 없어서는 안 될 물건이 되었다. 그러다 보니 틈만 나면 스마트폰을 들여다보는 사람들이 많아졌고, 심지어 스마트폰을 하다가 교통사고가 났다는 뉴스를 종종 접하기도 한다. 이러한 일들은 어떤 현상과 관계가 있을까?

• 1단락의 중심 문장에 표시해 보세요.

노모포비아는 영어 '노 모바일폰 포비아(No Mobile-phone Phobia)'의 줄임말이다. '포비아'는 공포증을 뜻하는 말로, 노모포비아란 휴대 전화가 없을 때 초조해하거나 불안감을 느끼는 증상을 말한다. 스마트폰이 발달하면서 휴대 전화만 있으면 많은 일을 할 수 있게 되었고, 덕분에 우리 삶이 더 편해지고 즐거워졌다. 하지만 그만큼 사람들이 휴대 전화를 사용하는 시간이 크게 늘었고, 휴대 전화에 의존하는 정도가 매우 높아졌다. 이에 따라 휴대 전화를 사용하는 것에 중독되어 휴대 전화를 손에 쥐고 있지 않으면 불안감을 느끼는 사람들이 생겨난 것이다.

• 2단락의 중심 문장에 표시해 보세요.

이렇게 휴대 전화를 지나치게 사용하고 의지하는 것은 일상생활에 안 좋은 영향을 미친다. 오랜 시간 동안 휴대 전화를 이용하다 보면 실제로 사람을 대하고 사귀는 것이 어색하게 느껴질 수 있고, 시력이 나빠지거나 수면 장애가 생기는 등 신체적으로도 문제가 생길 수 있다. 또, 휴대 전화에 집착하는 증상이 심해지면 불안감을 넘어서 불안 장애나 강박 장애로까지 이어질 수 있다고 한다.

• 3단락의 중심 문장에 표시해 보세요.

스마트폰과 통신 기술의 발달로 인해 노모포비아는 전 세계적으로 문제가 되고 있다. 혹시 자신이 불안감, 외로움, 수면 장애 등 노모포비아의 대표적인 증상을 겪고 있지는 않은지 생각해 보자. 만약 그렇다면 가족이나 친구와 대화하는 시간을 늘리고 명상, 여행, 종이책 독서 등 다른 취미를 가짐으로써 휴대 전화를 손에서 놓으려고 노력해야 한다. 또한 각종 불필요한 정보를 차단하는 애플리케이션을 설치하거나 휴대 전화의 알람을 꺼두는 등의 방법을 통해 필요할 때만 휴대 전화를 사용하는 습관을 가져야 한다.

• 4단락의 중심 문장에 표시해 보세요.

낱말 따라 쓰기

• 낱말의 일부분이 줄어든 말. 또는 여러 낱말을 하나의 낱말로 줄여 만든 말 : 줄 임 말

• 보통의 일을 늘 크게 생각하여 두려워하고 고민하며 불안을 느끼는 병적 증상 : 공 포 증

• 병을 앓을 때 나타나는 여러 가지 상태나 모양 : 증 상

• 다른 것의 도움을 받아 존재하다. : 의 존 하다

• 술이나 마약 등을 지나치게 가까이하여 그것 없이는 견디지 못하는 상태가 되다. : 중 독 되 다

• 다른 것에 마음을 기대어 도움을 받다. : 의 지 하다

• 잠을 자는 일 : 수 면 [睡-잘 수, 眠-잠잘 면]

• 어떤 것에 늘 마음이 쏠려 잊지 못하고 매달리다. : 집 착 하다

• 어떤 생각이나 감정에 사로잡혀 심하게 압박을 느낌. : 강 박 [强-강할 강, 迫-닥칠 박]

STEP 5 글의 구조 이해하기

빠른 정답 4쪽

★ 글의 구조를 이해하는 방법

① 먼저, 각 단락의 내용을 요약하여 단락 간의 관계를 살펴보세요.

② 단락 간의 관계를 바탕으로 글의 구조를 살펴보고, 이를 구조도로 정리하세요.

• 단락마다 다른 이야기가 이어진다면 각 단락을 기차 형태로 나란히 놓으세요.

• 같은 종류의 내용을 다루는 단락끼리는 묶을 수 있어요.

1단락

스마트폰과 관련된 몇 가지 일들이 어떤 현상과 관계가 있는지 물음을 던지고 있어요. 그러므로 1단락을 요약하면 '¹⁾ ☐☐☐☐ 와/과 관련된 현상에 대한 물음'입니다.

2단락

노모포비아가 무엇인지 설명하는 것이 중심 내용이므로 2단락을 요약하면 '²⁾ ☐☐☐☐☐ 의 의미'입니다.

[단락 간의 관계] 1단락에서 스마트폰과 관련한 현상에 대해 물음을 던지고, 2단락에서 이에 대한 답으로 '노모포비아'를 소개하고 있어요.

3단락

휴대 전화를 너무 많이 사용하면 생길 수 있는 문제점을 이야기하고 있으므로 3단락을 요약하면 '휴대 전화를 지나치게 사용하는 것의 ³⁾ ☐☐☐'입니다.

4단락

어떻게 하면 노모포비아를 극복할 수 있는지 구체적인 방법을 알려 주고 있어요. 그러므로 4단락을 요약하면 '노모포비아를 극복하는 ⁴⁾ ☐☐'입니다.

[단락 간의 관계] 3단락에서 휴대 전화를 지나치게 사용하면 생기는 문제점을 이야기하고, 4단락에서는 이러한 문제가 생기지 않도록 노모포비아를 극복하는 방법을 알려 주고 있어요.

[글의 구조]

★ 1단락에서 던진 물음에 대한 답으로 2단락에서 노모포비아를 소개하고 있어요.

이와 관련하여 3단락에서 휴대 전화를 지나치게 사용하는 것의 문제점을 설명하고, 4단락에서 노모포비아를 극복하는 방법을 이야기하고 있어요.

★ 1~4단락의 내용은 모두 휴대 전화에 중독되는 현상, 즉 노모포비아와 관련이 있어요. 다만 각 단락에서 노모포비아에 대해 조금씩 다른 낱낱의 이야기가 이어지고 있어요.

★ 글의 구조도를 그리면 다음과 같습니다.

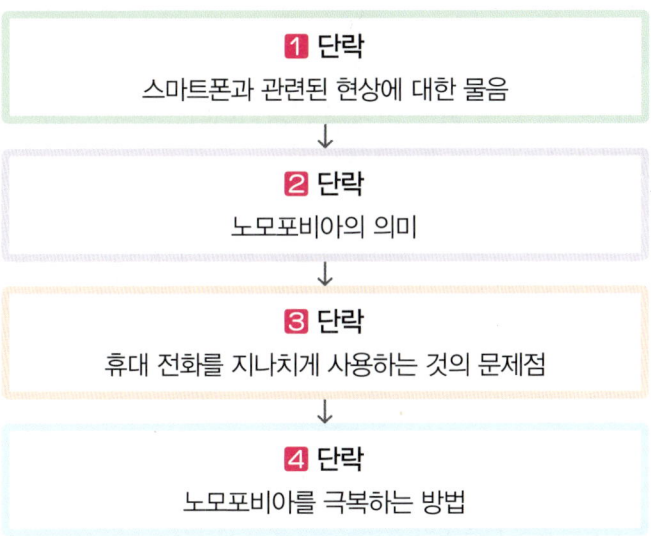

1 단락
스마트폰과 관련된 현상에 대한 물음

↓

2 단락
노모포비아의 의미

↓

3 단락
휴대 전화를 지나치게 사용하는 것의 문제점

↓

4 단락
노모포비아를 극복하는 방법

01 글의 구조 이해하기

이 글의 구조를 정리한 것입니다. 빈칸에 공통으로 들어가기에 알맞은 말을 쓰세요.

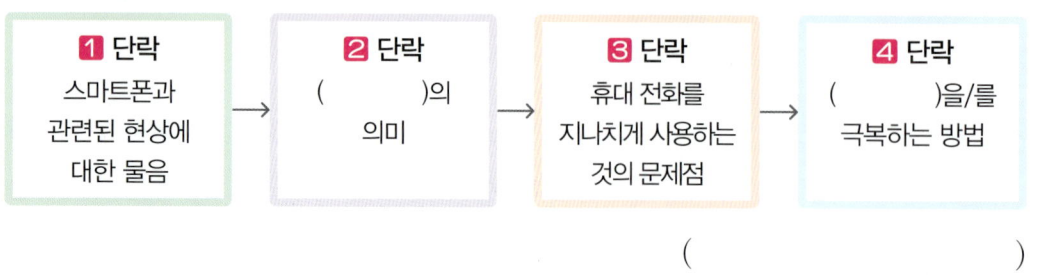

1 단락
스마트폰과 관련된 현상에 대한 물음

→

2 단락
(   )의 의미

→

3 단락
휴대 전화를 지나치게 사용하는 것의 문제점

→

4 단락
(   )을/를 극복하는 방법

(   )

02 내용 이해하기

이 글의 내용으로 알맞지 **않은** 것은 무엇인가요?   (   )

① 노모포비아는 스마트폰 기술이 발달한 우리나라에서만 문제가 되고 있다.
② 노모포비아의 대표적인 증상으로는 불안감, 외로움, 수면 장애 등이 있다.
③ 가족과의 대화 시간을 늘리는 것도 노모포비아에서 벗어나는 데 도움이 된다.
④ 노모포비아란 휴대 전화가 없을 때 초조해하거나 불안감을 느끼는 증상을 말한다.
⑤ 휴대 전화를 너무 오래 사용하면 시력이 나빠지거나 수면 장애가 생길 수 있다.

03 글쓴이의 의도 이해하기

글쓴이가 이 글을 통해 전하려는 내용으로 가장 알맞은 것은 무엇인가요?   (   )

① 스마트폰을 사용하는 것에는 단점보다 장점이 훨씬 많다.
② 사람들을 더욱 빠져들게 하는 스마트폰을 만들어야 한다.
③ 우리 주변에서 여러 가지 공포증을 겪고 있는 사람들을 도와야 한다.
④ 휴대 전화를 이용해 실제로 사람을 대하고 사귀는 것을 연습해야 한다.
⑤ 휴대 전화에 지나치게 의지하지 말고, 필요할 때만 휴대 전화를 사용하는 습관을 길러야 한다.

04 상황에 맞는 표현 찾기

다음은 이 글을 읽은 학생의 반응입니다. '지나친 것은 모자란 것보다 못하다.'를 뜻하는 한자 성어에 ○표를 하세요.

> 휴대 전화는 우리의 생활을 편리하게 하지만, 휴대 전화를 너무 많이 사용하면 불안감이나 신체적인 문제가 생길 수도 있구나. 그러므로 휴대 전화의 사용은 (다다익선(多多益善) / 과유불급(過猶不及))이야.

낱말 따라 쓰기

● 가만히 눈을 감고 깊이 생각함. 또는 그런 생각 : 명 상

● 필요하지 않다. : 불 필 요 하다

● 액체나 기체 등의 흐름 또는 통로를 막거나 끊어서 통하지 못하게 하다. : 차 단 하다

낱말 쑥쑥 테스트

빠른 정답 4쪽

[01~06] 주어진 뜻풀이에 해당하는 낱말을 〈보기〉에서 찾아 쓰세요.

〈 보기 〉
명상 의존하다 불필요하다 강박 공포증 줄임말

01 다른 것의 도움을 받아 존재하다. : _____

02 어떤 생각이나 감정에 사로잡혀 심하게 압박을 느낌. : _____

03 필요하지 않다. : _____

04 낱말의 일부분이 줄어든 말. 또는 여러 낱말을 하나의 낱말로 줄여 만든 말 : _____

05 가만히 눈을 감고 깊이 생각함. 또는 그런 생각 : _____

06 보통의 일을 크게 생각하여 두려워하고 고민하며 불안을 느끼는 병적 증상 : _____

[07~10] 문장의 의미를 생각하여, 밑줄 친 말과 가장 비슷한 낱말을 〈보기〉에서 찾아 쓰세요.

〈 보기 〉
의지 차단 중독 수면

07 범인들이 달아나지 못하도록 길을 막았다.
➡ 광고 문자를 자동으로 [   ] 하도록 휴대 전화의 설정을 바꿔 놓았다.

08 잠을 못 자서 눈이 빨개졌다.
➡ 건강을 위해 충분한 [   ] 을/를 취하는 것이 좋다.

09 언니가 멀리 떠나자 수빈이는 기댈 곳이 없어졌다.
➡ 믿음직한 도윤이는 항상 [   ] 이/가 되는 사람이다.

10 매일 밥을 먹은 후에 사탕을 먹다 보니 이제 버릇이 들었다.
➡ 승현이는 컴퓨터 게임에 [   ] 되었다.

배경지식

혹시 나도 '스마트폰 과의존' 일까?

학교가 끝난 후 무엇을 하면서 시간을 보내는지 생각해 보세요. 학원을 가기도 하고, 가족 혹은 친구들과 시간을 보내기도 할 거예요. 그런데 혹시 스마트폰을 사용하는 경우가 더 많지는 않은가요? 스마트폰에 지나치게 의지하는 것을 '스마트폰 과의존'이라고 하는데, 여러분도 이에 해당하는 것은 아닌지 함께 체크해 봅시다.

☐ 스마트폰 생각이 머리에서 떠나지 않는다.
☐ 스마트폰 이용 시간을 스스로 조절하기 어렵다.
☐ 스마트폰이 가까운 곳에 없으면 떨리고 불안하다.
☐ 스마트폰 이용으로 인해 신체적 불편이나 가정·학교생활에 어려움을 겪는다.

위의 것에 하나라도 해당한다면 여러분도 스마트폰 과의존일 수 있어요! 우리가 사는 세상은 스마트폰 속에 있는 것이 아니라 밖에 있어요. 이제는 스마트폰 속의 세상에서 벗어나 내 옆의 가족과 친구들을 바라봐야 할 때입니다.

주장하는 글로 다른 사람 설득하기

공부한 날   월   일

빠른 정답 4쪽

지연이네 반에서는 학급 회의 시간에 '학교 안에서 스마트폰을 사용해도 되는가?'라는 문제를 두고 의견을 나누기로 했다. 평소에 학교 안에서 스마트폰을 사용하면 안 된다고 생각하는 지연이는 친구들을 설득하기 위한 글을 써 보기로 했다.

다른 사람을 설득하기 위하여 자신의 생각이나 주장을 조리 있고 짜임새 있게 밝혀 쓴 글을 '주장하는 글'이라고 한다. 주장하는 글에서 어떤 문제에 대해 내세우는 글쓴이의 생각을 주장이라고 하고, 이러한 주장을 뒷받침하는 내용을 근거라고 한다. ____(가)____ 인 사람처럼 제대로 된 근거 없이 자신의 의견만 고집해서는 다른 사람을 설득할 수 없다. 처음부터 끝까지 한결같은 주장을 펼치면서 그와 관련된 적절한 근거들을 내세워야 한다.

주장을 뒷받침할 근거들은 논리적으로 오류가 없어야 한다. 지연이는 주장을 뒷받침할 근거로 다음과 같은 내용을 적어 보았다.

> 1. 학교 안에서 스마트폰을 사용하면 학생들이 수업에 집중하지 못한다.
> 2. 어려운 낱말이나 잘 이해가 되지 않는 내용을 스마트폰으로 찾아볼 수 있어서 공부에 도움이 된다.
> 3. 학교 안에서까지 스마트폰을 사용하면 시력이 떨어지고 목이 앞으로 구부러지는 등 우리 몸에 좋지 않다.

1과 3은 학교 안에서 스마트폰을 사용하면 안 된다는 주장에 알맞은 근거이지만, 2는 지연이의 의견과 반대되는 주장의 근거로 알맞다. 지연이가 2를 근거로 내세운다면 친구들을 설득하기 어려울 것이다.

지연이는 자신의 주장을 정하고 그에 대한 근거를 준비했으니, 이제 이 내용들을 짜임새 있게 구성하여 주장하는 글을 쓰면 된다. 글의 처음 부분에서 자신의 주장을 소개하면서 주장의 중요성을 간단히 이야기하고, 중간 부분에서 주장을 뒷받침할 수 있는 적절한 근거를 든 다음, 끝부분에서 주장을 다시 한번 강조하면서 글을 마무리한다면 효과적으로 다른 사람을 설득하는 글을 쓸 수 있을 것이다.

지문 확인

• 1단락의 중심 문장에 표시해 보세요.

• 2단락의 중심 문장에 표시해 보세요.

• 3단락의 중심 문장에 표시해 보세요.

• 4단락의 중심 문장에 표시해 보세요.

───────────────────────────── 낱말 따라 쓰기

● 말이나 글에서 앞뒤가 들어맞는 것 : 조 리

● 글의 내용이 앞뒤의 연관을 제대로 갖춘 상태 : 짜 임 새
  예 이 글은 짜임새를 잘 갖추고 있다.

● 주장이나 의견을 내놓고 옳다고 주장하거나 고집하다. : 내 세 우 다

● 어떤 주장이나 의견이 옳음을 밝혀내는 것을 돕다. : 뒷 받 침 하다

● 자기의 의견을 바꾸거나 고치지 않고 굳게 버티다. : 고 집 하다
  [固-굳을 고, 執-잡을 집]

● 처음부터 끝까지 변함없이 꼭 같다. : 한 결 같 다

● 꼭 알맞다. : 적 절 하다

빠른 정답 4쪽, 정답과 풀이 54~55쪽

✏️ 뜻을 정확히 모르는
낱말들을 적어 보세요!

01 글의 구조 이해하기

다음은 이 글의 구조를 정리한 것입니다. 빈칸에 공통으로 들어가기에 알맞은 말을 쓰세요.

1단락에서는 지연이의 상황을 예시로 들고, 이와 관련하여 2단락에서 (   ) 이/가 무엇인지 설명하고 있다. 또한 3단락에서는 주장을 뒷받침하는 근거에 대해 더 자세히 설명하고, 4단락에서는 (   )을/를 짜임새 있게 구성하는 방법을 이야기하고 있다.

(   )

02 내용 이해하기

이 글의 내용으로 알맞지 <u>않은</u> 것은 무엇인가요?　　　　　　　　(   )

① 근거는 논리적으로 오류가 없어야 한다.
② 주장을 뒷받침하는 내용을 근거라고 한다.
③ 반대되는 주장의 근거를 내세우면 자신의 주장이 더 강화된다.
④ 적당한 근거 없이 자신의 의견만 고집하면 다른 사람을 설득하기 어렵다.
⑤ 주장하는 글이란 다른 사람을 설득하기 위하여 자신의 주장을 조리 있고 짜임새 있게 밝혀 쓴 글이다.

03 내용 적용하기

다음은 지효가 쓴 주장하는 글의 짜임입니다. 효과적으로 주장하는 글을 쓰기 위해 알맞지 <u>않은</u> 것은 무엇인가요?　　　　　　　　(   )

처음 부분
• '악성 댓글을 달아서는 안 된다.'라는 주장을 소개함.
• 악성 댓글의 실제 사례를 들며 주장의 중요성을 이야기함. ──── ①

중간 부분
• 주장에 대한 근거를 제시함.
　(1) 악성 댓글은 당사자에게 마음의 상처를 준다. ──── ②
　(2) 악성 댓글은 그것을 보는 주변 사용자에게도 불쾌감을 줄 수 있다. ──── ③
　(3) 악성 댓글을 쓰면서 사물과 현상을 바라보는 비판적 태도를 기를 수 있다.
　──────────────────── ④

끝부분
• 주장을 다시 한번 강조함. ──── ⑤

DAY
28

04 상황에 맞는 표현 찾기

다음 한자 성어와 그 뜻을 생각할 때, ㈎에 들어가기에 가장 알맞은 것은 무엇인가요?

(   )

① 사방팔방(모든 방향이나 모든 곳)
② 동고동락(괴로움도 즐거움도 함께함.)
③ 일석이조(한 가지의 일을 통해 두 가지의 이익을 얻는 것)
④ 고집불통(남의 말을 전혀 듣지 않고 자기주장만 계속 내세우는 사람)
⑤ 삼삼오오(서너 사람 또는 대여섯 사람이 떼를 지어 다니거나 무슨 일을 함.)

뜻을 정확히 모르는 낱말들을 적어 보세요!

05 내용 이해하기 서술형

다른 사람을 잘 설득할 수 있는 방법을 2단락에서 찾아 쓰세요.

_____

_____

_____

낱말 따라 쓰기

- 말이나 글이 이치에 맞는 것 : 논 리 적
- 잘못된 생각이나 지식 : 오 류 [誤-그르칠 오, 謬-틀릴 류]
- 한 가지 일에 모든 힘을 쏟아 붓다. : 집 중 하다
- 눈으로 볼 수 있는 능력 : 시 력 [視-볼 시, 力-힘 력]
- 사물의 중요한 부분이나 성질 : 중 요 성
- 어떤 부분을 특별히 강하게 주장하거나 두드러지게 하다. : 강 조 하다 [强-강할 강, 調-고를 조]
- 일을 끝맺다. : 마 무 리 하다
- 어떤 일을 하여서 좋은 결과가 생기는 것 : 효 과 적

- 수준이나 정도가 더 높아지다. : 강 화 되 다
- 인터넷에 올려진 내용에 대해 나쁜 마음이나 좋지 않은 뜻을 가지고 짤막하게 답하여 쓴 글 : 악 성 댓 글
- 어떤 일이 전에 실제로 일어난 예 : 사 례
- 어떤 일이나 사건에 직접 관계가 있는 사람 : 당 사 자
- 못마땅하여 기분이 좋지 않은 느낌 : 불 쾌 감
  ㉑ 생각 없이 던진 한마디가 남에게 불쾌감을 줄 수도 있다.
- 옳고 그름을 따져 밝히거나 잘못된 점을 드러내는 : 비 판 적

낱말 쑥쑥 테스트

빠른 정답 4쪽

[01~05] 주어진 낱말 중 뜻풀이에 해당하는 것을 골라 쓰세요.

01 　한가하다　　한결같다

처음부터 끝까지 변함없이 꼭 같다. :

02 　내세우다　　물러나다

주장이나 의견을 내놓고 옳다고 주장하거나 고집하다. :

03 　적절하다　　적응하다

꼭 알맞다. :

04 　비교적　　비판적

옳고 그름을 따져 밝히거나 잘못된 점을 드러내는 ○○ :

05 　사례　　사진

어떤 일이 전에 실제로 일어난 예 :

[06~09] 주어진 초성과 뜻풀이를 보고, 빈칸에 들어가기에 알맞은 낱말을 쓰세요.

06 [ㅈ | ㄹ] : 말이나 글에서 앞뒤가 들어맞는 것
➡ 연희는 하고 싶은 이야기를 ○○ 있게 잘 말한다.

07 [ㅈ | ㅇ | ㅅ] : 사물의 중요한 부분이나 성질
➡ 선생님께서는 복습의 ○○을/를 늘 강조하신다.

08 [ㅇ | ㄹ] : 잘못된 생각이나 지식
➡ 3을 5로 잘못 보는 바람에 계산에 ○○이/가 생겼다.

09 [ㅅ | ㄹ] : 눈으로 볼 수 있는 능력
➡ 밤마다 어두운 방에서 스마트폰을 봤더니 ○○이/가 나빠졌다.

배경지식

광고문도 주장하는 글이다?

　우리는 텔레비전이나 라디오, 인터넷, 잡지 등 많은 곳에서 광고를 접하고 있어요. 이런 광고들에는 상품을 팔기 위한 문구가 쓰이는데, 이를 광고문이라고 해요. 그런데 무언가를 주장하는 일과는 관계가 없을 것 같은 광고문이 사실은 주장하는 글에 해당해요.
　광고문을 주장하는 글로 볼 수 있는 이유는 무엇일까요? 그것은 바로 광고문의 목적이 상품을 사도록 사람들을 '설득'하는 것이기 때문이에요. 광고문은 어떤 상품인지, 무엇이 좋은지, 가격이 얼마인지 등 상품에 대한 정보를 전달하면서 결국에는 사람들이 그것을 사도록 만든답니다.
　한편, 상품을 팔기 위한 광고 외에 담배를 끊어야 한다거나 어려운 사람을 돕자고 권하는 광고도 있어요. 이런 광고를 공익 광고라고 하는데, 공익 광고의 목적은 사회 전체의 이익을 위해 사람들을 설득하는 것이에요.

통계란 무엇일까?

지문 확인

   통계는 어떤 현상을 종합적으로 한눈에 알아보기 쉽게 일정한 체계에 따라 숫자로 나타낸 것을 말한다. 통계를 이용하면 작게는 학급 문고에 있는 책의 종류, 가고 싶은 현장 학습 장소부터 크게는 지역별 인구수, 한 해 동안 생산된 쌀의 양 등 다양한 자료의 경향이나 특징을 한눈에 알아볼 수 있다.

• **1단락 요약** :
1) ☐☐의 의미와 쓰임

   오늘날과 같은 의미의 통계는 17세기쯤 유럽에서 생겨났다. 당시 영국은 다른 나라에서 들어온 세균이나 전염병으로 인해 죽는 사람이 늘어나 문제가 되고 있었다. 그래서 죽은 사람들의 병명과 수를 조사하기 시작했고, 이를 통해 밝혀진 사실들을 알기 쉽게 정리하여 나타냈다. 이 방식이 전 유럽으로 빠르게 퍼져 나가 통계라고 이름 붙여지게 되었고, 사람들은 통계를 이용하여 사회나 자연 현상을 조사한 후 얻은 많은 양의 자료를 이해하고 분석할 수 있었다.

• **2단락 요약** :
2) ☐☐의 유래

   그렇다면 통계는 어떻게 나타낼까? 우선 여러 가지 자료를 정리하여 통계 결과가 나오면 이를 표로 정리하는데, 이것이 통계표이다. 그리고 통계표를 각 자료의 특성에 맞게 도표로 나타낸다. 도표란 통계를 비롯한 여러 자료를 더 쉽게 알아볼 수 있도록 그림으로 나타낸 표로, 막대·띠·원그래프와 꺾은선 그래프 등이 있다. 예를 들어 학급 문고에 있는 책의 종류를 막대그래프로 나타내려면, 우선 가로와 세로로 직선을 긋는다. 가로에는 소설책, 시집, 그림책, 사전 등 '책의 종류'를 쓰고 세로에는 '권수'를 표시할 수 있도록 눈금을 숫자로 표시한다. 그리고 책의 종류에 따른 권수만큼 막대로 높이를 표시하면 된다.

• **3단락 요약** :
통계를 나타내는
3) ☐☐

   통계를 이용하면 우리가 살아가는 데 필요한 여러 자료들을 편리하게 분석하고 정리할 수 있으며, 도표는 통계 자료를 누구나 쉽게 이해할 수 있게 해 준다. 전달하고 싶은 정보가 있다면 통계와 도표를 이용하여 더 효율적으로 전달할 방법을 생각해 보자.

• **4단락 요약** :
통계와 4) ☐☐의
유용함

낱말 따라 쓰기

● 여러 가지를 한데 모아 합한 것 : 종 합 적

● 여러 요소나 부분들이 서로 연결되고 어울리도록 일정한 원칙에 따라 짜인 전체 : 체 계
   ㉠ 우리 학교는 모든 것에 체계가 잡혀 있다.

● 각 반에 마련해 갖춰 둔 책. 또는 그 책을 모아 둔 곳 : 학 급 문 고

● 일정 지역 안에 사는 사람의 수 : 인 구 수

● 인간이 생활하는 데 필요한 각종 물건이 만들어지다. : 생 산 되 다 [生-날 생, 産-낳을 산]

● 현상이나 생각, 행동 등이 어떤 방향으로 기울어짐. : 경 향

● 남에게 옮아가는 성질을 가진 병 : 전 염 병

✏️ 뜻을 정확히 모르는 낱말들을 적어 보세요!

01 글의 구조 이해하기

다음은 이 글의 구조를 정리한 것입니다. 빈칸에 공통으로 들어가기에 알맞은 말을 쓰세요.

| 1 단락 ( )의 의미와 쓰임 | → | 2 단락 ( )의 유래 | → | 3 단락 ( )을/를 나타내는 방법 | → | 4 단락 ( )와/과 도표의 유용함 |

( )

02 내용 이해하기

다음 중 이 글에 나오지 <u>않는</u> 내용은 무엇인가요? ( )

① 도표의 종류
② 통계표를 작성하는 방법
③ 막대그래프를 그리는 방법
④ 오늘날과 같은 통계가 생겨난 때
⑤ 통계로 나타낼 수 있는 자료의 예시

03 내용 이해하기

이 글의 내용으로 알맞지 <u>않은</u> 것은 무엇인가요? ( )

① 통계표는 통계 결과를 표로 정리한 것이다.
② 도표는 다양한 자료를 더 쉽게 알아볼 수 있게 해 준다.
③ 통계는 어떤 현상을 일정한 체계에 따라 숫자로 나타낸 것이다.
④ 지역별 인구수와 한 해 동안 생산된 쌀의 양은 통계로 나타낼 수 없다.
⑤ 17세기쯤 영국에서는 세균이나 전염병으로 인해 죽는 사람이 늘어났다.

DAY
29

04 내용 적용하기

다음은 동물원에 있는 동물의 종류를 막대그래프로 나타내는 과정입니다. ㉠~㉢에 들어갈 말을 이 글에서 찾아 쓰세요.

뜻을 정확히 모르는 낱말들을 적어 보세요!

| 가로와 세로로 직선을 긋는다. | → | 가로에는 토끼, 호랑이, 타조, 기린 등 '동물의 (㉠)'을/를 쓰고, 세로에는 '동물의 수'를 표시할 수 있도록 눈금을 (㉡)(으)로 표시한다. | → | 동물의 종류에 따른 수만큼 (㉢)(으)로 높이를 표시한다. |

㉠: (   ), ㉡: (   ), ㉢: (   )

05 내용 이해하기 [서술형]

통계와 도표를 이용하면 좋은 점이 무엇인지 4단락에서 찾아 쓰세요.

_____

_____

_____

낱말 따라 쓰기

- 병의 이름 : 병 명 [病−병 병, 名−이름 명]
- 사물의 내용을 확실히 알기 위하여 자세히 살펴보거나 찾아보다. :
  조 사 하다 [調−고를 조, 査−조사할 사]
  예 이것이 대체 어떻게 된 일인지 조사해 보자.
- 일정한 방법이나 형식 : 방 식
- 얽혀 있거나 복잡한 것을 풀어서 낱낱의 요소나 성질로 나누다. :
  분 석 하다 [分−나눌 분, 析−가를 석]

- 책 낱낱의 수 : 권 수
- 다른 사람이나 기관에 전하다. : 전 달 하다
- 들인 노력에 비하여 얻는 결과가 큰 것 : 효 율 적
- 사물이나 일이 생겨남. 또는 그 역사 : 유 래
- 쓸모가 있다. : 유 용 하다

낱말 쑥쑥 테스트

빠른 정답 4쪽

[01~05] 주어진 뜻풀이에 해당하는 낱말을 〈보기〉에서 찾아 쓰세요.

〈 보기 〉
경향   생산되다   효율적   조사하다   전달하다

01 인간이 생활하는 데 필요한 각종 물건이 만들어지다.
＿＿＿＿＿＿＿ :

02 현상이나 생각, 행동 등이 어떤 방향으로 기울어짐.
＿＿＿＿＿＿＿ :

03 들인 노력에 비하여 얻는 결과가 큰 것 :
＿＿＿＿＿＿＿

04 사물의 내용을 확실히 알기 위하여 자세히 살펴보거나 찾아보다. :
＿＿＿＿＿＿＿

05 다른 사람이나 기관에 전하다. : ＿＿＿＿＿＿＿

[06~10] 문장의 의미를 생각하여, 빈칸에 들어가기에 알맞은 낱말을 〈보기〉에서 찾아 쓰세요.

〈 보기 〉
병명   종합적   체계   방식   유래

06 여행을 어디로 갈지 정할 때는 볼거리, 교통, 날씨, 안전 등을 ＿＿＿＿＿＿＿(으)로 따져 봐야 한다.

07 병원에서 너의 ＿＿＿＿＿＿＿을/를 뭐라고 했니?

08 사람마다 공부를 하는 ＿＿＿＿＿＿＿이/가 조금씩 다르다.

09 우리 동아리는 ＿＿＿＿＿＿＿이/가 잘 잡혀 있기 때문에 처음 온 사람도 금방 적응할 수 있다.

10 선생님은 우리에게 탈춤의 ＿＿＿＿＿＿＿에 대해 재미있게 설명해 주셨다.

배경지식

다양한 도표의 종류

통계 자료를 한눈에 알기 쉽게 나타내 주는 도표에는 다양한 종류가 있어요. 막대그래프 외에 어떤 도표가 있는지 알아볼까요? 띠그래프는 띠 모양의 직사각형을 나누고, 구분된 직사각형으로 각 부분의 크기를 나타내는 그래프입니다. 원그래프는 원을 반지름으로 나누고, 그 넓이로 각 부분의 크기를 나타내는 그래프예요. 띠그래프와 원그래프 모두 전체에서 각 부분이 차지하는 정도를 비교할 때 많이 사용돼요. 또한 꺾은선 그래프는 막대그래프의 끝에 점을 찍고 각 점들을 꺾은선으로 연결한 그래프로, 시간에 따른 자료의 변화를 보여 줄 때 많이 사용되지요.
자료의 특징에 따라 어울리는 도표를 잘 골라서 사용하면 정보를 더 효율적으로 전달할 수 있어요.

띠그래프 – 〈좋아하는 운동별 학생 수〉

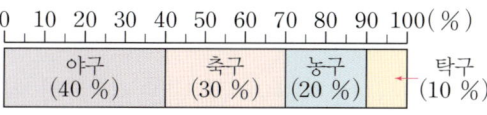

원그래프 – 〈기르는 동물별 학생 수〉

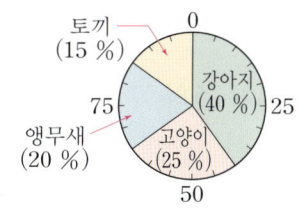

꺾은선 그래프 – 〈미세 먼지 농도〉

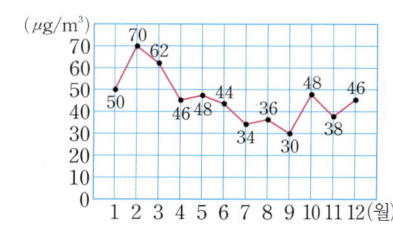

DAY 30

독해력 완성 테스트 [STEP 5]

✽✽✽ :상
✽✽✽ :중
✽✽✽ :하

공부한 날	월	일
맞은 개수		/ 5개

[01~05] 다음 글을 읽고, 물음에 답하세요.

뉴스를 보다 보면 속담을 통해 날씨를 알려 주는 경우를 종종 볼 수 있다. 속담이 사실은 매우 과학적이고, 그 안에 조상들의 삶의 지혜가 담겨 있기 때문이다. 몇 가지 속담을 살펴보면 이를 알 수 있다.

'제비가 땅바닥 가까이 날면 비가 온다.'라는 속담부터 살펴보자. 제비는 작은 곤충을 먹고 산다. 그런데 곤충들은 비가 오기 전에 습도가 높아지면 땅으로 가까이 내려와 머무를 곳을 찾는다. 이 때문에 땅 가까이 내려온 곤충들을 잡아먹기 위해 제비가 낮게 나는 것이다.

'개미들이 한 줄로 이동하면 비가 내린다.'라는 속담은 어떨까? 개미는 먹이를 발견하면 몸 밖으로 화학 물질을 내보내 동료 개미들에게 알린다. 이 화학 물질은 공기 중에서 쉽게 흩어지는데, 비가 오기 전처럼 습도가 높을 때는 화학 물질이 덜 흩어져 개미들이 그 흔적을 따라 한 줄로 이동할 수 있게 되는 것이다.

'종소리가 뚜렷하게 잘 들리면 비가 온다.'라는 속담도 과학적이다. 구름이 없는 맑은 날에는 땅이 열을 많이 받아 온도가 높아진다. 따라서 공기의 아래층은 따뜻해지고, 위층은 차가워지면서 공기의 밀도 차이가 커진다. 공기의 밀도 차이가 커지면 소리는 멀리 전달되지 않는다. 반대로 구름이 끼어 땅이 열을 많이 받지 못하면 공기의 위층과 아래층의 기온 차이가 크지 않아 밀도 차이도 작아진다. 이런 경우 소리는 흩어지지 않고 멀리 나아갈 수 있기 때문에 종소리가 뚜렷하게 잘 들리는 것이다.

마지막으로, '서리가 많이 내린 날은 날씨가 좋다.'라는 속담이 있다. 서리는 공기 중의 수증기가 땅 위에 있는 물체 표면에 얼어붙은 것이다. 구름이 없는 맑은 날, 특히 밤에는 땅이 열을 사방으로 내보내면

서 땅의 온도가 낮아지는데, 이때 땅 가까이에 있던 공기 중의 수증기가 갑자기 차가워지면서 물방울이 아니라 서리가 되는 것이다.

이처럼 날씨와 관련된 속담에는 과학적 원리가 담겨 있어서 대부분 잘 들어맞는다. 또한 이를 통해 과학이 충분히 발달하지 않았던 때에도 삶의 경험을 통해 날씨를 예측했던 조상들의 지혜를 엿볼 수 있다.

01 ✽✽✽

다음은 이 글의 구조를 정리한 것입니다. 빈칸에 공통으로 들어가기에 알맞은 말을 쓰세요.

> 1단락에서는 날씨와 관련된 (　　　)이/가 과학적이라는 것을 이야기하고 있다. 그리고 2~5단락에서 여러 가지 (　　　)을/를 구체적인 예시로 들고, 이에 담긴 과학적 원리를 설명하고 있다. 6단락에서는 날씨와 관련된 (　　　)이/가 갖는 가치를 이야기하며 글을 마무리하고 있다.

(　　　　　　　)

02 ✽✽✽

이 글의 내용으로 알맞지 <u>않은</u> 것은 무엇인가요?

(　　　　　　　)

① 화학 물질은 습도가 높을 때 더 잘 흩어진다.
② 공기 중의 수증기가 갑자기 차가워지면 서리가 된다.
③ 공기의 밀도 차이가 크면 소리는 멀리 전달되지 않는다.
④ 개미는 먹이를 발견하면 몸 밖으로 화학 물질을 내뿜는다.
⑤ 비가 오기 전 제비가 낮게 나는 것은 곤충을 잡아먹기 위해서이다.

03 ✱✱✱

이 글은 읽은 학생들의 반응으로 알맞지 <u>않은</u> 것은 무엇인가요? ( )

① 소리가 전달되는 것은 공기의 밀도와 관련이 깊군.

② 곤충들은 비가 오기 전에 땅으로 가까이 내려오는군.

③ 밤새 서리가 많이 내리면 외출할 때 우산을 꼭 챙겨야겠군.

④ 비가 오기 전에 개미들이 한 줄로 이동하는 것은 화학 물질 때문이었군.

⑤ '제비가 땅바닥 가까이 날면 비가 온다.'라고 했던 할머니의 말씀이 과학적으로 맞는 말이었군.

05 ✱✱✱✻ 서술형

4단락의 내용을 바탕으로, 다음 대화에서 서연이가 할 말을 쓰세요.

> 서연: 오늘은 운동장에서 학교 종소리가 더 크게 들리는 것 같아. 비가 오려나 봐.
>
> 민준: 종소리랑 비 오는 게 무슨 상관이 있는데?
>
> 서연: '종소리가 뚜렷하게 잘 들리면 비가 온다.' 라는 속담이 있어. 구름이 끼어 흐린 날에는
> _____
> _____.

_____

_____

_____

04 ✱✱✻

글쓴이가 이 글을 통해 전하려는 내용으로 가장 알맞은 것은 무엇인가요? ( )

① 뉴스에서 날씨와 관련된 속담을 사용하는 것은 옳지 못하다.

② 날씨와 관련된 속담을 통해 조상들의 삶의 지혜를 알 수 있다.

③ 날씨와 관련된 속담은 꼭 과학적 연구를 통해 만들어져야 한다.

④ 날씨와 관련된 속담은 과학이 충분히 발달한 뒤에야 만들어졌다.

⑤ 날씨와 관련된 속담은 너무 옛날에 만들어져서 이제는 들어맞지 않는다.

낱말 따라 쓰기

● 공기 중에 수증기가 들어 있는 정도 : 습 도

● 어떤 것이 없어졌거나 지나간 뒤에 남은 자국 : 흔 적

  예 낙서를 꼼꼼히 지웠지만 흔적이 남았다.

● 엉클어지거나 흐리지 않고 아주 분명하다. : 뚜 렷 하다

● 빽빽이 들어선 정도 : 밀 도 [密-빽빽할 밀, 度-정도 도]

● 기체 상태의 물 : 수 증 기

● 사물의 가장 바깥쪽 : 표 면 [表-겉 표, 面-면 면]

  예 사과의 표면을 만져 보니 아주 매끄러웠다.

● 동, 서, 남, 북 네 방위. 혹은 둘레의 모든 곳 : 사 방

  [四-넷 사, 方-방위 방]

● 사물의 기본이 되는 이치 : 원 리 [原-근원 원, 理-이치 리]

● 학문, 기술, 사회 등이 더 높은 수준에 이르다. : 발 달 하다

● 앞으로 일어날 일을 미리 짐작하다. : 예 측 하다

  예 아무도 예측하지 못한 일이 일어났다.

● 사물이 지니고 있는 쓸모 : 가 치

● 볼일이 있어서 집 밖으로 나가다. : 외 출 하다

● 어떤 일이나 사물에 대하여 깊이 있게 조사하고 생각하여 이치나 사실을 밝히는 일 : 연 구

잠깐! 쉬어가기

 빠른 정답 4쪽

✳ 다음 가로 열쇠와 세로 열쇠 문제를 잘 읽고, 빈칸에 알맞은 답을 써 보세요.

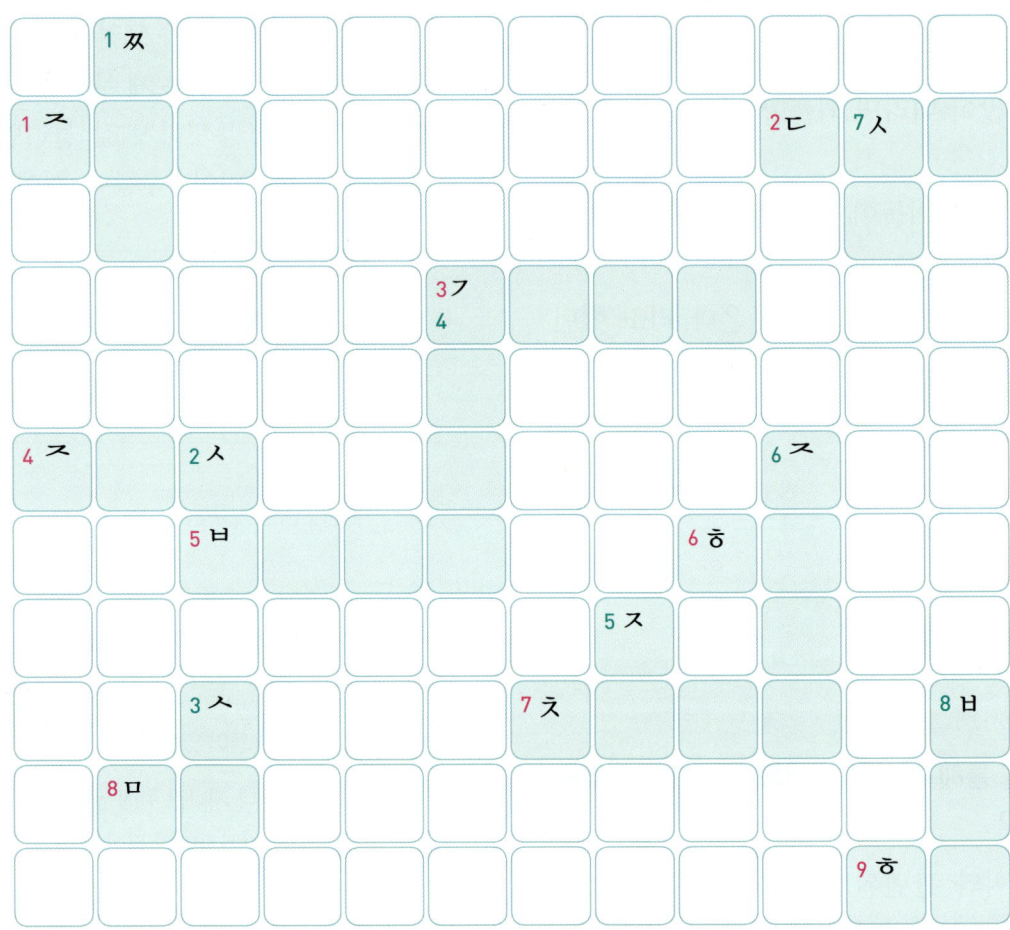

가로 열쇠

1 낱말의 일부분이 줄어든 말. 또는 여러 낱말을 하나의 낱말로 줄여 만든 말

2 어떤 일이나 사건에 직접 관계가 있는 사람

3 수준이나 정도가 더 높아지다.

4 사물의 중요한 부분이나 성질

5 얽혀 있거나 복잡한 것을 풀어서 낱낱의 요소나 성질로 나누다.

6 몸 안에 들어간 독을 없앰.

7 액체나 기체 등의 흐름 또는 통로를 막거나 끊어서 통하지 못하게 하다.

8 빽빽이 들어선 정도

9 어떤 것이 없어졌거나 지나간 뒤에 남은 자국

세로 열쇠

1 글의 내용이 앞뒤의 연관을 제대로 갖춘 상태

2 서로 관련된 한 덩어리를 이루고 있는 것의 한 부분

3 공기 중에 수증기가 들어 있는 정도

4 어떤 부분을 특별히 강하게 주장하거나 두드러지게 하다.

5 춤, 노래 등의 빠르기나 가락을 이끄는 박자

6 술이나 마약 등을 지나치게 가까이하여 그것 없이는 견디지 못하는 상태가 되다.

7 어떤 일이 전에 실제로 일어난 예

8 옳고 그름을 따져 밝히거나 잘못된 점을 드러내는

글의 주제를 알면 글쓴이의 의도를 이해하는 문제를 쉽게 풀 수 있어요!

STEP 6
주제 알아보기

★ 주제란?
글쓴이가 한 편의 글을 통해 전달하고자 하는 중심 내용입니다.

● 주제를 알아야 하는 이유
주제를 아는 것은 곧 글의 핵심 내용을 이해하는 것이에요. 따라서 주제를 알아내면 글을 완벽히 독해할 수 있습니다.

★ 주제를 알아보는 방법
① 각 단락을 요약하여 글의 구조를 알아보세요.
② 글의 구조를 바탕으로 글 전체에서 주로 이야기하는 내용이 무엇인지 살펴보세요.
③ 살펴본 내용을 글 전체의 중심 낱말을 포함한 간단한 말로 정리해 보세요.

전기 기구는 어떻게 작동할까?

우리는 생활을 편리하게 해 주는 다양한 전기 기구를 이용하고 있다. 스위치를 켜면 방에 형광등이 환하게 켜지고, 콘센트에 플러그를 끼우고 전원 장치를 켜면 드라이어나 세탁기가 작동한다. 이러한 전기 기구는 어떤 원리로 작동하는 것일까?

전기 기구가 작동하려면 우선 전기가 흘러야 한다. 전기가 흐를 수 있도록 전지, 전선, 스위치, 전동기 등 여러 가지 전기 부품을 연결한 것을 '전기 회로'라고 하고, 전기 회로에서 전기가 통하는 것을 '전류가 흐른다'라고 표현한다. 전기 회로는 간단하게 연결할 수도, 복잡하게 연결할 수도 있다. 꼬마전구에 불이 켜지는 과정을 통해 전기 회로를 쉽게 이해해 보자.

꼬마전구에 불을 켜려면 전기 에너지를 담아 놓은 전지가 필요하다. 가장 대표적인 전지는 우리가 흔히 알고 있는 건전지이다. 건전지의 불룩 튀어나온 부분은 플러스(+)극, 반대쪽은 마이너스(−)극이다. 전지를 끼우는 장치에는 플러스(+)극과 마이너스(−)극이 표시되어 있는데, 이곳에 제대로 맞춰 끼우면 전류가 흐른다. 이제 전지의 플러스(+)극을 전선을 이용해 꼬마전구의 꼭지와 연결하고, 마이너스(−)극을 꼬마전구의 꼭지쇠에 연결하면 간단하게 꼬마전구에 불을 켤 수 있다.

꼬마전구의 불을 더 밝게, 혹은 더 오랫동안 켜려면 어떻게 해야 할까? 이때는 전지의 연결 방법을 바꾸면 된다. 여러 개의 전지를 서로 다른 극끼리 (+)(−)(+)(−)의 순서로 연결하는 것을 '전지의 직렬연결'이라고 하는데, 이때는 전류의 양이 많아져 전구가 더 밝은 빛을 낸다. 반면 여러 개의 전지를 (+)는 (+)끼리, (−)는 (−)끼리 모아 놓고 연결하는 것을 '전지의 병렬연결'이라고 한다. 이때는 전구의 빛이 밝아지지는 않지만 전구에 불을 더 오랫동안 켤 수 있다.

이와 같은 원리로, 우리 생활을 편리하게 해 주는 다양한 전기 기구도 전기 회로를 통해 전류가 흘러 작동한다. 전기 기구를 사용할 때면 이러한 작동 원리를 떠올려 보도록 하자.

지문 확인

- 1단락 중심 낱말 :
  1) ☐☐ ☐☐
- 2단락 중심 낱말 :
  2) ☐☐ ☐☐
- 3단락 중심 낱말 :
  3) ☐☐☐☐
- 4단락 중심 낱말 :
  전지의 4) ☐☐
  ☐☐
- 5단락 중심 낱말 :
  전기 기구

낱말 따라 쓰기

- 편하고 이로우며 이용하기 쉽다. : 편 리 하다
  [便−편할 편, 利−이로울 리]
- 플러그를 끼워 전기를 통하게 하는 장치 : 콘 센 트
- 전기가 통하는 곳에 꽂고 뺄 수 있게 전선의 끝에 달린 장치 :
  플 러 그　예 젖은 손으로 플러그를 꽂으면 위험하다.

- 전기를 만들어 보내는 원천, 또는 전기 기구에 전기를 이어 주는 장치
  : 전 원　[電−전기 전, 源−근원 원]
- 어떤 목적에 따라 일정한 일을 하도록 만들어진 기계 : 장 치
- 기계 등이 움직이다. : 작 동 하다

STEP 6 주제 알아보기

빠른 정답 4쪽

주제란 글쓴이가 한 편의 글을 통해 전달하고자 하는 중심 내용입니다.

★ **주제를 알아보는 방법**

① 각 단락을 요약하여 글의 구조를 알아보세요.

② 글의 구조를 바탕으로 글 전체에서 주로 이야기하는 내용이 무엇인지 살펴보세요.

③ 살펴본 내용을 글 전체의 중심 낱말을 포함한 간단한 말로 정리해 보세요.

1단락

전기 기구가 작동하는 원리에 대해 물음을 던지고 있어요. 그러므로 1단락을 요약하면 '전기 기구의 작동 1) [ ][ ]에 대한 물음'입니다.

2단락

전기 회로가 무엇인지 설명하는 것이 가장 중요한 내용이므로 2단락을 요약하면 '2) [ ][ ] [ ][ ]의 의미'입니다.

3단락

전기 회로를 이용하여 꼬마전구에 불을 켜는 과정을 설명하고 있어요. 이는 꼬마전구를 예로 들어 전기 회로에 대한 이해를 돕는 것이에요. 그러므로 3단락을 요약하면 '3) [ ][ ][ ] 예시 – 전기 회로에 대한 이해'입니다.

4단락

꼬마전구 예시가 이어지며 전지의 연결 방법에 따라 꼬마전구의 불을 더 밝게, 혹은 더 오랫동안 켤 수 있다고 이야기하고 있어요. 그러므로 4단락을 요약하면 '꼬마전구 예시 – 4) [ ][ ]의 연결 방법'입니다.

5단락

다양한 전기 기구도 전기 회로를 통해 전류가 흘러 작동한다는 것이 중심 내용이에요. 그러므로 5단락을 요약하면 '전기 기구의 작동 원리'입니다.

[글의 구조]

★1단락에서 전기 기구가 어떻게 작동하는지 물음을 던지고, 이를 설명하기 위해 2단락에서 전기 회로가 무엇인지 알려 주고 있어요.

3단락과 4단락에서는 꼬마전구 예시를 통해 2단락의 내용을 보충하고 있어요.

5단락에서는 전기 기구의 작동 원리를 정리하고 있어요.

★3단락과 4단락은 모두 꼬마전구를 예로 들어 2단락의 내용을 보충하고 있으므로 두 단락을 묶을 수 있어요.

★글의 구조도를 그리면 다음과 같습니다.

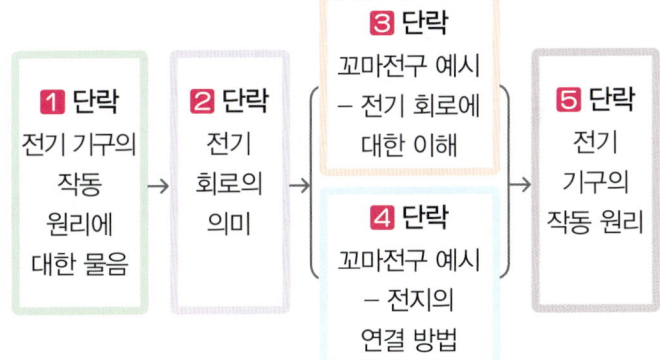

[주제]

★이 글에 많이 나오는 말 중에서 가장 중심이 되는 말이 전기 기구이므로, 이 글 전체의 중심 낱말은 '전기 기구'입니다.

★이 글에서는 전체적으로 전기 기구가 어떻게 작동하는지 설명하고 있어요. 이 내용을 중심 낱말을 포함하는 말로 간단히 정리하면 주제가 됩니다. 그러므로 이 글의 주제는 '5) [ ][ ] [ ][ ]의 작동 원리'입니다.

빠른 정답 4쪽, 정답과 풀이 60쪽

✏️ 뜻을 정확히 모르는
낱말들을 적어 보세요!

01 주제 알아보기

이 글의 주제를 이해하는 과정입니다. 빈칸에 공통으로 들어가기에 알맞은 말을 쓰세요.

> 이 글에서는 전기 회로가 무엇인지 설명하며 전기 기구가 어떻게 작동하는지를 알려 주고 있다. 따라서 이 글 전체의 중심 낱말은 '(   )'이고, 주제는 '(   )의 작동 원리'이다.

(   )

02 글쓰기 방식 이해하기

이 글에 대한 설명으로 알맞지 <u>않은</u> 것은 무엇인가요? (   )

① 꼬마전구에 불을 켜는 과정을 자세히 설명하고 있다.
② '전기 회로'와 '전류가 흐른다'라는 표현의 의미를 설명하고 있다.
③ 전지의 연결 방법에 따른 꼬마전구의 크기 차이를 비교하고 있다.
④ 질문을 던지며 전기 기구의 작동 원리에 대해 의문을 드러내고 있다.
⑤ 다양한 전기 기구를 예로 들어 작동 원리에 대한 흥미를 이끌어 내고 있다.

03 내용 이해하기

이 글의 내용으로 가장 알맞은 것은 무엇인가요? (   )

① 전류가 흐르면 전기 기구는 작동하지 않는다.
② 꼬마전구는 전기 에너지를 담아 놓은 기구이다.
③ 전기가 흐를 수 있도록 여러 가지 전기 부품을 연결한 것을 전지라고 한다.
④ 건전지의 불룩 튀어나온 부분은 마이너스(−)극, 반대쪽은 플러스(+)극이다.
⑤ 전지의 플러스(+)극을 꼬마전구의 꼭지에, 마이너스(−)극을 꼭지쇠에 연결하면 꼬마전구에 불이 켜진다.

04 내용 이해하기

다음 설명에 해당하는 전지의 연결 방법을 연결하세요.

(1) 여러 개의 전지를 같은 극끼리 모아 연결하는 것으로, 전구에 불을 더 오랫동안 켤 수 있다. •   • ㉠ 직렬연결

(2) 여러 개의 전지를 서로 다른 극끼리 번갈아 가며 연결하는 것으로, 전구가 더 밝은 빛을 낸다. •   • ㉡ 병렬연결

낱말 따라 쓰기

● 기본이 되는 이치나 법칙 : [원] [리]
  예 음식을 시원하게 만들어 주는 냉장고의 <u>원리</u>는 무엇일까?

● 기계 등의 어떤 부분에 쓰는 물품 : [부] [품]
  [部−나눌 부, 品−물건 품]

● 일이 되어 가는 차례나 모양 : [과] [정]

● 전구의 대가리 끝에 전기가 통하도록 쇠붙이로 만든 부분 : [꼭] [지] [쇠]

● 이상하거나 수상하게 생각함. 또는 궁금해함. : [의] [문]

● 재미가 있어서 마음이 쏠리는 것 : [흥] [미]

문제 이해하고 풀기

빠른 정답 4쪽, 정답과 풀이 60쪽

01 주제 알아보기

이 글의 주제를 이해할 수 있는 실마리를 주었네요.

1단락에서 전기 기구가 어떻게 작동하는지 물음을 던지고, 이를 설명하기 위해 2~4단락에서 전기 회로에 대해 이야기하고 있어요.

5단락에서는 전기 기구의 작동 원리를 정리하고 있어요.

따라서 빈칸에 공통으로 들어갈 말은 '전기 기구'입니다.

정답은 _____ 입니다.

02 글쓰기 방식 이해하기

글쓴이는 다양한 방법을 사용하여 글을 씁니다. 선택지에서 말하는 글쓰기 방식이 이 글에 사용되고 있는지 확인해 보세요.

① 꼬마전구에 불을 켜는 과정을 자세히 설명하고 있다. (○)

> 근거 ③단락 전체: 꼬마전구에 불을 켜려면 ~ 간단하게 꼬마전구에 불을 켤 수 있다.

② '전기 회로'와 '전류가 흐른다'라는 표현의 의미를 설명하고 있다. (○)

> 근거 ②단락 ❷번째 문장: 전기가 흐를 수 있도록 ~ '전류가 흐른다'라고 표현한다.

③ 전지의 연결 방법에 따른 꼬마전구의 크기 차이를 비교하고 있다. (×)

> 근거 ④단락 ❸~❺번째 문장: 여러 개의 전지를 서로 다른 극끼리 ~ 불을 더 오랫동안 켤 수 있다.

🍃 전지의 연결 방법에 따라 꼬마전구의 불을 더 밝게, 혹은 더 오랫동안 켤 수 있다고 했어요.

④ 질문을 던지며 전기 기구의 작동 원리에 대해 의문을 드러내고 있다. (○)

> 근거 ①단락 ❸번째 문장: 전기 기구는 어떤 원리로 작동하는 것일까?

⑤ 다양한 전기 기구를 예로 들어 작동 원리에 대한 흥미를 이끌어 내고 있다. (○)

> 근거 ①단락 ❷, ❸번째 문장: 스위치를 켜면 방에 형광등이 환하게 ~ 드라이어나 세탁기가 작동한다. 이러한 전기 기구는 어떤 원리로 작동하는 것일까?

정답은 _____ 입니다.

03 내용 이해하기

각각의 선택지와 글의 내용을 서로 비교해 보세요.

① 전류가 흐르면 전기 기구는 작동하지 않는다. (×)

> 근거 ⑤단락 ❶번째 문장: 다양한 전기 기구도 전기 회로를 통해 전류가 흘러 작동한다.

② 꼬마전구는 전기 에너지를 담아 놓은 기구이다. (×)

> 근거 ③단락 ❶번째 문장: 꼬마전구에 불을 켜려면 전기 에너지를 담아 놓은 전지가 필요하다.

③ 전기가 흐를 수 있도록 여러 가지 전기 부품을 연결한 것을 전지라고 한다. (×)

> 근거 ②단락 ❷번째 문장: 전기가 흐를 수 있도록 ~ 여러 가지 전기 부품을 연결한 것을 '전기 회로'라고 하고,

④ 건전지의 불룩 튀어나온 부분은 마이너스(−)극, 반대쪽은 플러스(+)극이다. (×)

> 근거 ③단락 ❸번째 문장: 건전지의 불룩 튀어나온 부분은 플러스(+)극, 반대쪽은 마이너스(−)극이다.

⑤ 전지의 플러스(+)극을 꼬마전구의 꼭지에, 마이너스(−)극을 꼭지쇠에 연결하면 꼬마전구에 불이 켜진다. (○)

> 근거 ③단락 ❺번째 문장: 전지의 플러스(+)극을 전선을 이용해 ~ 연결하면 간단하게 꼬마전구에 불을 켤 수 있다.

정답은 _____ 입니다.

04 내용 이해하기

'전지의 연결 방법'에 대해 묻는 문제입니다. 이에 대한 내용이 글의 어느 부분에 나오는지 떠올려 보세요.

🌸 이 글의 4단락을 볼까요?

> 근거 ④단락 ❸~❺번째 문장: 여러 개의 전지를 서로 다른 극끼리 (+)(−)(+)(−)의 순서로 연결하는 것을 '전지의 직렬연결'이라고 하는데, 이때는 ~ 전구가 더 밝은 빛을 낸다. 반면 여러 개의 전지를 (+)는 (+)끼리, (−)는 (−)끼리 모아 놓고 연결하는 것을 '전지의 병렬연결'이라고 한다. 이때는 ~ 불을 더 오랫동안 켤 수 있다.

정답은 (1) _____ (2) _____ 입니다.

DAY
31

세계 속의 'K-' 열풍

빠른 정답 4쪽

지문 확인

미국 최대의 인터넷 쇼핑몰 아마존에서는 우리나라의 한 농기구가 세계적으로 인기를 끌고 있다. 바로 우리나라 농촌에서 쉽게 볼 수 있는 '호미'이다. 미국이나 유럽처럼 정원을 가꾸는 문화가 발달한 나라에서 삽에 비해 끝이 뾰족한 호미가 아이디어 상품으로 주목받고 있는 것이다. 이처럼 세계에서 인정받는 우리나라 상품에는 어떤 것들이 있을까?

우선, 우리나라의 각종 우수한 기술과 상품들이 해외에서 많이 쓰이고 있다. 반도체는 오래전부터 우리나라의 주요 수출 상품이었고, 우리나라에서 만든 스마트폰과 가전제품은 최고의 품질로 인정받고 있다. 또, 세계 곳곳의 건설 현장에서는 우리나라 업체가 만든 중장비가 쓰이고 있고, 우리나라에서 만든 거대한 배가 세계의 바다를 누비고 있다. 이 밖에 정보 기술 산업은 세계 최고 수준을 자랑하고, 자동차 타이어와 오토바이 헬멧 등도 제품의 우수성을 인정받아 세계인의 사랑을 받고 있다.

_____(가)_____ 식품과 문화 산업에서도 우리나라의 것이 큰 사랑을 받고 있다. 김, 김치, 라면 등의 K-푸드는 세계인의 입맛을 사로잡았고, 한국 가수와 드라마, 어린이 캐릭터 등의 K-컬쳐는 인터넷의 발달과 함께 세계적인 인기를 얻고 있다. 또, 합리적인 가격과 좋은 품질의 화장품, 수준 높은 미용 기술로 주목받고 있는 K-뷰티까지 우리나라의 문화 경쟁력을 높이고 있다.

이처럼 각종 기술과 상품뿐만 아니라 K-푸드, K-컬쳐, K-뷰티 등 우리나라의 다양한 식품과 문화가 세계 시장에서 사랑받고 있다. 전 세계에 'K-' 열풍이 불고 있는 것이다.

- 1단락의 중심 문장에 표시해 보세요.
- 2단락의 중심 문장에 표시해 보세요.
- 3단락의 중심 문장에 표시해 보세요.
- 4단락의 중심 문장에 표시해 보세요.

낱말 따라 쓰기

- 매우 세차게 일어나는 기운이나 기세를 비유적으로 이르는 말 : 열 풍 [烈-세찰 열, 風-바람 풍]
- 농사를 짓는 데 쓰는 기구 : 농 기 구
- 주민의 대부분이 농사를 짓는 마을이나 지역 : 농 촌
- 잡초를 뽑거나 감자, 고구마를 캘 때 쓰는 쇠로 만든 농사 기구 : 호 미 예 할머니댁 마당에는 항상 호미가 있다.
- 집 안에 있는 뜰이나 꽃밭 : 정 원
- 물체의 끝이 날카롭다. : 뾰 족 하다

- 관심을 가지고 보는 것 : 주 목
- 확실히 그렇다고 여김을 받다. : 인 정 받 다 예 그는 많은 사람들에게 영어를 잘한다고 인정받는다.
- 중심이 되고 중요함. : 주 요
- 국내의 상품이나 기술을 외국으로 팔아 내보냄. : 수 출 [輸-나를 수, 出-날 출]
- 가정에서 사용하는 세탁기, 냉장고, 텔레비전 등의 전기 기기 제품 : 가 전 제 품

01 주제 알아보기

다음은 이 글의 주제를 이해하는 과정입니다. 빈칸에 공통으로 들어가기에 알맞은 말을 쓰세요.

> 이 글에서는 우리나라의 기술과 상품, 문화 등이 세계에서 사랑받고 있는 'K-' 열풍에 대해 설명하고, 다양한 예시를 들고 있다. 따라서 이 글 전체의 중심 낱말은 '(   )'이고, 주제는 '(   ) 현상과 그 예'이다.

(   )

02 내용 이해하기

이 글의 내용으로 알맞지 <u>않은</u> 것은 무엇인가요? (   )

① 우리나라의 식품과 문화 산업이 세계적인 사랑을 받고 있다.
② 인터넷의 발달에 힘입어 K-컬쳐가 세계적으로 인기를 얻고 있다.
③ 우리나라 업체가 만든 중장비가 세계 곳곳의 건설 현장에서 쓰이고 있다.
④ 우리나라 농촌에서는 흔한 호미가 미국에서는 아이디어 상품으로 주목받고 있다.
⑤ 김, 김치, 라면 등의 K-푸드는 한국적인 맛이 강해 세계인의 인정을 받지 못하고 있다.

03 내용 이해하기

다음 중 이 글에서 이야기한 'K-' 열풍의 예시가 <u>아닌</u> 것은 무엇인가요? (   )

① 합리적인 가격과 좋은 품질의 화장품
② 우리나라의 주요 수출 상품인 반도체
③ 최고의 품질을 인정받은 스마트폰과 가전제품
④ 우수성을 인정받은 자동차 타이어와 오토바이 헬멧
⑤ 세계의 여러 가지 상품을 파는 미국 최대의 인터넷 쇼핑몰

정답 콕콕 특강

01
이 글의 중심 내용을 떠올려 보세요. 그 내용을 중심 낱말을 포함한 간단한 말로 정리하면 주제가 됩니다.

02
'식품과 문화 산업', 'K-컬쳐', 'K-푸드'에 대해서는 3단락에서, '중장비'에 대해서는 2단락에서, '호미'에 대해서는 1단락에서 이야기하고 있어요.

03
이 글에서는 'K-' 열풍의 예시로 우리나라의 각종 우수한 기술과 상품, 식품과 문화 산업을 이야기하고 있어요. ①~⑤ 중 우리나라의 기술이나 상품, 문화가 아닌 것을 골라 보세요.

DAY
32

04 올바른 접속어 찾기

㈎에 들어갈 이어 주는 말로 가장 알맞은 것은 무엇인가요? ( )

① 그러나 ② 만약에 ③ 나아가

④ 그럼에도 ⑤ 왜냐하면

04

㈎에는 2단락과 3단락을 이어 주는 말이 들어가야 해요. 2단락과 3단락의 내용이 서로 어떤 관계인지 살펴보세요.

05 내용 적용하기 `서술형`

여러분이 알고 있는 'K-' 열풍의 예시를 한 가지 쓰세요.

_____

_____

_____

05

'K-' 열풍은 우리나라의 다양한 기술이나 상품, 문화가 세계에서 사랑받는 현상을 말해요. 내가 알고 있는 'K-' 열풍에는 어떤 것이 있는지 떠올려 보세요.

낱말 따라 쓰기

- 물건의 성질과 바탕. 또는 상품의 질 : 품 질
- 건물, 시설 등을 새로 만들어 세움. : 건 설
- 일을 실제로 진행하거나 작업하는 그곳 : 현 장
  [現 - 나타날 현, 場 - 마당 장]
- 사업이나 영업을 하는 조직 : 업 체
- 불도저나 굴착기처럼, 토목·건설 등에서 규모가 큰 일을 하는 데 쓰는 기계 장비 : 중 장 비
- 엄청나게 크다. : 거 대 하다

- 이리저리 거리낌 없이 다니다. : 누 비 다
- 여럿 가운데 뛰어난 특성 : 우 수 성
- 사람이 먹는 음식을 통틀어 이르는 말 : 식 품
- 이론이나 이치에 어긋나지 않는 것 : 합 리 적
  ㉮ 그는 일을 합리적으로 했다.
- 얼굴이나 머리를 아름답게 매만짐. : 미 용
- 경쟁할 만한 힘. 또는 그런 능력 : 경 쟁 력
- 어떤 것의 도움이나 영향을 받다. : 힘 입 다

DAY 32 낱말 쑥쑥 테스트   DAY 31 + DAY 32 낱말   빠른 정답 4쪽

[01~05] 주어진 낱말 중 뜻풀이에 해당하는 것을 골라 쓰세요.

01 열풍 | 냉풍

매우 세차게 일어나는 기운이나 기세를 비유적으로 이르는 말 : ☐☐

02 원조 | 원리

기본이 되는 이치나 법칙 : ☐☐

03 우수성 | 특이성

여럿 가운데 뛰어난 특성 : ☐☐☐

04 미용 | 유용

얼굴이나 머리를 아름답게 매만짐. : ☐☐

05 작성하다 | 작동하다

기계 등이 움직이다. : ☐☐☐☐

[06~08] 주어진 한자와 뜻풀이를 보고, 빈칸에 들어가기에 알맞은 말을 쓰세요.

06 現 나타날 ☐ + 想 마당 ☐ = ☐☐
일을 실제로 진행하거나 작업하는 그곳

07 輸 나를 ☐ + 出 날 ☐ = ☐☐
국내의 상품이나 기술을 외국으로 팔아 내보냄.

08 便 편할 ☐ + 利 이로울 ☐ + 하다 = ☐☐하다
편하고 이로우며 이용하기 쉽다.

[09~13] 주어진 뜻풀이에 해당하는 낱말을 〈보기〉에서 찾아 쓰세요.

〈 보기 〉
경쟁력 품질 부품 인정받다 힘입다

09 물건의 성질과 바탕. 또는 상품의 질 :
_____

10 경쟁할 만한 힘. 또는 그런 능력 : _____

11 어떤 것의 도움이나 영향을 받다. : _____

12 확실히 그렇다고 여김을 받다. : _____

13 기계 등의 어떤 부분에 쓰는 물품 : _____

[14~17] 주어진 초성과 뜻풀이를 보고, 빈칸에 들어가기에 알맞은 낱말을 쓰세요.

14 물건을 사기 전 나에게 꼭 필요한 것인지 생각해 보는 ☐ㅎ ☐ㄹ ☐ㅈ 인 소비를 하자.
이론이나 이치에 어긋나지 않는 것

15 스위치를 잘못 누르는 바람에 컴퓨터의 ☐ㅈ ☐ㅇ 이/가 꺼졌다.
전기를 만들어 보내는 원천. 또는 전기 기구에 전기를 이어 주는 장치

16 날씨가 더우니 에어컨과 같은 냉방용 ☐ㄱ ☐ㅈ ☐ㅈ ☐ㅍ 이/가 잘 팔린다.
가정에서 사용하는 세탁기, 냉장고, 텔레비전 등의 전기 기기 제품

17 지연이는 학교 축제 때 많은 사람 앞에서 춤을 춰서 큰 ☐ㅈ ☐ㅁ 을/를 받았다.
관심을 가지고 보는 것

DAY 32

세계인이 사랑하는 스포츠

공부한 날   월   일

빠른 정답 4쪽

지구촌에서 가장 사랑받는 운동 경기는 무엇일까? 야구, 농구 등 많은 운동 경기가 있지만, 축구를 빼놓고 이야기할 수는 없다. 축구는 4년마다 한 번씩 세계 선수권 대회인 월드컵이 열리는데, 이는 세계인의 축제라고 할 만큼 큰 관심을 받는다.

축구는 각각 11명으로 이루어진 두 팀의 선수들이 상대팀 골대 안에 더 많은 공을 넣으려고 경쟁하는 경기이다. 양 팀은 전반과 후반 각각 45분씩 총 90분 동안 경기를 한다. 이때 골문을 막는 골키퍼는 온몸을 사용할 수 있고, 나머지 선수들은 손을 제외한 전신을 사용할 수 있다. 킥, 드리블, 트래핑, 헤딩, 숏 등 선수들이 펼치는 기술과 다양한 전술, 페널티 킥과 같은 경기 요소들은 관중을 경기에 빠져들게 한다.

그렇다면 축구는 언제부터 시작되었을까? 축구의 정확한 기원은 밝혀지지 않았지만, 축구와 비슷한 공놀이는 세계 곳곳에 존재했다. 중국에서는 아주 오래전부터 나무로 만든 공을 가지고 놀았고, 우리나라에서도 삼국 시대부터 가죽 주머니 안에 동물의 털을 넣어 공처럼 만들어 가지고 노는 축국이라는 놀이를 했다. 또, 고대 그리스와 로마에도 공을 차고 던지는 간단한 형식의 놀이가 있었다.

오늘날과 같은 모습의 축구는 1863년 영국에서 통일된 경기 규칙을 정하면서 처음 시작되었다. 영국이 정한 규칙이 전 세계로 퍼져 나갔고, 1904년에는 국제 축구 연맹(FIFA)이라는 기구가 만들어져 세계적인 조직을 갖추었다. 그 후 1930년부터는 '스포츠의 꽃'이라 불리는 월드컵이 시작되었다. 현재는 월드컵 외에도 축구 클럽 간 경기, 국가 간 경기, 청소년 축구 대회 등 많은 경기가 펼쳐지고 있다.

축구는 세계적으로 유명하고 많은 사람들이 즐기는 스포츠이다. 2002년 월드컵에서 우리나라가 4위라는 역대 최고 성적을 거둔 이후로 우리나라에서도 많은 사람들이 축구에 큰 관심을 가지게 되었다. 다가오는 2022년, 카타르 월드컵이 열릴 예정이다. 축구 경기의 규칙을 익혀 세계인의 축제를 함께 즐겨 보는 것은 어떨까?

지문 확인

- 1단락의 중심 문장에 표시해 보세요.

- 2단락의 중심 문장에 표시해 보세요.

- 3단락의 중심 문장에 표시해 보세요.

- 4단락의 중심 문장에 표시해 보세요.

- 5단락의 중심 문장에 표시해 보세요.

낱말 따라 쓰기

- 대표 선수를 뽑는 경기 대회. 또는 모든 상대에게 우승한 선수나 단체에 주는 상을 얻기 위한 경기 대회 : 선 수 권 대 회

- 같은 목적을 가지고 이기거나 앞서려고 서로 겨루다. : 경 쟁 하다

- 온몸 : 전 신 [全 – 완전할 전, 身 – 몸 신]

- 패스된 공을 발·이마·가슴 등으로 멈추게 하는 일 : 트 래 핑

- 전투나 경기에서 작전을 행하는 방법이나 기술 : 전 술

- 구경하려고 모인 사람들 : 관 중 [觀 – 볼 관, 衆 – 무리 중]

- 어떤 사건이나 원인의 처음 : 기 원

- 나누어진 것들이 합쳐져서 하나로 모이게 되다. 또는 서로 같아지다. : 통 일 되 다 ⓔ 너와 나의 생각이 드디어 통일되었다.

STEP 6 주제 알아보기

빠른 정답 4쪽

★ 주제를 알아보는 방법

① 각 단락을 요약하여 글의 구조를 알아보세요.

② 글의 구조를 바탕으로 글 전체에서 주로 이야기하는 내용이 무엇인지 살펴보세요.

③ 살펴본 내용을 글 전체의 중심 낱말을 포함한 간단한 말로 정리해 보세요.

1단락

지구촌에서 많은 사람들의 사랑을 받는 운동 경기인 축구를 소개하고 있어요. 그러므로 1단락을 요약하면 '세계적으로 사랑받는 스포츠, 1) [ ][ ]'입니다.

2단락

축구가 무엇인지 설명하고, 축구의 간단한 규칙과 볼거리를 이야기하고 있으므로 2단락을 요약하면 '축구의 2) [ ][ ]과 특징'입니다.

3단락

축구의 기원은 밝혀지지 않았지만, 세계 곳곳에 축구와 비슷한 공놀이가 존재했다고 이야기하고 있어요. 그러므로 3단락을 요약하면 '축구의 3) [ ][ ] – 축구와 비슷한 세계의 공놀이'입니다.

4단락

1863년 영국에서 통일된 경기 규칙을 정하고, 이것이 전 세계로 퍼지면서 오늘날과 같은 모습의 축구가 시작되었다고 설명하고 있어요. 그러므로 4단락을 요약하면 '축구의 기원 – 오늘날과 같은 4) [ ][ ]의 시작'입니다.

5단락

축구 경기의 규칙을 익혀 다가오는 월드컵을 함께 즐겨 보자고 권하는 것이 중심 내용이에요. 그러므로 5단락을 요약하면 '축구 경기를 함께 즐길 것 제안'입니다.

[글의 구조]

★ 1단락에서는 축구를 소개하고 있어요.

2단락에서는 축구의 개념과 특징을 설명하고 있어요.

3단락과 4단락에서는 축구가 언제부터 시작되었는지 이야기하고, 5단락에서는 축구 경기를 함께 즐기자고 제안하며 글을 마무리하고 있어요.

★ 3단락과 4단락은 모두 축구의 기원을 설명하고 있으므로 두 단락을 묶을 수 있어요.

★ 글의 구조도를 그리면 다음과 같습니다.

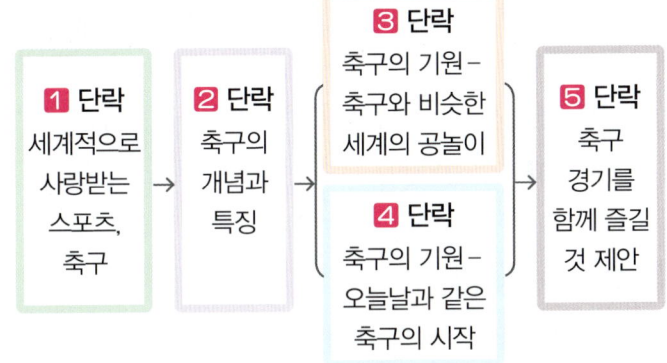

[주제]

★ 이 글에 많이 나오는 말 중에서 가장 중심이 되는 말이 축구이므로, 이 글 전체의 중심 낱말은 '축구'입니다.

★ 이 글은 세계적으로 사랑받는 스포츠인 축구에 대해 이야기하고 있어요. 특히 축구가 무엇인지, 언제부터 시작되었는지를 자세히 설명하고 있지요. 이 내용을 중심 낱말을 포함하는 말로 간단히 정리하면 주제가 됩니다. 그러므로 이 글의 주제는 '세계적으로 사랑받는 5) [ ][ ]의 개념과 기원'입니다.

DAY
33

빠른 정답 4쪽, 정답과 풀이 63~64쪽

이 글의 주제를 이해하는 과정입니다. 빈칸에 공통으로 들어가기에 알맞은 말을 쓰세요.

> 이 글에서는 축구가 어떤 경기이고, 언제부터 시작되었는지를 설명하고 있다. 따라서 이 글 전체의 중심 낱말은 '(   )'이고, 주제는 '세계적으로 사랑받는 (   )의 개념과 기원'이다.

(   )

02 내용 이해하기

이 글의 내용으로 가장 알맞은 것은 무엇인가요? (   )

① 축구 경기에서 모든 선수는 손을 사용할 수 없다.
② 1863년 스위스에서 시작된 축구가 현대 축구의 기원이라고 볼 수 있다.
③ 1904년에 만들어진 국제 축구 연맹(FIFA)은 '스포츠의 꽃'이라고 불린다.
④ 오늘날의 축구는 고대 그리스와 로마에서 정한 통일된 경기 규칙을 따른다.
⑤ 축구는 총 90분 동안 각각 11명으로 이루어진 두 팀의 선수들이 경기를 한다.

03 내용 이해하기

다음 설명이 '월드컵'에 대한 내용으로 맞으면 ○표, 틀리면 ✕표를 하세요.

(1) 월드컵은 4년마다 한 번씩 열리는 세계 선수권 대회이다. (   )
(2) 월드컵이 시작된 후로 월드컵 외의 모든 축구 경기가 사라졌다. (   )
(3) 2002년 월드컵에서 우리나라는 4위라는 역대 최고 성적을 거두었다. (   )

04 내용 이해하기

다음은 지아와 선생님의 대화입니다. 빈칸에 들어가기에 알맞은 말을 순서대로 쓰세요.

> 지아: 선생님, 축구는 언제 처음 시작되었나요?
> 선생님: 축구의 기원은 밝혀지지 않았단다. 다만 축구와 비슷한 공놀이는 옛날부터 세계 곳곳에 존재했어. (   )에서는 아주 오래전부터 나무로 만든 공을 가지고 놀았고, 우리나라에서도 삼국 시대부터 (   )(이)라는 놀이를 했어. 또, 고대 그리스와 로마에서도 공을 차고 던지는 간단한 형식의 놀이를 했지.

(   ), (   )

정답 콕콕 특강

01
이 글의 중심 낱말이 무엇인지, 그것에 대해 어떤 이야기를 하고 있는지 떠올려 보세요.

02
각 선택지의 내용이 이 글의 어느 단락에 나오는지 확인해 보세요. 2단락에서는 축구의 개념과 규칙, 3단락과 4단락에서는 축구의 기원에 대해 설명하고 있어요.

03
'월드컵'에 대한 내용은 1단락과 4, 5단락에 나와요.

04
선생님의 말은 이 글의 3단락과 관련이 있어요. 3단락을 잘 읽고 빈칸에 들어갈 말이 무엇인지 찾아보세요.

낱말 따라 쓰기

● 여러 사람이 다 같이 지키기로 정한 법칙 : 규 칙
● 국가나 사회 전체와 관련된 일을 하기 위한 단체 : 기 구
● 어떤 목표를 이루기 위해 단체를 이룸. 또는 그 단체 : 조 직
● 대대로 이어 내려온 여러 대. 또는 그동안 : 역 대

낱말 쑥쑥 테스트

빠른 정답 4쪽

[01~06] 주어진 뜻풀이에 해당하는 낱말을 〈보기〉에서 찾아 쓰세요.

〈 보기 〉

기원   기구   전술   관중   역대   통일되다

01 전투나 경기에서 작전을 행하는 방법이나 기술 : _____

02 어떤 사건이나 원인의 처음 : _____

03 대대로 이어 내려온 여러 대. 또는 그동안 : _____

04 구경하려고 모인 사람들 : _____

05 나누어진 것들이 합쳐져서 하나로 모이게 되다. 또는 서로 같아지다. : _____

06 국가나 사회 전체와 관련된 일을 하기 위한 단체 : _____

[07~10] 문장의 의미를 생각하여, 밑줄 친 낱말과 가장 비슷한 낱말을 〈보기〉에서 찾아 쓰세요.

〈 보기 〉

경쟁   규칙   조직   전신

07 절대 거짓말하지 않는다는 우리끼리의 <u>약속</u>을 잊지 말아라.
➡ 게임의 [   ]을/를 조금 바꿔 보자.

08 이 동작을 할 때는 <u>온몸</u>을 써야 한다.
➡ 수민이는 너무 무서워서 [   ]에 소름이 돋았다.

09 우리 <u>단체</u>는 한 달에 한 번씩 고아원에 가서 봉사를 한다.
➡ 형은 새로운 일을 시작하기 전에 함께할 사람들을 모아 [   ]을/를 만들었다.

10 나와 친구는 누가 빨리 달리는지 <u>겨루었다</u>.
➡ 형과 나는 엄마의 칭찬을 더 많이 받기 위해 늘 [   ]했다.

배경지식

축구장의 아이들, 플레이어 에스코트

축구 경기가 시작되기 직전, 축구 선수들이 입장하는 장면을 본 적이 있나요? 축구 선수들은 입장할 때에 혼자가 아니라, 아이들의 손을 잡고 들어옵니다. 이 아이들을 '플레이어 에스코트(Player Escort)' 혹은 '매치 마스코트(Match Mascot)'라고 불러요. 왜 선수들은 아이들의 손을 잡고 등장할까요?

플레이어 에스코트 제도는 2000년에 국제 축구 연맹(FIFA)과 국제 연합 아동 기금(UNICEF)이 협약을 맺으면서 공식적으로 시작되었어요. 이는 국제 축구 연맹(FIFA)이 아동을 보호하자는 서약에 참여하기로 결정함으로써 이루어진 협약이었지요. 두 단체는 플레이어 에스코트 제도를 통해 아이들이 더 나은 삶을 살 수 있도록 돕는 운동을 펼치고자 했답니다.

2002년 월드컵에서 처음 시행된 플레이어 에스코트 제도는 이후 세계의 축구 문화로 자리를 잡아 이제는 월드컵뿐만 아니라 각종 경기에서 행해지고 있어요. 이 제도를 통해 아동 보호 서약에 참여하기로 결정하는 사람들이 많다고 하니, 축구장의 아이들이 제 몫을 톡톡히 하고 있다고 볼 수 있겠죠?

DAY 34 사회 착한 초콜릿? 나쁜 초콜릿?

빠른 정답 4쪽

지문 확인

제과점을 지나다가 '착한 초콜릿'을 판매한다는 광고를 본 민서는 '착한 초콜릿이 뭐지? 착한 사람이 만든 초콜릿인가?'라는 의문이 생겼다. '착한 초콜릿'이 대체 무엇인지 알아보자.

초콜릿의 주원료인 카카오는 아프리카 지역에서 많이 난다. 그런데 이곳에서 카카오 열매를 따는 일은 주로 어린아이들의 몫이다. 아이들의 노동력이 값싸기 때문이다. 카카오 농장에서 일하는 아이들 중 절반 이상이 14세 미만인 어린이들이고, 이 아이들이 일주일에 100시간 가까이 학교에 가지도 못하고 힘들게 일한다. 하지만 이렇게 일하는 카카오 농장의 아이들이 버는 돈은 초콜릿 하나당 20원 정도뿐이다. 초콜릿을 팔아서 버는 대부분의 돈은 싼값에 카카오를 사들여 초콜릿을 만드는 몇몇 대기업과 중간 상인들이 나누어 갖는다.

(가) 이러한 문제를 해결하기 위해 시작된 것이 '공정 무역'이다. 공정 무역이란 생산자의 노동에 정당한 값을 치르고, 소비자는 질 좋은 제품을 이용할 수 있도록 모두가 협력하는 무역 방식을 말한다. 이는 소비자가 중간 상인을 거치지 않고 생산자와 직접 거래함으로써 생산자에게 정당한 노동의 값을 주는 새로운 무역 방식이다.

'착한 초콜릿'은 이러한 공정 무역을 통해 거래되는 초콜릿이다. 우리가 착한 초콜릿을 사면 카카오 농장의 노동자들은 그만큼 돈을 더 받을 수 있기 때문에 하루 종일 일을 하는 고통에서 벗어날 수 있다. 또한 카카오 농장 주인들은 무조건 많이 팔아야 돈을 번다는 생각에서 벗어나 더 좋은 카카오 열매를 얻기 위해 친환경적인 방법으로 농사를 짓는다. 그러면 결국 소비자는 더 좋은 초콜릿을 살 수 있게 되고, 친환경적인 방법으로 농사를 지으니 지구의 환경 오염도 줄게 된다. 즉, (나) 공정 무역은 생산자와 소비자뿐만 아니라 지구에도 도움이 되어 모두가 행복해지는 거래 형태인 것이다.

처음에 공정 무역은 커피, 초콜릿, 수공예품, 와인 등으로 시작하여 이제는 면으로 만든 제품, 청바지에 이르기까지 다양한 품목에 적용되고 있다. 우리가 공정 무역으로 거래되는 상품을 많이 이용할수록 공정 무역은 더 확대될 것이다. 생산자들이 더 나은 삶을 살 수 있게 돕고, 지구 환경까지 생각하는 착한 소비자가 되어 보는 것은 어떨까?

- **1단락 요약 :**
  1) ☐☐ ☐☐ 에 대한 의문

- **2단락 요약 :**
  2) ☐☐☐ 이/가 만들어지고 거래되는 과정의 불공정함

- **3단락 요약 :**
  3) ☐☐ ☐☐ 의 개념

- **4단락 요약 :**
  4) ☐☐ ☐☐ ☐ 의 의미와 공정 무역의 장점

- **5단락 요약 :**
  공정 무역 상품을 이용하여 착한 소비자가 되는 것 제안

낱말 따라 쓰기

- 과자나 빵 등을 만들어 파는 가게 : 제 과 점
- 상품을 팔다. : 판 매 하다
- 사람들에게 널리 알리는 것. 또는 그런 글이나 그림 : 광 고
- 어떤 물건을 만드는 데 중심이 되는 재료 : 주 원 료

빠른 정답 4쪽, 정답과 풀이 65~66쪽

✏️ 뜻을 정확히 모르는
낱말들을 적어 보세요!

01 주제 알아보기

다음은 이 글의 주제를 이해하는 과정입니다. 빈칸에 공통으로 들어가기에 알맞은 말을 쓰세요.

> 이 글에서는 착한 초콜릿을 예로 들어서 공정 무역이 무엇인지와 그것의 장점을 설명하고 있다. 따라서 이 글 전체의 중심 낱말은 '(   )'이고, 주제는 '(   )의 개념과 장점'이다.

(   )

02 내용 이해하기

다음 설명이 이 글의 내용과 맞으면 ○표, 틀리면 ✕표를 하세요.

(1) 공정 무역으로 거래되는 상품보다 일반 상품이 더 친환경적인 방법으로 만들어진다. (   )

(2) 공정 무역은 생산자들이 제품을 무조건 많이 팔아야 돈을 벌 수 있는 거래 형태이다. (   )

(3) 공정 무역은 초콜릿, 커피, 와인 등으로 시작하여 면 제품과 청바지 등으로 확대되었다. (   )

(4) 일반 초콜릿을 살 때보다 착한 초콜릿을 살 때 카카오 농장의 노동자들이 돈을 더 많이 받을 수 있다. (   )

03 내용 추측하기

㈎가 의미하는 내용으로 가장 알맞은 것은 무엇인가요? (   )

① 민서가 착한 초콜릿이 무엇인지 알지 못하는 문제
② 초콜릿의 주원료가 대부분 아프리카 지역에서 나는 문제
③ 카카오 열매를 따는 기술이 부족하여 아이들이 고생하는 문제
④ 카카오의 값이 너무 싸서 초콜릿을 비싼 가격에 팔 수 없는 문제
⑤ 힘들게 일하는 카카오 농장의 아이들이 돈을 거의 벌지 못하는 문제

04 상황에 맞는 표현 찾기

'어떤 일이 서로에게 모두 이롭고 좋음.'을 뜻하는 말로, ㈏의 상황을 표현하기에 가장 알맞은 것은 무엇인가요?　　　　　　　　　　　（　　　）

① 내 코가 석자
② 누이 좋고 매부 좋다
③ 도둑이 제 발 저리다
④ 소 잃고 외양간 고친다
⑤ 가는 말이 고와야 오는 말이 곱다

05 내용 이해하기 **서술형**

공정 무역이 무엇을 의미하는지 이 글에서 찾아 쓰세요.

_____

_____

_____

뜻을 정확히 모르는 낱말들을 적어 보세요!

낱말 따라 쓰기

● 상품을 만드는 데 쓰이는 인간의 정신적·육체적인 모든 능력 : 노 동 력 [勞 – 일할 노, 動 – 움직일 동, 力 – 힘 력]

● 생산자와 소비자 사이에서 상품을 대 주고 팔고 하는 상인 : 중 간 상 인

● 사건이나 문제를 잘 풀거나 처리하다. : 해 결 하다

● 나라와 나라 사이에 서로 물건을 사고팔거나 교환하는 일 : 무 역

● 생활하는 데 필요한 각종 물건을 만들어 내는 사람 : 생 산 자 [生 – 날 생, 産 – 낳을 산, 者 – 사람 자]

● 올바르고 마땅하다. : 정 당 하다 [正 – 바를 정, 當 – 마땅할 당]
예 경기에서 반칙을 한 사람이 상을 받는 것은 정당하지 않다.

● 어떤 물건이나 서비스를 써서 없애는 사람 : 소 비 자

● 힘을 합하여 서로 돕다. : 협 력 하다 [協 – 도울 협, 力 – 힘 력]

● 주고받다. 또는 사고팔다. : 거 래 하다

● 자연환경을 더럽히거나 해치지 않고 자연 그대로의 환경과 잘 어울리는 것 : 친 환 경 적

● 손이나 간단한 도구로 만든, 예술적으로 아름다우면서도 쓸모가 있는 물건 : 수 공 예 품

● 물품 종류의 이름 : 품 목 [品 – 물건 품, 目 – 이름 목]
예 이 가게는 다른 가게보다 품목이 다양하다.

● 맞게 이용되거나 맞추어져 쓰이다. : 적 용 되 다

● 넓혀져서 크게 되다. : 확 대 되 다

● 어렵고 힘든 일을 겪다. : 고 생 하다

낱말 쑥쑥 테스트

빠른 정답 4쪽

[01~05] 주어진 낱말 중 뜻풀이에 해당하는 것을 골라 쓰세요.

01 무리   무역

나라와 나라 사이에 서로 물건을 사고팔거나 교환하는 일 :

02 확인되다   확대되다

넓혀져서 크게 되다. :

03 생산자   소비자

생활하는 데 필요한 각종 물건을 만들어 내는 사람 :

04 협력하다   노력하다

힘을 합하여 서로 돕다. :

05 주인공   주원료

어떤 물건을 만드는 데 중심이 되는 재료 :

[06~10] 주어진 초성과 뜻풀이를 보고, 빈칸에 들어가기에 알맞은 낱말을 쓰세요.

06 ㄱ ㄹ 하다 : 주고받다. 또는 사고팔다.

➡ 그 회사는 자꾸 약속을 어겨서 더 이상   하지 못하겠다.

07 ㅊ ㅎ ㄱ ㅈ : 자연환경을 더럽히거나 해치지 않고 자연 그대로의 환경과 잘 어울리는 것

➡ 이 상추는 농약을 쓰지 않고   (으)로 키운 것이다.

08 ㅈ ㄱ ㅈ : 과자나 빵 등을 만들어 파는 가게

➡   에서 케이크와 빵을 샀다.

09 ㄴ ㄷ ㄹ : 상품을 만드는 데 쓰이는 인간의 정신적·육체적인 모든 능력

➡   이/가 부족해서 공장이 문을 닫게 되었다.

10 ㅈ ㄷ 하다 : 올바르고 마땅하다.

➡ 잘못한 사람은 벌을 받는 것이   하다.

배경지식

착한 소비, 윤리적 소비

'착한 소비'라고도 불리는 '윤리적 소비'란 무엇일까요? 소비자가 윤리적인 가치를 중심에 두고 상품이나 서비스를 선택해 구매하는 것을 말해요. 쉽게 말하자면 인간과 동물, 환경에 해를 끼치는 상품은 되도록 피하는 소비 형태를 의미하지요. 공정 무역을 통해 거래되는 상품을 구매하거나, 노동력을 부당하게 착취하는 기업의 상품을 사지 않는 것 모두 윤리적 소비에 포함돼요. 최근에는 동물 실험을 거친 샴푸나 화장품을 구매하지 않음으로써 윤리적 소비를 하는 사람들도 늘고 있어요.

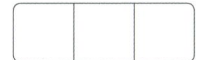

윤리적 소비는 모두가 잘사는 세상을 이루고자 하는 움직임이에요. 우리의 작은 선택으로 지구에서 함께 살아가고 있는 사람들, 동물, 환경에 도움이 될 수 있다는 점에서 의미가 크지요. 조금 더 비싸고 귀찮더라도 모두가 잘사는 세상을 만들기 위해 윤리적 소비를 실천해 보면 어떨까요?

문장의 중심이 되는 낱말

빠른 정답 4쪽

하나의 문장은 여러 가지 성분으로 이루어져 있다. '저기에 사람이 셋 있다.'라는 문장에서 밑줄 친 '저기', '사람', '셋'은 각각 대명사, 명사, 수사라고 한다. 그리고 이 세 가지 성분은 체언에 해당한다. 체언(體言)의 '체(體)'는 몸이라는 뜻으로, 체언은 문장의 중심을 이루는 성분을 말한다. 체언의 세 가지 종류에 대해 알아보자.

명사는 사물이나 사람의 이름을 나타내는 낱말이다. '책상', '포도'와 같이 눈에 보이는 대상의 이름뿐만 아니라 '행복'이나 '우정'처럼 눈에 보이지 않는 개념의 이름도 명사에 해당한다. 대부분의 명사는 다른 말의 도움 없이 홀로 쓰일 수 있으며, 이런 명사를 자립 명사라고 한다. 반면 홀로 쓰일 수 없는 명사를 의존 명사라고 한다. '냉장고에는 것이 많다. / 냉장고에는 먹을 것이 많다.'에서 앞의 문장은 어색하고 말이 되지 않는다. 밑줄 친 '것'은 '먹을'과 같이 꾸며 주는 말이 꼭 필요한 의존 명사이기 때문이다.

대명사는 명사 대신 쓸 수 있는 낱말로, 사람이나 사물, 장소의 이름을 대신 나타낸다. 대명사는 '나, 너, 그, 그녀, 우리' 등 사람을 가리키는 인칭 대명사와, '이것, 저것, 여기, 저기' 등 사물이나 장소를 가리키는 지시 대명사로 나눌 수 있다.

마지막으로 수사는 사물의 수량이나 차례를 나타내는 낱말이다. '하나, 둘, 셋, 넷' 등 수량을 나타내는 수사는 양수사, '첫째, 둘째, 셋째, 넷째' 등 차례를 나타내는 수사는 서수사라고 한다.

이처럼 체언은 명사, 대명사, 수사로 구분된다. 또한 ㈎ 문장의 중심을 이루는 성분답게 문장에서 행동을 하거나 당하는 대상으로 쓰인다. '현아는 책을 읽는다.'라는 문장에서 '읽는다'라는 행동을 하는 대상은 '현아'이고, 당하는 대상은 '책'인 것처럼 말이다. 체언의 종류와 쓰임을 잘 익혀 더욱 풍성하고 올바른 국어 생활을 하도록 하자.

지문 확인

- 1단락 요약 :
  1) ☐☐의 의미

- 2단락 요약 :
  체언의 종류 –
  2) ☐☐

- 3단락 요약 :
  체언의 종류 –
  3) ☐☐☐

- 4단락 요약 :
  체언의 종류 –
  4) ☐☐

- 5단락 요약 :
  5) ☐☐의 종류와 쓰임

낱말 따라 쓰기

- 매우 중요하고 기본이 되는 부분 : 중 심
  [中 – 가운데 중, 心 – 마음 심]
- 한 문장을 구성하는 요소 : 성 분
- 범위나 조건에 들어맞다. : 해 당 하다
  ㉠ 스페인어와 영어는 모두 외국어에 해당한다.
- 어떤 일의 상대 또는 목표나 목적이 되는 것 : 대 상

- 어떤 사실에 대한 많은 예나 복잡한 내용, 뜻을 하나로 요약한 생각
  : 개 념 ㉠ 아기는 가족에 대한 개념이 아직 없다.
- 남에게 의지하지 않고 스스로 섬. : 자 립
  [自 – 스스로 자, 立 – 설 립]
- 다른 것의 도움을 받아 존재함. : 의 존

✏️ 뜻을 정확히 모르는 낱말들을 적어 보세요!

01 주제 알아보기

다음은 이 글의 주제를 이해하는 과정입니다. 빈칸에 공통으로 들어가기에 알맞은 말을 쓰세요.

> 이 글에서는 체언이 무엇인지 소개하고 체언의 종류인 명사, 대명사, 수사에 대해 설명하고 있다. 따라서 이 글 전체의 중심 낱말은 '(   )'이고, 주제는 '(   )의 의미와 종류'이다.

(   )

02 내용 이해하기

이 글의 내용으로 알맞지 <u>않은</u> 것은 무엇인가요?   (   )

① 명사, 대명사, 수사는 모두 체언에 해당한다.
② 명사는 사물이나 사람의 이름을 나타내는 낱말이다.
③ 사물의 수량이나 차례를 나타내는 낱말은 수사이다.
④ 대명사는 인칭 대명사와 지시 대명사로 나눌 수 있다.
⑤ 눈에 보이지 않는 개념의 이름은 명사에 포함되지 않는다.

03 내용 이해하기

다음 설명에 해당하는 체언의 종류에 ○표를 하세요.

(1) '먹을 것'의 '것'처럼 홀로 쓰일 수 없는 명사 (자립 명사 , 의존 명사)
(2) '첫째, 둘째, 셋째, 넷째' 등 차례를 나타내는 수사 (양수사 , 서수사)
(3) '나, 너, 그, 그녀, 우리' 등 사람을 가리키는 대명사 (인칭 대명사 , 지시 대명사)

04 내용 적용하기

다음은 (가)와 관련하여 문장을 이해한 것입니다. ㉠~㉢에 들어가기에 알맞은 말을 쓰세요.

뜻을 정확히 모르는 낱말들을 적어 보세요!

> '우리는 함께 밥을 먹는다.'라는 문장에서 '먹는다'라는 행동을 하는 대상은 '(㉠)'이고, 행동을 당하는 대상은 '(㉡)'이다. 이 두 가지는 모두 문장의 중심을 이루는 성분인 (㉢)에 해당한다.

㉠: (   ), ㉡: (   ), ㉢: (   )

05 내용 적용하기 서술형

다음은 이 글을 읽은 채은이의 반응입니다. 3단락의 내용을 참고하여 빈칸에 들어가기에 알맞은 말을 쓰세요.

> '어제 어머니께서 빵을 만들어 주셨는데, 그것은 아주 맛있었다.'라는 문장에서 '그것'은 지시 대명사야. 그 이유는 _____.

_____

_____

_____

낱말 따라 쓰기

● 일정한 기준이나 규칙, 법칙 등에 맞지 않아 자연스럽지 않다. : 어 색 하다 [語-말씀 어, 塞-막힐 색]

● 어떤 대상의 자리나 책임을 떠맡아 : 대 신 [代-대신할 대, 身-몸 신] 예 아버지 대신 아들이 일을 했다.

● 수와 양 : 수 량 [數-셈 수, 量-양 양]

● 순서에 따라 여럿을 하나씩 이어지게 벌여 놓은 것. 또는 그렇게 벌여 놓은 것에서 그중의 하나가 차지한 위치나 자리 : 차 례

● 기준에 따라 전체가 몇 개로 갈리어 나뉘다. : 구 분 되 다 예 동물은 포유류, 파충류, 조류 등으로 구분된다.

● 남의 힘에 의하여 움직이게 되다. : 당 하 다

● 넉넉하고 많다. : 풍 성 하다

● 잘 알려지지 않았거나, 모르는 사실이나 내용을 잘 알도록 설명하다. : 소 개 하다 [紹-소개할 소, 介-낄 개]

● 함께 들어가거나 함께 넣어지다. : 포 함 되 다

낱말 쑥쑥 테스트

빠른 정답 4쪽

[01~06] 주어진 뜻풀이에 해당하는 낱말을 〈보기〉에서 찾아 쓰세요.

〈 보기 〉
풍성하다   소개하다   의존
포함되다   성분   해당하다

01 범위나 조건에 들어맞다. : _____

02 한 문장을 구성하는 요소 : _____

03 다른 것의 도움을 받아 존재함. : _____

04 넉넉하고 많다. : _____

05 잘 알려지지 않았거나, 모르는 사실이나 내용을 잘 알도록 설명하다. : _____

06 함께 들어가거나 함께 넣어지다. : _____

[07~12] 주어진 초성과 뜻풀이를 보고, 빈칸에 들어가기에 알맞은 낱말을 쓰세요.

07 이 글의 ㅈ ㅅ 내용은 우리나라의 역사이다.
매우 중요하고 기본이 되는 부분

08 가장 조심해야 할 ㄷ ㅅ 은/는 바로 나 자신이다.
어떤 일의 상대 또는 목표나 목적이 되는 것

09 언니는 대학교를 졸업한 이후부터 집을 얻어 ㅈ ㄹ 생활을 시작했다.
남에게 의지하지 않고 스스로 섬.

10 엄마 ㄷ ㅅ 이모가 나를 데리러 오셨다.
어떤 대상의 자리나 책임을 떠맡아

11 준비한 물건의 ㅅ ㄹ 이/가 모자라서 큰일이다.
수와 양

12 한국어를 잘 못하는 외국인이 ㅇ ㅅ 한 표현으로 길을 물어봤다.
일정한 기준이나 규칙, 법칙 등에 맞지 않아 자연스럽지 않다.

배경지식

명사에 남성, 여성이 있다?

명사는 사람이나 사물의 이름을 나타내는 말이에요. 사람의 이름인 경우가 아니라면, 명사는 보통 성별을 갖지 않아요. 나무, 달, 태양, 창문 등의 사물은 남성 혹은 여성으로 구별되지 않으므로 사물을 가리키는 이름인 명사도 성별을 갖지 않는 것이지요. 그런데 이탈리아, 프랑스, 스페인 등 몇몇 나라의 말에서는 명사가 성별을 갖는다고 해요.

이탈리아어를 살펴볼까요? 이탈리아어는 모든 명사가 남성 혹은 여성으로 구분됩니다. 예를 들면, 달(luna)과 창문(finestra)은 여성 명사이고, 태양(sole)과 나무(albero)는 남성 명사이지요. 이렇게 신기한 명사의 성별은 보통 발음에 따라서 결정돼요. '−a'로 끝나는 명사는 대부분 여성, '−o'로 끝나는 명사는 대부분 남성이에요. 물론 '−e'로 끝나는 명사처럼 때에 따라 여성이 되기도 하고 남성이 되기도 하는 경우도 있어요.

이탈리아 사람들은 어려서부터 이러한 명사의 성별에 익숙해져 남성 명사와 여성 명사를 자연스럽게 구분해요. 하지만 다른 나라 사람들이 이탈리아어를 배울 때는 명사의 성별을 구분해서 외워야 하니, 우리말이나 영어를 배울 때보다는 조금 더 어려울 수 있겠죠?

DAY 36 독해력 완성 테스트 [STEP 6]

✿✿✿ : 상
✿✿✿ : 중
✿✿✿ : 하

공부한 날	월	일
맞은 개수		/ 5개

[01~05] 다음 글을 읽고, 물음에 답하세요.

평소에 우리는 숨소리와 심장 박동을 크게 신경 쓰지 않지만, 달리기를 하고 난 뒤에는 헥헥거리는 호흡과 두근두근 빠르게 뛰는 심장 소리가 유독 크게 느껴진다. 이때 우리 몸에서는 어떤 일이 일어나고 있는 것일까?

우리가 숨을 들이마실 때는 산소가 몸속으로 들어오고 내쉴 때는 이산화 탄소가 몸 밖으로 나간다. 이 과정을 숨을 들이마실 때와 내쉴 때로 구분하여 살펴보면, 숨을 들이마실 때 코와 입으로 들어온 산소는 호흡 기관과 기관지를 거쳐 폐로 이동한다. 그리고 이 산소가 폐를 둘러싼 혈관 속의 혈액을 통해 온몸으로 전달되며 에너지를 만든다. 반대로 숨을 내쉴 때는 온몸을 거쳐 돌아온 혈액 속의 이산화 탄소가 폐, 기관지, 호흡 기관을 거쳐 코와 입을 통해 몸 밖으로 나간다. 이처럼 산소를 들이마셔 우리 몸에 필요한 에너지를 만들고, 에너지를 만드는 과정에서 생긴 불필요한 이산화 탄소를 몸 밖으로 내보내는 모든 과정을 '호흡'이라고 한다.

그렇다면 호흡을 통해 들어온 산소는 어떻게 우리 몸속 구석구석을 돌 수 있을까? 그것은 바로 심장의 운동과 관련이 있다. 산소는 혈액을 통해 몸속을 도는데, 이때 심장이 펌프질을 해 주어야 혈액이 몸속을 돌 수 있는 것이다. 심장에서 나온 혈액은 혈관을 따라 온몸을 거친 다음 다시 심장으로 돌아오는 과정을 반복하는데, 이것을 '순환'이라고 한다.

운동을 할 때 우리는 평상시보다 더 많은 에너지가 필요하다. 더 많은 에너지를 만들려면 더 많은 산소가 필요하므로 우리 몸은 짧은 시간에 호흡을 더 많이 하여 산소를 더 빨리, 많이 들이마시려고 한다. 동시에 이 산소를 온몸에 빨리 날라 주기 위해 심장이 더 빨리 운동을 하게 된다. 혈액을 통해 산소를 더 빨리 순환시켜야 에너지를 빨리 만들 수 있기 때문이다. 이로 인해 헥헥거리며 호흡이 거칠어지고, 심장 박동이 빨라지는 것이다.

정리하면, 호흡을 통해 들어온 산소는 우리 몸을 순환하고, 이 과정에서 생긴 이산화 탄소는 다시 호흡을 통해 몸 밖으로 나간다. 호흡과 순환은 밀접한 연관을 가지고 우리 몸이 살아갈 수 있도록 끊임없이 일하고 있는 것이다.

---

01 ✿✿✿

다음은 이 글의 주제를 이해하는 과정입니다. 빈칸에 들어가기에 알맞은 말을 순서대로 쓰세요.

이 글에서는 호흡과 순환이 무엇인지 설명하고, 이를 통해 운동 후에 호흡이 거칠어지고 심장 박동이 빨라지는 이유를 알려 주고 있다. 따라서 이 글 전체의 중심 낱말은 '호흡과 순환'이고, 주제는 '(　　　)와/과 순환의 개념, (　　　)할 때 우리 몸의 변화'이다.

(　　　　　　　　　　　), (　　　　　　　　　　　)

02 ✿✿✿

다음 중 이 글에 나오지 <u>않는</u> 내용은 무엇인가요?

(　　　)

① 호흡의 개념
② 순환의 개념
③ 호흡과 순환의 관계
④ 운동을 하면 건강해지는 이유
⑤ 운동을 하면 심장이 빨리 뛰는 이유

03 ✽✽✽

다음은 '호흡'의 과정을 나타낸 것입니다. ㉠~㉣을 순서에 맞게 정리하세요.

┌─────────────────────────────────────┐
│ ㉠ 온몸을 거쳐 돌아온 혈액 속의 이산화 탄소가 │
│   폐로 들어간다.   │
│ ㉡ 산소가 폐를 둘러싼 혈관 속의 혈액을 통해 온 │
│   몸으로 전달된다.   │
│ ㉢ 산소가 코와 입으로 들어와 호흡 기관과 기관 │
│   지를 거쳐서 폐로 이동한다.   │
│ ㉣ 이산화 탄소가 기관지, 호흡 기관을 거쳐 코와 │
│   입을 통해 몸 밖으로 나간다.   │
└─────────────────────────────────────┘

(   ) → (   ) → (   ) → (   )

04 ✽✽❀

다음은 나연이가 쓴 일기입니다. 이 글의 내용과 맞지 <u>않는</u> 것은 무엇인가요?   (   )

┌─────────────────────────────────────┐
│ 20○○년 ○월 ○일 날씨 맑음   │
│   │
│   오늘은 건후와 줄넘기를 했다. ① 줄넘기 100개 │
│ 를 했더니 숨이 가빠서 헥헥거렸다. 심장 소리도 │
│ 너무 크게 들려서 가슴에 손을 대보니 ② 심장이 │
│ 아주 빨리 뛰고 있었다. 과학 시간에, ③ 운동을 │
│ 하면 호흡과 순환이 빨라진다고 배운 것이 생각 │
│ 났다. ④ 우리 몸이 에너지를 만들려면 산소가 │
│ 필요한데, ⑤ 운동을 하면 평소보다 더 많은 양의 │
│ 이산화 탄소를 들이마시고, 이것을 온몸에 전달 │
│ 해야 하기 때문에 호흡이 가빠지고 심장이 빨리 │
│ 뛰는 것이다.   │
└─────────────────────────────────────┘

05 ✽❀❀ 서술형

어떤 말이나 사물의 뜻을 확실히 밝혀서 정한 것을 '정의'라고 합니다. 이 글에서 '호흡'의 정의를 찾아 쓰세요.

_____

_____

_____

_____

낱말 따라 쓰기

● 심장이 주기적으로 오므라졌다 부풀었다 하는 운동 :
    심 장 박 동

● 많은 것 가운데 혼자 두드러지게 : 유 독
    예 모두 좋아하는데 왜 <u>유독</u> 너만 싫다고 하니?

● 어떤 일이 되어 가는 차례나 형편 : 과 정

● 기관에서 좌우로 갈라져 허파에 이르는 기도의 한 부분 :
    기 관 지

● 몸속에서 피가 흐르는 통로 : 혈 관

● 몸 안의 혈관을 돌며 산소와 영양분을 날라 주고, 찌꺼기를 옮기는 붉은색의 액체 = 피 : 혈 액 [血-피 혈, 液-진 액]

● 어떤 물건이나 내용 등이 다른 곳이나, 다른 사람에게 전하여지다.
    : 전 달 되 다 [傳-전할 전, 達-전달할 달]

● 인간이 움직이고 일할 수 있는 힘 : 에 너 지

● 필요하지 않다. : 불 필 요 하다
    예 시간이 없으니 <u>불필요한</u> 말은 하지 맙시다.

● 액체를 이동시키기 위해 반복하여 누르는 힘을 가하는 일 :
    펌 프 질

● 같은 일을 되풀이하다. : 반 복 하다

● 특별한 일이 없는 보통 때 : 평 상 시

● 거친 상태로 되다. : 거 칠 어 지 다

● 아주 가깝게 맞닿아 있다. 또는 그런 관계에 있다. : 밀 접 하다
    예 두 사람의 사이가 아주 <u>밀접하다</u>.

● 사물이나 현상이 일정한 관계를 맺는 일 : 연 관

잠깐!
쉬어가기

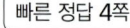빠른 정답 4쪽

＊ 사다리 타기에 따라, 빈칸에 들어가기에 알맞은 낱말의 뜻을 〈보기〉에서 골라 번호를 쓰세요.

〈 보기 〉

① 구경하려고 모인 사람들

② 경쟁할 만한 힘. 또는 그런 능력

③ 많은 것 가운데 혼자 두드러지게

④ 아주 가깝게 맞닿아 있다. 또는 그런 관계에 있다.

⑤ 자연환경을 더럽히거나 해치지 않고 자연 그대로의 환경과 잘 어울리는 것

⑥ 순서에 따라 여럿을 하나씩 이어지게 벌여 놓은 것. 또는 그렇게 벌여 놓은 것에서 그 중의 하나가 차지한 위치나 자리

밀접하다　　친환경적　　유독　　관중　　차례　　경쟁력

1 ☐　　2 ☐　　3 ☐　　4 ☐　　5 ☐　　6 ☐

◉ (주)수경출판사의 모든 교재에는 **마인드 트리**가 있습니다.

◉ 교재의 **마인드 트리** 5개를 모아서 보내 주시는 모든 분께 선물을 드립니다.

◉ 각각 다른 교재의 **마인드 트리**를 보내 주셔야 합니다.

≫ 다빈치 융합 학습 만화 도서 중 1권을 드립니다.

* 오려서 보내 주세요.

자이스토리 초등 국어
독해력 쑥쑥+낱말 쑥쑥 5학년

자이스토리

Mind Tree

5개를 모아 보내 주세요!

(각각 다른 교재로)

풀이나 스카치 테이프를 이용해 붙여 주세요.

우 편 봉 함 엽 서

보내는 사람

*주소 _____

*이름 _____ *학년 (_____)

☐ ☐ ☐ ☐ ☐

우표

받는 사람

서울시 영등포구 양평로 21길 26(양평동 5가)
IS비즈타워 807호
(주)수경출판사 교재 기획실

0 7 2 0 7

자이스토리 초등국어 **독해력 쑥쑥 + 낱말 쑥쑥 5학년**

---

1. 이 책을 구입하게 된 동기는 무엇입니까? [교재명 : _____]

   ① 서점에서 다른 책들과 비교해 보고 ② 광고를 보고/듣고 ③ 학교/학원 보충 교재 [학교명(학원명): ___]
   ④ 선생님의 추천 ⑤ 친구/선배의 권유 ⑥ 기타 [_____]

2. 교재를 선택할 때 가장 큰 기준이 되는 것은?(복수 응답 가능)

   ① 유명 출판사 ② 교재 내용 ③ 디자인 ④ 난이도
   ⑤ 교재 분량 ⑥ 정답과 풀이 ⑦ 동영상 강의 ⑧ 기타 [_____]

3. 이 책의 전반적인 부분에 대한 질문입니다.

   ◆ 표지 디자인: 좋다 ☐ 보통이다 ☐ 좋지 않다 ☐ ◆ 본문 디자인: 좋다 ☐ 보통이다 ☐ 좋지 않다 ☐
   ◆ 문제 난이도: 어렵다 ☐ 알맞다 ☐ 쉽다 ☐ ◆ 교재의 분량: 많다 ☐ 알맞다 ☐ 적다 ☐

4. 이 책의 구성 요소를 평가한다면?

   · 교과 연계 지문 ( ) · 지문 술술 이해 ( ) · 정답 콕콕 특강 ( )
   · 낱말 따라 쓰기 ( ) · 낱말 쑥쑥 테스트 ( ) · 배경지식 ( )
   · 독해력 완성 테스트 ( ) · 낱말 쑥쑥 총정리 ( )

   ① 매우 만족 ② 만족 ③ 보통 ④ 불만 ⑤ 매우 불만

자이스토리 초등 국어
독해력 쑥쑥＋낱말 쑥쑥 5학년

Fighting!

국어를 공부하는 즐거움을
찾는 건 멋진 일이랍니다.

5. 이 책에서 추가되어야 할 점이 있다면 무엇입니까?

_____

_____

_____

6. 최근 본인이 크게 도움을 받은 책이 있다면?(또는 가장 인기 있는 교재는?)

교재명 :　　　　　　　　　　과목 :

_____

_____

7. 내가 원하는 교재가 있다면?

_____

_____

_____

_____

이름 :	연락처 :	이메일 :
	학 교 :	학 년 :

❄ **마인드 트리**를 붙이고 원하는 교재를 체크하세요.

mind tree ★ 1	mind tree ★ 2	mind tree ★ 3	mind tree ★ 4	mind tree ★ 5

※ 원하는 교재를 **1권** 체크

다빈치 융합 학습 만화

☐ 국어 3학년	☐ 국어 4학년	☐ 국어 5학년	☐ 국어 6학년
☐ 수학 3학년	☐ 수학 4학년	☐ 수학 5학년	☐ 수학 6학년
☐ 사회 3학년	☐ 사회 4학년	☐ 사회 5학년	☐ 사회 6학년
☐ 과학 3학년	☐ 과학 4학년	☐ 과학 5학년	☐ 과학 6학년

정답과 풀이

5 학년

수경출판사

문학공부의 끝은 작품 전문읽기!!!
문학평론가 전도현 박사의 해설과 함께 문학작품을

서연비람 한국 대표 단편선

전도현 옮김/송하춘 감수 | 각 12,000원 | 전 6권

▶ 「작가 소개 - 작품 해설 - 작품 - 선생님이 들려주는 그 시절 이야기」를 읽으면 국어실력이 쑥쑥 자라납니다.

01 동백꽃/돌다리 외

김유정 동백꽃
주요섭 사랑손님과 어머니
전영택 화수분
하근찬 수난이대
하근찬 흰 종이수염
황순원 학
박완서 옥상의 민들레 꽃
이태준 돌다리

02 봄봄/미스터 방 외

황순원 소나기
김유정 봄봄
김유정 만무방
채만식 미스터 방
박완서 자전거 도둑
현덕 나비를 잡는 아버지
황순원 별

03 빈처/벙어리 삼룡이 외

나도향 벙어리 삼룡이
김유정 금 따는 콩밭
황순원 독 짓는 늙은이
이태준 패강랭
현진건 빈처
김동리 무녀도
김동리 역마

04 치숙/붉은 산 외

김유정 꺼삐딴 리
채만식 치숙
김동인 붉은 산
황순원 목넘이 마을의 개
이범선 학마을 사람들
최일남 노새 두 마리

05 운수 좋은 날/날개 외

김유정 홍염
현진건 운수 좋은 날
현진건 고향
박영준 모범 경작생
이상 날개
김승옥 무진기행

06 메밀꽃 필 무렵에/사평역 외

김승옥 서울, 1964년 겨울
이효석 메밀꽃 필 무렵에
이태준 복덕방
이태준 달밤
임철우 사평역
김정한 모래톱 이야기

서연비람 | 이메일 : birambooks@daum.net / 주소 : 서울시 강남구 언주로 30길 57 E동 6층 606호

이 책의 차례

★ 글의 내용을 완벽히 이해시키는 입체 첨삭 해설

전체 중심 낱말
전체 중심 낱말을 확인할 수 있습니다.
◯ 표시

각 단락 중심 낱말
각 단락의 중심 낱말을 확인할 수 있습니다.
◯ 표시

각 단락 중심 문장
각 단락의 중심 문장을 알아볼 수 있습니다.
[ ] 표시

전체 중심 문장
글 전체에서 가장 중요한 중심 문장을 알려 줍니다. 표시

글의 구조도
글 전체의 내용과 구조를 한눈에 파악할 수 있습니다.

단락 요약 각 단락의 중심 내용을 요약하여 알려 줍니다.

왜 정답?
정답이 되는 이유를 알기 쉽고 자세하게 풀이했습니다.

왜 오답?
왜 틀렸는지 정확히 이해할 수 있도록 자세하게 설명했습니다.

문제 유형
다양한 문제의 유형을 알려 줍니다.

문제 분석
어려운 유형의 문제를 쉽게 이해시켜 문제를 어떻게 풀어가야 하는지 알려 줍니다.

배경지식
지문과 관련된 다양한 자료로 학습과 생각의 깊이를 더할 수 있습니다.

지문 이해
지문의 내용과 단락 간의 관계, 주제를 스스로 공부할 수 있도록 정리했습니다.

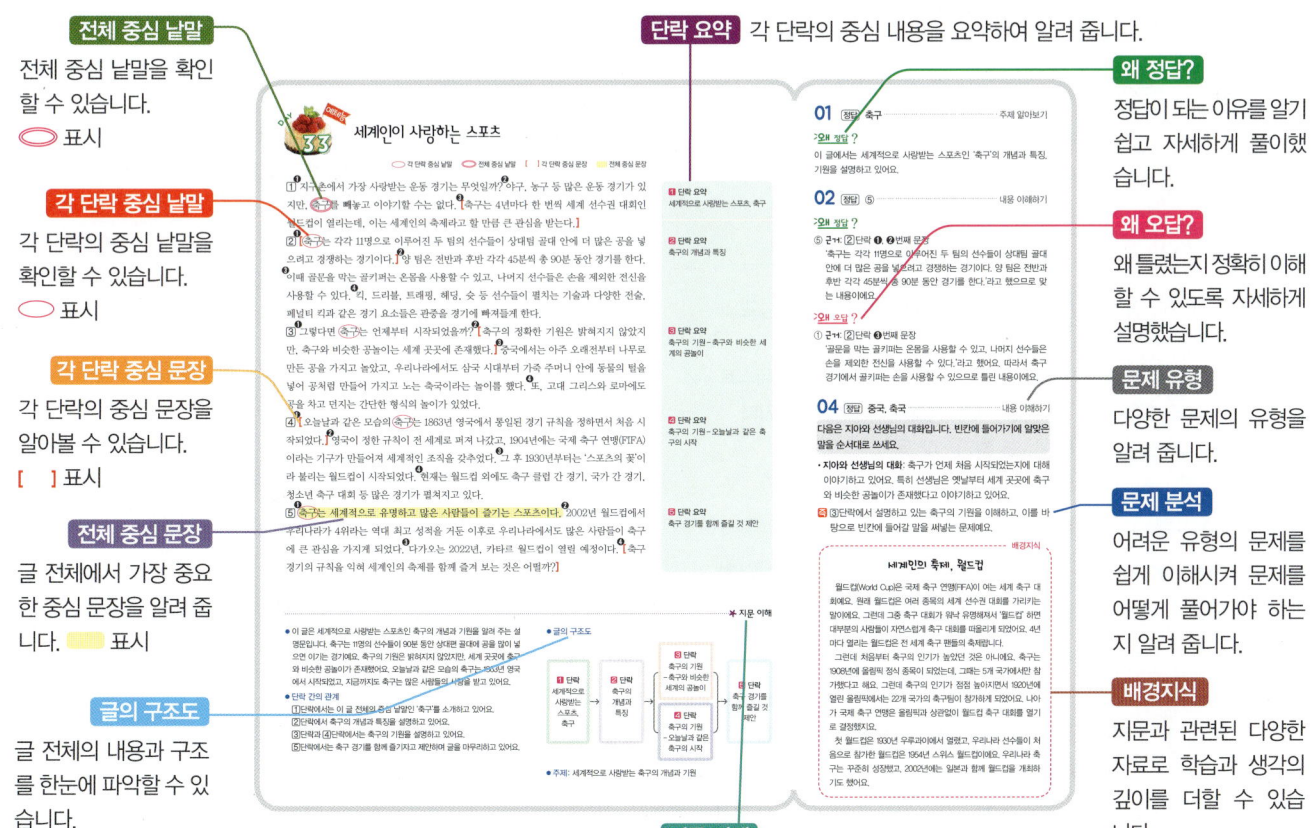

DAY 01

지문 쏙쏙 이해 1) 미세 먼지 2) 마스크 3) 물 4) 식습관 5) 미세 먼지

문제 정답 + 정답 콕콕 특강

01 미세 먼지 02 ① 03 ㉡ 04 물, 섬유질

DAY 02

지문 확인 1) 마술, 과학 2) 니트로셀룰로오스 종이 3) 공중 부양 마술 4) 과학적 원리

문제 정답 01 과학 02 (1) × (2) × (3) ○ 03 마술, 과학 04 ㉣ 05 예 흥미로운 마술에 담긴 과학적 원리를 탐구해 보기

─────────────── 낱말 쑥쑥 테스트

01 주의보 02 해롭다 03 식습관 04 피해 05 탐구하다 06 전류 07 배, 출, 배출 08 농, 도, 농도 09 오, 해, 오해 10 반응 11 속임수 12 삼가 13 재 14 선보이 15 ㉢ 16 ㉠ 17 ㉣ 18 ㉡

DAY 03

지문 쏙쏙 이해 1) 기준 2) 방위 3) 자연물 4) 위치 5) 방위

문제 정답 01 방위 02 북, 남, 동, 서 03 ② 04 ④

─────────────── 낱말 쑥쑥 테스트

01 각도 02 기준 03 나침반 04 자정 05 자연물 06 정오 07 기호 08 유용 09 소통 10 일정

DAY 04

문제 정답 01 인물, 사건, 배경 02 (1) ㉢ (2) ㉡ (3) ㉠ 03 ② 04 말, 행동 05 (1) 찬희, 수지 (2) 예 찬희가 쓰레기를 줍는 수지를 보고 친구가 되고 싶다고 생각한 일 (3) 5학년이 된 첫날 (4) 교실

─────────────── 낱말 쑥쑥 테스트

01 개인적 02 시대적 03 좌우하다 04 진행되다 05 짐작하다 06 서먹서먹 07 전개 08 인상적 09 영향 10 파악 11 의도

DAY 05

문제 정답 01 숫자 02 홀수, 짝수, 하늘, 땅 03 ④ 04 ③ 05 종교와 관련이 깊다

─────────────── 낱말 쑥쑥 테스트

01 만물 02 인식 03 조화 04 건너뛰다 05 창조하다 06 반영되다 07 파괴 08 배신 09 불길 10 행운 11 추가 12 동양

DAY 06

문제 정답 01 민화 02 상공업, 장식 03 ③ 04 ③ 05 그림에 담긴 의미를 생각해 보고, 그림을 조상들의 생활 모습과 연관 지어 살펴보는 것이 좋다.

잠깐! 쉬어가기 ───────────────▶ 본문 32쪽

가로 열쇠 1 자기력 2 적용되다 3 자정 4 오해 5 전류 6 조화 7 소박하다 8 식습관 9 반영되다

세로 열쇠 1 배출되다 2 기호 3 반응하다 4 소망 5 정오 6 해조류 7 인상적 8 전개되다 9 인식 10 관련

DAY 07

지문 확인 1) 악기 2) 악기 3) 악기

지문 쏙쏙 이해 1) 기준 2) 전통 악기 3) 방법 4) 재료 5) 악기

문제 정답 + 정답 콕콕 특강

01 ① 02 ③ 03 소리 내는 방법, 관악기 04 ④

DAY 08

지문 확인 1) 3·1운동 2) 3·1운동

문제 정답 01 ② 02 ③ 03 ③ 04 ② 05 예 3월 1일은 민족이 하나가 되어 대한민국의 자주독립을 외친 경축일이기 때문이다

─────────────── 낱말 쑥쑥 테스트

01 ㉢ 02 ㉠ 03 ㉡ 04 ㉣ 05 통치 06 굴하다 07 저항 운동 08 자주독립 09 연주되다 10 공통점 11 대규모 12 전환점 13 전통 14 진동 15 계기 16 탄압 17 참여

DAY 09

지문 확인 1) 거꾸로 2) 점대칭도형 3) 점대칭

지문 쏙쏙 이해 1) 거꾸로 2) 점대칭도형 3) 성질 4) 위치 5) 점대칭도형

문제 정답 01 ③ 02 ④ 03 (1) ○ (2) ○ (3) × 04 같고, 같을

─────────────── 낱말 쑥쑥 테스트

01 변 02 선분 03 도형 04 각 05 대칭 06 헷갈리다 07 기호 08 중심 09 성질

DAY 10

지문 확인 1) 신분 제도 2) 양천제 3) 양반, 중인 4) 상민 5) 천민 6) 조선 시대

문제 정답 01 ① 02 ④ 03 (1) ○ (2) × (3) ○ (4) × (5) ○ 04 (1) 천민 (2) 상민 (3) 중인 (4) 양반 05 가문이나 족보를 따지는 생각이 남아 있기도 하다.

─────────────── 낱말 쑥쑥 테스트

01 관직 02 생산적 03 족보 04 의학 05 섬기다 06 혜택 07 계층 08 동원 09 전문적 10 무시

DAY 11

지문 확인 1) 바람 2) 공기 3) 해풍

문제 정답 01 ① 02 높은, 차가운 03 ④ 04 ① 05 예 난로 때문에 데워진 공기가 위로 올라가고 주변의 차가운 공기가 그 빈자리를 채우면서 생기는 공기의 흐름 때문이다.

─────────────── 낱말 쑥쑥 테스트

01 저기압 02 지역 03 온도 04 차이 05 기압 06 지점 07 채우다 08 데우다 09 계절별

DAY 12

문제 정답 01 ② 02 ⑤ 03 ⑤ 04 (1) ○ (2) × (3) ○ (4) ○ 05 예 다의어는 중심 의미와 주변 의미가 서로 관련이 있지만, 동음이의어는 서로 소리가 같을 뿐 의미는 전혀 관련이 없다.

잠깐! 쉬어가기 ▶ 본문 56쪽
1 (1) 기압 (2) 저기압 (3) 고기압 (4) 탄압 **2** (1) 지점 (2) 장점 (3) 공통점
(4) 전환점 **3** (1) 계기 (2) 조기 **4** (1) 핵심적 (2) 평화적 (3) 기본적
(4) 생산적 (5) 전문적

DAY 13

지문 확인
- 1단락 중심 문장: 3번째 문장
- 2단락 중심 문장: 2번째 문장
- 3단락 중심 문장: 1번째 문장
- 4단락 중심 문장: 1번째 문장
- 5단락 중심 문장: 2번째 문장

지문 술술 이해 1) 색 2) 분류 3) 무채색 4) 유채색 5) 사진

문제 정답 +정답 콕콕 특강
01 색, 무채색, 유채색 02 ⑤ 03 주아 04 무채색, 유채색

DAY 14

지문 확인
- 1단락 중심 문장: 2번째 문장
- 2단락 중심 문장: 5번째 문장
- 3단락 중심 문장: 1번째 문장
- 4단락 중심 문장: 1번째 문장
- 5단락 중심 문장: 1번째 문장
- 6단락 중심 문장: 1번째 문장

문제 정답 01 표준어 02 ⑤ 03 ③ 04 ① 05 교양 있는 사람들이
두루 쓰는 현대 서울말

낱말 쑥쑥 테스트
01 공식적 02 억양 03 효율적 04 두루 05 교양 06 보편적 07 ㉡
08 ㉣ 09 ㉢ 10 ㉠ 11 고유 12 간혹 13 풍성 14 적절 15 원칙
16 의, 사, 소, 통, 의사소통 17 중, 심, 지, 중심지

DAY 15

지문 확인
- 1단락 중심 문장: 2번째 문장
- 2단락 중심 문장: 1번째 문장
- 3단락 중심 문장: 1번째 문장
- 4단락 중심 문장: 4번째 문장
- 5단락 중심 문장: 1번째 문장

지문 술술 이해 1) 해양 2) 깊이 3) 깊이 4) 밑바닥 5) 지형

문제 정답 01 해양, 깊이, 육지 02 (1) ○ (2) × (3) ○ 03 ② 04 추,
잠수정, 초음파

낱말 쑥쑥 테스트
01 해저 02 편평하다 03 차지하다 04 지형 05 인공위성 06 측정
07 무인 08 추 09 수면 10 굴곡

DAY 16

지문 확인
- 1단락 중심 문장: 5번째 문장
- 2단락 중심 문장: 1번째 문장
- 3단락 중심 문장: 1번째 문장
- 4단락 중심 문장: 1번째 문장
- 5단락 중심 문장: 2번째 문장

문제 정답 01 한강 유역 02 교통, 농사, 중국 03 ④ 04 ⑤ 05 한강
유역을 차지한 후 빠르게 힘을 키웠기 때문이다.

낱말 쑥쑥 테스트
01 교류 02 유리 03 통일 04 평야 05 기반 06 생산 07 편리하다
08 더디다 09 연합 10 주도권

DAY 17

지문 확인
- 1단락 중심 문장: 2번째 문장
- 2단락 중심 문장: 2번째 문장
- 3단락 중심 문장: 3, 4번째 문장
- 4단락 중심 문장: 3, 5번째 문장
- 5단락 중심 문장: 1번째 문장
- 6단락 중심 문장: 1번째 문장

문제 정답 01 정다면체, 정삼각형, 정사각형, 5 02 ② 03 4, 평면
04 ⑤ 05 ㉙ 이 도형은 정육면체이며, 정사각형으로 이루어졌다.

낱말 쑥쑥 테스트
01 이루어지다 02 주위 03 꼭짓점 04 존재하다 05 평면 06 수없이
07 종류 08 무수히 09 박자 10 주변 11 다각형

DAY 18

문제 정답 01 열화상, 화재, 검역 02 ⑤ 03 ④ 04 유지 05 ㉙ 열화
상 카메라는 연기와 같은 장애물이 있어도 촬영을 할 수 있기 때문이다.

잠깐! 쉬어가기 ▶ 본문 80쪽
(1) 억양 (2) 보편적 (3) 수없이 (4) 진압하다 (5) 차지하다 (6) 예방하다
(7) 유행어 (8) 효과적 (9) 의사소통

DAY 19

지문 확인 1) 기본권 2) 평등권 3) 청구권 4) 기본권
지문 술술 이해 1) 기본권 2) 먼저 3) 또한 4) 정리하면 5) 존중
문제 정답 +정답 콕콕 특강
01 ② 02 기본권, 자유권, 사회권 03 참정권 04 ③

DAY 20

지문 확인 1) 건강 체력 2) 근력 3) 유연성 4) 심폐 지구력 5) 건강 체력
문제 정답 01 ③ 02 (1) ㉠ (2) ㉣ (3) ㉡ (4) ㉢ 03 ④ 04 ⑤
05 ㉙ 근력, 팔 굽혀 펴기와 윗몸 일으키기

낱말 쑥쑥 테스트
01 민주주의 02 선거철 03 존엄성 04 공평하다 05 보장하다 06 ㉢
07 ㉡ 08 ㉠ 09 ㉣ 10 권리 11 지속적 12 행사 13 피곤 14 추구
15 순환 16 발휘 17 측정

DAY 21

지문 확인 1) 토론 2) 주제 3) 자세 4) 토론
지문 술술 이해 1) 토론 2) 먼저 3) 다음 4) 중요성
문제 정답 01 ③ 02 ② 03 ③ 04 ⑤

낱말 쑥쑥 테스트
01 설득하다 02 논리적 03 진행하다 04 분명하다 05 존중하다
06 참여하다 07 반대 08 명확 09 보충 10 의무적 11 객관적 12 역할

DAY 22

지문 확인 1) 환경 2) 비생물적 3) 생물적 4) 영향
문제 정답 01 ① 02 비생물적, 생산자, 분해자 03 ② 04 ③
05 ㉙ 공기, 물, 햇빛, 온도, 습도 등

낱말 쑥쑥 테스트
01 양분 02 적응하다 03 흡수하다 04 유지하다 05 분류하다 06 영향
07 광합성 08 제공 09 화단

DAY 23

지문 확인 1) 1인 가구 2) 1인 가구 3) 증가 4) 대책
문제 정답 01 ② 02 ⑤ 03 ㉣ 04 ④ 05 ㉙ 외로움으로 인한 우울증,
고독사 등 사회적 문제가 일어난다.

낱말 쑥쑥 테스트
01 ㉢ 02 ㉡ 03 ㉠ 04 ㉤ 05 ㉣ 06 수명 07 대책 08 배우자
09 난방 10 대략 11 증가

DAY 24

문제 정답 01 ③ 02 에어쿠션, 액체 03 ㉢ 04 ③ 05 ㉙ 나사에서
개발한 것이 우리의 일상생활에서 유용하게 쓰이고 있다.

DAY 25

지문 확인　1) 음식　2) 조합　3) 음식 조합

지문 쏙쏙 이해　1) 조합　2) 파　3) 식습관　4) 이처럼

문제 정답 + 정답 콕콕 특강

01 음식 조합　02 ④　03 (1) ⓒ, ⓐ (2) ㉠, ⓐ (3) ㉡, ⓑ　04 식습관

DAY 26

지문 확인　1) 극음악　2) 판소리　3) 창극　4) 오페라　5) 뮤지컬

문제 정답　01 극음악　02 ⑤　03 ③　04 오페라, 뮤지컬　05 예 판소리는 특별한 무대 장치가 없고 소리꾼이 한 명이지만, 창극은 장면에 따라 무대가 바뀌고 여러 사람이 배역을 맡아 노래를 한다.

━━━━━━━━━━━━━━━━━━━ **낱말 쏙쏙 테스트**

01 보충하다　02 구별하다　03 조합　04 곁들이다　05 가락　06 특, 색, 특색　07 민, 속, 민속　08 유, 해, 유해　09 ⓒ　10 ㉠　11 ㉡　12 해 13 항균　14 장르　15 배역　16 장단

DAY 27

지문 확인
- 1단락 중심 문장: 3번째 문장
- 2단락 중심 문장: 2번째 문장
- 3단락 중심 문장: 1번째 문장
- 4단락 중심 문장: 3, 4번째 문장

지문 쏙쏙 이해　1) 스마트폰　2) 노모포비아　3) 문제점　4) 방법

문제 정답　01 노모포비아　02 ①　03 ⑤　04 과유불급(過猶不及)

━━━━━━━━━━━━━━━━━━━ **낱말 쏙쏙 테스트**

01 의존하다　02 강박　03 불필요하다　04 줄임말　05 명상　06 공포증 07 차단　08 수면　09 의지　10 중독

DAY 28

지문 확인
- 1단락 중심 문장: 2번째 문장
- 2단락 중심 문장: 1번째 문장
- 3단락 중심 문장: 1번째 문장
- 4단락 중심 문장: 2번째 문장

문제 정답　01 주장하는 글　02 ③　03 ④　04 ④　05 처음부터 끝까지 한결같은 주장을 펼치면서 그와 관련된 적절한 근거들을 내세워야 한다.

━━━━━━━━━━━━━━━━━━━ **낱말 쏙쏙 테스트**

01 한결같다　02 내세우다　03 적절하다　04 비판적　05 사례　06 조리 07 중요성　08 오류　09 시력

DAY 29

지문 확인　1) 통계　2) 통계　3) 방법　4) 도표

문제 정답　01 통계　02 ②　03 ④　04 종류, 숫자, 막대　05 통계를 이용하면 우리가 살아가는 데 필요한 여러 자료들을 편리하게 분석하고 정리할 수 있으며, 도표는 통계 자료를 누구나 쉽게 이해할 수 있게 해 준다.

━━━━━━━━━━━━━━━━━━━ **낱말 쏙쏙 테스트**

01 생산되다　02 경향　03 효율적　04 조사하다　05 전달하다　06 종합적 07 병명　08 방식　09 체계　10 유래

DAY 30

문제 정답　01 속담　02 ①　03 ③　04 ②　05 예 땅이 열을 많이 받지 못해서 공기의 위층과 아래층의 밀도 차이가 작아지기 때문에 소리가 흩어지지 않고 멀리 나가

DAY 31

지문 확인　1) 전기 기구　2) 전기 회로　3) 꼬마전구　4) 연결 방법

지문 쏙쏙 이해　1) 원리　2) 전기 회로　3) 꼬마전구　4) 전지　5) 전기 기구

문제 정답 + 정답 콕콕 특강

01 전기 기구　02 ③　03 ⑤　04 (1) ㉡ (2) ㉠

DAY 32

지문 확인
- 1단락 중심 문장: 4번째 문장
- 2단락 중심 문장: 1번째 문장
- 3단락 중심 문장: 1번째 문장
- 4단락 중심 문장: 2번째 문장

문제 정답　01 'K-' 열풍　02 ⑤　03 ⑤　04 ③　05 예 우리나라의 화장법을 알려 주는 유튜버, 해외에서 많이 팔리고 있는 우리나라의 라면 등

━━━━━━━━━━━━━━━━━━━ **낱말 쏙쏙 테스트**

01 열풍　02 원리　03 우수성　04 미용　05 작동하다　06 현, 장, 현장 07 수, 출, 수출　08 편, 리, 편리　09 품질　10 경쟁력　11 힘입다 12 인정받다　13 부품　14 합리적　15 전원　16 가전제품　17 주목

DAY 33

지문 확인
- 1단락 중심 문장: 3번째 문장
- 2단락 중심 문장: 1번째 문장
- 3단락 중심 문장: 2번째 문장
- 4단락 중심 문장: 1번째 문장
- 5단락 중심 문장: 4번째 문장

지문 쏙쏙 이해　1) 축구　2) 개념　3) 기원　4) 축구　5) 축구

문제 정답　01 축구　02 ⑤　03 (1) ○ (2) × (3) ○　04 중국, 축국

━━━━━━━━━━━━━━━━━━━ **낱말 쏙쏙 테스트**

01 전술　02 기원　03 역대　04 관중　05 통일되다　06 기구　07 규칙 08 전신　09 조직　10 경쟁

DAY 34

지문 확인　1) 착한 초콜릿　2) 초콜릿　3) 공정 무역　4) 착한 초콜릿

문제 정답　01 공정 무역　02 (1) × (2) × (3) ○ (4) ○　03 ⑤　04 ② 05 생산자의 노동에 정당한 값을 치르고, 소비자는 질 좋은 제품을 이용할 수 있도록 모두가 협력하는 무역 방식

━━━━━━━━━━━━━━━━━━━ **낱말 쏙쏙 테스트**

01 무역　02 확대되다　03 생산자　04 협력하다　05 주원료　06 거래 07 친환경적　08 제과점　09 노동력　10 정당

DAY 35

지문 확인　1) 체언　2) 명사　3) 대명사　4) 수사　5) 체언

문제 정답　01 체언　02 ⑤　03 (1) 의존 명사 (2) 서수사 (3) 인칭 대명사 04 우리, 밥, 체언　05 예 '그것'이 앞에서 이야기한 '빵'이라는 사물의 이름을 대신 나타내기 때문이야

━━━━━━━━━━━━━━━━━━━ **낱말 쏙쏙 테스트**

01 해당하다　02 성분　03 의존　04 풍성하다　05 소개하다　06 포함되다 07 중심　08 대상　09 자립　10 대신　11 수량　12 어색

DAY 36

문제 정답　01 호흡, 운동　02 ④　03 ⓒ, ㉡, ㉠, ㉢　04 ⑤　05 산소를 들이마셔 우리 몸에 필요한 에너지를 만들고, 에너지를 만드는 과정에서 생긴 불필요한 이산화 탄소를 몸 밖으로 내보내는 모든 과정

미세 먼지, 이렇게 대처하자!

○ 각 단락 중심 낱말　◯ 전체 중심 낱말　[ ] 각 단락 중심 문장　▨ 전체 중심 문장

❶ ① 언제부터인가 집을 나서기 전에 미세 먼지 농도를 확인하고 미세 먼지 차단용 마스크를 챙기는 일이 당연해졌다. ❷ 거리의 전광판에는 지역별, 시간별 미세 먼지 양이 표시되어 있고, 미세 먼지의 농도가 아주 짙을 때는 주의보가 내려지기도 한다. ❸ [도대체 미세 먼지가 무엇이길래 우리의 일상을 이렇게 바꾸어 놓은 것일까?]

　*1단락 요약: 우리의 일상을 바꿔 놓은 미세 먼지

❷ ① [미세 먼지는 대기 중에 떠다니는 10마이크로미터(1마이크로미터는 100만 분의 1미터) 이하의 아주 작은 오염 물질이다.] ❷ 미세 먼지는 우리 몸에 해로운 각종 물질로 이루어져 있으며, 크기가 매우 작기 때문에 폐에서 걸러지지 않고 우리 몸 깊숙이 들어온다. ❸ 또한 밖으로 쉽게 배출되지 않아 여러 가지 병을 일으키는 원인이 된다. ❹ 미세 먼지로부터 우리 몸을 지키려면 어떻게 대처해야 할까?

　*2단락 요약: 미세 먼지의 의미와 해로움

❸ ① [가장 좋은 방법은 미세 먼지를 피하는 것이다.] ❷ 미세 먼지가 심한 날에는 외출을 삼가고, 출입문과 창문을 닫아 미세 먼지가 실내로 들어오지 않도록 막아야 한다. ❸ 또한 실내의 습도를 적당하게 유지하는 것이 좋다. ❹ 만약 어쩔 수 없이 외출해야 한다면 미세 먼지 차단용 마스크를 꼭 쓰고 긴 소매의 옷, 안경, 장갑 등을 이용하여 피부가 미세 먼지에 직접 닿지 않도록 해야 한다. ❺ 그리고 집에 돌아와서는 흐르는 물에 온몸을 구석구석 깨끗이 씻는다.

　*3단락 요약: 미세 먼지에 대처하는 방법 – 미세 먼지 피하기

❹ ① [미세 먼지에 대비하는 식습관을 가지는 것도 중요하다.] ❷ 물을 충분히 마시면 호흡 기관이 촉촉해져 미세 먼지가 코와 입을 통해 몸속으로 들어오는 것을 줄일 수 있다. ❸ 또한 섬유질이 풍부해 장운동을 활발하게 하는 과일과 채소, 미역 등의 해조류를 많이 먹으면 몸속의 미세 먼지를 배출하는 데 도움이 된다.

　*4단락 요약: 미세 먼지에 대처하는 방법 – 식습관

❺ ① 미세 먼지는 매년 점점 더 심해지고 있다. ❷ 아무리 건강에 좋은 운동이라도 미세 먼지가 심한 날 밖에서 한다면 오히려 몸에 더 해롭다. ❸ 우리 몸의 건강을 생각한다면 미세 먼지의 특징을 알고 이에 맞게 대처함으로써 미세 먼지로 인한 피해를 줄이도록 하자.

　*5단락 요약: 미세 먼지에 알맞게 대처하는 것의 중요성

01 정답 미세 먼지

②단락 ❶번째 문장에서 '미세 먼지는 대기 중에 떠다니는 ~ 아주 작은 오염 물질이다.'라고 했어요. 또한 ③단락 ❶번째 문장에서 미세 먼지에 대처하는 가장 좋은 방법은 '미세 먼지를 피하는 것'이라고 했어요.

02 정답 ①

③단락 ❹번째 문장에서 '만약 어쩔 수 없이 외출해야 한다면'이라고 하며 미세 먼지가 심한 날 어쩔 수 없이 외출해야 하는 경우에 대해 설명하고 있어요.

03 정답 ㉡

③단락 ❷번째 문장에서 '미세 먼지가 심한 날에는 ~ 출입문과 창문을 닫아'야 한다고 했어요.

04 정답 물, 섬유질

④단락 ❷, ❸번째 문장에서 '물을 충분히 마시면 ~ 미세 먼지가 코와 입을 통해 몸속으로 들어오는 것을 줄일 수 있다.'라고 했고, '섬유질이 풍부해 ~ 해조류를 많이 먹으면 몸속의 미세 먼지를 배출하는 데 도움이 된다.'라고 했어요.

✶ 지문 이해

● 이 글은 미세 먼지의 해로움과 미세 먼지에 대처하는 방법을 알려 주는 설명문입니다. 미세 먼지는 대기 중에 떠다니는 아주 작은 오염 물질로, 우리 몸에 들어와 여러 가지 병을 일으키는 원인이 돼요. 미세 먼지가 심한 날에는 외출을 삼가는 것이 좋고, 어쩔 수 없이 외출하더라도 마스크를 꼭 쓰고 피부가 미세 먼지에 직접 닿지 않게 해야 해요. 또한 미세 먼지에 대비하는 식습관을 가지는 것도 중요해요.

● 단락 간의 관계
❶단락에서는 이 글 전체의 중심 낱말인 '미세 먼지'를 소개하고 있어요.
❷단락에서는 미세 먼지의 의미와 해로움을 설명하고 있어요.
❸단락과 ❹단락에서는 미세 먼지에 대처하는 방법을 설명하고 있어요.
❺단락에서는 미세 먼지에 알맞게 대처하자고 하며 글을 마무리하고 있어요.

● 글의 구조도

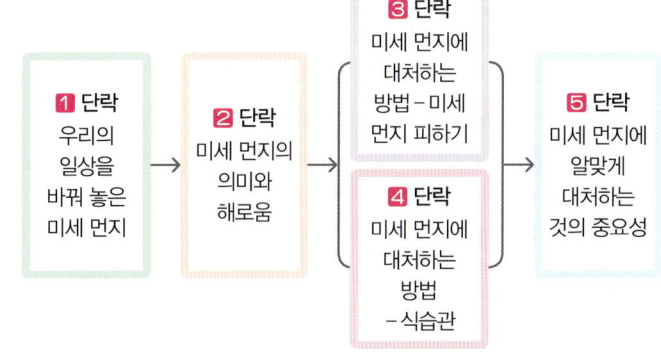

❶ 단락
우리의 일상을 바꿔 놓은 미세 먼지
→
❷ 단락
미세 먼지의 의미와 해로움
→
❸ 단락
미세 먼지에 대처하는 방법 – 미세 먼지 피하기

❹ 단락
미세 먼지에 대처하는 방법 – 식습관
→
❺ 단락
미세 먼지에 알맞게 대처하는 것의 중요성

● 주제: 미세 먼지에 대처하는 방법

마술과 과학이 관련이 있다고?

○ 각 단락 중심 낱말 ◎ 전체 중심 낱말 [ ] 각 단락 중심 문장 ▨ 전체 중심 문장

1 ❶ 흔히 '마술은 비과학적이며 속임수일 뿐이다.'라고 생각하는 경우가 많다. ❷ 하지만 이는 마술이나 과학에 대해 잘 모르기 때문에 생긴 오해이다. ❸ 물론 재빠른 손놀림을 이용한 쉬운 마술도 있지만, 여러 가지 장치를 사용하는 다양한 마술의 원리를 살펴보면 마술이 과학과 관련이 깊다는 것을 알 수 있다.

2 ❶ 간단한 마술부터 살펴보도록 하자. ❷ 마술사가 손에 쥐고 있던 종잇조각이 순식간에 타면서 장미로 바뀌는 마술을 본 적이 있을 것이다. ❸ [이 종이는 단순한 종이가 아니라 마술 종이라 불리는 '니트로셀룰로오스 종이'이다.] ❹ 니트로셀룰로오스는 타기 시작하는 온도가 낮아 빨리 타고, 탄 이후에는 재가 남지 않는다. ❺ 그래서 마술사가 이 니트로셀룰로오스 종이에 불을 붙이면 종이가 순식간에 '확' 하고 타서 없어진다. ❻ 이때 관객의 눈은 순식간에 타오르는 불길에 쏠리게 되는데, 그 사이에 마술사가 숨기고 있던 장미를 빼서 드는 것이다.

3 ❶ 보고 또 봐도 신기한 공중 부양 마술은 어떨까? ❷ 막대자석 2개를 가까이 두었을 때 같은 극끼리는 밀어내고 다른 극끼리는 서로 끌어당기는데, 이것은 바로 자석이 지니는 자기력 때문이다. ❸ [공중 부양 마술에는 이러한 자석의 원리가 적용된다.] ❹ 마술사가 떠오르게 할 사람의 몸에는 자석으로 만든 장치가 달려 있다. ❺ 그리고 이 장치에 전류를 흘려 주면 자기력이 발생하게 되는데, 이로 인해 장치와 무대 위쪽에 달린 큰 자석이 서로 끌어당겨 사람의 몸이 떠오르게 되는 것이다.

4 ❶ [이처럼 많은 마술에는 과학적 원리가 숨어 있고, 마술사들은 더 다양한 과학적 원리를 활용하여 새로운 마술을 선보이기 위해 애쓰기도 한다.] ❷ 과학이 어렵고 지루하게 느껴진다면 흥미로운 마술에 담긴 과학적 원리부터 탐구해 보는 것은 어떨까? ❸ 마술에 담긴 과학적 원리를 통해 쉽고 재미있게 과학을 공부할 수 있을 것이다.

1 단락 요약
마술과 과학의 관련성

2 단락 요약
마술의 과학적 원리 – 니트로셀룰로오스 종이를 이용한 마술

3 단락 요약
마술의 과학적 원리 – 공중 부양 마술

4 단락 요약
다양한 과학적 원리가 숨어 있는 마술

✸ **지문 이해**

● 이 글은 마술이 과학과 관련이 깊다는 것을 알려 주는 설명문입니다. 종이가 불타면서 장미로 바뀌는 마술에는 불에 타면 재가 남지 않는 니트로셀룰로오스 종이가 이용돼요. 또, 공중 부양 마술은 자석의 자기력을 이용한 마술이에요. 이처럼 여러 가지 마술 속에는 다양한 과학적 원리가 숨어 있어요.

● **단락 간의 관계**
1 단락에서는 마술이 과학과 관련이 깊다고 이야기하고 있어요.
그 예시로 2 단락과 3 단락에서 니트로셀룰로오스 종이를 이용한 마술과 공중 부양 마술의 원리를 각각 소개하고 있어요.
4 단락에서는 마술에 과학적 원리가 담겨 있다고 정리하며 글을 마무리하고 있어요.

● **글의 구조도**

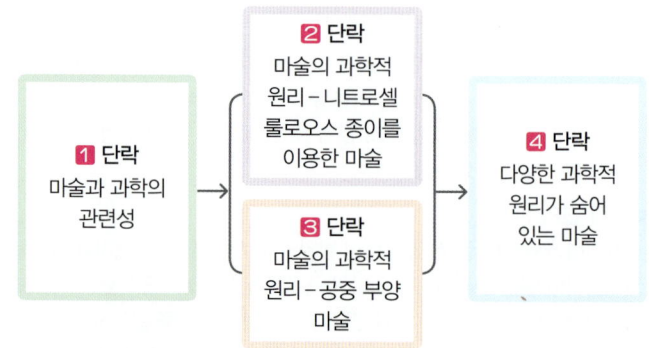

● **주제:** 다양한 과학적 원리가 활용되는 마술

01 [정답] 과학 ································ 중심 낱말 찾기

> **왜 정답?**

1 단락에서 '마술이 과학과 관련이 깊'다고 했고, 4 단락에서 '많은 마술에는 과학적 원리가 숨어 있'다고 했어요.
또한 2, 3 단락에서 각각 종잇조각이 타면서 장미로 바뀌는 마술과 공중 부양 마술에 담긴 과학적 원리를 설명하고 있어요.
따라서 빈칸에 공통으로 들어갈 말은 '과학'이에요.

02 [정답] (1) × (2) × (3) ○ ················ 내용 이해하기

> **왜 정답?**

(1) **근거:** 2 단락 ❹번째 문장
'니트로셀룰로오스는 타기 시작하는 온도가 낮아 빨리 타고, 탄 이후에는 재가 남지 않는다.'라고 했으므로 틀린 내용이에요.
(2) **근거:** 1 단락 ❶, ❷번째 문장
'마술은 비과학적이며 속임수일 뿐이다.'라는 생각이 '마술이나 과학에 대해 잘 모르기 때문에 생긴 오해'라고 했으므로 틀린 내용이에요.
(3) **근거:** 2 단락 ❻번째 문장
'관객의 눈은 순식간에 타오르는 불길에 쏠리게 되는데, 그 사이에 마술사가 숨기고 있던 장미를 빼서 드는 것이다.'라고 했으므로 맞는 내용이에요.

03 [정답] 마술, 과학 ···················· 내용 이해하기

> **왜 정답?**

근거: 1 단락 전체, 4 단락 ❶번째 문장
1 단락에서 '마술은 비과학적이며 속임수일 뿐이다.'라는 생각이 오해라고 하면서 '여러 가지 장치를 사용하는 다양한 마술의 원리를 살펴보면 마술이 과학과 관련이 깊다는 것을 알 수 있다.'라고 했어요.
또한 4 단락에서는 '이처럼 많은 마술에는 과학적 원리가 숨어 있'다고 했어요.
따라서 ⓐ에 들어갈 말은 '마술', ⓑ에 들어갈 말은 '과학'이에요.

04 [정답] ㄹ ························ 내용 적용하기

다음은 재인이가 마술사를 인터뷰한 내용입니다. ㄱ~ㄹ 중 알맞지 않은 것을 쓰세요.

- **재인이가 마술사를 인터뷰한 내용:** 재인이가 공중 부양 마술의 원리를 묻고, 마술사가 이에 답하는 내용이에요.
- **ㄱ~ㄹ:** 공중 부양 마술의 원리를 설명하는 마술사의 말이에요.

즉 3 단락에서 설명하고 있는 공중 부양 마술의 원리를 이해하고, 마술사가 이야기하는 공중 부양 마술의 원리 중 알맞지 않은 내용을 고르는 문제예요.

> **왜 정답?**

ㄹ **근거:** 3 단락 전체
공중 부양 마술에는 '같은 극끼리는 밀어내고 다른 극끼리는 서로 끌어당기는' 자석의 원리가 적용된다고 했어요. 그리고 '마술사가 떠오르게 할 사람의 몸에는 자석으로 만든 장치가 달려 있'는데, 이 장치에 전류를 흘려 주면 '장치와 무대 위쪽에 달린 큰 자석이 서로 끌어당겨 사람의 몸이 떠오르게' 된다고 했어요.
따라서 공중 부양 마술은 '자석의 같은 극끼리 서로 밀어내는 힘'이 아니라 '자석의 다른 극끼리 서로 끌어당기는 힘'을 이용한 것이에요.

> **왜 오답?**

ㄱ **근거:** 3 단락 ❷, ❸번째 문장
자석의 '자기력'에 대해 설명하고, '공중 부양 마술에는 이러한 자석의 원리가 적용된다.'라고 했어요. 즉, 공중 부양 마술은 자석의 자기력을 이용한 마술이에요.
ㄴ **근거:** 3 단락 ❹번째 문장
'마술사가 떠오르게 할 사람의 몸에는 자석으로 만든 장치가 달려 있다.'라고 했어요. 재인이가 인터뷰한 마술사는 자신의 몸을 떠오르게 하는 마술을 선보였으므로 자신의 몸에 자석으로 만든 장치를 달았을 거예요.
ㄷ **근거:** 3 단락 ❺번째 문장
떠오르게 할 사람의 몸에는 장치가 달려 있다고 하며, '이 장치에 전류를 흘려 주면 ~ 장치와 무대 위쪽에 달린 큰 자석이 서로 끌어당겨 사람의 몸이 떠오르게 되는 것이다.'라고 했어요. 즉, 장치에 전류를 흘려 주면 장치와 무대 위쪽 자석이 서로 반응해요.

05 [정답] 예 흥미로운 마술에 담긴 과학적 원리를 탐구해 보기

서술형 **채점 기준 – 근거:** 4 단락 ❷, ❸번째 문장
글쓴이는 '과학이 어렵고 지루하게 느껴진다면 흥미로운 마술에 담긴 과학적 원리부터 탐구해 보는 것은 어떨까? 마술에 담긴 과학적 원리를 통해 쉽고 재밌게 과학을 공부할 수 있을 것이다.'라고 했어요.
따라서 '마술에 담긴 과학적 원리를 탐구한다.'라는 내용이 들어가면 정답이에요.

위치를 나타내는 기준, 방위

◯ 각 단락 중심 낱말   ◯ 전체 중심 낱말   [ ] 각 단락 중심 문장   ▨ 전체 중심 문장

1 ① 어떤 곳의 위치를 다른 사람에게 설명해 주는 일은 쉽지 않다. ② 정해 놓은 ◯기준◯이 없다면 사람마다 설명을 다르게 받아들일 것이다. ③ 마주 보고 있는 두 사람에게 오른쪽과 왼쪽 방향이 서로 다른 것처럼 말이다. ④ [마찬가지로 정확한 기준이 없다면 똑같은 지도를 읽을 때도 사람마다 다르게 읽어 불편할 것이다.]

2 ① [지도에서 위치를 나타내는 기준이 되는 것은 ◯방위◯이며, 방위는 동서남북을 기준으로 삼아서 정한 방향을 말한다.] ② 지도를 읽으려면 방위를 알아야 하는데, 지도에서 방위는 주로 4방위표를 이용하여 나타낸다. ③ 지도에서 쉽게 볼 수 있는 숫자 4처럼 생긴 기호가 바로 동서남북을 나타내는 4방위표이다. ④ 더욱 정확한 방향을 나타내기 위해서 4방위표를 일정한 각도로 나누어 8방위표, 16방위표, 24방위표, 32방위표 등으로 나타내기도 한다. ⑤ 만약 지도에 방위표가 없을 때는 어떻게 할까? ⑥ 이때는 위쪽을 북쪽, 아래쪽을 남쪽, 오른쪽을 동쪽, 왼쪽을 서쪽이라고 생각하면 된다.

3 ① [지도나 나침반이 없을 때는 어떻게 ◯방위◯를 찾을 수 있을까? ② 태양, 달, 별, 나무 등의 자연물을 이용하면 된다.] ③ 낮에는 태양의 위치와 나무의 가지를 보고 방위를 알 수 있다. ④ 태양은 아침에 동쪽에서 떠서 정오에 남쪽 하늘에 있다가 저녁에는 서쪽으로 진다. ⑤ 나무는 햇빛을 좋아하기 때문에 남쪽을 향해 나뭇가지들이 많이 뻗어 나와 있다. ⑥ 밤에는 달이나 별을 보면 된다. ⑦ 보름달은 동쪽에서 떠올라 자정에 남쪽 하늘을 지나 새벽에는 서쪽으로 이동한다. ⑧ 더 쉽게 방위를 찾으려면 북극성을 이용하면 된다. ⑨ 밤하늘의 북쪽에는 항상 북두칠성과 북극성이 밝게 빛나고 있기 때문이다.

4 ① 이처럼 ◯방위◯는 위치를 설명하는 기준이 되며 우리 생활에서 유용하게 쓰인다. ② 지도를 펴고 방위를 기준으로 친구에게 위치를 설명해 보자. ③ 방위라는 일정한 기준이 있기 때문에 서로 쉽게 소통할 수 있을 것이다.

1 단락 요약
위치를 설명할 때 필요한 기준

2 단락 요약
방위의 개념과 지도에서의 방위

3 단락 요약
자연물을 이용해 방위를 찾는 방법

4 단락 요약
방위의 유용한 쓰임

✱ 지문 이해

● 이 글은 위치를 나타내는 기준이 되는 방위가 무엇인지 알려 주는 설명문입니다. 방위는 동서남북을 기준으로 삼아 정한 방향으로, 지도에서는 주로 4방위표를 이용해 나타내요. 지도나 나침반이 없으면 자연물을 보고 방위를 찾을 수도 있어요. 방위를 이용하면 우리는 위치에 대해 쉽게 설명하고 소통할 수 있어요.

● 단락 간의 관계
  ① 단락에서는 위치를 설명할 때나 지도를 읽을 때 기준이 필요하다는 점을 이야기하고 있어요.
  ② 단락에서는 ① 단락에서 이야기한 기준인 방위의 개념을 설명하고, 지도에서 방위를 나타내는 방법을 알려 주고 있어요.
  ③ 단락에서는 자연물을 이용해 방위를 찾는 방법을 설명하고 있어요.
  ④ 단락에서는 방위의 쓰임을 정리하며 글을 마무리하고 있어요.

● 글의 구조도

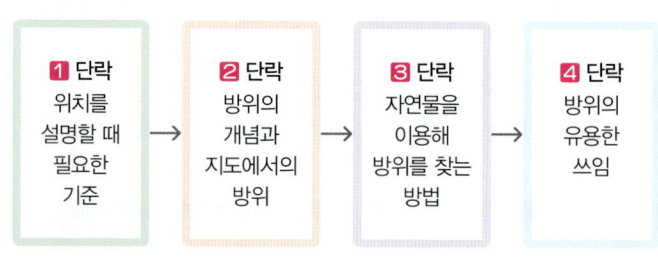

| **1 단락** 위치를 설명할 때 필요한 기준 | → | **2 단락** 방위의 개념과 지도에서의 방위 | → | **3 단락** 자연물을 이용해 방위를 찾는 방법 | → | **4 단락** 방위의 유용한 쓰임 |

● 주제: 방위의 개념과 유용한 쓰임

01 [정답] 방위 .... 중심 낱말 찾기

>왜 정답?

근거: [2]단락 **①**, **②**번째 문장

'방위는 동서남북을 기준으로 삼아서 정한 방향을 말한다. 지도를 읽으려면 방위를 알아야 하는데, 지도에서 방위는 주로 4방위표를 이용하여 나타낸다.'라고 했어요.
따라서 빈칸에 들어갈 말은 이 글의 중심 낱말인 '방위'예요.

02 [정답] 북, 남, 동, 서 .... 내용 이해하기

>왜 정답?

근거: [2]단락 **⑤**, **⑥**번째 문장

'만약 지도에 방위표가 없을 때는 어떻게 할까? 이때는 위쪽을 북쪽, 아래쪽을 남쪽, 오른쪽을 동쪽, 왼쪽을 서쪽이라고 생각하면 된다.'라고 했어요.
따라서 빈칸에 들어갈 말은 순서대로 '북', '남', '동', '서'예요.

03 [정답] ② .... 내용 이해하기

>왜 정답?

② **근거:** [2]단락 **⑤**, **⑥**번째 문장
'만약 지도에 방위표가 없을 때는 어떻게 할까? 이때는 위쪽을 북쪽, 아래쪽을 남쪽, 오른쪽을 동쪽, 왼쪽을 서쪽이라고 생각하면 된다.'라고 했어요. 따라서 방위표가 없는 지도라고 잘못 만들어진 지도는 아니에요.

>왜 오답?

① **근거:** [2]단락 **①**번째 문장
'지도에서 위치를 나타내는 기준이 되는 것은 방위'라고 했으므로 맞는 내용이에요.

③ **근거:** [3]단락 **①**, **②**번째 문장
'지도나 나침반이 없을 때는 어떻게 방위를 찾을 수 있을까? 태양, 달, 별, 나무 등의 자연물을 이용하면 된다.'라고 했으므로 맞는 내용이에요.

④ **근거:** [2]단락 **③**번째 문장
'지도에서 쉽게 볼 수 있는 숫자 4처럼 생긴 기호가 바로 동서남북을 나타내는 4방위표이다.'라고 했으므로 맞는 내용이에요.

⑤ **근거:** [2]단락 **④**번째 문장
'더욱 정확한 방향을 나타내기 위해서 4방위표를 일정한 각도로 나누어 8방위표, 16방위표, 24방위표, 32방위표 등으로 나타내기도 한다.'라고 했으므로 맞는 내용이에요.

04 [정답] ④ .... 알맞은 반응 찾기

>왜 정답?

④ **근거:** [3]단락 **⑦**번째 문장
'보름달은 동쪽에서 떠올라 자정에 남쪽 하늘을 지나 새벽에는 서쪽으로 이동한다.'라고 했어요. 즉, 보름달은 항상 일정한 방향으로 뜨고 지므로 틀린 반응이에요.

>왜 오답?

① **근거:** [3]단락 **④**번째 문장
'태양은 아침에 동쪽에서 떠서 정오에 남쪽 하늘에 있다가 저녁에는 서쪽으로 진다.'라고 했으므로 맞는 반응이에요.

② **근거:** [3]단락 **⑤**번째 문장
'나무는 햇빛을 좋아하기 때문에 남쪽을 향해 나뭇가지들이 많이 뻗어 나와 있다.'라고 했으므로 맞는 반응이에요.

③ **근거:** [3]단락 **⑨**번째 문장
'밤하늘의 북쪽에는 항상 북두칠성과 북극성이 밝게 빛나고 있'다고 했으므로 맞는 반응이에요.

⑤ **근거:** [1]단락 **④**번째 문장
'정확한 기준이 없다면 똑같은 지도를 읽을 때도 사람마다 다르게 읽어 불편할 것이다.'라고 했으므로 맞는 반응이에요.

배경지식

축척으로 땅의 크기를 줄여 보자!

지도를 실제 땅의 크기대로 그리면 어떻게 될까요? 지도를 볼 수도, 가지고 다닐 수도 없겠지요? 그래서 지도를 그릴 때는 땅의 크기를 줄여서 나타내는데, 이를 '축척'이라고 해요.

축척은 실제 거리를 지도에 얼마만큼의 비율로 줄였는지에 따라 달라져요. 예를 들어, 축척이 1:50,000인 지도에서는 지도상의 1cm가 실제로는 50,000cm에 해당해요. 축척이 1:25,000인 지도에서는 지도상의 1cm가 25,000cm에 해당하고요.

또한 지도는 축척에 따라 소축척 지도와 대축척 지도로 나뉘어요. 소축척 지도는 넓은 땅을 많이 줄여서 나타낸 지도예요. 넓은 땅을 하나의 지도로 나타내기 때문에 많은 내용을 담을 수는 없어요. 하지만 땅의 전체적인 모습이나 산과 강의 위치 등을 나타내기에 좋아요. 우리나라 지도나 세계 지도가 대표적인 소축척 지도예요.

대축척 지도는 좁은 땅을 자세하게 보여 주는 지도예요. 지도에 땅의 일부분만 나타내기 때문에 건물이나 도로 등을 자세히 표시할 수 있어요. 동네 지도나 버스 노선을 표시한 지도 등이 대표적인 대축척 지도예요.

이야기 글에 꼭 필요한 요소는 무엇일까?

◯ 각 단락 중심 낱말   ◯ 전체 중심 낱말   [ ] 각 단락 중심 문장   ▨ 전체 중심 문장

1 이야기 글에 빠져서는 안 되는 3가지 요소가 있다. 바로 인물, 사건, 배경이다. [인물은 일정한 상황에서 어떤 역할을 하는 사람을 뜻한다.]

2 정훈이는 지난달에 우리 반으로 전학을 왔다. 처음에는 수줍음이 많아 아이들과 친해지기 어려웠지만, 시간이 지날수록 선생님과 아이들 모두 친절하고 예의 바른 정훈이를 좋아하게 되었다.

위 글에 등장하는 인물은 정훈, 선생님, 아이들이다. [이야기는 인물의 말과 행동을 중심으로 전개된다.] 따라서 앞으로 전개될 이야기는 정훈이를 중심으로 학교생활과 관련하여 벌어지는 이야기일 것이라고 짐작해 볼 수 있다.

3 [사건이란 이야기 속에서 인물들이 겪거나 벌이는 일을 말한다.] 사건은 인물의 행동이 이어져서 일어나는 일이며, 사건과 사건이 이어질 때는 보통 시간의 흐름이 변하거나 장소가 바뀐다.

4 점심시간, 아이들이 화단에 줄 물을 큰 주전자에 받아 왔다. 물이 가득 담긴 주전자가 무거워 낑낑거리며 옮기고 있는데 축구를 하던 정훈이가 다가와 주전자를 옮기는 것을 도와주었다.

[위 글에서 사건은 정훈이가 아이들이 물이 가득 담긴 주전자를 옮기는 것을 도와준 일이다.] 글쓴이는 특정한 의도에 따라 사건이 진행되는 순서를 다르게 할 수 있다.

5 [배경이란 일이 일어나는 시간과 장소, 환경을 말한다.] 일이 일어나는 시간을 시간적 배경, 일이 일어나는 장소를 공간적 배경, 일이 일어난 당시의 사회 및 시대 상황을 시대적 배경이라고 한다.

6 오늘은 5학년의 마지막 날이다. 정훈이는 교실로 들어서며 친구들을 처음 만났을 때 서먹서먹했던 것을 떠올렸고, 1년이라는 시간이 빠르게 흘렀다고 생각했다.

위 글의 시간적 배경은 '5학년의 마지막 날'이고, 공간적 배경은 '교실'이다. [배경은 인물의 성격과 행동에 영향을 주고, 장면을 인상적으로 만드는 등 글의 분위기를 좌우한다.]

---

1 단락 요약
이야기 글에 꼭 필요한 3가지 요소와 인물의 의미

2 단락 요약
예시 – 이야기 글의 인물

3 단락 요약
사건의 의미

4 단락 요약
예시 – 이야기 글의 사건

5 단락 요약
배경의 의미와 종류

6 단락 요약
예시 – 이야기 글의 배경

✱ 지문 이해

● 이 글은 이야기 글의 3가지 요소인 인물, 사건, 배경이 무엇인지 알려 주는 설명문입니다. 인물이란 일정한 상황에서 어떤 역할을 하는 사람을 뜻하고, 사건이란 이야기 속에서 인물들이 겪거나 벌이는 일을 말해요. 그리고 배경이란 일이 일어나는 시간과 장소, 환경을 말해요.

● 단락 간의 관계
1 단락에서는 이야기 글에 꼭 필요한 3가지 요소를 소개한 뒤 인물의 의미를 설명하고, 2 단락에서 그 예시를 들고 있어요.
3 단락에서는 사건에 대해 설명하고, 4 단락에서 그 예시를 들고 있어요.
5 단락에서는 배경의 의미와 종류를 설명하고, 6 단락에서 그 예시를 들고 있어요.

● 글의 구조도

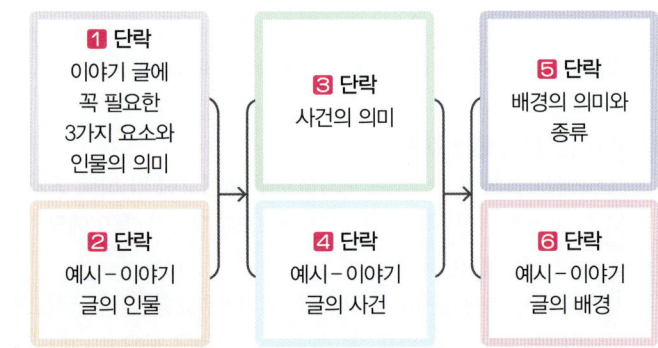

● 주제: 이야기 글에 꼭 필요한 3가지 요소 – 인물, 사건, 배경

01 정답 인물, 사건, 배경 ·········· 중심 낱말 찾기

왜 정답?

근거: 1 단락 ❶, ❷번째 문장

'이야기 글에 빠져서는 안 되는 3가지 요소가 있다. 바로 인물, 사건, 배경이다.'라고 했어요. 따라서 빈칸에 들어갈 말은 이 글의 중심 낱말인 '인물', '사건', '배경'이에요.

02 정답 (1) © (2) © (3) ㉠ ·········· 내용 이해하기

왜 정답?

(1) 근거: 5 단락 ❶번째 문장
'배경이란 일이 일어나는 시간과 장소, 환경을 말한다.'라고 했어요. 따라서 ©과 연결해야 해요.

(2) 근거: 3 단락 ❶번째 문장
'사건이란 이야기 속에서 인물들이 겪거나 벌이는 일을 말한다.'라고 했어요. 따라서 ©과 연결해야 해요.

(3) 근거: 1 단락 ❸번째 문장
'인물은 일정한 상황에서 어떤 역할을 하는 사람을 뜻한다.'라고 했어요. 따라서 ㉠과 연결해야 해요.

03 정답 ② ·········· 내용 이해하기

왜 정답?

② 근거: 5 단락 ❷번째 문장
시대적 배경이란 '일이 일어난 당시의 사회 및 시대 상황'이라고 했어요. '개인적'이란 각각의 사람에 관계된 것을 말해요. 따라서 인물이 처한 개인적인 상황은 시대적 배경이 아니에요.

왜 오답?

① 근거: 6 단락 ❹번째 문장
'배경은 인물의 성격과 행동에 영향을 주고, 장면을 인상적으로 만드는 등 글의 분위기를 좌우한다.'라고 했으므로 맞는 내용이에요.

③ 근거: 3 단락 ❷번째 문장
'사건과 사건이 이어질 때는 보통 시간의 흐름이 변하거나 장소가 바뀐다.'라고 했으므로 맞는 내용이에요.

④ 근거: 4 단락 ❹번째 문장
'글쓴이는 특정한 의도에 따라 사건이 진행되는 순서를 다르게 할 수 있다.'라고 했으므로 맞는 내용이에요.

⑤ 근거: 5 단락 ❷번째 문장
'일이 일어나는 시간을 시간적 배경, 일이 일어나는 장소를 공간적 배경'이라고 했으므로 맞는 내용이에요.

04 정답 말, 행동 ·········· 내용 이해하기

왜 정답?

근거: 2 단락 ❹, ❺번째 문장

'이야기는 인물의 말과 행동을 중심으로 내용이 전개된다.'라고 했고, 그래서 앞으로 전개될 이야기가 어떤 내용인지 짐작해 볼 수 있다고 했어요. 따라서 빈칸에 들어갈 말은 '말', '행동'이에요.

05 정답 (1) 찬희, 수지 (2) 예 찬희가 쓰레기를 줍는 수지를 보고 친구가 되고 싶다고 생각한 일 (3) 5학년이 된 첫날 (4) 교실

서술형 채점 기준

(1) 근거: 1 단락 ❸번째 문장
'인물은 일정한 상황에서 어떤 역할을 하는 사람을 뜻한다.'라고 했어요. 이야기 글에 등장하는 인물은 찬희와 수지예요. 따라서 '찬희'와 '수지'를 쓰면 정답이에요.

(2) 근거: 3 단락 ❶번째 문장
'사건이란 이야기 속에서 인물들이 겪거나 벌이는 일을 말한다.'라고 했어요. 수지가 교실 뒤쪽의 쓰레기를 줍는 것을 본 찬희는 수지와 친구가 되고 싶다고 생각했어요. 이 일이 바로 사건이에요. 따라서 '수지가 쓰레기를 주운 일'과 '찬희가 수지를 보고 친구가 되고 싶다고 생각한 일'을 쓰면 정답이에요.

(3) 근거: 5 단락 ❷번째 문장
'일이 일어나는 시간을 시간적 배경'이라고 했어요. 이야기 글에 '5학년이 된 첫날'이라는 시간적 배경이 나와요. 이 말을 그대로 쓰면 정답이에요.

(4) 근거: 5 단락 ❷번째 문장
'일이 일어나는 장소를 공간적 배경'이라고 했어요. 이야기 글에 '교실'이라는 공간적 배경이 나와요. 이 말을 그대로 쓰면 정답이에요.

배경지식

자신의 생각을 쓰는 글, 수필

수필에 대해서 들어본 적 있나요? 수필은 자신의 생각이나 생활 속에서 보고 느낀 것을 적은 글이에요. 수필은 정해진 형식이 없어서 일상생활에서 보고 듣고 느끼는 것을 자유롭게 쓰면 돼요. 많은 사람들이 관심을 갖는 큰일뿐만 아니라 아주 소소한 일도 수필의 소재가 될 수 있어요.

또한 수필은 자신의 생각과 느낌을 적은 글이기 때문에 글쓴이의 생각이 솔직하게 드러나요. 그래서 수필은 '자기표현의 글'이라고도 불릴 만큼 글쓴이의 개성이 뚜렷한 글이에요.

수필에 담겨 있는 삶의 모습은 우리에게 잔잔한 감동과 재미, 교훈을 주어요. 그래서 수필을 읽으면 가슴이 따뜻해진다고 말하는 사람이 많지요.

행운의 수와 불길한 수는 따로 있다?

◯ 각 단락 중심 낱말   ◯ 전체 중심 낱말   [ ] 각 단락 중심 문장   █ 전체 중심 문장

1️⃣ ❶오랜 옛날부터 사람들은 숫자에 여러 가지 의미를 붙였고, 이러한 모습은 오늘날에도 동양과 서양을 가리지 않고 흔히 찾아볼 수 있다. ❷행운을 가져오는 수와 불행을 부르는 수에 대한 동양과 서양의 인식을 알아보자.

2️⃣ ❶[동양 사람들은 아주 오래전부터 3이라는 수를 완벽한 수라고 생각했다.] ❷동양에서는 흔히 우주 만물을 만들어 내는 근원이면서 서로 반대되는 기운인 음과 양이 서로 조화를 이루어야 한다고 생각했다. ❸그래서 홀수 1과 짝수 2가 더해진 숫자 3을 음과 양의 조화가 이루어진 완벽한 수라고 여겨 좋아한 것이다.

3️⃣ ❶[반면, 한자에서 죽음을 뜻하는 글자인 '死(사)'와 소리가 같은 숫자 4는 불행을 부르는 수라고 생각했다.] ❷그래서 오늘날에도 엘리베이터를 보면 4 대신 영어 'Four'의 첫 글자를 따서 F로 표시하는 경우가 많다.

4️⃣ ❶[서양 사람들은 7을 '행운의 숫자'라는 뜻의 '럭키 세븐'이라고 부를 만큼 좋아한다.] ❷그들이 이렇게 7을 좋아하는 것은 종교와 관련이 깊다. ❸성경의 창세기에 따르면 하나님은 6일 동안 만물을 창조하고 7일째 되는 날 편안히 쉬었다고 한다. ❹또한 서양에서는 오래 전부터 3을 하늘의 완전함을 나타내는 숫자로, 4를 땅의 완전함을 나타내는 숫자로 여겨 왔다. ❺그래서 3과 4가 더해진 숫자 7을 하늘과 땅이 완전히 합해진 행운의 수라고 여긴 것이다.

5️⃣ ❶[반면에 서양 사람들은 13이라는 숫자를 불완전하고 불행한 숫자라고 여긴다.] ❷서양에서는 1년을 12달로, 오전과 오후를 각각 12시간으로 나눌 만큼 12를 '완전함'을 뜻하는 수로 생각했다. ❸그래서 12에 1을 더한 수인 13을 완전함을 파괴하는 숫자, 불완전한 숫자라고 생각하여 싫어한 것이다. ❹또한 예수가 제자들과 마지막 만찬을 나눌 때 13번째로 도착한 유다가 예수를 배신하였다는 성경 속 이야기도 서양 사람들이 13을 불길한 수로 여기게 된 것에 영향을 미쳤다.

---

1 단락 요약
행운의 수와 불행을 부르는 수에 대한 동양과 서양의 인식

2 단락 요약
동양에서 완벽한 수로 여겨지는 숫자 3

3 단락 요약
동양에서 불행을 부르는 수로 여겨지는 숫자 4

4 단락 요약
서양에서 행운의 수로 여겨지는 숫자 7

5 단락 요약
서양에서 불길한 수로 여겨지는 숫자 13

✱ 지문 이해

● 이 글은 다양한 예시를 통해 숫자에 대한 동양과 서양의 인식을 알아보는 설명문입니다. 동양에서는 숫자 3을 완벽한 수라고 생각하고, 숫자 4를 불행을 부르는 수라고 여겨요. 한편, 서양에서는 숫자 7을 행운의 수라고 생각하고, 숫자 13을 불완전하고 불길한 수라고 여겨요.

● 단락 간의 관계
1️⃣단락에서는 동양과 서양의 숫자에 대한 인식을 알아보자고 하고 있어요.
2️⃣단락과 3️⃣단락에서는 동양에서 완벽하거나 불길하다고 여기는 숫자를 각각 소개하고 있어요.
4️⃣단락과 5️⃣단락에서는 서양에서 행운의 수 혹은 불행의 수로 여기는 숫자를 각각 소개하고 있어요.

● 글의 구조도

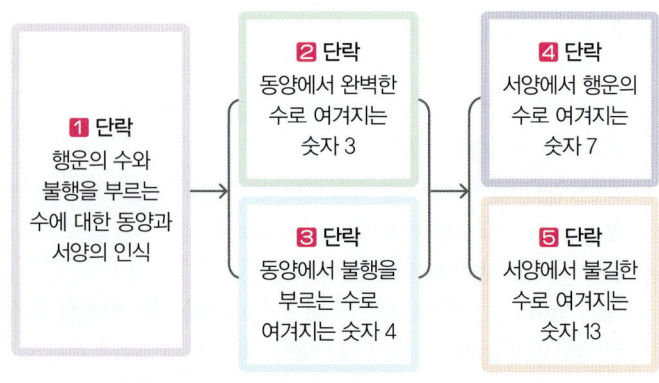

```
1 단락                   2 단락                   4 단락
행운의 수와       →      동양에서 완벽한    →     서양에서 행운의
불행을 부르는            수로 여겨지는            수로 여겨지는
수에 대한 동양과          숫자 3                   숫자 7
서양의 인식
                         3 단락                   5 단락
                         동양에서 불행을          서양에서 불길한
                         부르는 수로              수로 여겨지는
                         여겨지는 숫자 4          숫자 13
```

● 주제: 행운의 숫자와 불길한 숫자에 대한 동양과 서양의 인식

01 정답 숫자 ·· 중심 낱말 찾기

왜 정답?

근거: ①단락 ❶번째 문장, ②~⑤단락 전체

①단락에서 '오랜 옛날부터 사람들은 숫자에 여러 가지 의미를 붙였다'고 했어요. 그리고 ②~⑤단락에서는 동양과 서양에서 행운의 수 혹은 불길한 수라고 여기는 숫자들을 소개하고 있어요.
따라서 빈칸에 들어갈 말은 '숫자'예요.

02 정답 홀수, 짝수, 하늘, 땅 ············· 내용 이해하기

왜 정답?

㉠, ㉡ 근거: ②단락 ❸번째 문장
　숫자 3에 대한 동양 사람들의 인식을 이야기하며 '홀수 1과 짝수 2가 더해진 숫자 3을 음과 양의 조화가 이루어진 완벽한 수라고 여겨 좋아한 것이다.'라고 했어요.
　따라서 ㉠에는 '홀수', ㉡에는 '짝수'를 써넣어야 해요.

㉢, ㉣ 근거: ④단락 ❹, ❺번째 문장
　'서양에서는 오래전부터 3을 하늘의 완전함을 나타내는 숫자로, 4를 땅의 완전함을 나타내는 숫자로 여겨 왔다. 그래서 3과 4가 더해진 숫자 7을 하늘과 땅이 완전히 합해진 행운의 수라고 여긴 것이다.'라고 했어요.
　따라서 ㉢에는 '하늘', ㉣에는 '땅'을 써넣어야 해요.

03 정답 ④ ··· 내용 이해하기

왜 정답?

④ 근거: ①단락 ❶번째 문장
　'오랜 옛날부터 사람들은 숫자에 여러 가지 의미를 붙였고, 이러한 모습은 오늘날에도 동양과 서양을 가리지 않고 흔히 찾아볼 수 있다.'라고 했으므로 틀린 내용이에요.

왜 오답?

① 근거: ③단락 ❶번째 문장
　'한자에서 죽음을 뜻하는 글자인 '死(사)'와 소리가 같은 숫자 4'라고 했으므로 맞는 내용이에요.

② 근거: ⑤단락 ❸번째 문장
　'12에 1을 더한 수인 13을 완전함을 파괴하는 숫자, 불완전한 숫자라고 생각하여 싫어한 것이다.'라고 했으므로 맞는 내용이에요.

③ 근거: ②단락 ❷번째 문장
　'동양에서는 흔히 ~ 서로 반대되는 기운인 음과 양이 서로 조화를 이루어야 한다고 생각했다.'라고 했으므로 맞는 내용이에요.

⑤ 근거: ③단락 전체
　동양 사람들의 수에 대한 인식을 이야기하며 '숫자 4는 불행을 부르는 수라고 생각했다. 그래서 오늘날에도 엘리베이터를 보면 4 대신 영어 'Four'의 첫 글자를 따서 F로 표시하는 경우가 많다.'라고 했으므로 맞는 내용이에요.

04 정답 ③ ··· 내용 적용하기

다음 중 2단락에 추가할 수 있는 예시로 가장 알맞은 것은 무엇인가요?

• 2단락에 추가할 수 있는 예시: ②단락에서는 숫자 3에 대한 동양 사람들의 인식을 설명하고 있으므로, 이와 관련된 내용을 예시로 들 수 있어요.

즘 숫자 3에 대한 동양 사람들의 인식을 이해하고, 이에 대한 예시가 될 수 있는 상황을 고르는 문제예요.

왜 정답?

③ ②단락에서는 동양 사람들이 완벽한 수라고 여기는 숫자 3에 대해 설명하고 있어요. 그리고 가위바위보로 승부를 결정할 때 세 번씩 하는 경우가 많은 것은 숫자 3과 관련된 예시이므로 ②단락에 추가할 수 있어요.

왜 오답?

① 동양 사람들이 숫자 4를 불길한 수로 여기는 것과 관련된 예시이므로 ③단락에 추가할 수 있어요.

② 서양 사람들이 숫자 13을 불길한 수로 여기는 것과 관련된 예시이므로 ⑤단락에 추가할 수 있어요.

④ 동양 사람들이 숫자 4를 불길한 수로 여기는 것과 관련된 예시이므로 ③단락에 추가할 수 있어요.

⑤ 서양 사람들이 숫자 7을 행운의 수로 여기는 것과 관련된 예시이므로 ④단락에 추가할 수 있어요.

05 정답 종교와 관련이 깊다

서술형 채점 기준 – 근거: ④단락 ❷번째 문장

④단락과 ⑤단락에서 숫자 7과 13에 대한 서양 사람들의 인식에는 성경 속 이야기가 영향을 주었다고 설명하고 있어요. 공통적으로 종교와 관련이 있다는 것이에요. 따라서 ④단락에서 '종교와 관련이 깊다'라는 말을 찾아 쓰면 정답이에요.

배경지식

우리 생활 속 숫자 4

　흔히 숫자 4는 불행을 부르는 수로 여겨져요. 하지만 숫자 4는 우리의 생활 속에서 많이 사용되고 있어요.
　흔히 방향은 동·서·남·북 네 가지로, 계절은 봄·여름·가을·겨울 네 가지로 구분돼요. 또한 네잎 클로버는 행운의 상징으로 알려져 있고, 동양화에서 가장 많이 그려지는 네 가지 식물인 매화, 난초, 국화, 대나무를 '사군자'라고 불러요.
　이 밖에도 농구 선수의 등번호는 4번부터 시작하고, 등번호가 4번인 선수가 팀 주장인 경우가 많아요. 이처럼 숫자 4는 우리 생활 속에서 쉽게 볼 수 있는 친근한 수이기도 해요.

민화에 담긴 조상들의 마음

◯ 각 단락 중심 낱말   ◯ 전체 중심 낱말   [ ] 각 단락 중심 문장   ▨ 전체 중심 문장

1 [◯민화는 말 그대로 백성(民 백성 민)들이 그린 그림(畵 그림 화)이다.❶] 조선 후기에는 ❷ 상공업 등이 발달하여 부를 쌓은 백성들이 늘어나고, 백성들의 삶이 더 여유로워졌다. ❸ 그러자 백성들은 일상생활에서 쉽게 볼 수 있는 해와 달, 나무, 꽃, 닭, 개, 물고기 등이나 옛 ❹ 날부터 전해 오는 이야기, 풍습을 소재로 그림을 그려 집안을 장식했다. 그리는 사람에 제약이 없고 다루는 소재가 다양했던 민화는 그리는 방법에도 일정한 형식이 없었다. 그래 ❺ 서 민화는 정통 회화에 비해 창의적인 표현이 돋보이고 소박하고 익살스러운 멋이 있다.

2 ❶[◯민화에는 여러 가지 종류가 있으며, 보통 무엇을 그렸는지에 따라 종류를 구분한다.] ❷ 우리가 흔히 민화를 생각하면 떠오르는 호랑이와 까치를 그린 그림은 ◯〈작호도〉라고 한다. ❸ 우리 조상들은 까치가 좋은 소식을 전해 주고, 호랑이가 악귀를 막아 준다고 생각했다. ❹ 그래서 복을 불러들이고 악귀를 내쫓고 싶은 바람을 담아 〈작호도〉를 그렸다. ◯〈화조도〉는 ❺ 한 쌍의 새와 꽃을 그린 민화로, 주로 갓 결혼한 부부의 방을 장식하기 위해 그려졌다. ❻ 〈화조도〉에는 정답게 노는 새처럼 부부가 한평생 사이좋게 지내며 함께 늙어가길 바라는 마음이 담겨 있다.

3 ❶[◯〈문자도〉, ◯〈모란도〉, ◯〈어해도〉도 우리 민화의 대표적인 종류이다.] ❷효(孝 효도 효), 충(忠 충성 충), 예(禮 예절 예)와 같은 글자를 그림으로 그린 〈문자도〉는 사람의 도리를 지키며 살아가자는 의미가 담긴 민화이다. ❸ 또한 꽃 중의 왕이라 여겨지는 모란꽃을 그린 〈모란도〉에는 재산이 많아지고 지위가 높아지기를 바라는 마음이 담겨 있다. ❹ 〈어해도〉 는 꽃게를 그린 그림이다. ❺ 꽃게의 껍질을 뜻하는 '갑(甲 갑옷 갑)'이라는 한자가 상징적으로 '첫째' 또는 '으뜸'을 의미하기 때문에 〈어해도〉는 과거 시험에 합격하기를 바라는 마음을 담아 그려졌다.

4 ❶▨이처럼 우리 조상들은 예쁘고 멋진 그림으로 집안을 장식하려는 뜻과 함께, 행복하고 건강하게 살고 싶은 소망을 담아 ◯민화를 그렸다.❷ 그러므로 민화를 감상할 때는 그림에 담긴 의미를 생각해 보고, 그림을 조상들의 생활 모습과 연관 지어 살펴보는 것이 좋다.

---

1 단락 요약
민화의 의미와 발달 배경, 특징

2 단락 요약
민화의 종류 – 〈작호도〉, 〈화조도〉

3 단락 요약
민화의 종류 – 〈문자도〉, 〈모란도〉, 〈어해도〉

4 단락 요약
조상들의 소망이 담겨 있는 민화를 감상하는 방법

✦ 지문 이해

● 이 글은 백성들이 그린 그림인 민화에 대해 알려 주는 설명문입니다. 민화는 그리는 사람과 방법에 제약이 없고 소재가 다양했어요. 일반적으로 무엇을 그렸는지에 따라 민화의 종류를 구분하는데, 호랑이와 까치를 그린 그림은 〈작호도〉, 한 쌍의 새와 꽃을 그린 그림은 〈화조도〉라고 해요. 또한 글자를 그린 그림은 〈문자도〉, 모란꽃을 그린 그림은 〈모란도〉, 꽃게를 그린 그림은 〈어해도〉라고 해요. 우리 조상들은 민화를 그려서 집안을 장식하고 소망을 표현했어요.

● **단락 간의 관계**
1단락에서는 이 글의 중심 낱말인 '민화'의 의미와 특징을 소개하고 있어요.
2단락과 3단락에서는 다양한 민화의 종류를 소개하고 있어요.
4단락에서는 민화에 담긴 우리 조상들의 소망과, 민화를 감상하는 방법을 이야기하며 글을 마무리하고 있어요.

● **글의 구조도**

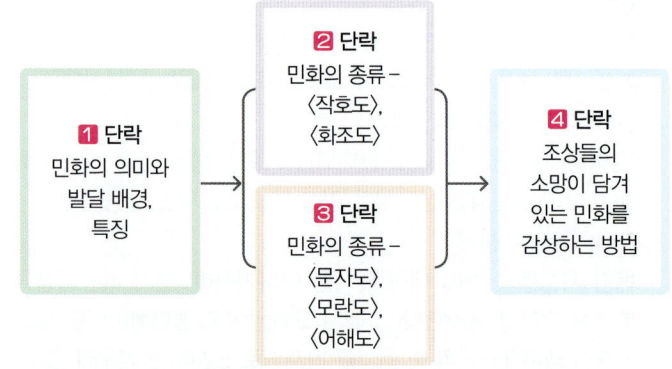

1 단락
민화의 의미와 발달 배경, 특징
→
2 단락
민화의 종류 – 〈작호도〉, 〈화조도〉
3 단락
민화의 종류 – 〈문자도〉, 〈모란도〉, 〈어해도〉
→
4 단락
조상들의 소망이 담겨 있는 민화를 감상하는 방법

● **주제:** 조상들의 소망이 담겨 있는 민화의 의미와 다양한 종류

01 정답 민화 ·················· 중심 낱말 찾기

왜 정답?

②단락에서 '민화에는 여러 가지 종류가 있으며, 보통 무엇을 그렸는지에 따라 종류를 구분한다.'라고 하면서 〈작호도〉, 〈화조도〉를 소개하고 있어요. 이어서 ③단락에서는 〈문자도〉, 〈모란도〉, 〈어해도〉를 소개하고 있어요.
따라서 빈칸에 들어갈 말은 이 글의 중심 낱말인 '민화'예요.

02 정답 상공업, 장식 ·············· 내용 이해하기

왜 정답?

근거: ①단락 ❷, ❸번째 문장
'조선 후기에는 상공업 등이 발달하여 부를 쌓은 백성들이 늘어나고, 백성들의 삶이 더 여유로워졌다.'라고 했고, '그러자 백성들은 일상생활에서 쉽게 볼 수 있는 해와 달, 나무, 꽃, 닭, 개, 물고기 등이나 옛날부터 전해 오는 이야기, 풍습을 소재로 그림을 그려 집안을 장식했다.'라고 했어요.
따라서 빈칸에 들어갈 말은 순서대로 '상공업', '장식'이에요.

03 정답 ③ ·················· 내용 이해하기

왜 정답?

③ **근거**: ①단락 ❸, ❺번째 문장
'민화는 정통 회화에 비해 ~ 소박하고 익살스러운 멋이 있다.'라고 했으므로 민화가 소박하고 익살스럽다는 것은 맞는 설명이에요.
하지만 '백성들은 일상생활에서 쉽게 볼 수 있는 ~ 소재로 그림을 그려 집안을 장식했다.'라고 했으므로, 민화가 집안을 장식하기에 좋지 않았다는 것은 틀린 설명이에요.

왜 오답?

① **근거**: ①단락 ❺번째 문장
'민화는 정통 회화에 비해 창의적인 표현이 돋보'인다고 했으므로 맞는 설명이에요.

② **근거**: ④단락 ❶번째 문장
'우리 조상들은 예쁘고 멋진 그림으로 집안을 장식하려는 뜻과 함께, 행복하고 건강하게 살고 싶은 소망을 담아 민화를 그렸다.'라고 했으므로 맞는 설명이에요.

④ **근거**: ①단락 ❹번째 문장
'그리는 사람에 제약이 없고 다루는 소재가 다양했던 민화는 그리는 방법에도 일정한 형식이 없었다.'라고 했으므로 맞는 설명이에요.

⑤ **근거**: ①단락 ❸번째 문장
'백성들은 일상생활에서 쉽게 볼 수 있는 해와 달, 나무, 꽃, 닭, 개, 물고기 등이나 옛날부터 전해 오는 이야기, 풍습을 소재로 그림을 그려 집안을 장식했다.'라고 했으므로 맞는 설명이에요.

04 정답 ③ ·················· 알맞은 반응 찾기

오른쪽은 민화의 한 종류입니다. 이 그림을 바르게 이해하지 못한 사람은 누구인가요?

- **민화의 한 종류**: 오른쪽 그림에 호랑이와 까치가 있으므로, 이 그림은 민화의 종류 중 〈작호도〉에 해당해요.

- **즉** ②단락에서 설명하고 있는 〈작호도〉를 이해하고, 〈작호도〉에 대해 틀린 말을 한 사람을 찾는 문제예요.

왜 정답?

③ **근거**: ②단락 ❺번째 문장
주어진 그림은 〈작호도〉입니다. 그런데 주로 갓 결혼한 부부의 방을 장식하는 데 쓰인 그림은 〈작호도〉가 아니라 〈화조도〉예요. ②단락에서 '〈화조도〉는 한 쌍의 새와 꽃을 그린 민화로, 주로 갓 결혼한 부부의 방을 장식하기 위해 그려졌다.'라고 한 것을 통해 알 수 있어요.

왜 오답?

① **근거**: ②단락 ❷번째 문장
'호랑이와 까치를 그린 그림은 〈작호도〉라고 한다.'라고 했으므로 〈작호도〉에 대한 바른 이해예요.

② **근거**: ②단락 ❸번째 문장
'우리 조상들은 까치가 좋은 소식을 전해' 준다고 생각했다고 했으므로 〈작호도〉에 대한 바른 이해예요.

④ **근거**: ②단락 ❸번째 문장
'우리 조상들은 ~ 호랑이가 악귀를 막아 준다고 생각했다.'라고 했으므로 〈작호도〉에 대한 바른 이해예요.

⑤ **근거**: ②단락 ❹번째 문장
'복을 불러들이고 악귀를 내쫓고 싶은 바람을 담아 〈작호도〉를 그렸다.'라고 했으므로 〈작호도〉에 대한 바른 이해예요.

05 정답 그림에 담긴 의미를 생각해 보고, 그림을 조상들의 생활 모습과 연관 지어 살펴보는 것이 좋다.

서술형 채점 기준 – **근거**: ④단락 ❷번째 문장
'민화를 감상할 때는 그림에 담긴 의미를 생각해 보고, 그림을 조상들의 생활 모습과 연관 지어 살펴보는 것이 좋다.'라고 했어요. 이 내용을 찾아 쓰면 정답이에요.

다양한 종류의 악기

⭕ 각 단락 중심 낱말　⭕ 전체 중심 낱말　[ ] 각 단락 중심 문장　🟨 전체 중심 문장

1 세상에는 다양한 종류의 ⭕악기가 있으며 새로운 악기도 계속 만들어지고 있다. ②피아노, 탬버린, 트라이앵글과 같이 우리 주변에서 쉽게 볼 수 있는 악기부터 우쿨렐레, 칼림바와 같이 낯선 악기도 있다. ③우리가 알고 있는 악기들을 기준을 정해 정리해 본다면 어떻게 나눌 수 있을까? ④[악기의 종류가 다양하듯 악기를 나누는 기준 역시 다양하다.]

1단락 요약: 악기의 종류와 악기를 나누는 기준의 다양함

2 ①[먼저, ⭕악기가 어디서 만들어지고 연주되었는지에 따라 전통 악기와 다른 나라의 악기로 분류할 수 있다.] ②가야금, 태평소, 소고, 꽹과리, 북, 장구, 징, 거문고 등 옛날부터 우리 조상들이 사용하던 악기를 전통 악기라고 한다. ③반면 바이올린, 기타, 피아노, 클라리넷, 플루트, 드럼 등 다른 나라에서 만들어지고 연주되던 악기는 다른 나라의 악기로 분류할 수 있다.

2단락 요약: 악기의 분류 – 어디서 만들어지고 연주되었는지에 따라

3 ①[⭕악기를 소리 내는 방법에 따라 분류할 수도 있다.] ②바이올린, 첼로, 거문고, 가야금 등은 줄을 활로 켜거나 손가락으로 뜯어 소리를 낸다. ③이러한 악기들은 현악기라고 한다. ④그리고 플루트, 클라리넷, 색소폰, 피리, 단소, 대금 등은 입으로 불어서 악기 안의 공기를 진동시켜 소리를 낸다. ⑤이러한 악기들은 관악기라고 한다. ⑥마지막으로 타악기는 두드려서 소리를 내는 악기를 통틀어 이르는 말이다. ⑦북, 탬버린, 실로폰, 캐스터네츠, 꽹과리, 장구, 징 등이 타악기이다.

3단락 요약: 악기의 분류 – 소리 내는 방법에 따라

4 ①[⭕악기를 만드는 재료에 따라서도 분류할 수 있다.] ②단소, 가야금, 기타, 바이올린, 거문고, 첼로 등은 나무로 만든 악기이다. ③색소폰, 호른, 트럼펫, 피콜로, 심벌즈, 트라이앵글, 꽹과리, 징 등은 금속으로 만든 악기이고, 북, 장구, 드럼, 소고 등은 가죽을 이용해 만든 악기이다.

4단락 요약: 악기의 분류 – 만드는 재료에 따라

5 ①🟨이처럼 다양한 ⭕악기들은 특성에 따라 여러 가지 기준으로 분류할 수 있다. ②내가 가장 좋아하는 악기는 어떤 기준에 따라, 어떤 악기로 분류할 수 있을지 생각해 보자.

5단락 요약: 여러 가지 기준으로 분류할 수 있는 악기

01 [정답] ①

3단락에서는 악기를 소리 내는 방법에 따라 현악기, 관악기, 타악기로 분류할 수 있다고 설명하고 있어요. 따라서 이 내용을 포함하고 있는 ①번째 문장이 중심 문장이에요.

02 [정답] ③

4단락 ❸번째 문장에서 '북, 장구, 드럼, 소고 등은 가죽을 이용해 만든 악기이다.'라고 했어요.

03 [정답] 소리 내는 방법, 관악기

3단락 ❶, ❹, ❺번째 문장에서 '악기를 소리 내는 방법에 따라 분류할 수 있'으며, '플루트, 클라리넷, 색소폰, 피리, 단소, 대금 등은 ~ 관악기라고 한다.'라고 했어요.

04 [정답] ④

2단락에서 거문고는 전통 악기, 바이올린은 다른 나라의 악기라고 했어요. 그런데 3단락 ❷, ❸번째 문장에서 '바이올린, 첼로, 거문고, 가야금 등은 ~ 현악기라고 한다.'라고 했으므로, 거문고와 바이올린은 현악기라는 공통점이 있어요.

✖ 지문 이해

● 이 글은 악기를 분류하는 세 가지 기준을 알려 주는 설명문입니다. 우선 악기는 어디서 만들어지고 연주되었는지에 따라 전통 악기와 다른 나라의 악기로 분류돼요. 그리고 악기는 소리 내는 방법에 따라 현악기, 관악기, 타악기로도 분류할 수 있어요. 마지막으로 악기는 만드는 재료가 나무, 금속, 가죽 중 무엇인지에 따라서도 분류돼요.

● 단락 간의 관계
1단락에서는 다양한 악기의 종류를 소개하고, 악기를 나누는 기준도 다양하다고 이야기하고 있어요.
2~4단락에서는 악기를 분류하는 세 가지 기준을 설명하고 있어요.
5단락에서는 악기가 다양한 기준으로 분류된다는 점을 정리하며 글을 마무리하고 있어요.

● 글의 구조도

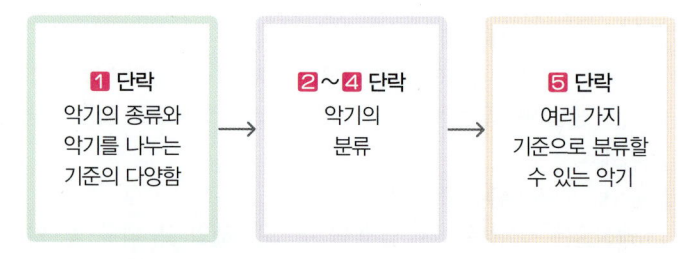

1 단락	2~4 단락	5 단락
악기의 종류와 악기를 나누는 기준의 다양함	악기의 분류	여러 가지 기준으로 분류할 수 있는 악기

● 주제: 다양한 기준으로 분류할 수 있는 악기

우리 민족을 하나로 이끈 3·1 운동

○ 각 단락 중심 낱말   ◯ 전체 중심 낱말   [ ] 각 단락 중심 문장   ▨ 전체 중심 문장

1 해마다 3월 1일이 되면 태극기를 조기로 달아야 할지 고민해 본 적이 있을 것이다. 3월 1일에는 우리나라의 독립을 위해 희생된 많은 사람들의 죽음을 슬퍼하고 기리기 위해 조기를 달아야 할 것 같기 때문이다. [하지만 이 날은 민족이 하나 되어 대한민국의 자주독립을 외친 경축일이므로 조기를 달지 않는다.] 우리 민족의 힘을 보여 주었다고 평가받는 3·1 운동은 어떤 운동이었고, 어떤 의미를 가질까?

2 일제의 식민 통치가 시작된 지 10년이 흘렀을 때, 일제의 탄압으로 국내에서 항일 운동을 하는 사람들을 거의 찾아볼 수 없었다. 그러던 중 1919년 종교 지도자들을 중심으로 우리 민족의 독립 의지를 세계에 알리기 위한 저항 운동이 일어났다. 그것이 바로 3·1 운동이다.

3 3·1 운동은 현재 서울 종로구에 위치한 탑골 공원에서 시작되어 각 지방과 우리 동포들이 살고 있는 해외로까지 빠르게 퍼져 나갔다. [대규모 민족 운동이 되어 모든 사람들이 거리로 뛰쳐나와 독립 선언서를 읽고 태극기를 흔들며 독립 만세를 외친 것이다.] 일제의 탄압으로 도시에서 독립 만세 운동을 벌이기 힘들어질 때는 농촌에서 독립 만세 운동이 계속되는 식으로 3개월 동안 약 1500번의 만세 운동이 일어났다. 또한 처음에는 학생들과 종교인들이 중심이 되어 만세 운동을 하였지만, 점차 노동자, 농민, 상인 등 다양한 사람들이 참여하여 약 200만 명이 독립 만세를 외쳤다고 한다.

4 일제는 사람들에게 총을 쏘거나 칼을 휘두르고 불을 지르는 등 평화적으로 3·1 운동을 하는 사람들을 잔인하게 탄압하였다. _____(가)_____ 우리 민족은 일제의 탄압에 굴하지 않고 대한민국 임시 정부를 만들어 다양한 독립운동을 계속 펼쳐 갔다. [3·1 운동이 독립운동의 중요한 전환점이 된 것이다. 또한 3·1 운동은 우리 민족을 하나로 모으는 계기가 되었을 뿐만 아니라 우리와 같이 식민 통치로 고통받고 있던 다른 아시아 나라들의 독립운동에도 큰 영향을 주었다.]

1 단락 요약
3·1 운동이 일어난 날에 조기를 달지 않는 이유

2 단락 요약
우리 민족의 독립 의지를 세계에 알리기 위해 일어난 3·1 운동

3 단락 요약
대규모 민족 운동이 된 3·1 운동

4 단락 요약
3·1 운동의 영향

··· ✱ 지문 이해

● 이 글은 3·1 운동이 어떤 운동이고, 어떤 영향을 끼쳤는지 알려 주는 설명문입니다. 3·1 운동은 1919년에 우리 민족이 하나 되어 대한민국의 자주독립을 외친 저항 운동이에요. 처음에는 학생들과 종교인들을 중심으로 시작되었지만, 점차 많은 사람들이 참여하여 대규모 민족 운동이 되었어요. 이러한 3·1 운동은 우리나라 독립운동의 전환점이 되고, 다른 아시아 나라들의 독립운동에도 영향을 미쳤어요.

● **단락 간의 관계**
1 단락에서는 3월 1일이 경축일임을 설명하면서 이 글 전체의 중심 낱말인 '3·1 운동'에 대해 물음을 던지고 있어요.
2 단락과 3 단락에서는 3·1 운동이 시작되어 대규모 민족 운동이 된 과정을 설명하고 있어요.
4 단락에서는 3·1 운동의 영향을 설명하고 있어요.

● **글의 구조도**

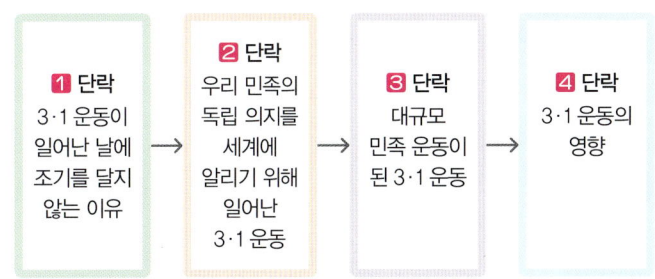

● **주제**: 3·1 운동이 일어나고 확대된 과정과 그 영향

01 [정답] ② 중심 문장 찾기

> 왜 정답 ?

②단락의 중심 낱말은 '3·1 운동'이에요. 그리고 ②단락에서는 3·1 운동이 일어난 일을 설명하고 있어요. 따라서 중심 문장은 '그러던 중 1919년 종교 지도자들을 중심으로 우리 민족의 독립 의지를 세계에 알리기 위한 저항 운동이 일어났다. 그것이 바로 3·1 운동이다.'예요.

02 [정답] ③ 내용 이해하기

> 왜 정답 ?

③ 근거: ③단락 ❹번째 문장
3·1 운동에 참여한 사람들을 이야기하며 '처음에는 학생들과 종교인들이 중심이 되어 만세 운동을 하였지만, 점차 노동자, 농민, 상인 등 다양한 사람들이 참여'했다고 했어요. 따라서 '참여한 사람들'에 '노동자를 뺀 일부 사람들'이라고 적은 것은 틀린 내용이에요.

> 왜 오답 ?

① 근거: ②단락 ❷, ❸번째 문장
'1919년 종교 지도자들을 중심으로 우리 민족의 독립 의지를 세계에 알리기 위한 저항 운동이 일어났다. 그것이 바로 3·1 운동이다.'라고 했으므로 맞는 내용이에요.

② 근거: ③단락 ❶번째 문장
'3·1 운동은 현재 서울 종로구에 위치한 탑골 공원에서 시작되어 각 지방과 우리 동포들이 살고 있는 해외로까지 빠르게 퍼져 나갔다.'라고 했으므로 맞는 내용이에요.

④ 근거: ②단락 ❷번째 문장
'우리 민족의 독립 의지를 세계에 알리기 위'해 3·1 운동이 일어났다고 했으므로 맞는 내용이에요.

⑤ 근거: ④단락 ❸, ❹번째 문장
'3·1 운동이 독립운동의 중요한 전환점이 된 것이다.'라고 했고, 이어서 '3·1 운동은 우리 민족을 하나로 모으는 계기가 되었을 뿐만 아니라 우리와 같이 식민 통치로 고통받고 있던 다른 아시아 나라들의 독립운동에도 큰 영향을 주었다.'라고 했으므로 맞는 내용이에요.

03 [정답] ③ 알맞은 반응 찾기

> 왜 정답 ?

③ 근거: ④단락 ❹번째 문장
'3·1 운동은 우리 민족을 하나로 모으는 계기가 되었'다고 했어요. 즉, 3·1 운동이 우리 민족이 전국 곳곳으로 흩어지는 계기가 된 것은 아니에요.

> 왜 오답 ?

① 근거: ③단락 ❶번째 문장
'3·1 운동은 현재 서울 종로구에 위치한 탑골 공원에서 시작되어 각 지방과 우리 동포들이 살고 있는 해외로까지 빠르게 퍼져 나갔다.'라고 했으므로 맞는 반응이에요.

② 근거: ①단락 ❹번째 문장
'우리 민족의 힘을 보여 주었다고 평가받는 3·1 운동'이라고 했으므로 맞는 반응이에요.

④ 근거: ④단락 ❶번째 문장
'일제는 사람들에게 총을 쏘거나 칼을 휘두르고 불을 지르는 등 평화적으로 3·1 운동을 하는 사람들을 잔인하게 탄압하였다.'라고 했으므로 맞는 반응이에요.

⑤ 근거: ④단락 ❷번째 문장
'우리 민족은 일제의 탄압에 굴하지 않고 대한민국 임시 정부를 만들어 다양한 독립운동을 계속 펼쳐 갔다.'라고 했으므로 맞는 반응이에요.

04 [정답] ② 올바른 접속어 찾기

> 왜 정답 ?

② ㈎의 앞부분에서는 일제가 3·1 운동을 하는 사람들을 잔인하게 탄압하였다고 했고, ㈎의 뒷부분에서는 이러한 탄압에 굴하지 않고 우리 민족이 독립운동을 계속했다고 했어요. ㈎의 앞 내용으로부터 예상되는 결과와 다른 내용이 ㈎ 뒤에 이어지고 있는 것이에요.
이럴 때 사용할 수 있는 이어 주는 말은 '그럼에도'예요.

> 왜 오답 ?

① '그리고'는 앞 내용과 비슷한 내용이 뒤에 이어질 때 쓰는 말이므로 ㈎에 들어갈 말이 아니에요.

③ '왜냐하면'은 앞 내용의 원인이 되는 내용이 뒤에 이어질 때 쓰는 말이므로 ㈎에 들어갈 말이 아니에요.

④ '그러므로'는 앞 내용이 뒤 내용의 이유나 근거가 될 때 쓰는 말이므로 ㈎에 들어갈 말이 아니에요.

⑤ '예를 들면'은 앞 내용의 예시가 뒤에 이어질 때 쓰는 말이므로 ㈎에 들어갈 말이 아니에요.

05 [정답] 예 3월 1일은 민족이 하나 되어 대한민국의 자주독립을 외친 경축일이기 때문이다

[서술형] 채점 기준 – 근거: ①단락 ❸번째 문장

3·1 운동이 일어난 날은 '민족이 하나 되어 대한민국의 자주독립을 외친 경축일이므로 조기를 달지 않는다.'라고 했어요. 3월 1일 혹은 3·1 운동이 일어난 날이 '경축일'이라는 내용이 들어가면 정답이에요.

거꾸로 돌려도 같은 도형

◯ 각 단락 중심 낱말　◯ 전체 중심 낱말　[ ] 각 단락 중심 문장　▨ 전체 중심 문장

1 ❶한글이 적힌 낱말 카드를 거꾸로 돌려서 읽을 때 헷갈리는 경우가 있다. 'ㄹ, ㅁ, ㅇ' 등은 거꾸로 돌려도 같은 모양이라 읽는 데 문제가 없지만, 'ㄱ, ㄴ, ㄷ, ㅂ, ㅅ, ㅈ' 등은 ❷바로 읽기 어려울 수 있다. ❸[그렇다면 어떤 글자, 어떤 도형이 거꾸로 돌려도 같은 모양이 되는 것일까?]

2 ❶원이나 정사각형의 중심에 핀을 꽂고 180° 돌리면 처음 도형과 완전히 겹쳐진다. 하지만 삼각형의 중심에 핀을 꽂고 180° 돌리면 처음 도형과 완전히 겹쳐지지 않는다. ❷원이나 정사각형처럼 한 점을 중심으로 180° 돌렸을 때 처음 도형과 완전히 겹쳐지는 도형을 ❸점대칭도형이라고 한다. ❹이때 중심이 되는 점을 대칭의 중심이라고 하며, 점대칭도형에서 대칭의 중심은 단 1개뿐이다.

3 ❶[그렇다면 점대칭도형은 어떤 성질을 가지고 있을까?] ❷대칭의 중심을 기준으로 하여 도형을 180° 돌렸을 때 겹쳐지는 점을 대응점, 겹쳐지는 변을 대응변, 겹쳐지는 각을 대응각이라고 한다. ❸완전히 겹쳐지는 점대칭도형에서 대응변의 길이는 서로 같고, 대응각의 크기도 서로 같을 수밖에 없다. ❹또한 각각의 대응점에서 대칭의 중심까지의 거리는 같다. ❺즉, 점대칭도형의 대응점끼리 이은 선분은 대칭의 중심에 의해 똑같이 나누어지는데, 이를 '이등분된다'라고 한다.

4 ❶[또, 한 점을 중심으로 2개의 도형을 180° 돌렸을 때 두 도형이 완전히 겹쳐지는 경우도 있다. ❷이때는 두 도형이 점대칭의 위치에 있다고 하며, 두 도형을 '점대칭의 위치에 있는 도형'이라고 한다.] ❸⑦점대칭의 위치에 있는 도형도 점대칭도형이 가지고 있는 성질을 똑같이 가지고 있다.

5 ❶['ㄹ, ㅁ, ㅇ'을 거꾸로 돌려도 읽는 데 문제가 없는 이유는 이 글자들이 점대칭도형처럼 한 점을 중심으로 180° 돌렸을 때 처음 글자와 완전히 겹쳐지기 때문이다.] ❷한글 외에도 영어나 숫자 같은 기호, 혹은 일상에서 볼 수 있는 다양한 모양들을 180° 돌려 보면서 점대칭도형과 같은 성질을 갖는 것이 무엇인지 찾아보자.

---

1 단락 요약
거꾸로 돌려도 같은 모양인 글자나 도형

2 단락 요약
점대칭도형의 개념

3 단락 요약
점대칭도형의 성질

4 단락 요약
점대칭의 위치에 있는 도형의 개념

5 단락 요약
ㄹ, ㅁ, ㅇ을 거꾸로 돌려 읽어도 문제가 없는 이유

✱ **지문 이해**

● 이 글은 점대칭도형의 개념과 성질을 알려 주는 설명문입니다. 점대칭도형은 한 점을 중심으로 180° 돌렸을 때 처음 도형과 완전히 겹쳐지는 도형이에요. 점대칭도형에서 대응변의 길이와 대응각의 크기는 서로 같고, 대응점을 이은 선분은 대칭의 중심에 의해 이등분돼요. 또, 점대칭의 위치에 있는 도형도 이러한 성질을 똑같이 가져요.

● **단락 간의 관계**
　1 단락에서 거꾸로 돌려도 같은 모양이 되는 글자에 대해 이야기하고 있어요.
　2 단락과 3 단락에서는 점대칭도형의 개념과 성질을 설명하고 있어요.
　4 단락에서는 점대칭의 위치에 있는 도형을 소개하고 있어요.
　5 단락에서는 1 단락의 내용과 연관 지어 글을 마무리하고 있어요.

● **글의 구조도**

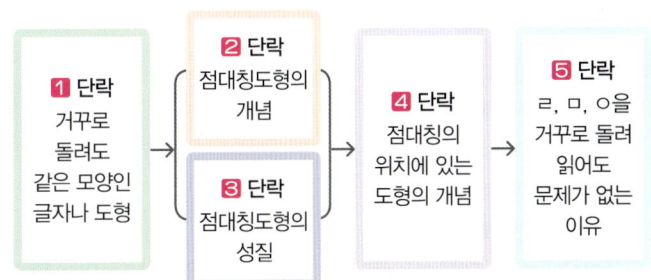

● **주제:** 점대칭도형과 점대칭의 위치에 있는 도형의 개념과 성질

01 [정답] ③ ⸺⸺⸺⸺⸺⸺ 중심 문장 찾기

왜 정답?

②단락의 중심 낱말은 '점대칭도형'이에요. 그리고 ②단락에서는 점대칭도형이 무엇인지 설명하고 있어요.
따라서 중심 문장은 '원이나 정사각형처럼 한 점을 중심으로 180° 돌렸을 때 처음 도형과 완전히 겹쳐지는 도형을 '점대칭도형'이라고 한다.'예요.

02 [정답] ④ ⸺⸺⸺⸺⸺⸺ 내용 이해하기

왜 정답?

④ **근거:** ③단락 ❷번째 문장
점대칭도형의 성질을 이야기하며 '대칭의 중심을 기준으로 하여 도형을 180° 돌렸을 때 겹쳐지는 점을 대응점'이라고 했어요.
따라서 점대칭도형을 180° 돌렸을 때 겹쳐지는 점을 '대칭의 중심'이라고 한다는 것은 틀린 내용이에요.

왜 오답?

① **근거:** ②단락 ❶, ❸번째 문장
'원이나 정사각형의 중심에 핀을 꽂고 180° 돌리면 처음 도형과 완전히 겹쳐진다.'라고 했고, '원이나 정사각형처럼 한 점을 중심으로 180° 돌렸을 때 처음 도형과 완전히 겹쳐지는 도형을 '점대칭도형'이라고 한다.'라고 했어요.
따라서 원과 정사각형은 점대칭도형이에요.

② **근거:** ①단락 ❷번째 문장
"ㄹ, ㅁ, ㅇ' 등은 거꾸로 돌려도 같은 모양'이라고 했으므로 맞는 내용이에요.

③ **근거:** ①단락 ❷번째 문장
"ㄹ, ㅁ, ㅇ' 등은 거꾸로 돌려도 같은 모양이라 읽는 데 문제가 없지만, 'ㄱ, ㄴ, ㄷ, ㅂ, ㅅ, ㅈ' 등은 바로 읽기 어려울 수 있다.'라고 했으므로 맞는 내용이에요.

⑤ **근거:** ④단락 ❶, ❷번째 문장
'한 점을 중심으로 2개의 도형을 180° 돌렸을 때 두 도형이 완전히 겹쳐지는 경우도 있다. 이때는 ~ 두 도형을 '점대칭의 위치에 있는 도형'이라고 한다.'라고 했으므로 맞는 내용이에요.

03 [정답] (1) ○ (2) ○ (3) × ⸺⸺⸺⸺ 내용 이해하기

왜 정답?

(1) **근거:** ②단락 ❹번째 문장
'점대칭도형에서 대칭의 중심은 단 1개뿐이다.'라고 했으므로 맞는 설명이에요.

(2) **근거:** ③단락 ❺번째 문장
'점대칭도형의 대응점끼리 이은 선분은 대칭의 중심에 의해 똑같이 나누어지는데, 이를 '이등분된다'라고 한다.'라고 했으므로 맞는 설명이에요.

(3) **근거:** ③단락 ❸번째 문장
'완전히 겹쳐지는 점대칭도형에서 대응변의 길이는 서로 같고, 대응각의 크기도 서로 같을 수밖에 없다.'라고 했으므로 틀린 설명이에요.

04 [정답] 같고, 같을 ⸺⸺⸺⸺⸺⸺ 내용 추측하기

> 다음은 연지가 ㈎에 대해 이해한 내용입니다. 빈칸에 들어갈 말에 ○표를 하세요.

- ㈎: '점대칭의 위치에 있는 도형도 점대칭도형이 가지고 있는 성질을 똑같이 가지고 있다.'라는 문장이에요.

- **연지가 ㈎에 대해 이해한 내용:** 점대칭도형과 점대칭의 위치에 있는 도형의 성질이 같다는 점을 바탕으로 점대칭의 위치에 있는 도형의 대응점, 대응변, 대응각에 대해 이해하고 있어요.

- 🟥 **즉** 점대칭도형의 성질을 바탕으로 점대칭의 위치에 있는 도형의 성질을 추측하는 문제예요.

왜 정답?

근거: ③단락 ❸번째 문장
'점대칭도형에서 대응변의 길이는 서로 같고, 대응각의 크기도 서로 같을 수밖에 없다.'라고 했어요. 따라서 점대칭의 위치에 있는 도형도 대응변의 길이와 대응각의 크기가 서로 같을 거예요.
첫 번째 빈칸에 들어갈 말은 '같고'예요.

근거: ③단락 ❹번째 문장
'각각의 대응점에서 대칭의 중심까지의 거리는 같다.'라고 했어요. 따라서 점대칭의 위치에 있는 도형도 각각의 대응점에서 대칭의 중심까지의 거리가 같을 거예요.
두 번째 빈칸에 들어갈 말은 '같을'이에요.

------------------------------- 배경지식

영국 국기는 점대칭일까? 선대칭일까?

영국 국기를 본 적이 있나요? 영국 국기는 파란색 바탕에 흰색 테두리를 두른 빨간색 선들이 교차한 모양이에요. 영국 국기는 언뜻 보면 좌우가 똑같이 생긴 것 같지만 자세히 살펴보면 좌우에 있는 흰색 테두리의 두께가 달라요. 그래서 세로로 절반을 접어도, 가로로 절반을 접어도 대칭을 이루지 못해요.

그렇다면 영국 국기는 절대로 대칭을 이루지 못할까요? 영국 국기도 대칭을 이룰 수 있어요. 국기의 중심이 되는 점을 기준으로 국기를 180° 돌리면 처음 모양과 완전히 겹쳐져요. 즉, 영국 국기는 선대칭은 되지 않지만 점대칭은 되는 모양인 것이지요.

조선 시대의 신분 제도

⬭ 각 단락 중심 낱말 　◯ 전체 중심 낱말 　[ ] 각 단락 중심 문장 　▨ 전체 중심 문장

① 조선 시대를 배경으로 하는 드라마를 보면, 낡은 옷을 입은 하인이 좋은 옷을 차려입은 사람에게 '대감' 혹은 '마님'이라고 하며 섬기는 장면이 자주 나온다. ❷[이는 신분 제도가 존재했던 조선 시대의 사회 모습을 보여 주는 것이다.]

② 조선 시대에는 양천제라는 신분 제도를 바탕으로 양인과 천민이 구분되었다. ❷양인은 일반 백성을, 천민은 노비나 무당 같은 사람들을 말했다. ❸양인은 직업에 따라 유교를 공부하는 선비(사), 농사를 짓는 농민(농), 물건을 만드는 수공업자(공), 물건을 사고파는 상인(상)으로 나뉘었다. ❹그중에서도 선비가 가장 높은 신분이었고, 농민, 수공업자, 상인의 순서로 낮은 신분이었다. ❺이후 시간이 지나면서 양인이 양반, 중인, 상민으로 나누어졌고, 이에 따라 모든 사람이 양반, 중인, 상민, 천민의 네 계층으로 구분되었다.

③ [양반은 관리가 되어 나랏일에 참여하는 사람들로, 많은 혜택을 누렸다.] ❷땅과 노비를 가지고 있었던 양반들은 생산적인 일을 하는 것이 아니라, 관리가 되어 나라를 다스리거나 학자로서 유교 경전을 공부하였다. ❸[중인은 주로 양반을 도와 관청에서 일하거나 의학, 통역과 같은 전문적인 일을 하는 기술자가 되었다.] ❹중인은 상민보다는 신분이 높았으나 양반처럼 높은 관직에 오르기는 어려웠다.

④ [상민은 농업, 상업, 수공업 등의 일을 하던 일반 백성들이었다.] ❷상민의 대부분은 농민이었으며, 농민들은 농사를 지어 거두어들인 곡식의 일부를 세금으로 내거나 땅 주인에게 바쳤다. ❸또한 상민은 16세부터 60세까지 나라를 지키는 군인으로 동원되었으며, 성을 쌓거나 궁궐을 짓는 등 나라에 큰 공사가 있을 때는 나가서 일을 했다. ❹상민은 교육을 받을 수 있고 과거를 통해 관리가 될 수도 있었지만 먹고살기 힘든 경우가 많아 실제로 교육을 받고 관리가 되는 일은 거의 없었다.

⑤ [가장 낮은 신분인 천민은 대부분이 노비로, 나라와 개인의 재산으로 여겨졌다.] ❷또한 당시 가장 천한 일로 여겨졌던 소나 돼지를 잡는 일을 하는 사람들도 천민에 속했다. ❸그래서 천민은 다른 계층 사람들에게 무시를 당하는 경우가 많았다.

⑥ [조선 시대의 신분 제도는 1894년 갑오개혁으로 신분 제도가 사라질 때까지 사람들의 생활에 큰 영향을 미쳤다.] ❷오늘날에도 우리 사회에는 신분 제도의 영향으로 가문이나 족보를 따지는 생각이 남아 있기도 하다.

1 단락 요약
신분 제도가 존재했던 조선 시대의 사회 모습

2 단락 요약
양천제를 바탕으로 네 계층으로 나누어진 조선 시대의 신분

3 단락 요약
조선 시대의 신분 - 양반, 중인

4 단락 요약
조선 시대의 신분 - 상민

5 단락 요약
조선 시대의 신분 - 천민

6 단락 요약
조선 시대 신분 제도의 영향

★ **지문 이해**

● 이 글은 조선 시대의 신분 제도에 대한 설명문입니다. 조선 시대에는 양천제를 바탕으로 모든 사람의 신분이 양반, 중인, 상민, 천민으로 구분되었어요. 각 계층의 사람들은 하는 일과 받을 수 있는 혜택에 차이가 있었어요. 조선 시대의 신분 제도는 당시 사회에 영향을 미쳤고, 오늘날까지 그 영향이 남아 있어요.

● **단락 간의 관계**
① 단락에서는 조선 시대의 신분 제도를 소개하고 있어요.
② 단락에서는 양천제를 바탕으로 했던 조선 시대의 신분 제도를 설명하고 있어요.
③ ~⑤ 단락에서는 조선 시대의 네 가지 신분에 대해 자세히 설명하고 있어요.
⑥ 단락에서는 조선 시대의 신분 제도가 미친 영향을 이야기하고 있어요.

● 글의 구조도

1 단락
신분 제도가 존재했던 조선 시대의 사회 모습
↓
2 단락
양천제를 바탕으로 네 계층으로 나누어진 조선 시대의 신분
↓
3 단락	**4** 단락	**5** 단락
조선 시대의 신분 - 양반, 중인	조선 시대의 신분 - 상민	조선 시대의 신분 - 천민
↓
6 단락
조선 시대 신분 제도의 영향

● 주제: 조선 시대 신분 제도의 구분과 영향

01 [정답] ① ⋯⋯⋯⋯⋯⋯⋯⋯⋯⋯⋯ 중심 문장 찾기

>왜 정답?

④단락의 중심 낱말은 '상민'이고, ④단락에서는 상민이 어떤 신분이었는지 자세히 설명하고 있어요. 가장 중요한 내용은 상민이 일반 백성들이었다는 것이므로, 중심 문장은 '상민은 농업, 상업, 수공업 등의 일을 하던 일반 백성들이었다.'예요.

02 [정답] ④ ⋯⋯⋯⋯⋯⋯⋯⋯⋯ 글쓰기 방식 이해하기

>왜 정답?

④ ③~⑤단락에서는 조선 시대의 신분 제도에 따라 나누어졌던 네 계층의 신분을 자세히 알려 주고 있어요. 즉, 이 글에서는 조선 시대의 신분 제도를 양반, 중인, 상민, 천민이라는 네 계층에 따라 나누어 설명하고 있어요.

>왜 오답?

① ⑥단락에 갑오개혁으로 신분 제도가 사라졌다는 내용은 나오지만, 그 이후에 어떤 문제가 생겼는지는 나오지 않아요.
② 이 글에 신분 제도의 장점과 단점은 나오지 않아요.
③ 이 글에 신분 제도가 생겨난 이유는 나오지 않아요.
⑤ 이 글에 고려 시대의 신분 제도에 대한 내용은 나오지 않아요. 따라서 이 글에서 고려 시대부터 조선 시대까지 신분 제도가 변화한 과정을 설명하고 있지는 않아요.

03 [정답] (1) ○ (2) × (3) ○ (4) × (5) ○ ⋯⋯ 내용 이해하기

>왜 정답?

(1) 근거: ⑤단락 **1**번째 문장
'가장 낮은 신분인 천민은 대부분이 노비로, 나라와 개인의 재산으로 여겨졌다.'라고 했으므로 맞는 설명이에요.
(2) 근거: ⑥단락 **1**번째 문장
'조선 시대의 신분 제도는 1894년 갑오개혁으로 신분 제도가 사라질 때까지 사람들의 생활에 큰 영향을 미쳤다.'라고 했어요. 즉, 조선 시대의 신분 제도는 갑오개혁을 거치며 더욱 강화된 것이 아니라 사라졌어요.
(3) 근거: ③단락 **1**번째 문장
'양반은 관리가 되어 나랏일에 참여하는 사람들로, 많은 혜택을 누렸다.'라고 했으므로 맞는 설명이에요.
(4) 근거: ④단락 **4**번째 문장
'상민은 교육을 받을 수 있고 과거를 통해 관리가 될 수도 있었'다고 했으므로 틀린 설명이에요.
(5) 근거: ③단락 **3**번째 문장
'중인은 주로 양반을 도와 관청에서 일하거나 ~ 전문적인 일을 하는 기술자가 되었다.'라고 했으므로 맞는 설명이에요.

04 [정답] (1) 천민 (2) 상민 (3) 중인 (4) 양반 ⋯ 내용 적용하기

>왜 정답?

(1) 근거: ⑤단락 **2**, **3**번째 문장
'당시 가장 천한 일로 여겨졌던 소나 돼지를 잡는 일'을 하는 사람들이 천민에 속했으며, '그래서 천민은 다른 계층 사람들에게 무시를 당하는 경우가 많았다.'라고 했어요.
(2) 근거: ④단락 **2**번째 문장
'상민의 대부분은 농민이었으며, 농민들은 ~ 거두어들인 곡식의 일부를 세금으로 내거나 땅 주인에게 바쳤다.'라고 했어요.
(3) 근거: ③단락 **4**번째 문장
'중인은 상민보다는 신분이 높았으나 양반처럼 높은 관직에 오르기는 어려웠다.'라고 했어요.
(4) 근거: ③단락 **2**번째 문장
'양반들은 생산적인 일을 하는 것이 아니라, 관리가 되어 나라를 다스리거나 학자로서 유교 경전을 공부하였다.'라고 했어요.

05 [정답] 가문이나 족보를 따지는 생각이 남아 있기도 하다.

서술형 채점 기준 - 근거: ⑥단락 **2**번째 문장
'오늘날에도 우리 사회에는 신분 제도의 영향으로 <u>가문이나 족보를 따지는 생각이 남아 있기도 하다.</u>'라고 했어요. 이 내용을 찾아 쓰면 정답이에요.

다양한 바람이 부는 이유

○ 각 단락 중심 낱말   ○ 전체 중심 낱말   [ ] 각 단락 중심 문장   ▨ 전체 중심 문장

1 동쪽에서 부는 샛바람, 서쪽에서 부는 하늬바람, 남쪽에서 부는 마파람, 북쪽에서 부는 높바람 등 우리나라에는 계절별로 다양한 이름의 바람이 분다. [이렇게 다양한 종류의 바람이 부는 이유는 무엇일까?]

2 [바람은 기압의 차이에 따라 일어나는 공기의 움직임을 말한다.] 기압의 차이는 보통 두 지점의 온도가 다를 때 일어난다. 온도가 높은 곳의 공기는 가벼워서 위로 올라가고, 이때 생기는 빈자리를 채우려고 찬 공기가 따뜻한 곳으로 움직여 가면서 바람이 부는 것이다. 온도가 높은 지점은 공기의 양이 적어 저기압이고, 온도가 낮은 지점은 공기의 양이 많아 고기압이므로 바람은 고기압에서 저기압으로 분다.

3 우리의 생활 속에서도 공기의 움직임을 쉽게 찾아볼 수 있다. 난로 위에 바람개비를 들고 있으면 우리가 입으로 바람을 불지 않아도 바람개비가 뱅글뱅글 돌아간다. [난로 때문에 데워진 공기가 위로 올라가고 주변의 차가운 공기가 그 빈자리를 채우면서 생기는 공기의 흐름으로 바람개비가 돌아가는 것이다.]

4 [바닷가에서도 같은 원리로 바람이 분다.] 낮에는 햇빛을 받은 육지가 바다보다 빨리 데워지기 때문에 육지 쪽의 따뜻한 공기는 위로 올라가고 바다 쪽의 찬 공기가 육지 쪽으로 이동하면서 바다에서 육지로 바람이 분다. 이를 해풍이라고 한다. 반대로 밤에는 육지에서 바다로 바람이 부는데, 이를 육풍이라고 한다. 낮과 달리 밤에 육풍이 부는 이유는 햇빛이 없는 밤에 육지가 바다보다 빨리 차가워지기 때문이다. 이에 따라 ＿＿＿＿＿＿＿＿(가)＿＿＿＿＿.

5 정리하면, 바람은 온도가 낮은 곳에서 높은 곳, 즉 고기압에서 저기압으로 이동하는 공기의 움직임이다. 지구 전체를 놓고 생각해 볼 때, 태양 에너지를 적게 받는 지역이 있는 반면 많이 받는 지역도 있다. 이에 따른 공기의 다양한 움직임으로 인해 여러 가지 종류의 바람이 부는 것이다.

---

1 단락 요약
다양한 종류의 바람이 부는 것에 대한 물음

2 단락 요약
바람의 개념과 원리

3 단락 요약
난로 위 바람개비가 저절로 돌아가는 원리

4 단락 요약
해풍과 육풍의 원리

5 단락 요약
다양한 종류의 바람이 부는 이유

★ 지문 이해

● 이 글은 바람이 부는 원리를 알려 주는 설명문입니다. 바람은 고기압에서 저기압으로 이동하는 공기의 움직임이에요. 온도가 다른 두 지점에서 기압의 차이가 생기면 공기가 움직이면서 바람이 부는 것이지요. 또한 다양한 종류의 바람이 부는 이유는 지역별로 태양 에너지를 받는 양이 달라, 그로 인해 다양한 공기의 움직임이 생기기 때문이에요.

● 단락 간의 관계
1 단락에서는 바람의 종류가 다양한 이유에 대해 물음을 던지고 있어요. 이를 설명하기 위해 2 단락에서 바람의 개념과 원리를 알려 주고 있어요. 3 단락에서는 난로 위 바람개비가 저절로 돌아가는 것의 원리를, 4 단락에서는 해풍과 육풍의 원리를 설명하고 있어요. 5 단락에서는 1 단락의 질문에 대한 답으로 다양한 종류의 바람이 부는 이유를 설명하고 있어요.

● 글의 구조도

┌─────────────────────────────────────┐
│ 1 단락: 다양한 종류의 바람이 부는 것에 대한 물음 │
└─────────────────────────────────────┘
                  ↓
┌─────────────────────────────────────┐
│ 2 단락: 바람의 개념과 원리 │
└─────────────────────────────────────┘
                  ↓
┌─────────────────────────────────────┐
│ 3 단락: 난로 위 바람개비가 저절로 돌아가는 원리 │
└─────────────────────────────────────┘
                  ↓
┌─────────────────────────────────────┐
│ 4 단락: 해풍과 육풍의 원리 │
└─────────────────────────────────────┘
                  ↓
┌─────────────────────────────────────┐
│ 5 단락: 다양한 종류의 바람이 부는 이유 │
└─────────────────────────────────────┘

● 주제: 바람의 원리와 다양한 바람이 부는 이유

01 [정답] ① ················· 중심 문장 찾기

>왜 정답?

① 2단락에서는 바람이 무엇인지 이야기하며 바람이 부는 원리를 설명하고 있어요. 바람이 무엇인지 설명하는 것이 가장 중요한 내용이므로, 중심 문장은 '바람은 기압의 차이에 따라 일어나는 공기의 움직임을 말한다.'예요.

>왜 오답?

② 3단락의 중심 내용은 난로 위에 바람개비를 들고 있으면 바람개비가 저절로 돌아가는 원리를 설명한 것이에요. 따라서 중심 문장은 '난로 때문에 데워진 공기가 위로 올라가고 주변의 차가운 공기가 그 빈자리를 채우면서 생기는 공기의 흐름으로 바람개비가 돌아가는 것이다.'예요.

③ 4단락의 중심 내용은 바닷가에서 부는 해풍과 육풍의 원리를 설명한 것이에요. 따라서 중심 문장은 '바닷가에서도 같은 원리로 바람이 분다.'예요.

02 [정답] 높은, 차가운 ················· 내용 이해하기

>왜 정답?

근거: 2단락 ❸번째 문장

바람이 부는 원리에 대해 '온도가 높은 곳의 공기는 가벼워서 위로 올라가고, 이때 생기는 빈자리를 채우려고 찬 공기가 따뜻한 곳으로 움직여 가면서 바람이 부는 것이다.'라고 했어요. 따라서 빈칸에 들어갈 말은 '높은', '차가운'이에요.

03 [정답] ④ ················· 내용 이해하기

>왜 정답?

④ **근거:** 5단락 ❷번째 문장

'지구 전체를 놓고 생각해 볼 때, 태양 에너지를 적게 받는 지역이 있는 반면 많이 받는 지역도 있다.'라고 했어요. 즉, 어느 지역이나 똑같은 양의 태양 에너지를 받는 것이 아니라, 지역마다 다른 양의 태양 에너지를 받아요.

>왜 오답?

① **근거:** 4단락 ❷~❹번째 문장

바닷가에서 부는 바람을 설명하며 '낮에는 햇빛을 받은 육지가 바다보다 빨리 데워지기 때문에 육지 쪽의 따뜻한 공기는 위로 올라가고 바다 쪽의 찬 공기가 육지 쪽으로 이동하면서 바다에서 육지로 바람이 분다. 이를 해풍이라고 한다.'라고 했어요. 그리고 '밤에는 육지에서 바다로 바람이 부는데, 이를 육풍이라고 한다.'라고 했어요. 즉, 바닷가에서는 낮에 해풍이, 밤에 육풍이 불어요.

② **근거:** 1단락 ❶번째 문장
'우리나라에는 계절별로 다양한 이름의 바람이 분다.'라고 했으므로 맞는 내용이에요.

③ **근거:** 2단락 ❶번째 문장
'바람은 기압의 차이에 따라 일어나는 공기의 움직임을 말한다.'라고 했으므로 맞는 내용이에요.

⑤ **근거:** 2단락 ❹번째 문장
'온도가 높은 지점은 공기의 양이 적어 저기압이고, 온도가 낮은 지점은 공기의 양이 많아 고기압'이라고 했으므로 맞는 내용이에요.

04 [정답] ① ················· 내용 추측하기

(가)에 들어갈 내용으로 가장 알맞은 것은 무엇인가요?

• **(가)에 들어갈 내용:** (가)의 앞 부분에서 해풍의 원리를 설명한 후, 이어서 육풍에 대해 이야기하고 있으므로 (가)에는 육풍의 원리가 들어가야 해요.

줌 4단락에서 설명하고 있는 해풍의 원리를 이해하고, 이를 바탕으로 육풍이 부는 원리를 추측하는 문제입니다.

>왜 정답?

① **근거:** 4단락 전체

(가)에는 육풍이 부는 원리가 들어가야 해요. 4단락에서 설명하고 있는 해풍이 부는 원리를 통해 육풍이 부는 원리도 추측할 수 있어요.

4단락에서 해풍이란 '육지 쪽의 따뜻한 공기는 위로 올라가고 바다 쪽의 찬 공기가 육지 쪽으로 이동하면서 바다에서 육지로' 부는 바람이라고 했어요.

그런데 (가) 바로 앞에서 '햇빛이 없는 밤에 육지가 바다보다 빨리 차가워'진다고 했어요. 이를 통해 밤에는 해풍이 부는 것과 반대의 원리로 육풍이 분다는 것을 알 수 있어요.

즉, 밤에는 육지 쪽의 공기가 차고 바다 쪽의 공기가 따뜻해서 바다 쪽의 따뜻한 공기가 위로 올라가고 육지 쪽의 찬 공기가 바다로 이동하는 것이에요. 이 내용이 (가)에 들어가야 해요.

05 [정답] **예** 난로 때문에 데워진 공기가 위로 올라가고 주변의 차가운 공기가 그 빈자리를 채우면서 생기는 공기의 흐름 때문이다.

서술형 채점 기준 – 근거: 3단락 ❸번째 문장

'난로 때문에 데워진 공기가 위로 올라가고 주변의 차가운 공기가 그 빈자리를 채우면서 생기는 공기의 흐름으로 바람개비가 돌아가는 것이다.'라고 하며 난로 위 바람개비가 저절로 돌아가는 이유를 설명하고 있어요. '데워진 공기가 위로 올라가고 차가운 공기가 그 빈자리를 채운다.'라는 내용과 '공기의 흐름'이라는 말이 들어가면 정답이에요.

다의어와 동음이의어는 어떻게 다를까?

◯ 각 단락 중심 낱말　◯ 전체 중심 낱말　[ ] 각 단락 중심 문장　▨ 전체 중심 문장

1 [다음 대화에서 다희와 민준이는 똑같이 손, 다리라는 말을 사용하고 있지만 서로 다른 의미로 사용하고 있다.]

> 다희: 오늘은 손이 부족해서 너무 힘들었어.
>
> 민준: 그러게. 평소보다 삼십 분이나 늦게 끝났어. 얼른 손 씻고 집에 가자.
>
> 다희: 잠깐만 쉬자. 오래 서 있었더니 다리가 너무 아파.
>
> 민준: 안 돼. 다리 건너서 집에 가려면 오래 걸리니까 얼른 출발해야 해.

2 다희가 말한 '손'은 '일을 하는 사람'을 의미하고, 민준이가 말한 '손'은 '사람의 팔목 끝에 달린 부분'을 의미한다. [이와 같이 하나의 낱말이 두 가지 이상의 뜻을 가질 경우, 이 낱말을 다의어라고 한다.] 다의어의 여러 가지 의미 중 기본적이고 핵심적인 의미는 '중심 의미'이고, 문맥에 따라 중심 의미가 확장되어 쓰이는 의미는 '주변 의미'이다. 우리말에서는 거의 모든 낱말이 다의어에 해당한다.

3 [한편, 동음이의어는 소리는 같지만 뜻이 서로 다른 낱말을 말한다.] 위 대화에서 다희가 말한 '다리'는 '사람이나 동물의 몸통 아래 붙어 있는 신체의 부분'을 의미하고, 민준이가 말한 '다리'는 '물을 건너거나 또는 한편의 높은 곳에서 다른 편의 높은 곳으로 건너다닐 수 있도록 만든 시설물'을 의미한다. 이와 같이 동음이의어는 소리만 같을 뿐 의미가 전혀 다른, 서로 다른 낱말이다.

4 [다의어와 동음이의어를 어떻게 구분할 수 있을까?] 다의어는 중심 의미를 바탕으로 주변 의미가 생겨나 만들어진 것이기 때문에 중심 의미와 주변 의미가 서로 관련이 있다. '사람의 팔목 끝에 달린 부분'이라는 '손'의 중심 의미에 대해, 일을 하는 '손'이 부족하다는 뜻으로 '일을 하는 사람'이라는 주변 의미가 만들어진 것처럼 말이다. 반면 동음이의어는 서로 소리가 같을 뿐 의미는 전혀 관련이 없다. 그래서 국어사전에서 낱말을 찾아보면 다의어는 하나의 낱말 아래 의미가 「1」, 「2」, 「3」……으로 묶여 있지만, 동음이의어는 '다리¹', '다리²'와 같이 아예 다른 낱말로 구분되어 있다.

5 이처럼 다의어와 동음이의어는 비슷한 것 같지만 서로 다른 개념이다. 이 두 가지를 구분하는 것이 헷갈린다면 한 가지만 기억하자. 다의어는 하나의 낱말이고, 동음이의어는 서로 다른 낱말이라는 점을 말이다.

1 단락 요약
다희와 민준이의 대화

2 단락 요약
다의어의 개념

3 단락 요약
동음이의어의 개념

4 단락 요약
다의어와 동음이의어를 구분하는 방법

5 단락 요약
서로 다른 개념인 다의어와 동음이의어

★ 지문 이해

● 이 글은 다의어와 동음이의어의 개념과, 두 가지의 차이점을 알려 주는 설명문이에요. 다의어는 두 가지 이상의 뜻을 가지는 낱말이고, 동음이의어는 소리가 같지만 뜻이 서로 다른 낱말이에요. 다의어의 의미는 중심 의미와 주변 의미로 나누어지는데, 중심 의미와 주변 의미는 서로 관련이 있어요. 반면, 동음이의어의 의미는 서로 관련이 없어요. 이처럼 다의어와 동음이의어는 비슷한 것 같지만 분명히 다른 개념이에요.

● 단락 간의 관계
1 단락에서는 다희와 민준이의 대화를 예로 들고, 이를 바탕으로 하여 2 단락에서 다의어의 개념을, 3 단락에서 동음이의어의 개념을 설명하고 있어요.
4 단락에서는 다의어와 동음이의어의 차이점을 바탕으로 두 가지를 구분하는 방법을 설명하고 있어요.
5 단락에서는 다의어와 동음이의어가 서로 다른 개념이란 것을 강조하며 글을 마무리하고 있어요.

● 글의 구조도

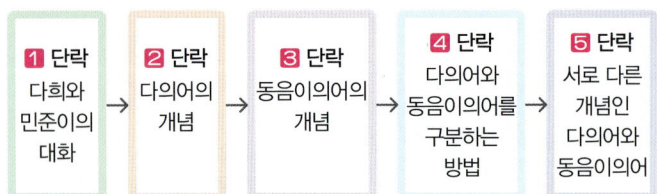

| 1 단락 다희와 민준이의 대화 | → | 2 단락 다의어의 개념 | → | 3 단락 동음이의어의 개념 | → | 4 단락 다의어와 동음이의어를 구분하는 방법 | → | 5 단락 서로 다른 개념인 다의어와 동음이의어 |

● 주제: 다의어와 동음이의어의 개념, 두 가지를 구분하는 방법

---

01 정답 ② ·············· 중심 문장 찾기

왜 정답?

3단락의 중심 내용은 동음이의어의 개념을 설명하는 것이므로, 중심 문장은 '한편, 동음이의어는 ~ 서로 다른 낱말을 말한다.'예요.

02 정답 ⑤ ·············· 내용 이해하기

왜 정답?

⑤ 근거: 4단락 전체
'다의어와 동음이의어를 어떻게 구분할 수 있을까?'라고 하면서 다의어와 동음이의어를 구분하는 방법을 설명하고 있어요.

왜 오답?

①~④ 이 글에 나오지 않는 내용이에요.

03 정답 ⑤ ·············· 내용 이해하기

왜 정답?

⑤ 근거: 4단락 ⑤번째 문장
'국어사전에서 낱말을 찾아보면 다의어는 하나의 낱말 아래 ~ 묶여 있지만, 동음이의어는 '다리¹', '다리²'와 같이 아예 다른 낱말로 구분되어 있다.'라고 했어요.

왜 오답?

① 근거: 2단락 ④번째 문장
'우리말에서는 거의 모든 낱말이 다의어에 해당한다.'라고 했으므로 맞는 내용이에요.

② 근거: 2단락 ②번째 문장
'하나의 낱말이 두 가지 이상의 뜻을 가질 경우, 이 낱말을 '다의어'라고 한다.'라고 했으므로 맞는 내용이에요.

③ 근거: 3단락 ②, ③번째 문장
'다리'는 '사람이나 동물의 몸통 아래 붙어 있는 신체의 부분'과, '물을 건너거나 ~ 다른 편의 높은 곳으로 건너다닐 수 있도록 만든 시설물'이라는 서로 다른 의미를 가진 동음이의어예요.

④ 근거: 3단락 ①번째 문장
'동음이의어는 소리는 같지만 뜻이 서로 다른 낱말을 말한다.'라고 했으므로 맞는 내용이에요.

---

04 정답 (1) ○ (2) × (3) ○ (4) ○ ·············· 내용 적용하기

다음은 국어사전에서 '쓰다'를 찾은 것입니다. 이를 이해한 것으로 맞으면 ○표, 틀리면 ✕표를 하세요.

• **국어사전에서 '쓰다'를 찾은 것:** '쓰다¹', '쓰다²'는 다른 낱말로 구분되어 있으므로 서로 동음이의어 관계이며, 각각 「1」, 「2」의 두 가지 의미를 가지므로 다의어예요.

즉 이 글에서 설명하고 있는 다의어와 동음이의어의 개념과 특징을 이해하고, 이를 바탕으로 문제에 주어진 '쓰다'에 대한 국어사전 자료를 이해하는 문제예요.

왜 정답?

(1) 근거: 4단락 ⑤번째 문장
'국어사전에서 ~ 동음이의어는 '다리¹', '다리²'와 같이 아예 다른 낱말로 구분되어 있다.'라고 했어요. 따라서 '쓰다¹'와 '쓰다²'는 서로 다른 낱말인 동음이의어예요.

(2) '쓰다¹'와 '쓰다²'는 소리가 같지만 의미가 다른 동음이의어이지, 다의어 관계가 아니에요.

(3) 근거: 2단락 ③번째 문장
'다의어의 여러 가지 의미 중 기본적이고 핵심적인 의미는 '중심 의미'이고, 문맥에 따라 중심 의미가 확장되어 쓰이는 의미는 '주변 의미'이다.'라고 했어요.
따라서 '쓰다²'에서 「1」 혀로 느끼는 맛이 한약이나 씀바귀 등의 맛과 같다.'가 중심 의미이고, 「2」 마음에 들지 않고 싫거나 괴롭다.'는 주변 의미예요.

(4) 근거: 2단락 ②번째 문장, 4단락 ⑤번째 문장
2단락에서 '하나의 낱말이 두 가지 이상의 뜻을 가질 경우, 이 낱말을 '다의어'라고 한다.'라고 했고, 4단락에서 '다의어는 하나의 낱말 아래 의미가 「1」, 「2」, 「3」……으로 묶여 있'다고 했어요. 즉, '쓰다¹'와 '쓰다²'는 각각 「1」, 「2」의 두 가지 의미를 가지므로 다의어예요.

---

05 정답 예 다의어는 중심 의미와 주변 의미가 서로 관련이 있지만, 동음이의어는 서로 소리가 같을 뿐 의미는 전혀 관련이 없다.

서술형 채점 기준 – 근거: 4단락 ②, ④번째 문장

'다의어는 중심 의미를 바탕으로 주변 의미가 생겨나 만들어진 것이기 때문에 중심 의미와 주변 의미가 서로 관련이 있다.'라고 했고, '반면 동음이의어는 서로 소리가 같을 뿐 의미는 전혀 관련이 없다.'라고 했어요. 이 내용을 다의어와 동음이의어의 차이점으로 쓰면 정답이에요.

다양한 색은 어떻게 분류할 수 있을까?

○ 각 단락 중심 낱말   ○ 전체 중심 낱말   [ ] 각 단락 중심 문장   ▨ 전체 중심 문장

① 알록달록 물든 단풍, 노릇노릇하게 구워진 맛있는 빵 등에서 색이 사라진다면 어떨까? ② 아름다움을 제대로 느끼거나 표현하지 못할 것이다. ③ [색이란 빛을 흡수하고 반사하는 결과로 나타나는 사물의 밝고 어두움이나 노랑, 빨강, 파랑 같은 물체의 빛깔을 가리킨다.] ④ 색은 사람이 눈으로 느끼는 인상 중 가장 빠르고 강하게 감정을 불러일으키기 때문에 우리는 색을 통해 다양한 감정을 경험하고 표현한다.

*1단락 요약: 색의 의미와 역할

② ① 그렇다면 우리가 눈으로 보고 구별할 수 있는 무수히 많은 색은 어떻게 분류할 수 있을까? 색을 분류하는 방법은 여러 가지가 있는데, 가장 보편적인 것은 무채색과 유채색으로 구분하는 것이다.

*2단락 요약: 색을 분류하는 방법

③ ① [무채색은 흰색과 여러 단계의 회색 및 검은색을 이른다.] ② 흰색은 빛을 많이 반사할 때, 검은색은 빛을 거의 다 흡수할 때 나타나는 색이다. ③ 물체에 닿은 빛이 반사되는 정도가 약 85%면 흰색, 약 30%면 회색, 약 3%면 검은색이다. ④ 즉, 빛을 많이 반사할수록 밝은색으로, 적게 반사할수록 어두운색으로 나타난다. ⑤ 이러한 무채색의 속성에는 색의 밝고 어두운 정도인 명도는 있지만, 색 자체가 갖는 고유의 특성인 색상과 색의 선명한 정도인 채도는 없다.

*3단락 요약: 색의 분류 – 무채색

④ ① [유채색은 순수한 무채색을 제외했을 때 남는, 색감을 가지고 있는 모든 색을 말한다.] ② 즉, 빨강, 초록, 파랑의 원색은 물론, 이 색들을 섞으면 나오는 주황, 노랑, 보라 등의 중간색이나 이러한 색들의 색감을 아주 조금이라도 가지고 있는 모든 색이 유채색에 포함된다. ③ 유채색은 무려 750만 종이나 되지만 실제로 눈으로 구별할 수 있는 색은 300여 종에 불과하다. ④ 유채색은 색상, 명도, 채도의 3가지 속성을 모두 가지고 있다.

*4단락 요약: 색의 분류 – 유채색

⑤ ① 흑백 사진과 컬러 사진을 비교해 보면 무채색과 유채색의 차이를 명확하게 알 수 있다. ② [흑백 사진은 무채색으로 표현되어 흰색과 회색, 검은색 외에는 색이 없고, 컬러 사진은 무채색과 유채색이 모두 표현되어 다채로운 색이 존재한다.]

*5단락 요약: 사진에 나타나는 무채색과 유채색의 특징

01 [정답] 색, 무채색, 유채색

①단락에서는 색의 의미와 역할을 설명하고 있어요. ③단락과 ④단락에서는 색의 두 가지 분류인 무채색과 유채색을 각각 설명하고 있어요.

02 [정답] ⑤

③단락 ④번째 문장에서 '빛을 많이 반사할수록 밝은색으로, 적게 반사할수록 어두운색으로 나타난다.'라고 했으므로 틀린 설명이에요.

03 [정답] 주아

③단락 ①번째 문장에서 '무채색은 흰색과 여러 단계의 회색 및 검은색을 이른다.'라고 했어요. '주아'는 무채색 중 '회색'을 빠트렸어요.

04 [정답] 무채색, 유채색

⑤단락 ②번째 문장에서 '흑백 사진은 무채색으로 표현되어 흰색과 회색, 검은색 외에는 색이 없고, 컬러 사진은 무채색과 유채색이 모두 표현되어 다채로운 색이 존재한다.'라고 했어요.

★ 지문 이해

● 이 글은 색의 의미와 분류에 대해 알려 주는 설명문입니다. 색은 빛을 흡수하고 반사하여 나타나는 사물의 밝고 어두움이나 빛깔이에요. 색은 무채색과 유채색의 두 종류로 분류할 수 있어요. 무채색은 흰색과 여러 단계의 회색, 검은색을 말하며 명도는 있지만 색상과 채도는 없어요. 반면 유채색은 순수한 무채색을 제외하면 남는 색으로, 색상과 명도, 채도를 모두 가져요.

● 단락 간의 관계
①단락에서는 색의 의미와 역할을 설명하고 있어요.
②단락에서는 색을 분류하는 방법을 소개하고 있어요.
그 분류에 따라 ③단락과 ④단락에서는 무채색과 유채색을 각각 설명하고 있어요.
⑤단락에서는 흑백 사진과 컬러 사진에 나타나는 무채색과 유채색의 차이를 이야기하며 글을 마무리하고 있어요.

● 글의 구조도

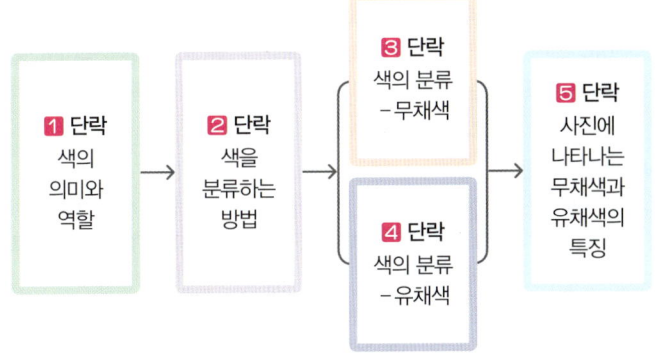

● 주제: 색의 분류와 무채색, 유채색의 특징

표준어는 어떤 말일까?

○ 각 단락 중심 낱말 ◎ 전체 중심 낱말 [ ] 각 단락 중심 문장 ▨ 전체 중심 문장

1 ❶ 제주도에서 태어나고 자란 지민이는 직장을 옮기신 부모님을 따라 서울로 이사를 왔다. ❷[어느 날 학교에서 급식으로 나온 누룽지를 먹은 지민이가 "코소롱호다"라고 말하자 친구들은 지민이의 말을 이해하지 못했다.]

2 ❶ 지민이의 상황은 왜 벌어진 것일까? 그 이유는 지민이가 서울에 사는 사람들에게는 낯선 제주도 방언을 사용했기 때문이다. ❸ 같은 우리말이어도 지역마다 사용하는 억양, 낱말, 표현 등이 조금씩 다르다. ❹ 그래서 우리나라는 의사소통을 제대로 하기 위해 표준어를 정해 놓았다. ❺[표준어란 한 나라에서 표준으로 정한 말이자 공식적으로 쓰는 언어이다.] ❻ 표준어를 정한 원칙을 살펴보면 표준어가 구체적으로 어떤 말인지 알 수 있다.

3 ❶[첫째, 표준어는 교양 있는 사람들이 두루 쓰는 말이다.] ❷ 교양 있는 사람들이란 나라에서 정한 표준어를 올바르게 배우고 사용하는 사람들을 말한다. ❸ 또한 교양 있는 사람들이 쓰는 말이므로 속된 말이나 유행어는 표준어에 해당하지 않는다.

4 ❶[둘째, 표준어는 현대에 쓰이는 말이다.] ❷ 세월이 흐르면 같은 소리를 가진 글자라도 사라지거나 변하고, 같은 뜻을 가진 낱말이 변하거나 새로운 낱말이 생겨나기도 한다. ❸ 그러므로 이제 쓰이지 않게 된 말은 표준어가 될 수 없고 우리가 살아가는 현재에 쓰이는 말이 표준어가 된다.

5 ❶[마지막으로, 표준어는 서울말이다.] ❷ 서울은 오랜 세월 동안 우리나라의 수도로서 정치, 경제, 문화의 중심지 역할을 해 왔다. ❸ 이에 따라 각 지역에서 사용하는 다양한 말 중 서울에서 쓰이는 말이 표준이 되는 말로 두루 쓰일 만하기에 표준어가 된 것이다.

6 ❶ 정리하면, 우리나라의 표준어는 '교양 있는 사람들이 두루 쓰는 현대 서울말'이다. ❷ 간혹 표준어가 더 낫고 표준어가 아닌 말은 못하다고 생각하는 사람이 있는데, 이는 잘못된 인식이다. ❸ 표준어는 효율적인 의사소통과 정보 전달, 교육 등을 위해 정한 것이며, 각 지역의 방언은 우리말을 풍성하고 다양하게 해 주기 때문이다. ❹ 따라서 표준어를 바르게 이해하고 알맞게 사용하려는 태도를 가져야 한다.

---

1 단락 요약
제주도에서 온 지민이의 말을 이해하지 못하는 친구들

2 단락 요약
표준어를 정한 이유와 표준어의 의미

3 단락 요약
표준어를 정한 원칙 – 교양 있는 사람들이 두루 쓰는 말

4 단락 요약
표준어를 정한 원칙 – 현대에 쓰이는 말

5 단락 요약
표준어를 정한 원칙 – 서울말

6 단락 요약
우리나라 표준어의 정의와 표준어에 대한 올바른 태도

✖ **지문 이해**

● 이 글은 표준어를 정한 원칙을 바탕으로 표준어가 무엇인지 알려 주는 설명문입니다. 표준어는 우리나라에서 표준으로 정한 말이자 공식적으로 쓰는 언어로, 교양 있는 사람들이 두루 쓰는 말이고, 현대에 쓰이는 말이며, 서울말입니다. 표준어는 효율적인 의사소통과 정보 전달, 교육을 위해 정한 것이며 방언도 그 나름의 가치가 있어요.

● **단락 간의 관계**
1 단락에서는 방언을 사용하여 의사소통이 제대로 되지 않았던 지민이의 상황을 이야기하고, 이와 관련하여 2 단락에서 표준어를 정한 이유와 표준어의 의미를 설명하고 있어요.
3~5 단락에서는 표준어를 정한 원칙 3가지를 소개하고 있어요.
이를 바탕으로 6 단락에서는 우리나라 표준어의 정의를 정리한 후 표준어에 대한 올바른 태도를 알려 주고 있어요.

● **글의 구조도**

| **1 단락** 제주도에서 온 지민이의 말을 이해하지 못하는 친구들 | → | **2 단락** 표준어를 정한 이유와 표준어의 의미 | → | **3~5 단락** 표준어를 정한 원칙 | → | **6 단락** 우리나라 표준어의 정의와 표준어에 대한 올바른 태도 |

● **주제**: 표준어의 의미와 표준어를 정한 원칙

01 [정답] 표준어 ·········· 단락 요약하기

>왜 정답?
②단락에서는 '의사소통을 제대로 하기 위해' 표준어를 정했으며, '표준어란 한 나라에서 표준으로 정한 말이자 공식적으로 쓰는 언어'라고 했어요.
따라서 ②단락의 중심 낱말은 '표준어'이고, ②단락을 요약하면 '표준어를 정한 이유와 표준어의 의미'입니다.
빈칸에 공통으로 들어갈 말은 '표준어'예요.

02 [정답] ⑤ ·········· 내용 이해하기

>왜 정답?
⑤ 방언이 사라져 가는 이유는 이 글에 나오지 않아요.

>왜 오답?
① 근거: ⑥단락 ❸번째 문장
'각 지역의 방언은 우리말을 풍성하고 다양하게 해' 준다고 했으므로 방언의 기능은 이 글에 나오는 내용이에요.

② 근거: ②단락 ❺번째 문장
'표준어란 한 나라에서 표준으로 정한 말이자 공식적으로 쓰는 언어이다.'라고 했으므로 표준어의 의미는 이 글에 나오는 내용이에요.

③ 근거: ③단락 ❶번째 문장, ④단락 ❶번째 문장, ⑤단락 ❶번째 문장
③~⑤단락에서는 표준어를 정한 원칙 세 가지를 각각 설명하고 있어요. 따라서 표준어를 정한 원칙은 이 글에 나오는 내용이에요.

④ 근거: ②단락 ❹번째 문장, ⑥단락 ❸번째 문장
'우리나라는 의사소통을 제대로 하기 위해 표준어를 정해 놓았다.'라고 했고, '표준어는 효율적인 의사소통과 정보 전달, 교육 등을 위해 정한 것'이라고 했어요. 따라서 표준어를 정한 이유는 이 글에 나오는 내용이에요.

03 [정답] ③ ·········· 내용 이해하기

>왜 정답?
③ 근거: ⑥단락 ❸번째 문장
'표준어는 효율적인 의사소통과 정보 전달, 교육 등을 위해 정한 것'이고, '각 지역의 방언은 우리말을 풍성하고 다양하게 해' 준다고 했으므로 틀린 내용이에요.

>왜 오답?
① 근거: ③단락 ❸번째 문장
표준어에 대해 '교양 있는 사람들이 쓰는 말이므로 속된 말이나 유행어는 표준어에 해당하지 않는다.'라고 했으므로 맞는 내용이에요.

② 근거: ④단락 ❷번째 문장
'세월이 흐르면 같은 소리를 가진 글자라도 사라지거나 변'한다고 했으므로 맞는 내용이에요.

④ 근거: ②단락 ❸번째 문장
'같은 우리말이어도 지역마다 사용하는 억양, 낱말, 표현 등이 조금씩 다르다.'라고 했으므로 맞는 내용이에요.

⑤ 근거: ③단락 ❷번째 문장
'교양 있는 사람들이란 나라에서 정한 표준어를 올바르게 배우고 사용하는 사람들을 말한다.'라고 했으므로 맞는 내용이에요.

04 [정답] ① ·········· 알맞은 반응 찾기

>왜 정답?
① 근거: ③단락 ❸번째 문장
표준어에 대해 '교양 있는 사람들이 쓰는 말이므로 속된 말이나 유행어는 표준어에 해당하지 않는다.'라고 했어요. 최근 인터넷상에서 유행하는 줄임말도 유행어에 해당하므로, 이는 표준어가 아니에요.

>왜 오답?
② 근거: ②단락 ❺번째 문장
'표준어란 한 나라에서 표준으로 정한 말이자 공식적으로 쓰는 언어이다.'라고 했어요. 따라서 공식적인 자리에서는 표준어를 사용하는 것이 더 적절해요.

③ 근거: ⑤단락 ❸번째 문장
'각 지역에서 사용하는 다양한 말 중 서울에서 쓰이는 말이 표준이 되는 말로 두루 쓰일 만하기에 표준어가 된 것이다.'라고 했어요. 따라서 각 지방에서 사용하는 말을 섞어서 표준어를 정한 것은 아니에요.

④ 근거: ④단락 ❸번째 문장
'이제 쓰이지 않게 된 말은 표준어가 될 수 없'다고 했어요. 따라서 오늘날 더 이상 쓰이지 않게 된 글자는 표준어로 삼을 수 없어요.

⑤ 근거: ⑥단락 ❷번째 문장
'간혹 표준어가 더 낫고 표준어가 아닌 말은 못하다고 생각하는 사람이 있는데, 이는 잘못된 인식이다.'라고 했으므로 표준어를 잘못 이해한 내용이에요.

05 [정답] 교양 있는 사람들이 두루 쓰는 현대 서울말

[서술형] 채점 기준 – 근거: ⑥단락 ❶번째 문장
'정의'란 어떤 말이나 사물의 뜻을 밝혀 정하는 것을 말해요.
⑥단락에서 '우리나라의 표준어는 '교양 있는 사람들이 두루 쓰는 현대 서울말'이다.'라면서 우리나라 표준어를 정의하고 있어요. 따라서 이 내용을 찾아 쓰면 정답이에요.

깊고 넓은 바다의 세계, 해양

◯ 각 단락 중심 낱말   ◯ 전체 중심 낱말   [ ] 각 단락 중심 문장   ▨ 전체 중심 문장

1 ① 우주에서 봤을 때 지구는 푸른색의 바다와 녹색의 산, 갈색의 흙, 흰색의 구름이 조화를 이루고 있다. ② 그중에서도 바다는 지구 표면에서 가장 넓은 면적을 차지하고 있으며, 지구 표면의 약 70%를 차지하는 넓고 큰 바다를 해양이라고 한다. ③ 태평양, 대서양, 인도양 등 세계 지도에서 많이 보았던 바다들이 모두 해양에 해당한다.

2 ① [그렇다면 해양은 얼마나 깊을까?] ② 세계에서 가장 깊은 바다인 마리아나 해구는 깊이가 약 11,034 m이다. ③ 이는 세계에서 가장 높은 산인 에베레스트산의 높이를 넘어서는 깊이이다. ④ 마리아나 해구에 에베레스트산을 넣으면 2,000 m 정도의 공간이 남을 정도라고 한다.

3 ① [이렇게 깊은 해양의 깊이를 재는 방법은 무엇일까?] ② 옛날에는 추를 단 끈을 이용해 바다 밑바닥까지의 거리를 쟀다. ③ 하지만 요즘에는 사람이 잠수정을 타고 바닷속으로 내려가거나 무인 잠수정을 이용해 깊이를 잰다. ④ 더 나아가 초음파를 쏜 후 초음파가 바닥에 반사되어 되돌아오는 시간을 측정해 바다의 깊이를 계산하기도 하고, 인공위성을 이용하여 해저 지도를 만들기도 한다.

4 ① 한편, 해양을 겉에서 보면 파도가 칠 뿐 수면 자체는 굴곡이 없어 보인다. ② 그래서 100여 년 전까지만 해도 사람들은 해양의 밑바닥이 평평한 들판이라고 생각했다. ③ 20세기에 들어서야 과학자들이 여러 가지 연구를 통해 해양의 밑바닥이 육지의 모습과 비슷하다는 것을 밝혀내었다. ④ [육지에 산, 계곡, 들판 등 다양한 지형이 있는 것처럼 해양의 밑바닥에도 산과 계곡, 벌판 등이 존재한다는 사실을 알게 된 것이다.] ⑤ 바다 밑에 있는 산을 '해산', 바다 밑에 있는 깊은 계곡을 '해구', 바다 밑에 길게 이어진 산맥은 '해령', 평야처럼 편평한 지역은 '심해저 평원'이라고 한다.

5 ① [또한 바다 깊은 곳에서는 육지와 마찬가지로 지진이나 화산 활동이 일어나고, 이로 인해 지형이 끊임없이 변한다.] ② 바다 밑에서 생긴 화산이 해수면 위로 올라오면 '화산섬'이 만들어지기도 하는데, 울릉도와 제주도, 하와이 등이 이렇게 생긴 화산섬이다. 지금도 우리 눈에 보이지는 않지만 다양한 이유로 바닷속 지형은 끊임없이 변하고 있다.

---

1 단락 요약
지구에서 가장 넓은 면적을 차지하는 해양

2 단락 요약
해양의 깊이

3 단락 요약
해양의 깊이를 재는 방법

4 단락 요약
육지의 모습과 비슷한 해양의 밑바닥

5 단락 요약
끊임없이 변하는 바닷속 지형

★ 지문 이해

● 이 글은 깊고 넓은 해양에 대한 설명문입니다. 해양은 지구 표면의 약 70%를 차지하는 넓고 큰 바다예요. 세계에서 가장 깊은 바다의 깊이는 에베레스트산의 높이를 넘어서는데, 오늘날 이렇게 깊은 해양의 깊이는 잠수정이나 초음파 등을 이용해서 재요. 또한 해양의 밑바닥에는 다양한 지형이 있고, 이 지형은 끊임없이 변해요.

● 단락 간의 관계
1단락에서는 이 글 전체의 중심 낱말인 '해양'을 소개하고 있어요.
2단락에서 해양이 얼마나 깊은지 이야기한 후, 3단락에서 이러한 해양의 깊이를 재는 방법을 설명하고 있어요.
4단락에서는 해양 밑바닥의 다양한 지형을 이야기하고, 5단락에서 바닷속 지형이 끊임없이 변하고 있다고 설명하고 있어요.

● 글의 구조도

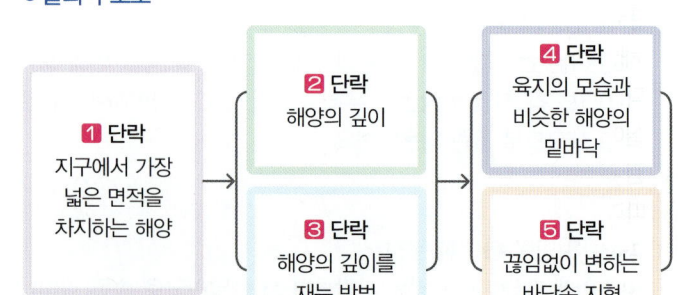

● 주제: 깊고 넓은 해양과 다양한 바닷속 지형

01 [정답] 해양, 깊이, 육지 ……………………… 단락 요약하기

>왜 정답?

①단락에서는 지구에서 가장 넓은 면적을 차지하고 있는 것이 해양이라고 이야기하고 있어요.
③단락에서는 해양의 깊이를 재는 여러 가지 방법을 소개하고 있어요.
④단락에서는 해양의 밑바닥이 육지의 모습과 비슷하다고 이야기하고 있어요.
따라서 빈칸에 들어갈 말은 순서대로 '해양', '깊이', '육지'예요.

02 [정답] (1) ○ (2) × (3) ○ ……………………… 내용 이해하기

>왜 정답?

(1) 근거: ①단락 ❶번째 문장
'태평양, 대서양, 인도양 등 세계 지도에서 많이 보았던 바다들이 모두 해양에 해당한다.'라고 했으므로 맞는 설명이에요.

(2) 근거: ④단락 ❺번째 문장
바다 밑에 있는 산은 '해산', 바다 밑에 있는 깊은 계곡은 '해구'임을 설명하고 있어요. 즉, 산과 계곡은 해양에서도 볼 수 있는 지형이므로 틀린 설명이에요.

(3) 근거: ④단락 ❸번째 문장
'20세기에 들어서야 과학자들이 여러 가지 연구를 통해 해양의 밑바닥이 육지의 모습과 비슷하다는 것을 밝혀내었다.'라고 했으므로 맞는 설명이에요.

03 [정답] ② ……………………… 알맞은 반응 찾기

>왜 정답?

② 근거: ②단락 ❷, ❸번째 문장
'세계에서 가장 깊은 바다인 마리아나 해구는 깊이가 약 11,034m이다. 이는 세계에서 가장 높은 산인 에베레스트산의 높이를 넘어서는 깊이이다.'라고 했어요.
따라서 해양이 아무리 깊어도 에베레스트산의 높이만큼 깊지 않다는 것은 틀린 반응이에요.

>왜 오답?

① 근거: ④단락 ❶, ❹번째 문장
'해양을 겉에서 보면 파도가 칠 뿐 수면 자체는 굴곡이 없어 보인다.'라고 했어요. 그런데 20세기에 들어서 과학자들이 밝혀낸 사실에 따르면, '육지에 산, 계곡, 들판 등 다양한 지형이 있는 것처럼 해양의 밑바닥에도 산과 계곡, 벌판 등이 존재한다'고 했어요. 따라서 해양은 겉으로 보이는 것과 밑바닥의 모습이 달라요.

③ 근거: ⑤단락 ❷번째 문장
'바다 밑에서 생긴 화산이 해수면 위로 올라오면 '화산섬'이 만들어지기도 하는데, 울릉도와 제주도, 하와이 등이 이렇게 생긴 화산섬이다.'라고 했으므로 맞는 반응이에요.

④ 근거: ④단락 ❺번째 문장
'바다 밑에 있는 산을 '해산', 바다 밑에 있는 깊은 계곡을 '해구', 바다 밑에 길게 이어진 산맥은 '해령', 평야처럼 편평한 지역은 '심해저 평원'이라고 한다.'라고 했으므로 맞는 반응이에요.

⑤ 근거: ④단락 ❷번째 문장
'100여 년 전까지만 해도 사람들은 해양의 밑바닥이 평평한 들판이라고 생각했다. 20세기에 들어서야 과학자들이 여러 가지 연구를 통해 해양의 밑바닥이 육지의 모습과 비슷하다는 것을 밝혀내었다.'라고 했어요.
즉, 20세기 이전의 사람들은 해양의 밑바닥이 평평한 들판이라고 생각했을 거예요.

04 [정답] 추, 잠수정, 초음파 ……………………… 내용 이해하기

>왜 정답?

㉠ 근거: ③단락 ❷번째 문장
'옛날에는 추를 단 끈을 이용해 바다 밑바닥까지의 거리를 쟀다.'라고 했어요. 따라서 ㉠에 들어갈 말은 '추'예요.

㉡ 근거: ③단락 ❸번째 문장
'요즘에는 사람이 잠수정을 타고 바닷속으로 내려가거나 무인 잠수정을 이용해 깊이를 잰다.'라고 했어요. 따라서 ㉡에 들어갈 말은 '잠수정'이에요.

㉢ 근거: ③단락 ❹번째 문장
오늘날 해양의 깊이를 재는 방법을 이야기하며 '초음파를 쏜 후 초음파가 바닥에 반사되어 되돌아오는 시간을 측정해 바다의 깊이를 계산하기도' 한다고 했어요. 따라서 ㉢에 들어갈 말은 '초음파'예요.

한강을 차지하라!

○ 각 단락 중심 낱말   ○ 전체 중심 낱말   [ ] 각 단락 중심 문장   ▨ 전체 중심 문장

1 ❶ 4세기 백제 근초고왕, 5세기 고구려 광개토 대왕과 장수왕, 6세기 신라 진흥왕 때 각 나라가 공통적으로 차지하고 있었던 지역은 어디일까? ❷ 그곳은 바로 한강 유역이다. ❸ 삼국은 한강 유역을 차지하기 위해 서로 연합하여 전쟁을 치렀다. ❹ 고구려가 한강 유역을 차지하면 백제와 신라가 연합하여 한강 유역을 빼앗고, 신라가 한강 유역을 차지하면 고구려와 백제가 연합하여 한강 유역을 노리는 식으로 말이다. ❺ 삼국은 왜 한강 유역을 차지하기 위해 끊임없이 노력했을까?

2 ❶ [첫 번째 이유는 한강이 한반도의 한가운데 위치하여 교통이 편리하기 때문이다.] ❷ 이는 전쟁을 할 때 매우 유리했다. ❸ 한강에 배를 띄우면 육지로 이동할 때보다 군사나 물건을 빠르게 옮길 수 있었고, 이것은 나라의 힘을 키우는 데 큰 도움이 되었다.

3 ❶ [두 번째 이유는 한강 유역의 넓게 펼쳐진 평야와 풍부한 물 덕분에 농사가 잘되어 많은 곡식을 생산할 수 있었기 때문이다.] ❷ 그 덕분에 먹을 것이 많아져 백성들의 삶이 편안해지고, 나라는 세금을 더 거두어들여 경제적 기반을 탄탄하게 할 수 있었다.

4 ❶ [마지막 이유는 한강 유역이 황해를 통해 중국과 교류하기에 유리한 위치였기 때문이다.] ❷ 당시 중국은 삼국보다 발전된 문화와 기술을 가지고 있었다. ❸ 한강 유역을 차지한 나라는 중국과의 교류로 나라를 빠르게 발전시킬 수 있었다.

5 ❶ 백제와 고구려에 비해 약하고 발전도 더뎠던 신라가 삼국을 통일할 수 있었던 것도 한강 유역을 차지한 후 빠르게 힘을 키웠기 때문이다. ❷ [또한 삼국의 전성기가 한강 유역을 차지한 시기와 거의 일치하는 것을 통해서도 한강 유역이 한반도의 주도권을 잡기 위해 꼭 필요한 곳이었음을 알 수 있다.]

---

1 단락 요약
한강 유역을 차지하기 위해 노력했던 삼국

2 단락 요약
삼국이 한강을 차지하려 한 이유
– 편리한 교통

3 단락 요약
삼국이 한강을 차지하려 한 이유
– 농사가 잘됨.

4 단락 요약
삼국이 한강을 차지하려 한 이유
– 중국과의 교류에 유리함.

5 단락 요약
한반도의 주도권을 잡기 위해 꼭 필요했던 한강 유역

✱ 지문 이해

● 이 글은 고구려, 백제, 신라가 한강 유역을 차지하려고 끊임없이 노력했던 이유를 알려 주는 설명문입니다. 삼국이 한강 유역을 차지하려고 했던 이유는 한강 유역이 한반도의 한가운데 위치하여 교통이 편리하고, 넓은 평야와 풍성한 물 덕분에 농사가 잘되었기 때문이에요. 또한 황해를 통해 중국과 교류하기에도 유리했어요. 한강 유역을 차지한 시기가 각 나라의 전성기와 일치했을 정도로 한강 유역은 한반도의 주도권을 잡기 위해 꼭 필요한 곳이었어요.

● 단락 간의 관계
　1 단락에서는 삼국이 한강 유역을 차지하려고 한 이유에 대해 질문을 던지고 있어요.
　2~4 단락에서는 삼국이 한강 유역을 차지하려 한 이유 세 가지를 각각 설명하고 있어요.
　5 단락에서는 한강 유역이 한반도의 주도권을 잡기 위해 꼭 필요했던 곳임을 설명하며 글을 마무리하고 있어요.

● 글의 구조도

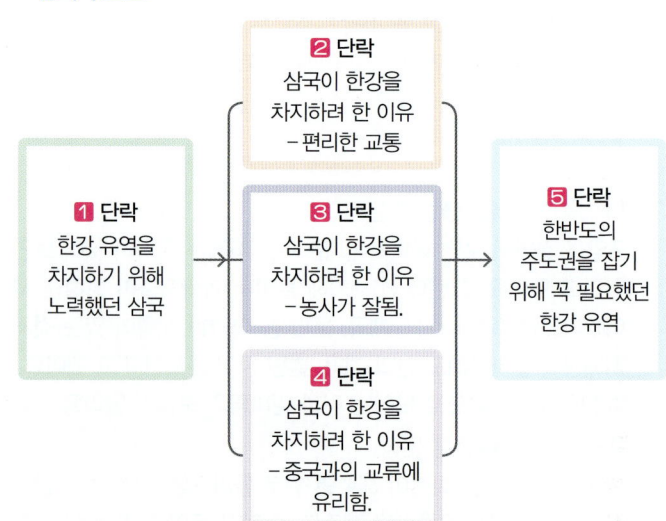

● 주제: 삼국이 한강 유역을 차지하려고 했던 이유

01 [정답] 한강 유역 ──────── 단락 요약하기

>왜 정답?

⑤단락에서는 신라가 삼국을 통일할 수 있었던 이유와, 삼국의 전성기와 한강 유역을 차지한 시기가 거의 같다는 것을 밝히며 '한강 유역이 한반도의 주도권을 잡기 위해 꼭 필요한 곳'이었다고 설명하고 있어요.
따라서 ⑤단락의 중심 낱말은 '한강 유역'이고, ⑤단락을 요약하면 '한반도의 주도권을 잡기 위해 꼭 필요했던 한강 유역'입니다.
빈칸에 공통으로 들어갈 말은 '한강 유역'이에요.

02 [정답] 교통, 농사, 중국 ──────── 내용 이해하기

>왜 정답?

근거: ②단락 ❶번째 문장, ③단락 ❶번째 문장, ④단락 ❶번째 문장
②~④단락에서 삼국이 한강 유역을 차지하려고 했던 이유를 '한강이 한반도의 한가운데 위치하여 교통이 편리'하고, '넓게 펼쳐진 평야와 풍부한 물 덕분에 농사가 잘되'고, '황해를 통해 중국과 교류하기에 유리한 위치'였기 때문이라고 했어요.
따라서 ㉠~㉢에 들어갈 말은 각각 '교통', '농사', '중국'이에요.

03 [정답] ④ ──────── 내용 이해하기

>왜 정답?

④ 근거: ②단락 ❸번째 문장
'한강에 배를 띄우면 육지로 이동할 때보다 군사나 물건을 빠르게 옮길 수 있었'다고 했어요. 즉, 삼국 시대에는 군사나 물건을 빠르게 옮기기 위해 육지보다는 한강을 이용했어요.

>왜 오답?

① 근거: ②단락 ❶, ❷번째 문장
한강은 '한반도의 한가운데 위치하여 교통이 편리'했는데, '이는 전쟁을 할 때 매우 유리했다.'라고 했으므로 맞는 내용이에요.

② 근거: ①단락 ❸번째 문장
'삼국은 한강 유역을 차지하기 위해 서로 연합하여 전쟁을 치렀다.'라고 했으므로 맞는 내용이에요.

③ 근거: ③단락 전체
한강 유역은 '농사가 잘되어 많은 곡식을 생산할 수 있었'다고 했어요. 그리고 '그 덕분에 먹을 것이 많아져 백성들의 삶이 편안해지고, 나라는 세금을 더 거두어들여 경제적 기반을 탄탄하게 할 수 있었다.'라고 했으므로 맞는 내용이에요.

⑤ 근거: ①단락 ❶번째 문장
한강 유역은 '4세기 백제 근초고왕, 5세기 고구려 광개토 대왕과 장수왕, 6세기 신라 진흥왕 때 각 나라가 공통적으로 차지하고 있었던 지역'이라고 했으므로 맞는 내용이에요.

04 [정답] ⑤ ──────── 내용 추측하기

이 글을 읽고 한반도의 5세기 상황을 추측한 것으로 알맞지 않은 것은 무엇인가요?

• **한반도의 5세기 상황**: 한반도의 5세기는 고구려가 한강 유역을 차지한 시기이자 고구려의 전성기예요.

[즉] ①, ⑤단락을 통해 한반도의 5세기가 고구려의 전성기임을 알아내고, 이를 바탕으로 고구려의 당시 상황을 추측하는 문제예요.

>왜 정답?

⑤ 근거: ①단락 ❶번째 문장, ②단락 ❶번째 문장, ⑤단락 ❷번째 문장
①단락에서 '5세기 고구려 광개토 대왕과 장수왕' 때 한강 유역을 차지하고 있었다고 했고, ⑤단락에서 '삼국의 전성기가 한강 유역을 차지한 시기와 거의 일치'한다고 했어요. 즉, 한반도의 5세기는 고구려가 한강 유역을 차지하고 있던, 고구려의 전성기였어요.
또한 ②단락에서 '한강이 한반도의 한가운데 위치하여 교통이 편리하'다고 했어요. 따라서 5세기에 한강 유역을 차지했던 고구려는 교통이 편리해졌을 거예요.

>왜 오답?

① 근거: ③단락 전체
한강 유역은 '농사가 잘되어 많은 곡식을 생산할 수 있었'다고 했어요. 또한 '그 덕분에 먹을 것이 많아져 백성들의 삶이 편안해'졌다고 했어요. 따라서 5세기에 한강 유역을 차지했던 고구려의 백성들은 먹을 것이 더 많아졌을 거예요.

② 근거: ⑤단락 ❷번째 문장
'한강 유역이 한반도의 주도권을 잡기 위해 꼭 필요한 곳이었'다고 했어요. 따라서 5세기에 한강 유역을 차지했던 고구려가 한반도의 주도권을 잡고 있었을 거예요.

③ 근거: ⑤단락 ❷번째 문장
'삼국의 전성기가 한강 유역을 차지한 시기와 거의 일치'한다고 했으므로, 5세기는 한강 유역을 차지했던 고구려의 전성기였을 거예요.

④ 근거: ①단락 ❸, ❹번째 문장
'고구려가 한강 유역을 차지하면 백제와 신라가 연합하여 한강 유역을 빼앗'는 식으로 '삼국은 한강 유역을 차지하기 위해 서로 연합하여 전쟁을 치렀다.'라고 했어요. 따라서 5세기에 백제와 신라는 고구려가 차지한 한강 유역을 빼앗으려 했을 거예요.

05 [정답] 한강 유역을 차지한 후 빠르게 힘을 키웠기 때문이다.

[서술형] 채점 기준 – 근거: ⑤단락 ❶번째 문장
신라가 삼국을 통일할 수 있었던 이유는 '한강 유역을 차지한 후 빠르게 힘을 키웠기 때문이다.'라고 했어요. 따라서 이 내용을 찾아 쓰면 정답이에요.

정다면체는 몇 개나 있을까?

○ 각 단락 중심 낱말　◯ 전체 중심 낱말　[ ] 각 단락 중심 문장　▨ 전체 중심 문장

① ① 보드게임을 할 때 쓰는 주사위, 피아노를 칠 때 박자를 세 주는 메트로놈, 과자를 담은 상자 등 우리 주위에는 면으로 둘러싸인 다양한 모양의 사물이 존재한다. ②[이와 같이 평면 다각형으로 둘러싸인 입체 도형을 다면체라고 한다.] ③다면체의 이름은 면의 수에 따라 정해지고, 면이 4개이면 사면체, 5개이면 오면체, 6개이면 육면체가 되는 식으로 무수히 많은 다면체가 존재한다.

② ① 그렇다면 정다면체는 무엇일까? ②[정다면체란 다면체 중에서 한 꼭짓점에 모이는 면의 수가 같고, 면의 모양이 모두 같은 다면체를 말한다.] ③예를 들어 주사위는 크기가 같은 정사각형 6개로 둘러싸인 정다면체이다. ④그렇다면 정다면체 역시 수없이 많이 존재할까?

③ ① 정삼각형은 한 내각의 크기가 60°이고, 한 꼭짓점에 모이는 정삼각형이 1개나 2개일 경우 입체 도형을 만들 수 없다. ②또한 한 꼭짓점에 정삼각형이 6개 모이면 360°로 평면이 되므로 이 경우에도 입체 도형을 만들 수 없다. ③[따라서 한 꼭짓점에 모이는 삼각형의 개수가 3개, 4개, 5개일 때만 정삼각형으로 이루어진 정다면체를 만들 수 있다. ④이러한 정다면체가 각각 정사면체, 정팔면체, 정이십면체이다.]

④ ① 정사각형은 한 내각의 크기가 90°이다. ②(가) 앞의 경우와 같이 생각해 보았을 때 한 꼭짓점에 정사각형이 3개씩 모인 경우에만 입체 도형을 만들 수 있다. ③[따라서 각 면이 정사각형인 정다면체는 정육면체 한 가지뿐이다.] ④마찬가지로 한 내각의 크기가 108°인 정오각형은 한 꼭짓점에 정오각형이 3개씩 모인 경우에만 입체 도형을 만들 수 있다. ⑤[따라서 각 면이 정오각형인 정다면체는 정십이면체 하나이다.]

⑤ ①[반면 정육각형부터는 정다면체를 만들 수 없다.] ②정육각형은 한 내각의 크기가 120°이다. ③한 꼭짓점에 모이는 정육각형이 1개나 2개일 경우 입체 도형을 만들 수 없고, 정육각형이 3개 모이면 360°로 평면이 되므로 정육각형으로는 정다면체를 만들 수 없다. ④이와 같은 이유로 정칠각형, 정팔각형 등도 정다면체를 만들 수 없다.

⑥ ①정리하면, 정다면체는 정사면체, 정육면체, 정팔면체, 정십이면체, 정이십면체로 딱 5개만 존재한다. ②우리 주변에 존재하는 정다면체를 찾아, 각각 어떤 다각형으로 이루어진 정다면체인지 살펴보자.

1 단락 요약
다면체의 의미와 종류

2 단락 요약
정다면체의 의미

3 단락 요약
정삼각형으로 만들 수 있는 정다면체

4 단락 요약
정사각형과 정오각형으로 만들 수 있는 정다면체

5 단락 요약
정다면체를 만들 수 없는 도형들

6 단락 요약
5개만 존재하는 정다면체

✱ 지문 이해

● 이 글은 정다면체의 의미와 종류를 알려 주는 설명문입니다. 정다면체란 다면체 중에서 한 꼭짓점에 모이는 면의 수가 같고, 면의 모양이 모두 같은 다면체를 말해요. 여러 다각형 중에서 정삼각형, 정사각형, 정오각형으로만 정다면체를 만들 수 있고, 정육각형부터는 정다면체를 만들 수 없어요. 그래서 정다면체는 정사면체, 정육면체, 정팔면체, 정십이면체, 정이십면체 딱 5개만 존재해요.

● 단락 간의 관계
① 단락에서는 다면체에 대해, ② 단락에서는 정다면체에 대해 소개하고 있어요.
③ 단락에서는 정삼각형으로, ④ 단락에서는 정사각형과 정오각형으로 만들 수 있는 정다면체를 설명하고 있어요.
⑤ 단락에서는 정육각형부터는 정다면체를 만들 수 없는 이유를 설명하고 있어요.
⑥ 단락에서는 정다면체의 종류를 정리하며 글을 마무리하고 있어요.

● 글의 구조도

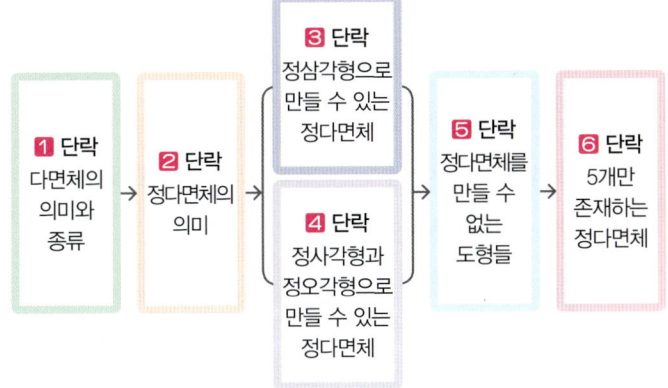

1 단락 다면체의 의미와 종류 → **2 단락** 정다면체의 의미 → **3 단락** 정삼각형으로 만들 수 있는 정다면체 / **4 단락** 정사각형과 정오각형으로 만들 수 있는 정다면체 → **5 단락** 정다면체를 만들 수 없는 도형들 → **6 단락** 5개만 존재하는 정다면체

● **주제:** 정다면체의 의미와 종류

---

01 [정답] 정다면체, 정삼각형, 정사각형, 5 ······ 단락 요약하기

> **왜 정답?**

②단락에서는 이 글 전체의 중심 낱말인 '정다면체'가 무엇인지 설명하고 있어요.
③단락에서는 정삼각형으로 만들 수 있는 정다면체를, ④단락에서는 정사각형과 정오각형으로 만들 수 있는 정다면체를 설명하고 있어요.
⑥단락에서는 정다면체의 종류가 5개뿐이라고 정리하고 있어요.
따라서 ㉠~㉣에 들어갈 말은 각각 '정다면체', '정삼각형', '정사각형', '5'예요.

02 [정답] ② ······ 내용 이해하기

> **왜 정답?**

② 근거: ⑥단락 ❶번째 문장
'정다면체는 정사면체, 정육면체, 정팔면체, 정십이면체, 정이십면체로 딱 5개만 존재한다.'라고 했으므로 틀린 내용이에요.

> **왜 오답?**

① 근거: ④단락 ❶번째 문장
'정사각형은 한 내각의 크기가 90°이다.'라고 했으므로 맞는 내용이에요.

③ 근거: ⑤단락 ❹번째 문장
'정칠각형, 정팔각형 등도 정다면체를 만들 수 없다.'라고 했으므로 맞는 내용이에요.

④ 근거: ④단락 ❺번째 문장
'각 면이 정오각형인 정다면체는 정십이면체 하나이다.'라고 했으므로 맞는 내용이에요.

⑤ 근거: ④단락 ❸번째 문장
'각 면이 정사각형인 정다면체는 정육면체 한 가지뿐이다.'라고 했으므로 맞는 내용이에요.

03 [정답] 4, 평면 ······ 내용 추측하기

다음은 (가)의 과정을 나타낸 것입니다. 빈칸에 들어가기에 알맞은 말을 순서대로 쓰세요.

• **(가)의 과정:** ③단락의 내용을 통해 정사각형으로 입체 도형을 만드는 경우를 생각해 보는 과정입니다.

즉 정삼각형으로 입체 도형을 만들 수 없는 두 가지 경우를 이해하고, 이를 바탕으로 정사각형으로 입체 도형을 만들 수 없는 경우를 생각해 보는 문제예요.

> **왜 정답?**

근거: ③단락 ❶, ❷번째 문장, ④단락 ❶번째 문장

(가)에서 말한 '앞의 경우'란 ③단락에서 이야기한 '정삼각형으로 정다면체를 만들 수 없는 경우'를 가리켜요. 이를 정리하면, '한 꼭짓점에 모이는 정삼각형이 1개나 2개일 경우', '한 꼭짓점에 정삼각형이 6개 모여 360°로 평면이 되는 경우'에는 정다면체를 만들 수 없어요. 이를 정사각형으로 정다면체를 만드는 것에 적용하면, 우선 한 꼭짓점에 모이는 정사각형이 1개나 2개일 경우 정다면체를 만들 수 없어요. 그리고 ④단락에서 '정사각형은 한 내각의 크기가 90°이다.'라고 했으므로, 한 꼭짓점에 정사각형이 4개 모이면 360°로 평면이 되기 때문에 입체 도형을 만들 수 없어요.
따라서 빈칸에 들어갈 말은 순서대로 '4', '평면'이에요.

04 [정답] ⑤ ······ 알맞은 반응 찾기

> **왜 정답?**

⑤ 근거: ⑤단락 ❸번째 문장
'정육각형이 3개 모이면 360°로 평면이 되므로 정육각형으로는 정다면체를 만들 수 없다.'라고 했으므로 틀린 반응이에요.

> **왜 오답?**

① 근거: ②단락 ❸번째 문장
'주사위는 ~ 정다면체이다.'라고 했으므로 맞는 반응이에요.

② 근거: ①단락 ❷, ❸번째 문장
평면 다각형으로 둘러싸인 입체 도형이 '다면체'이며, 면이 6개이면 '육면체'라고 했으므로 맞는 반응이에요.

③, ④ 근거: ③단락 ❸, ❹번째 문장
'한 꼭짓점에 모이는 삼각형의 개수가 3개, 4개, 5개일 때만 ~ 정사면체, 정팔면체, 정이십면체이다.'라고 했으므로 맞는 반응이에요.

05 [정답] 예 이 도형은 정육면체이며, 정사각형으로 이루어졌다.

서술형 채점 기준 – 근거: ④단락 ❸번째 문장

주어진 도형의 한 면은 정사각형이고, 모두 6개의 면으로 이루어져 있어요. ④단락에서 '각 면이 정사각형인 정다면체는 정육면체 한 가지뿐이다.'라고 했어요. 따라서 이 도형의 이름이 '정육면체'이며, 도형을 이루고 있는 다각형이 '정사각형'임을 쓰면 정답이에요.

숨은 열도 꼼짝 마라!

◯ 각 단락 중심 낱말   ◯ 전체 중심 낱말   [ ] 각 단락 중심 문장   ▨ 전체 중심 문장

1️⃣ 신종 코로나바이러스가 유행할 때 텔레비전 화면에 자주 나온 장면이 있다. 파란색 계열의 바탕에 빨간색, 주황색, 노란색 등으로 사람의 대략적인 형태가 나타난 장면인데, 이것은 바로 열화상 카메라를 이용하여 사람을 찍은 모습이다. 열화상 카메라는 무엇이고, 우리 생활에 어떤 도움을 줄까?

2️⃣ [열화상 카메라는 열을 감지하여 한눈에 보여 주는 장치로, 열을 온도에 따라 다양한 색으로 나타내 우리 눈으로 볼 수 있게 해 준다.] 일반 카메라는 빛이 없는 곳에서는 촬영을 할 수 없다. 반면 열화상 카메라는 적외선을 이용하여 열을 감지하기 때문에 빛이 있고 없고와 상관없이, 심지어 연기와 같은 장애물이 있어도 촬영을 할 수 있다. 이러한 점을 활용하여 열화상 카메라는 여러 분야에서 유용하게 쓰이고 있다.

3️⃣ [우선, 열화상 카메라는 화재를 진압하고 예방하는 데 쓰이고 있다.] 연기 때문에 한 치 앞도 못 볼 때 소방관들은 열화상 카메라를 이용하여 사람을 찾아 구하고, 화재를 효과적으로 진압할 수 있다. 또한 열화상 카메라는 눈에 잘 보이지 않는 작은 불씨도 감지할 수 있기 때문에 불이 잘 나는 봄, 가을에는 열화상 카메라를 단 무인 항공기(드론)를 띄워 산불 감시 활동을 벌이기도 한다.

4️⃣ [그리고 열화상 카메라는 검역을 할 때도 이용된다.] 공항이나 항구에서는 열화상 카메라를 이용하여 승객과 화물을 검사하고, 이를 통해 전염병이나 해충이 국내로 들어오는 것을 막는다. [또, 열화상 카메라는 군사적 용도로도 이용된다.] 열화상 카메라를 이용하면 빛이 전혀 없는 밤에도 체온을 감지하여 사람을 찾아낼 수 있기 때문에 군대에서는 야간 감시 장비로 열화상 카메라를 이용한다.

5️⃣ 이 밖에도 가축이 병이 들었는지를 판단할 때, 단열이 제대로 되는지 확인할 때, 살얼음이 언 도로를 찾아낼 때 등 열화상 카메라가 이용되는 분야는 아주 다양하다. [즉, 열화상 카메라는 우리의 삶을 더 편리하고 안전하게 만들어 주고 있다고 할 수 있다.]

---

1 단락 요약
열화상 카메라에 대한 물음

2 단락 요약
열화상 카메라의 의미와 장점

3 단락 요약
열화상 카메라의 활용 – 화재 진압과 예방

4 단락 요약
열화상 카메라의 활용 – 검역, 군사적 용도

5 단락 요약
우리 삶을 편리하고 안전하게 해 주는 열화상 카메라

✴ 지문 이해

● 이 글은 열화상 카메라에 대한 설명문입니다. 열화상 카메라는 적외선을 이용하여 열을 감지하기 때문에 일반 카메라와 다르게 빛이 없는 곳에서도 촬영을 할 수 있어요. 그래서 열화상 카메라는 화재 진압과 예방, 검역이나 군사적 용도 등 다양한 분야에서 유용하게 쓰이고 있어요.

● 단락 간의 관계
1️⃣단락에서는 열화상 카메라에 대해 질문을 던지고 있어요. 이에 대한 답으로 2️⃣단락에서 열화상 카메라가 무엇인지 일반 카메라와 비교하여 설명하고 있어요.
3️⃣단락과 4️⃣단락에서는 열화상 카메라가 활용되는 다양한 분야를 설명하고 있어요.
5️⃣단락에서는 열화상 카메라가 우리 삶에 미치는 긍정적인 영향을 이야기하며 글을 마무리하고 있어요.

● 글의 구조도

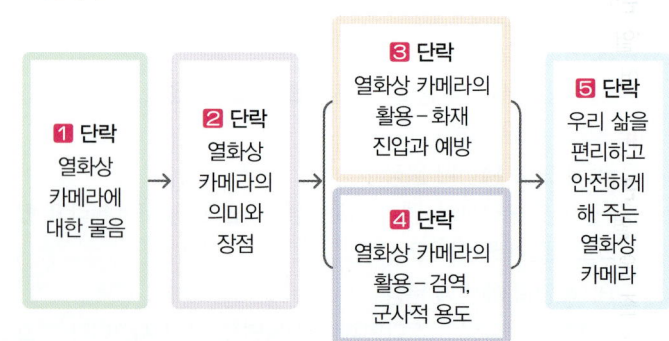

● 주제: 열화상 카메라의 의미와 다양한 활용

01 [정답] 열화상, 화재, 검역 ⋯⋯⋯⋯⋯⋯ 단락 요약하기

>**왜 정답?**

근거: ①단락 ❸번째 문장, ③단락 ❶번째 문장, ④단락 ❶번째 문장
①단락에서는 '열화상 카메라는 무엇이고, 우리 생활에 어떤 도움을 줄까?'라고 하며 열화상 카메라에 대해 질문을 던지고 있어요.
③단락에서는 열화상 카메라가 '화재를 진압하고 예방하는 데 쓰이고 있다.'라고 했고, ④단락에서는 '검역을 할 때도 이용된다.'라고 했어요.
따라서 빈칸에 들어갈 말은 순서대로 '열화상', '화재', '검역'이에요.

02 [정답] ⑤ ⋯⋯⋯⋯⋯⋯⋯⋯⋯⋯⋯⋯ 내용 이해하기

>**왜 정답?**

⑤ 근거: ②단락 ❷, ❸번째 문장
'일반 카메라는 빛이 없는 곳에서는 촬영을 할 수 없다. 반면 열화상 카메라는 적외선을 이용하여 열을 감지하기 때문에 빛이 있고 없고와 상관없이, 심지어 연기와 같은 장애물이 있어도 촬영을 할 수 있다.'라고 하며 일반 카메라와 열화상 카메라의 차이점을 이야기하고 있어요.

>**왜 오답?**

① 이 글에 열화상 카메라의 생김새는 나오지 않아요.
② 이 글에 열화상 카메라를 사용하는 방법은 나오지 않아요.
③ ②단락에서 열화상 카메라가 적외선을 이용하여 열을 감지한다고는 했지만, 이 글에 적외선을 이용하는 것의 위험성은 나오지 않아요.
④ 이 글에 소방관들이 화재를 진압하는 이유는 나오지 않아요.

03 [정답] ④ ⋯⋯⋯⋯⋯⋯⋯⋯⋯⋯⋯⋯ 내용 이해하기

>**왜 정답?**

④ 근거: ④단락 ❹번째 문장
'열화상 카메라를 이용하면 빛이 전혀 없는 밤에도 체온을 감지하여 사람을 찾아낼 수 있'다고 했으므로 틀린 설명이에요.

>**왜 오답?**

① 근거: ②단락 ❶번째 문장
'열화상 카메라는 열을 감지하여 한눈에 보여 주는 장치로, 열을 온도에 따라 다양한 색으로 나타내 우리 눈으로 볼 수 있게 해 준다.'라고 했으므로 맞는 설명이에요.
② 근거: ⑤단락 ❶번째 문장
'살얼음이 언 도로를 찾아낼 때 등 열화상 카메라가 이용되는 분야는 아주 다양하다.'라고 했으므로 맞는 설명이에요.

③ 근거: ⑤단락 ❶번째 문장
'가축이 병이 들었는지를 판단할 때, ~ 등 열화상 카메라가 이용되는 분야는 아주 다양하다.'라고 했으므로 맞는 설명이에요.
⑤ 근거: ④단락 ❷번째 문장
'공항이나 항구에서는 열화상 카메라를 이용하여 승객과 화물을 검사하고, 이를 통해 전염병이나 해충이 국내로 들어오는 것을 막는다.'라고 했으므로 맞는 설명이에요.

04 [정답] 윤지 ⋯⋯⋯⋯⋯⋯⋯⋯⋯⋯ 알맞은 반응 찾기

>**왜 정답?**

윤지 근거: ②단락 ❸번째 문장
'열화상 카메라는 적외선을 이용하여 열을 감지'한다고 했어요. 즉, 열화상 카메라는 햇빛의 자외선이 아니라 적외선을 이용하므로 윤지는 틀린 내용을 말했어요.

>**왜 오답?**

서윤 근거: ①단락 ❷번째 문장
'파란색 계열의 바탕에 빨간색, 주황색, 노란색 등으로 사람의 대략적인 형태가 나타난 장면'이 '열화상 카메라를 이용하여 사람을 찍은 모습'이라고 했으므로 서윤이는 맞는 내용을 말했어요.
수진 근거: ③단락 ❸번째 문장
'열화상 카메라는 눈에 잘 보이지 않는 작은 불씨도 감지할 수 있'다고 했으므로 수진이는 맞는 내용을 말했어요.
영준 근거: ③단락 ❸번째 문장
'열화상 카메라는 눈에 잘 보이지 않는 작은 불씨도 감지할 수 있기 때문에 불이 잘 나는 봄, 가을에는 열화상 카메라를 단 무인 항공기(드론)를 띄워 산불 감시 활동을 벌이기도 한다.'라고 했으므로 영준이는 맞는 내용을 말했어요.

05 [정답] 예 열화상 카메라는 연기와 같은 장애물이 있어도 촬영을 할 수 있기 때문이다.

서술형 채점 기준 - 근거: ②단락 ❸번째 문장
열화상 카메라는 '연기와 같은 장애물이 있어도 촬영을 할 수 있다.'라고 했어요. 그래서 소방관들이 연기 때문에 한 치 앞도 못 볼 때 열화상 카메라를 이용하는 것이에요.
따라서 '연기와 같은 장애물이 있어도 촬영을 할 수 있다.'라는 열화상 카메라의 특징을 쓰면 정답이에요.

국민이라면 당연히 누려야 할 권리, 기본권

◯ 각 단락 중심 낱말 ◯ 전체 중심 낱말 [ ] 각 단락 중심 문장 ▨ 전체 중심 문장

① ❶ 선거철이 되면 '국민의 권리를 행사합시다!'라고 써 있는 포스터나 광고를 자주 볼 수 있다. ❷ 국민의 권리를 행사하기 위해서는 먼저 그것이 무엇인지 알아야 한다. ❸ 민주주의 국가의 국민이라면 누구나 태어날 때부터 가지고 있는 기본적인 권리가 있는데, 이를 기본권이라고 한다. ❹ 우리나라는 인간의 존엄성과 행복을 추구할 권리를 보장하고자 헌법에 국민의 기본권을 정해 두고 있다. ❺ 기본권에는 어떤 권리가 포함될까?   *1단락 요약: 기본권의 의미

② ❶ [먼저, 기본권으로는 자유권과 평등권이 있다.] ❷ 자유권은 국가의 간섭을 받지 않고 자기의 뜻에 따라 자유롭게 행동하고 생각할 수 있는 권리이다. ❸ 원하는 종교를 믿을 권리, 살고 싶은 곳에 살 수 있는 권리, 원하는 직업을 얻을 수 있는 권리 등이 자유권에 속한다. ❹ 그리고 평등권은 모든 국민이 법 앞에 평등하므로 누구든지 성별, 종교, 직업, 장애 등에 의해 차별받지 않을 권리이다. ❺ 평등권은 모든 국민이 공평한 기회를 갖는다는 뜻도 포함하고 있다.   *2단락 요약: 기본권의 종류 – 자유권, 평등권

③ ❶ [또한 사회권, 청구권, 참정권도 기본권에 해당한다.] ❷ 사회권은 인간다운 생활을 하기 위해 필요한 최소한의 사회적 보장을 국가에 요구할 수 있는 권리이다. ❸ 사회권에는 일할 기회를 요구할 권리, 교육을 받을 권리, 깨끗한 환경에서 살 권리 등이 있다. ❹ 그리고 청구권은 국민이 기본권을 보장받기 위하여 국가에 어떤 일을 해 달라고 요구할 수 있는 권리로, 공정한 재판을 받을 수 있는 권리, 억울하거나 부당한 일을 당했을 때 재판을 요구할 권리 등이 있다. ❺ 참정권은 국민의 한 사람으로서 정치에 참여할 수 있는 권리로, 투표에 참여할 권리, 선거에서 후보자로 나설 수 있는 권리, 공무원이 되어 나랏일을 할 권리 등이 있다.   *3단락 요약: 기본권의 종류 – 사회권, 청구권, 참정권

④ ❶ [정리하면, 우리 국민의 기본권으로는 자유권, 평등권, 사회권, 청구권, 참정권이 있다.] ❷ 많은 사람들이 모여 사는 현대 사회에서는 이렇게 다양한 각자의 기본권이 서로 부딪치기도 한다. ❸ 이런 경우에는 서로의 기본권을 존중하고 각자의 권리를 조금씩 양보하여 모두의 권리가 조화롭게 실현될 수 있도록 노력해야 한다.   *4단락 요약: 서로의 기본권을 존중하는 것의 중요성

01 정답 ②

②단락과 ③단락에서는 모두 기본권의 종류를 설명하고 있으므로 ②단락과 ③단락이 서로 반대되는 이야기를 하고 있는 것이 아니에요.

02 정답 기본권, 자유권, 사회권

①단락 ❸번째 문장에서 '민주주의 국가의 국민이라면 ~ 기본적인 권리가 있는데, 이를 기본권이라고 한다.'라고 했어요. 그리고 ④단락 ❶번째 문장에서 '우리 국민의 기본권으로는 자유권, 평등권, 사회권, 청구권, 참정권이 있다.'라고 했어요.

03 정답 참정권

③단락 ❺번째 문장에서 '참정권은 국민의 한 사람으로서 정치에 참여할 수 있는 권리로, 투표에 참여할 권리, ~ 등이 있다.'라고 했어요.

04 정답 ③

②단락 ❸번째 문장에서 '원하는 직업을 얻을 수 있는 권리 등이 자유권에 속한다.'라고 했어요. 따라서 원하는 직업을 얻을 수 있는 권리는 사회권이 아니라 자유권에 해당해요.

✱ 지문 이해

● 이 글은 기본권의 의미와 종류를 알려 주는 설명문입니다. 기본권이란 민주주의 국가의 국민이 태어날 때부터 가지고 있는 기본적인 권리를 말해요. 국가의 간섭 없이 자유롭게 행동할 수 있는 권리인 자유권, 차별받지 않을 권리인 평등권, 최소한의 사회적 보장을 국가에 요구할 수 있는 권리인 사회권, 기본권 보장을 위해 국가에 어떤 일을 해 달라고 요구할 수 있는 권리인 청구권, 정치에 참여할 수 있는 권리인 참정권이 기본권에 해당해요.

● 단락 간의 관계
　①단락에서는 이 글 전체의 중심 낱말인 '기본권'에 대해 소개하고 있어요.
　②단락과 ③단락에서는 기본권의 종류를 설명하고 있어요.
　④단락에서는 서로의 기본권을 존중하는 것이 중요하다고 이야기하며 글을 마무리하고 있어요.

● 글의 구조도

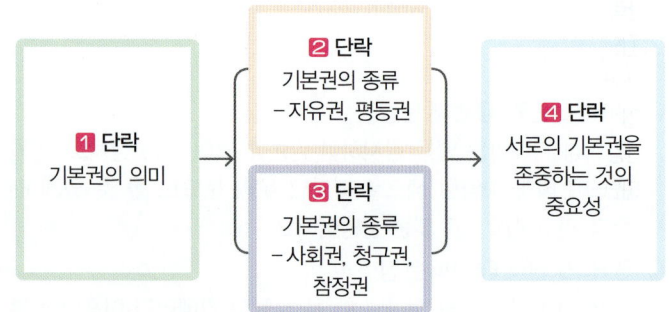

● 주제: 기본권의 의미와 종류

건강 체력 기르기

○ 각 단락 중심 낱말 ⬭ 전체 중심 낱말 [ ] 각 단락 중심 문장 ▨ 전체 중심 문장

1 [건강 체력은 사람이 건강하게 살아가는 데 기초가 되는 신체적 능력을 말한다.] 규칙적으로 운동을 하면 건강 체력을 기를 수 있으며 질병을 예방하고 긍정적인 마음으로 활기찬 삶을 살아갈 수 있다. 건강 체력의 종류에는 무엇이 있으며, 각각의 건강 체력을 기르려면 어떤 운동을 해야 할까?

2 [우선, 건강 체력에는 근력과 근지구력이 있다.] 근력이란, 우리 몸의 뼈를 둘러싸고 있는 근육이 한 번 움직일 때 낼 수 있는 힘을 말한다. 근육은 우리 몸이 움직일 수 있게 해 주므로 근력이 좋은 사람일수록 더 힘차게 활동할 수 있다. 근지구력은 오랜 시간 동안 일정한 근력을 지속적으로 발휘할 수 있는 능력을 말한다. 근력과 함께 근지구력을 기르면 오랫동안 운동할 수 있고 피곤을 덜 느끼며, 신체가 균형 있게 발달하여 힘이 강해진다. 근력이나 근지구력을 기르기 위한 운동으로는 팔 굽혀 펴기, 윗몸 일으키기, 덤벨을 이용한 운동 등이 있다.

3 [다음으로, 유연성은 우리 몸의 근육과 관절을 부드럽게 움직일 수 있는 능력을 말한다.] 유연성을 기르면 몸의 움직임이 자연스러워지고 일상생활을 하거나 운동을 할 때 부상을 예방할 수 있다. 유연성을 기르기 위한 운동으로는 스트레칭, 요가 등이 있다.

4 [마지막으로, 심폐 지구력은 움직이거나 운동을 할 때 심장과 폐 등 숨을 쉬거나 혈액이 순환하는 일에 관련된 기관이 견딜 수 있는 힘을 말한다.] 심폐 지구력을 기르면 쉽게 피로해지지 않으며 오랜 시간 동안 신체 활동을 이어 나갈 수 있다. 심폐 지구력을 기르기 위한 운동으로는 걷기, 달리기, 수영, 자전거 타기, 등산, 줄넘기 등이 있다.

5 이와 같이 건강 체력에는 다양한 종류가 있으므로 각각의 건강 체력을 기르기 위해서는 그에 맞는 운동을 해야 한다. 자신의 건강 체력 수준을 알아보고, 스스로에게 맞는 운동 계획을 세워 건강 체력을 길러 보자.

1 단락 요약
건강 체력의 의미와 중요성

2 단락 요약
건강 체력의 종류 – 근력, 근지구력

3 단락 요약
건강 체력의 종류 – 유연성

4 단락 요약
건강 체력의 종류 – 심폐 지구력

5 단락 요약
건강 체력을 기를 것 제안

✶ 지문 이해

● 이 글은 건강 체력의 의미와 종류, 건강 체력을 기르는 데 도움이 되는 운동을 알려 주는 설명문입니다. 건강 체력은 사람이 건강하게 살아가는 데 기초가 되는 신체적 능력을 말해요. 건강 체력에는 근력과 근지구력, 유연성, 심폐 지구력이 있어요. 각각의 건강 체력을 기르기 위해서는 그에 맞는 운동을 해야 해요.

● **단락 간의 관계**
  1 단락에서는 이 글 전체의 중심 낱말인 '건강 체력'의 의미를 설명하고, 건강 체력의 종류와 그에 맞는 운동이 무엇인지 질문을 던지고 있어요.
  2~4 단락에서는 건강 체력의 종류를 4가지로 나누어 설명하고, 각각의 건강 체력을 기를 수 있는 운동을 소개하고 있어요.
  5 단락에서는 건강 체력을 길러 보자고 제안하며 글을 마무리하고 있어요.

● **글의 구조도**

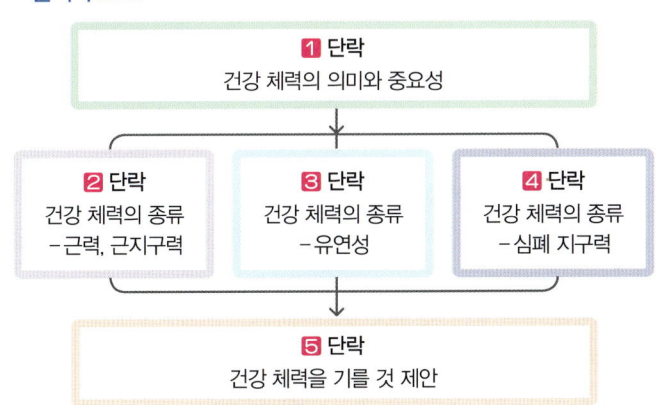

1 단락
건강 체력의 의미와 중요성

2 단락
건강 체력의 종류 – 근력, 근지구력

3 단락
건강 체력의 종류 – 유연성

4 단락
건강 체력의 종류 – 심폐 지구력

5 단락
건강 체력을 기를 것 제안

● **주제**: 건강 체력의 의미와 종류

01 정답 ③ .... 단락 간의 관계 이해하기

왜 정답?

5단락에서는 2~4단락의 내용을 바탕으로 건강 체력에 다양한 종류가 있고, 그에 맞는 운동을 해야 한다고 이야기하고 있어요. 즉, 5단락에서 1~4단락과 다른 내용을 이야기하고 있지도, 건강 체력의 단점을 이야기하고 있지도 않아요.

02 정답 (1) ㉠ (2) ㉣ (3) ㉡ (4) ㉢ .... 내용 이해하기

왜 정답?

(1) 근거: 2단락 ❷번째 문장
'근력이란, 우리 몸의 뼈를 둘러싸고 있는 근육이 한 번 움직일 때 낼 수 있는 힘을 말한다.'라고 했어요.

(2) 근거: 4단락 ❶번째 문장
'심폐 지구력은 움직이거나 운동을 할 때 심장과 폐 등 숨을 쉬거나 혈액이 순환하는 일에 관련된 기관이 견딜 수 있는 힘을 말한다.'라고 했어요.

(3) 근거: 2단락 ❹번째 문장
'근지구력은 오랜 시간 동안 일정한 근력을 지속적으로 발휘할 수 있는 능력을 말한다.'라고 했어요.

(4) 근거: 3단락 ❶번째 문장
'유연성은 우리 몸의 근육과 관절을 부드럽게 움직일 수 있는 능력을 말한다.'라고 했어요.

03 정답 ④ .... 내용 이해하기

왜 정답?

④ 근거: 4단락 ❸번째 문장
'심폐 지구력을 기르기 위한 운동으로는 걷기, 달리기, 수영, 자전거 타기, 등산, 줄넘기 등이 있다.'라고 했어요. 따라서 걷는 것은 건강 체력 중 심폐 지구력을 기르는 데 도움이 돼요.

왜 오답?

① 근거: 1단락 ❷번째 문장
'규칙적으로 운동을 하면 건강 체력을 기를 수 있'다고 했으므로 맞는 내용이에요.

② 근거: 3단락 ❷번째 문장
'유연성을 기르면 몸의 움직임이 자연스러워'진다고 했으므로 맞는 내용이에요.

③ 근거: 2단락 ❺번째 문장
'근력과 함께 근지구력을 기르면 오랫동안 운동할 수 있고 피곤을 덜 느'낀다고 했으므로 맞는 내용이에요.

⑤ 근거: 1단락 ❶번째 문장
'건강 체력은 사람이 건강하게 살아가는 데 기초가 되는 신체적 능력을 말한다.'라고 했으므로 맞는 내용이에요.

04 정답 ⑤ .... 내용 적용하기

〈보기〉의 상황에 대한 설명으로 알맞지 않은 것은 무엇인가요?

• 〈보기〉의 상황: 서준이가 건강 체력 중 유연성과 심폐 지구력이 부족하다는 것을 이야기하고 있어요.

즉 3, 4단락에서 설명하고 있는 유연성과 심폐 지구력에 대해 이해하고, 이를 〈보기〉의 상황에 적용하는 문제예요.

왜 정답?

⑤ 근거: 2단락 ❻번째 문장
'근력이나 근지구력을 기르기 위한 운동으로는 팔 굽혀 펴기, 윗몸 일으키기, 덤벨을 이용한 운동 등이 있다.'라고 했어요. 〈보기〉의 상황에서 서준이는 유연성과 심폐 지구력을 기르는 운동을 해야 하므로, 서준이가 근력을 기르는 운동인 팔 굽혀 펴기와 덤벨 운동을 계획할 것이라는 설명은 맞지 않아요.

왜 오답?

① 근거: 3단락 ❸번째 문장
'유연성을 기르기 위한 운동으로는 스트레칭, 요가 등이 있다.'라고 했어요. 〈보기〉에서 서준이는 유연성이 부족하다고 했으므로 맞는 설명이에요.

② 근거: 4단락 ❸번째 문장
'심폐 지구력을 기르기 위한 운동으로는 걷기, 달리기, 수영, 자전거 타기, 등산, 줄넘기 등이 있다.'라고 했어요. 〈보기〉에서 서준이는 심폐 지구력이 부족하다고 했으므로 맞는 설명이에요.

③ 근거: 3단락 ❷번째 문장
'유연성을 기르면 몸의 움직임이 자연스러워지고 일상생활을 하거나 운동을 할 때 부상을 예방할 수 있다.'라고 했으므로 맞는 설명이에요.

④ 근거: 4단락 ❷번째 문장
'심폐 지구력을 기르면 쉽게 피로해지지 않'는다고 했으므로 맞는 설명이에요.

05 정답 예 근력, 팔 굽혀 펴기와 윗몸 일으키기

서술형 채점 기준 – 근거: 2~4단락 전체

2단락에서는 근력과 근지구력을 기르기 위한 운동으로 '팔 굽혀 펴기, 윗몸 일으키기, 덤벨을 이용한 운동' 등이 있다고 했어요.

3단락에서는 유연성을 기르기 위한 운동으로 '스트레칭, 요가' 등이 있다고 했어요.

4단락에서는 심폐 지구력을 기르기 위한 운동으로 '걷기, 달리기, 수영, 자전거 타기, 등산, 줄넘기' 등이 있다고 했어요.

이러한 내용을 바탕으로 '근력, 근지구력, 유연성, 심폐 지구력' 중 한 가지를 쓰고, 각각의 건강 체력을 기를 수 있는 운동을 쓰면 정답이에요.

상대방을 설득하는 말하기, 토론

◯ 각 단락 중심 낱말   ◯ 전체 중심 낱말   [ ] 각 단락 중심 문장   ▨ 전체 중심 문장

1 ❶ 지민이네 집에서는 매해 용돈을 올려야 하는지 말아야 하는지 서로의 의견을 이야기한다. ❷ 지민이와 동생은 용돈을 올려야 한다는 생각에 찬성하지만, 부모님은 이 생각에 반대한다. ❸ 따라서 지민이와 동생, 부모님은 서로를 설득해야 하는 상황에 놓인다. ❹ 이처럼 한 가지 주제에 대해 여러 사람이 찬성과 반대로 나뉘어 의견을 이야기하고, 자기 쪽의 주장을 받아들이도록 상대방을 설득하는 의사소통을 토론이라고 한다. ❺ 우리의 생활을 돌이켜 보면 부모님뿐만 아니라 친구들과, 혹은 학급 회의 시간에 자주 토론을 해 왔다는 것을 알 수 있다. ❻ 어떻게 해야 토론을 잘 진행할 수 있을까?

2 ❶ [가장 먼저는 토론의 주제를 잘 정해야 한다.] ❷ 토론의 주제는 찬성과 반대로 의견을 나눌 수 있고, 명확한 것이어야 한다. ❸ '어떤 과목을 제일 좋아하는가?'처럼 찬성과 반대로 의견을 나눌 수 없는 것은 토론의 주제가 될 수 없다. ❹ 또, '공부를 잘하는 학생은 보충 학습에 참여하지 않아도 되는가?'라는 주제로 토론을 하려면 공부를 잘하는 학생의 기준이 무엇인지 토론 전에 분명하게 정해야 한다. ❺ 그리고 토론의 주제는 한 가지여야 한다. ❻ ____(가)____, '학생은 10시 이후로 놀이터와 PC방에 가지 말아야 한다.'라는 주제는 놀이터와 PC방에 가는 것이 각각 다른 주제이기 때문에 이 두 가지를 나누어 따로 토론을 진행해야 한다.

3 ❶ [다음으로, 토론할 때는 사람들이 각자의 역할에 맞는 자세로 참여하는 것도 중요하다.] ❷ 토론을 진행하는 사회자는 찬성과 반대 쪽에 말할 기회를 공평하게 주고 공정하게 토론을 이끌어 가야 한다. ❸ 그리고 토론하는 사람들은 말싸움이 아니라 객관적인 근거를 들어 논리적으로 상대방을 설득해야 한다. ❹ 이때 서로의 말을 무시하지 않고 예의 바른 태도로 상대방을 존중하는 것이 토론하는 사람의 기본자세이다.

4 ❶ 우리는 모두 다양한 생각을 가지고 함께 살아가므로 토론은 꼭 필요한 의사소통 방법이다. ❷ [올바른 토론을 통해 다른 사람의 생각을 존중하고 자신의 생각을 표현한다면 모두가 살기 좋은 사회를 만들 수 있을 것이다.]

---

1 단락 요약
토론의 의미

2 단락 요약
토론을 잘 진행하는 방법 – 주제 잘 정하기

3 단락 요약
토론을 잘 진행하는 방법 – 토론하는 사람들의 알맞은 자세

4 단락 요약
올바른 토론을 하는 것의 중요성

✱ 지문 이해

● 이 글은 토론의 의미와 토론을 잘 진행하는 방법을 알려 주는 설명문입니다. 토론은 한 가지 주제에 대해 찬성과 반대로 나뉘어 의견을 이야기하고, 자기 쪽의 주장을 받아들이도록 상대방을 설득하는 의사소통이에요. 토론을 잘 진행하기 위해서는 주제를 잘 정하고, 토론하는 사람들이 알맞은 자세로 참여해야 해요. 토론은 모두가 살기 좋은 사회를 만들기 위해 꼭 필요한 의사소통 방법이에요.

● 단락 간의 관계
1 단락에서 이 글 전체의 중심 낱말인 '토론'을 소개하고 있어요.
2 단락과 3 단락에서 토론을 잘 진행하는 방법을 설명하고 있어요.
4 단락에서는 올바른 토론을 하는 것의 중요성을 이야기하며 글을 마무리하고 있어요.

● 글의 구조도

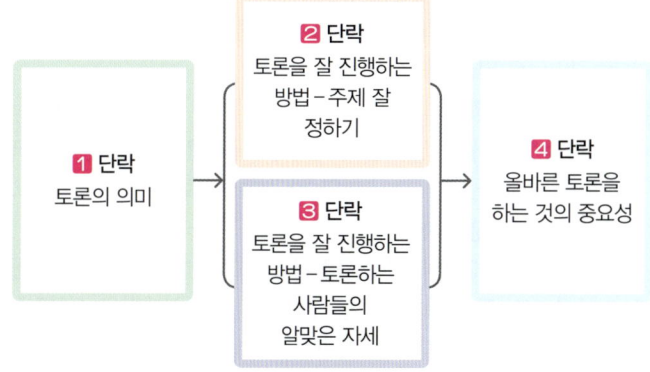

● 주제: 토론의 의미와 토론을 잘 진행하는 방법

01 [정답] ③ ·········· 단락 간의 관계 이해하기

>왜 정답?

③ ④단락에서는 이 글의 중심 낱말인 '토론'과 관련하여, 올바른 토론을 하는 것이 중요하다고 이야기하고 있어요. ④단락에서 ①~③단락의 내용을 시간 순서대로 정리하고 있지는 않아요.

>왜 오답?

① 근거: ①단락 ❶~❸번째 문장
'지민이네 집에서는 매해 용돈을 올려야 하는지 말아야 하는지 서로의 의견을 이야기한다. ~ 서로를 설득해야 하는 상황에 놓인다.'라고 하면서 지민이네 가족의 상황을 예시로 들고 있어요.

② 근거: ①단락 ❹번째 문장, ②단락 ❶번째 문장, ③단락 ❶번째 문장
①단락에서는 이 글의 중심 낱말인 '토론'의 의미를 설명하고 있어요.
그리고 ②단락과 ③단락에서는 '토론의 주제를 잘 정해야 한다.', '토론할 때는 사람들이 각자의 역할에 맞는 자세로 참여하는 것도 중요하다.'라고 하면서 토론에 대해 더 자세히 이야기하고 있어요.

02 [정답] ② ·········· 내용 이해하기

>왜 정답?

② 근거: ③단락 ❷번째 문장
'토론을 진행하는 사회자는 찬성과 반대 쪽에 말할 기회를 공평하게 주고 공정하게 토론을 이끌어 가야 한다.'라고 했으므로 틀린 내용이에요.

>왜 오답?

① 근거: ③단락 ❹번째 문장
'서로의 말을 무시하지 않고 예의 바른 태도로 상대방을 존중하는 것이 토론하는 사람의 기본자세이다.'라고 했으므로 맞는 내용이에요.

③ 근거: ①단락 ❹번째 문장
'한 가지 주제에 대해 여러 사람이 찬성과 반대로 나뉘어 의견을 이야기하고, 자기 쪽의 주장을 받아들이도록 상대방을 설득하는 의사소통을 토론이라고 한다.'라고 했어요.
즉, 토론의 목적은 자신의 주장을 받아들이도록 상대방을 설득하는 것이므로 맞는 내용이에요.

④ 근거: ③단락 ❸번째 문장
'토론하는 사람들은 말싸움이 아니라 객관적인 근거를 들어 논리적으로 상대방을 설득해야 한다.'라고 했으므로 맞는 내용이에요.

⑤ 근거: ①단락 ❶번째 문장
'한 가지 주제에 대해 여러 사람이 찬성과 반대로 나뉘어 의견을 이야기하고, 자기 쪽의 주장을 받아들이도록 상대방을 설득하는 의사소통을 토론이라고 한다.'라고 했으므로 맞는 내용이에요.

03 [정답] ③ ·········· 내용 적용하기

>왜 정답?

③ 근거: ②단락 ❷번째 문장
'토론의 주제는 찬성과 반대로 의견을 나눌 수 있고, 명확한 것이어야 한다.'라고 했어요. 그런데 '학교 축제 때 어떤 연극을 할 것인가?'는 찬성과 반대로 의견을 나눌 수 없으므로 토론의 주제로 알맞지 않아요.

>왜 오답?

①, ②, ④, ⑤ 근거: ②단락 ❷, ❺번째 문장
'토론의 주제는 찬성과 반대로 의견을 나눌 수 있고, 명확한 것이어야' 하고, '토론의 주제는 한 가지여야 한다.'라고 했어요.
①, ②, ④, ⑤는 모두 찬성과 반대로 의견을 나눌 수 있으며, 명확하고, 한 가지이므로 토론의 주제로 알맞아요.

04 [정답] ⑤ ·········· 올바른 접속어 찾기

>왜 정답?

⑤ 근거: ②단락 ❺, ❻번째 문장
㈎ 바로 앞에서 '토론의 주제는 한 가지여야 한다.'라고 했고, ㈎ 뒤에서 그 예시로 '학생은 10시 이후로 놀이터와 PC방에 가지 말아야 한다.'라는 주제에 대해 이야기하고 있어요. 따라서 ㈎에 들어갈 이어 주는 말은 '예를 들어'예요.

>왜 오답?

① '또한'은 앞 내용과 같은 종류의 내용을 덧붙여서 이야기할 때 쓰는 말이에요.
② '그러나'는 앞의 내용과 반대되는 내용이 이어질 때 쓰는 말이에요.
③ '그리고'는 앞의 내용과 비슷한 내용이 이어질 때 쓰는 말이에요.
④ '왜냐하면'은 앞의 내용에 대한 이유가 이어질 때 쓰는 말이에요.

---------- 배경지식

토론의 주제, 논제

토론의 주제를 다른 말로 '논제'라고 해요. 논제는 어떤 내용인지에 따라 사실 논제, 가치 논제, 정책 논제로 나뉘어요.

사실 논제는 사실인지 거짓인지를 따지는 논제로, 'UFO는 존재한다.' 등이 해당돼요. 사실 논제로 토론할 때는 논제가 사실인지 아닌지가 가장 중요하기 때문에 믿을 만한 정보를 바탕으로 주장을 펼쳐야 해요.

가치 논제는 바람직한지 아닌지를 따지는 논제로, '선의의 거짓말은 필요하다.' 등이 해당돼요. 가치 논제로 토론할 때는 내 의견이 더 바람직하다고 생각하는 이유를 충분히 설명해야 해요.

정책 논제는 어떤 일을 할지 말지를 따지는 논제로, '쉬는 시간을 늘려야 한다.' 등이 해당돼요. 정책 논제로 토론할 때는 주장이 이루어졌을 때 얻을 수 있는 효과를 이야기하는 것이 좋아요.

생물이 살아가려면 무엇이 필요할까?

○ 각 단락 중심 낱말   ○ 전체 중심 낱말   [ ] 각 단락 중심 문장   ▨ 전체 중심 문장

1 화단의 풀들이 잘 자라는 것, 우리가 살아가는 것에는 어떤 요소들이 영향을 미칠까? **2** [생물을 둘러싸고 있으며 생물이 살아가는 데 영향을 주는 것을 환경이라고 한다.] **3** 모든 생물은 환경의 영향을 받고 환경에 적응하며 살아가고 있다.

2 보통 식물이 살아가려면 햇빛, 공기, 물, 흙 등이 필요하고, 동물이 살아가려면 먹이, 물, 공기 등이 필요하다. **2** [이처럼 생물이 살아가는 데 필요한 것을 크게 두 가지로 나누면 비생물적 환경 요인과 생물적 환경 요인이라고 할 수 있다.]

3 [비생물적 환경 요인은 햇빛, 물, 공기, 흙 등과 같이 생물이 아닌 환경 요인이다.] **2** 햇빛은 식물이 양분을 만드는 광합성에 꼭 필요한 요소이며, 동물이 번식하는 데 영향을 주기도 한다. **3** 즉, 햇빛은 생물이 자라고 생활하는 데 큰 영향을 미친다. **4** 그리고 물은 생물이 생명을 유지하는 데 반드시 필요하다. **5** 식물은 뿌리를 통해 물을 흡수하여 잎으로 호흡하고 열매를 맺는다. **6** 동물은 몸의 대부분이 물로 이루어져 있으며 물을 마시지 않으면 생명을 이어갈 수 없다. **7** 또한 동물은 공기 없이 숨을 쉴 수 없고, 흙은 식물이 자라는 데 필요한 양분과 살아갈 장소를 제공해 준다.

4 [생물적 환경 요인은 생태계 안에서의 역할에 따라 크게 생산자, 소비자, 분해자로 구분할 수 있다.] **2** 광합성을 하여 스스로 먹이를 만드는 모든 생물은 생산자이고, 생산자 혹은 다른 동물을 먹는 초식 동물이나 육식 동물은 소비자이다. **3** 또한 죽은 동물이나 식물을 분해하여 흙으로 되돌리는 역할을 하는 생물은 분해자이다. **4** 즉, 생물적 환경 요인은 서로 먹고 먹히는 관계에 있는 모든 생물을 말한다.

5 모든 생물은 살아가면서 비생물적 환경 요인의 영향을 받고, 생물적 환경 요인끼리는 서로 먹고 먹히는 복잡한 관계로 연결되어 있다. **2** ▨비생물적 환경 요인과 생물적 환경 요인은 떼려야 뗄 수 없는 관계이며, 서로 영향을 주고받으며 생물이 살아가는 데 꼭 필요한 역할을 하고 있는 것이다.▨

---

1 단락 요약
환경의 의미

2 단락 요약
환경 요인의 분류

3 단락 요약
환경 요인의 종류 – 비생물적 환경 요인

4 단락 요약
환경 요인의 종류 – 생물적 환경 요인

5 단락 요약
서로 영향을 주고받는 비생물적 환경 요인과 생물적 환경 요인

✱ 지문 이해

● 이 글은 생물이 살아가는 데 필요한 환경 요인을 두 가지로 분류하여 알려 주는 설명문입니다. 환경 요인에는 비생물적 환경 요인과 생물적 환경 요인이 있어요. 비생물적 환경 요인은 생물이 아닌 환경 요인을 말하고, 생물적 환경 요인은 서로 먹고 먹히는 관계에 있는 모든 생물을 가리켜요. 모든 생물은 살아가면서 비생물적 환경 요인의 영향을 받고, 생물적 환경 요인끼리는 서로 먹고 먹히는 복잡한 관계로 연결되어 있어요.

● **단락 간의 관계**
① 단락에서는 '환경'이 무엇인지 설명하고, ② 단락에서는 '환경 요인'의 두 가지 종류를 소개하고 있어요.
③ 단락과 ④ 단락에서는 비생물적 환경 요인과 생물적 환경 요인을 각각 자세히 설명하고 있어요.
⑤ 단락에서는 비생물적 환경 요인과 생물적 환경 요인의 관계를 정리하며 글을 마무리하고 있어요.

● **글의 구조도**

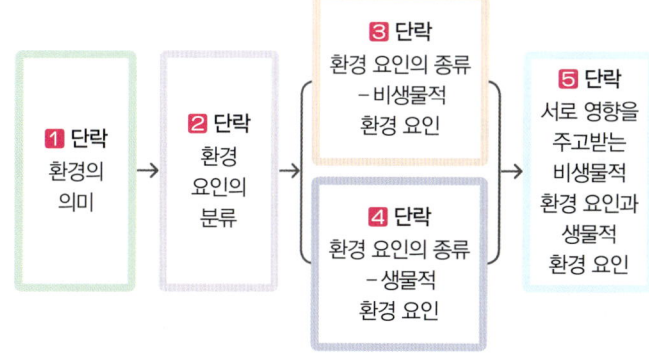

● **주제**: 비생물적 환경 요인과 생물적 환경 요인의 개념, 관계

01 [정답] ① ·········· 단락 간의 관계 이해하기

>왜 정답?

근거: ②단락 ❷번째 문장, ③, ④단락 전체

②단락에서는 '생물이 살아가는 데 필요한 것을 크게 두 가지로 나누면 비생물적 환경 요인과 생물적 환경 요인이라고 할 수 있다.'라고 하며 환경 요인을 두 가지로 분류하고 있어요.

그리고 이에 대해 ③단락에서는 비생물적 환경 요인을, ④단락에서는 생물적 환경 요인을 각각 설명하고 있어요.

02 [정답] 비생물적, 생산자, 분해자 ·········· 내용 이해하기

>왜 정답?

㉠ **근거:** ③단락 ❶번째 문장

'비생물적 환경 요인은 햇빛, 물, 공기, 흙 등과 같이 생물이 아닌 환경 요인이다.'라고 했으므로 ㉠에 들어갈 말은 '비생물적'이에요.

㉡ **근거:** ④단락 ❷번째 문장

'광합성을 하여 스스로 먹이를 만드는 모든 생물은 생산자'라고 했으므로 ㉡에 들어갈 말은 '생산자'예요.

㉢ **근거:** ④단락 ❸번째 문장

'죽은 동물이나 식물을 분해하여 흙으로 되돌리는 역할을 하는 생물은 분해자이다.'라고 했으므로 ㉢에 들어갈 말은 '분해자'예요.

03 [정답] ② ·········· 내용 이해하기

>왜 정답?

② **근거:** ③단락 ❻번째 문장

'동물은 몸의 대부분이 물로 이루어져 있'다고 했어요. 따라서 동물의 몸을 이루고 있는 대부분의 성분은 공기가 아니라 물이에요.

>왜 오답?

① **근거:** ③단락 ❼번째 문장

'흙은 식물이 자라는 데 필요한 양분과 살아갈 장소를 제공해 준다.'라고 했으므로 맞는 내용이에요.

③ **근거:** ③단락 ❷번째 문장

'햇빛은 식물이 양분을 만드는 광합성에 꼭 필요한 요소'라고 했으므로 맞는 내용이에요.

④ **근거:** ④단락 ❹번째 문장

'생물적 환경 요인은 서로 먹고 먹히는 관계에 있는 모든 생물을 말한다.'라고 했으므로 맞는 내용이에요.

⑤ **근거:** ①단락 ❷번째 문장

'생물을 둘러싸고 있으며 생물이 살아가는 데 영향을 주는 것을 환경이라고 한다.'라고 했으므로 맞는 내용이에요.

04 [정답] ③ ·········· 내용 적용하기

이 글을 읽고 〈보기〉의 상황을 이해한 내용으로 알맞지 <u>않은</u> 것은 무엇인가요?

• **이 글:** ③~⑤단락에서 설명하고 있는 비생물적 환경 요인과 생물적 환경 요인에 대한 내용을 말해요.

• **〈보기〉의 상황:** 수민이가 산에서 도토리나무와 다람쥐를 본 것을 이야기하고 있어요.

즉 비생물적 환경 요인과 생물적 환경 요인을 이해하고, 이를 바탕으로 〈보기〉의 도토리나무와 다람쥐가 어떤 환경 요인에 해당하며, 서로 어떤 관계인지를 알아보는 문제예요.

>왜 정답?

③ **근거:** ④단락 ❷번째 문장

'생산자 혹은 다른 동물을 먹는 초식 동물이나 육식 동물은 소비자이다.'라고 했어요. 〈보기〉에서 다람쥐는 도토리나무(생산자)의 열매인 도토리를 먹으므로 분해자가 아니라 소비자에 해당해요.

>왜 오답?

① **근거:** ③단락 ❶번째 문장

'비생물적 환경 요인은 햇빛, 물, 공기, 흙 등과 같이 생물이 아닌 환경 요인이다.'라고 했으므로 맞는 내용이에요.

② **근거:** ④단락 ❹번째 문장

〈보기〉에서 다람쥐는 도토리나무의 열매인 도토리를 먹으므로 도토리나무와 다람쥐는 ④단락에서 말한 '먹고 먹히는 관계'에 있어요.

④ **근거:** ④단락 ❷번째 문장

'광합성을 하여 스스로 먹이를 만드는 모든 생물은 생산자'라고 했어요. 그리고 〈보기〉의 도토리나무도 광합성을 하므로 생산자에 해당해요.

⑤ **근거:** ⑤단락 ❶번째 문장

'모든 생물은 살아가면서 비생물적 환경 요인의 영향을 받고, 생물적 환경 요인끼리는 서로 먹고 먹히는 복잡한 관계로 연결되어 있다.'라고 했어요. 그리고 〈보기〉에서 도토리나무는 '햇빛, 물'과 같은 비생물적 환경 요인과, '다람쥐'라는 생물적 환경 요인의 영향을 모두 받고 있어요.

05 [정답] 예 공기, 물, 햇빛, 온도, 습도 등

서술형 채점 기준 – 근거: ③단락 ❶번째 문장

'비생물적 환경 요인은 햇빛, 물, 공기, 흙 등과 같이 생물이 아닌 환경 요인이다.'라고 했어요.

따라서 '공기, 물, 햇빛, 흙, 온도, 습도' 등 우리가 살아가는 데 영향을 주는 생물이 아닌 환경 요인을 세 개 이상 쓰면 정답이에요.

이 집도 1인 가구, 저 집도 1인 가구

◯ 각 단락 중심 낱말 ◯ 전체 중심 낱말 [ ] 각 단락 중심 문장 ▨ 전체 중심 문장

① 시골에 홀로 계시는 할머니, 대도시에서 혼자 회사를 다니는 삼촌, 고양이를 자식처럼 생각하며 사는 이모 등 혼자 사는 사람들이 점점 많아지고 있다. [이렇게 한 가정을 구성하고 있는 식구가 1명인 가구를 1인 가구라고 한다.] 2020년을 기준으로 한 통계를 보면 우리나라 전체 가구 중 1인 가구의 비율은 29.3%에 이른다. 대략 열 집 중 세 집은 1인 가구란 의미이다.

② [우리나라는 1인 가구의 증가 속도가 다른 나라에 비해 빠른 편이다. 그 이유는 무엇일까?] 첫째, 일자리를 구하기 어려워지면서 결혼하는 나이를 늦추는 20~30대 사람들이 많아지고 있기 때문이다. 가정을 꾸릴 나이의 사람들이 경제적인 어려움 때문에 결혼을 미루는 것이다. 둘째, 전통적인 가족의 형태에서 벗어나 스스로를 위한 삶을 살고자 하는 사람들이 늘고 있기 때문이다. 스스로를 위해 1인 가구를 선택하는 사람들은 공부나 취미 생활 등 자신이 원하는 일을 하면서 삶을 누리는 것에 큰 가치를 둔다. 마지막으로, 의학의 발달로 수명이 길어지면서 배우자가 죽은 후 자식들과 따로 사는 노인 인구가 빠르게 증가하고 있는 것도 1인 가구의 증가에 영향을 미치고 있다.

③ [그렇다면 1인 가구가 증가함으로 인해 우리 사회는 어떻게 변화하고 있을까?] 1인 가구의 증가는 집, 식품, 가전제품 등 우리 생활과 관련된 각종 산업에 큰 영향을 미치고 있다. 1인 가구를 위한 소형 주택이 큰 인기를 끌고 있으며, 적은 양씩 포장된 음식이나 즉석식품 등이 많이 팔리고 있다. 또한 1인용 전기밥솥, 소형 세탁기 등 1인 가구를 위한 작은 규모의 가전제품이 만들어졌고, 심지어 이러한 가전제품을 일정 기간 동안 빌려서 쓰는 서비스도 생겨났다.

④ 전문가들은 1인 가구가 앞으로 점점 더 많아질 것이라고 예상한다. 1인 가구는 개인의 가치와 행복이 커진다는 장점도 있지만, 외로움으로 인한 우울증이나 고독사 등 사회적 문제를 일으키기도 한다. 건강한 1인 가구 문화를 만들기 위해 이러한 문제에 대한 대책도 함께 생각해 보아야 할 때이다.

1 단락 요약
1인 가구의 의미

2 단락 요약
우리나라에 1인 가구가 빠르게 늘고 있는 이유

3 단락 요약
1인 가구의 증가로 인해 변화한 우리 사회의 모습

4 단락 요약
건강한 1인 가구 문화를 위한 대책의 필요성

✱ 지문 이해

● 이 글은 1인 가구에 대한 설명문입니다. 1인 가구는 한 가정을 구성하고 있는 식구가 1명인 가구를 말해요. 1인 가구가 증가하고 있는 이유는 결혼 연령이 높아지고, 스스로를 위한 삶을 살고자 하는 사람들이 늘어나고, 혼자 사는 노인 인구가 늘고 있기 때문이에요. 1인 가구의 증가는 우리 사회의 모습을 바꿔 놓았고, 앞으로도 1인 가구는 계속 많아질 것으로 예상돼요. 1인 가구는 장점도 있지만 사회적 문제를 일으키기도 하므로, 건강한 1인 가구 문화를 만들기 위한 대책이 필요해요.

● 단락 간의 관계
① 단락에서는 이 글 전체의 중심 낱말인 '1인 가구'에 대해 소개하고, ② 단락에서는 1인 가구가 증가하는 이유를 설명하고 있어요.
③ 단락에서는 1인 가구의 증가가 바꿔 놓은 사회의 모습을 이야기하고 있어요.
④ 단락에서는 1인 가구의 장점과 문제점을 이야기하며 건강한 1인 가구 문화를 위한 대책이 필요하다고 강조하고 있어요.

● 글의 구조도

┌─────────────────────────────────┐
│ **1 단락**: 1인 가구의 의미 │
└─────────────────────────────────┘
              ↓
┌─────────────────────────────────┐
│ **2 단락**: 우리나라에 1인 가구가 빠르게 늘고 있는 이유 │
└─────────────────────────────────┘
              ↓
┌─────────────────────────────────┐
│ **3 단락**: 1인 가구의 증가로 인해 변화한 우리 사회의 모습 │
└─────────────────────────────────┘
              ↓
┌─────────────────────────────────┐
│ **4 단락**: 건강한 1인 가구 문화를 위한 대책의 필요성 │
└─────────────────────────────────┘

● 주제: 증가하고 있는 1인 가구와 그에 대한 대책의 필요성

01 [정답] ② ·········· 단락 간의 관계 이해하기

왜 정답?

②단락에서는 1인 가구가 증가하고 있는 이유를, ③단락에서는 1인 가구의 증가로 인해 변화한 우리 사회의 모습을 이야기하고 있어요. ③단락에서 1인 가구를 줄일 방법을 설명하고 있지는 않아요.

02 [정답] ⑤ ·········· 내용 이해하기

왜 정답?

⑤ 근거: ④단락 ❶번째 문장
'전문가들은 1인 가구가 앞으로 점점 더 많아질 것이라고 예상한다.'라고 했어요.
하지만 1인 가구가 늘어나는 속도에 대한 전문가들의 예상은 이 글에 나오지 않아요.

왜 오답?

① 근거: ②단락 ❶번째 문장
'우리나라는 1인 가구의 증가 속도가 다른 나라에 비해 빠른 편이다.'라고 했으므로 맞는 내용이에요.

② 근거: ①단락 ❷번째 문장
'한 가정을 구성하고 있는 식구가 1명인 가구를 '1인 가구'라고 한다.'라고 했으므로 맞는 내용이에요.

③ 근거: ②단락 ❼번째 문장
'의학의 발달로 수명이 길어지면서 배우자가 죽은 후 자식들과 따로 사는 노인 인구가 빠르게 증가하고 있'다고 했으므로 맞는 내용이에요.

④ 근거: ③단락 ❷, ❸번째 문장
'1인 가구의 증가는 집, 식품, 가전제품 등 우리 생활과 관련된 각종 산업에 큰 영향을 미치고 있다.'라고 하면서 '적은 양씩 포장된 음식이나 즉석식품 등이 많이 팔리고 있다.'라고 했으므로 맞는 내용이에요.

03 [정답] ㉣ ·········· 내용 적용하기

왜 정답?

㉣ 근거: ②단락 ❺, ❻번째 문장
1인 가구가 증가하는 이유로 '전통적인 가족의 형태에서 벗어나 스스로를 위한 삶을 살고자 하는 사람들이 늘고 있'는 것을 들었으며, 이러한 사람들은 '자신이 원하는 일을 하면서 삶을 누리는 것에 큰 가치를 둔다.'라고 했어요.
따라서 재연이네 고모가 1인 가구가 되기를 선택한 이유에 대해 '자기만을 위한 삶보다 가족을 이루는 삶에 더 큰 가치를 두고 있기 때문'이라고 하는 것은 이 글의 내용과 맞지 않아요.

왜 오답?

㉠ 근거: ③단락 ❸번째 문장
'1인 가구를 위한 소형 주택이 큰 인기를 끌고 있'다고 했으므로 이 글의 내용과 맞는 설명이에요.

㉡ 근거: ③단락 ❹번째 문장
'1인용 전기밥솥, 소형 세탁기 등 1인 가구를 위한 작은 규모의 가전제품이 만들어졌'다고 했으므로 이 글의 내용과 맞는 설명이에요.

㉢ 근거: ②단락 ❸번째 문장
'일자리를 구하기 어려워지면서 결혼하는 나이를 늦추는 20~30대 사람들이 많아지고 있'다고 했으므로 이 글의 내용과 맞는 설명이에요.

04 [정답] ④ ·········· 내용 추측하기

다음 중 〈보기〉의 빈칸에 들어갈 말로 가장 알맞은 것은 무엇인가요?

• 〈보기〉: 혼자 사는 사람들, 즉 1인 가구가 처할 수 있는 위험한 상황에 대해 이야기하고 있어요.

[즉] 이 글에서 설명하고 있는 1인 가구의 개념을 이해하고, 이를 바탕으로 〈보기〉의 위험 상황을 대비하는 데 도움이 되는 것을 고르는 문제예요.

왜 정답?

④ 〈보기〉에서는 '위험한 상황에 놓였을 때, 스스로 제때 신고하지 못하여 더 큰 어려움을 겪'는 1인 가구의 문제 상황을 이야기하고 있어요. 이런 상황에 대비하기 위해서는 위험에 처했을 때 다른 사람의 도움 없이도 신고할 수 있는 방법이 필요해요.
따라서 빈칸에 들어갈 말은 '버튼을 누르면 소방서, 경찰서에서 출동하는 목걸이 모양의 응급 호출기'예요.

왜 오답?

①, ②, ③, ⑤ 〈보기〉의 문제 상황과 관련 없는 것들이므로 빈칸에 들어갈 말이 아니에요.

05 [정답] ㉔ 외로움으로 인한 우울증, 고독사 등 사회적 문제가 일어난다.

[서술형] **채점 기준 – 근거: ④단락 ❷번째 문장**

'1인 가구는 개인의 가치와 행복이 커진다는 장점도 있지만, 외로움으로 인한 우울증이나 고독사 등 사회적 문제를 일으키기도 한다.'라고 했어요.
따라서 '우울증'이나 '고독사'라는 내용이 들어가면 정답이에요.

우주 발명가 집단, 나사(NASA)

○ 각 단락 중심 낱말　◯ 전체 중심 낱말　[ ] 각 단락 중심 문장　▨ 전체 중심 문장

① 달 탐사, 우주선 발사 등의 말과 함께 짝꿍처럼 붙어 다니는 말이 있다. ❷ 바로 미국 항공 우주국 '나사(NASA)'이다. ❸ 나사는 미국의 우주 개발에 대한 모든 일을 맡고 있는 국가 기관으로 우주선을 만들고 발사하는 일, 우주선이 보내온 자료를 분석하는 일, 우주인을 뽑아 훈련시키고 우주를 관측하는 일 ❹ 등을 하고 있다. 그런데 우주와는 거리가 먼 우리의 일상생활이 나사와 관련이 있을 때가 있다. ❺ [우리가 일상에서 자주 쓰는 물건 중에는 나사에서 개발한 것들이 많기 때문이다.]

② ①에어쿠션이 있는 신발은 착용감이 좋고, 걸음을 디딜 때 우리 몸이 충격을 덜 받게 해 주어 인기가 많다. ❷ 이 에어쿠션은 원래 우주복 신발에 처음 사용된 기술이다. ❸ 무중력 상태에서 긴 시간을 보내는 우주인들은 관절과 물렁뼈가 늘어져 통증이 심했다. ❹ [나사에서는 이 고통을 줄이기 위해 질소 화합물을 이용하여 에어쿠션을 만들었다.]

③ ①나사에서는 우주인들이 잘 먹고 마시게 하려는 목적으로도 많은 것을 만들었다. ❷ 가장 대표적인 것이 바로 우리가 집이나 학교에서 자주 사용하는 정수기이다. ❸ [정수기 안에는 물을 깨끗하게 걸러 주는 '필터'라는 장치가 있는데, 이것은 우주인들이 우주에서도 깨끗하고 안전한 물을 마실 수 있도록 나사에서 개발한 것이다. ❹ 또, 흙 없이 액체만으로 식물을 기르는 '수경 재배' 기술 역시 나사에서 개발하였다.] ❺ 지구와 같은 재배 환경을 갖출 수 없는 우주에서 식물 재배에 필요한 양분을 녹인 액체만으로도 직접 식물을 길러 먹을 수 있게 한 것이다.

④ ①[선글라스에 덮인 자외선 차단 물질과 스마트폰 액정으로 쓰는 긁힘 방지 유리 역시 나사에서 만든 기술이다.] ❷ 자외선 차단 물질은 우주에서 지내는 우주인들의 시력을 보호하기 위해, 긁힘 방지 유리는 우주복의 헬멧에 상처가 생기는 것을 막기 위해 만들었다.

⑤ ①이 밖에도 귀 온도계, 전동 드릴, 화재경보기 등 우리의 일상을 편리하게 해 주는 물건 중에는 나사의 기술이 적용된 것들이 많다. ❷ 그래서 우주 개발의 중심지로 손꼽히는 나사는 사실 유용한 물건을 끊임없이 만들어 내는 발명가 집단이라고도 할 수 있다.

1 단락 요약
나사에서 개발한 것들을 우리의 일상생활에서 쓰고 있음.

2 단락 요약
일상생활에 쓰이는 나사의 기술 – 에어쿠션

3 단락 요약
일상생활에 쓰이는 나사의 기술 – 필터, 수경 재배

4 단락 요약
일상생활에 쓰이는 나사의 기술 – 자외선 차단 물질, 긁힘 방지 유리

5 단락 요약
발명가 집단이라고도 할 수 있는 나사

⁕ 지문 이해

● 이 글은 나사(NASA)에서 개발한 기술이 적용된 일상생활의 물건들을 소개하는 설명문입니다. 나사는 우주 개발에 대한 일을 하는 미국의 국가 기관이에요. 그런데 우리가 일상에서 접하는 물건 중에서는 나사에서 개발한 것들이 많아요. 우주인들을 위해 만든 기술들이 우리의 일상에서 유용하게 쓰이고 있는 것이지요. 따라서 나사는 발명가 집단이라고도 할 수 있어요.

● **단락 간의 관계**
　① 단락에서 이 글 전체의 중심 낱말인 '나사(NASA)'가 우리의 일상생활과 관련 있음을 이야기하고 있어요.
　②~④ 단락에서는 나사에서 개발한 기술이 적용된 일상생활 속 다양한 물건들을 소개하고 있어요.
　⑤ 단락에서는 앞 내용을 바탕으로 나사를 발명가 집단이라고 정리하며 글을 마무리하고 있어요.

● **글의 구조도**

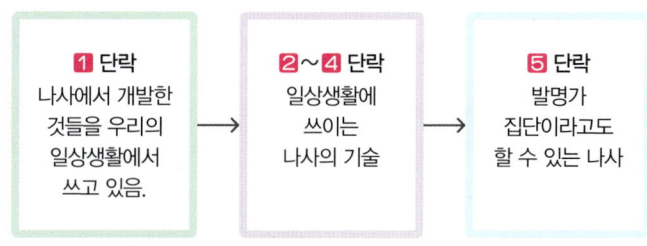

① 단락	②~④ 단락	⑤ 단락
나사에서 개발한 것들을 우리의 일상생활에서 쓰고 있음.	일상생활에 쓰이는 나사의 기술	발명가 집단이라고도 할 수 있는 나사

● **주제:** 우리의 일상생활에서 유용하게 쓰이고 있는 나사의 기술

01 [정답] ③ ·········· 단락 간의 관계 이해하기

> **왜 정답?**

⑤단락에서는 나사의 기술이 적용된 유용한 물건들을 추가로 소개한 후, 나사를 발명가 집단이라고 정리하며 글을 마무리하고 있어요. ⑤단락에서 ①~④단락의 내용을 시간 순서대로 정리하고 있지는 않아요.

02 [정답] 에어쿠션, 액체 ·········· 내용 이해하기

> **왜 정답?**

근거: ②단락 ❸, ❹번째 문장

'무중력 상태에서 긴 시간을 보내는 우주인들은 관절과 물렁뼈가 늘어져 통증이 심했다. 나사에서는 이 고통을 줄이기 위해 질소화합물을 이용하여 에어쿠션을 만들었다.'라고 했어요.

따라서 첫 번째 빈칸에 들어갈 말은 '에어쿠션'이에요.

근거: ③단락 ❹, ❺번째 문장

'흙 없이 액체만으로 식물을 기르는 '수경 재배' 기술 역시 나사에서 개발하였다. 지구와 같은 재배 환경을 갖출 수 없는 우주에서 식물 재배에 필요한 양분을 녹인 액체만으로도 직접 식물을 길러 먹을 수 있게 한 것이다.'라고 했어요.

따라서 두 번째 빈칸에 들어갈 말은 '액체'예요.

03 [정답] ⓒ ·········· 내용 이해하기

> **왜 정답?**

ⓒ **근거:** ④단락 ❷번째 문장

'자외선 차단 물질은 우주에서 지내는 우주인들의 시력을 보호하기 위해' 만든 것이라고 했어요. 즉, 자외선 차단 물질은 우주인들의 헬멧이 아닌 시력을 보호하기 위해 만들어졌어요.

> **왜 오답?**

㉠, ⓛ **근거:** ③단락 ❸번째 문장

'정수기 안에는 물을 깨끗하게 걸러 주는 '필터'라는 장치가 있는데, 이것은 우주인들이 우주에서도 깨끗하고 안전한 물을 마실 수 있도록 나사에서 개발한 것이다.'라고 했으므로 맞는 내용이에요.

㉣ **근거:** ④단락 ❶번째 문장

'스마트폰 액정으로 쓰는 긁힘 방지 유리 역시 나사에서 만든 기술이다.'라고 했으므로 맞는 내용이에요.

04 [정답] ③ ·········· 알맞은 반응 찾기

> **왜 정답?**

③ **근거:** ①단락 ❺번째 문장, ②~⑤단락 전체

'우리가 일상에서 자주 쓰는 물건 중에는 나사에서 개발한 것들이 많'다고 했어요.

그리고 이에 대해 ②~④단락에서 에어쿠션, 필터, 수경 재배, 자외선 차단 물질, 긁힘 방지 유리를, ⑤단락에서 귀 온도계, 전동 드릴, 화재경보기를 예시로 들고 있어요.

즉, 나사의 기술은 이미 우리의 일상생활에서 쓰이고 있어요.

> **왜 오답?**

① **근거:** ③단락 ❺번째 문장

'지구와 같은 재배 환경을 갖출 수 없는 우주'라고 했으므로 맞는 반응이에요.

② **근거:** ②단락 ❶번째 문장

'에어쿠션이 있는 신발은 착용감이 좋고, 걸음을 디딜 때 우리 몸이 충격을 덜 받게 해 주어 인기가 많다.'라고 했으므로 맞는 반응이에요.

④ **근거:** ②단락 ❸번째 문장

'무중력 상태에서 긴 시간을 보내는 우주인들은 관절과 물렁뼈가 늘어져 통증이 심했다.'라고 했으므로 맞는 반응이에요.

⑤ **근거:** ③단락 ❶번째 문장

'나사에서는 우주인들이 잘 먹고 마시게 하려는 목적으로도 많은 것을 만들었다.'라고 했으므로 맞는 반응이에요.

05 [정답] 예 나사에서 개발한 것이 우리의 일상생활에서 유용하게 쓰이고 있다.

서술형 채점 기준 – **근거:** ①단락 ❺번째 문장

이 글에서는 '우리가 일상에서 자주 쓰는 물건 중에는 나사에서 개발한 것들이 많'다고 하면서 그에 대한 다양한 예시를 들고 있어요. 그리고 〈보기〉에서는 나사에서 개발한 적외선 기술로 만들어진 귀 온도계가 우리의 일상에서 유용하게 쓰이고 있다고 이야기하고 있어요.

따라서 이 글과 〈보기〉에서 공통으로 다루고 있는 중심 내용은 '나사에서 개발한 것이 우리의 일상생활에서 유용하게 쓰이고 있다.'라는 것이므로, 이와 비슷한 내용을 쓰면 정답이에요.

알고 먹으면 약, 모르고 먹으면 독

◯ 각 단락 중심 낱말 ◯ 전체 중심 낱말 [ ] 각 단락 중심 문장 ▨ 전체 중심 문장

①❶우리 몸속에서는 끊임없이 화학 반응이 일어난다. ❷음식을 먹음으로써 각종 영양분을 흡수하는 과정도 화학 반응에 해당한다. ❸다양한 영양소가 들어 있는 음식을 먹으면 몸속에서 수많은 화학 반응이 일어나 에너지를 만드는 것이다. ❹[이러한 화학 반응의 결과로 같이 먹을 때 도움이 되는 음식과 같이 먹을 때 해가 되는 음식이 있다.]❺알아 두면 좋은 음식 조합에는 어떤 것들이 있을까?
*1단락 요약: 같이 먹을 때 도움이 되거나 해가 되는 음식 조합

②❶[된장과 부추, 고등어와 무는 함께 먹으면 좋은 음식 조합이다.]❷콩으로 만든 된장은 단백질이 풍부한 대신 비타민이 부족하고, 나트륨이 많아 짜기 때문에 부추와 함께 먹는 것이 좋다. ❸부추는 비타민이 풍부할 뿐만 아니라 나트륨을 몸 밖으로 내보내는 역할을 하는 칼륨도 들어 있기 때문이다. ❹즉, 된장은 부추와 함께 먹을 때 단점을 보완할 수 있다. ❺또한 고등어는 단백질이 풍부하고, 무는 단백질의 소화를 돕는 효소가 있어 이 두 가지를 함께 요리하면 좋다. ❻게다가 무는 비타민 C가 풍부하여 영양을 보충할 수 있고, 알싸한 맛을 내는 성분이 있어 고등어의 비린 맛을 잡아 주기도 한다. *2단락 요약: 함께 먹으면 좋은 음식 조합

③❶그렇다면 함께 먹으면 좋지 않은 음식 조합에는 어떤 것들이 있을까? ❷[미역은 '바다의 채소'라 불릴 만큼 칼슘이 풍부하고 해독 작용을 하며, 파 역시 항균과 해독 작용을 하고 감기 예방에 효과가 있다. ❸그렇지만 이 두 가지를 함께 먹으면 오히려 각각의 영양분이 손실된다.]❹미역에는 콜레스테롤이 혈관에 달라붙는 것을 막고 유해 물질을 해독해 주는 성분이 있는데, 파와 함께 요리하면 이 성분의 효과가 떨어지게 되는 것이다. 그래서 미역국에는 보통 파가 들어가지 않는다. *3단락 요약: 함께 먹으면 좋지 않은 음식 조합

④❶이처럼 다양한 음식은 우리 몸속에서 화학 반응을 일으켜 같이 먹을 때 좋은 효과를 내기도, 안 좋은 효과를 내기도 한다. ❷우리 몸에 도움이 되는 음식 조합을 알아 두어 건강해지는 식습관을 가지도록 하자. *4단락 요약: 음식 조합을 통해 건강해지는 식습관을 가질 것 제안

01 정답 음식 조합

①단락에서 음식 조합을 소개한 후, ②단락과 ③단락에서 이에 대해 구체적인 음식을 예로 들어 설명하고 있어요. ④단락에서는 우리 몸에 도움이 되는 음식 조합을 알아 두자고 했어요.

02 정답 ④

②단락 ❺번째 문장에서 '고등어는 단백질이 풍부하고, 무는 단백질의 소화를 돕는 효소가 있어 이 두 가지를 함께 요리하면 좋다.'라고 했어요.

03 정답 (1) ㉢, ⓐ
(2) ㉠, ⓐ (3) ㉡, ⓑ

(1), (2) ②단락에서 '된장과 부추', '고등어와 무'의 음식 조합을 소개하고, 이것들을 각각 함께 먹으면 단점을 보완하고 영양을 보충할 수 있다고 했어요.
(3) ③단락에서 '미역과 파'의 음식 조합을 이야기하고, 이 두 가지를 함께 먹으면 서로의 영양분이 손실된다고 했어요.

04 정답 식습관

④단락 ❷번째 문장에서 '우리 몸에 도움이 되는 ~ 식습관을 가지도록 하자.'라고 했어요.

✱ 지문 이해

● 이 글은 같이 먹으면 도움이 되거나 해가 되는 음식 조합을 알려 주는 설명문입니다. 함께 먹으면 좋은 음식 조합에는 된장과 부추, 고등어와 무가 있고, 함께 먹으면 좋지 않은 음식 조합에는 미역과 파가 있어요. 우리 몸에 도움이 되는 음식 조합을 알아 두면 건강해지는 식습관을 가질 수 있어요.

● 단락 간의 관계
①단락에서는 알아 두면 좋은 음식 조합이 있다고 이야기하고 있어요.
②단락과 ③단락에서는 함께 먹으면 좋거나 좋지 않은 음식 조합을 설명하고 있어요.
④단락에서는 몸에 도움이 되는 음식 조합을 알아 두자고 제안하고 있어요.

● 글의 구조도

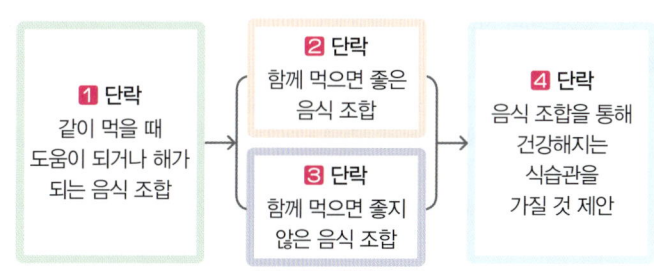

① 단락
같이 먹을 때 도움이 되거나 해가 되는 음식 조합

② 단락
함께 먹으면 좋은 음식 조합

③ 단락
함께 먹으면 좋지 않은 음식 조합

④ 단락
음식 조합을 통해 건강해지는 식습관을 가질 것 제안

● 주제: 함께 먹을 때 도움이 되거나 해가 되는 음식 조합

다양한 극음악의 세계

⬭ 각 단락 중심 낱말　⬯ 전체 중심 낱말　[ ] 각 단락 중심 문장　▨ 전체 중심 문장

1 ❶ 오랜 옛날부터 사람들은 이야기를 담은 음악을 즐겼고, 이는 동서양을 가리지 않고 다양한 형식으로 발전하였다. ❷ [우리나라의 판소리와 창극, 서양의 오페라와 뮤지컬같이 이야기를 음악으로 만든 것을 극음악이라고 한다.]

2 ❶ [판소리는 우리나라의 가장 대표적인 전통 극음악으로, 이야기를 가락이 있는 소리로 들려주는 민속 음악이다.] ❷ 판소리는 소리꾼이 북 치는 사람의 장단에 맞추어 노래와 이야기를 섞는 방식으로 진행된다. ❸ 게다가 중간중간 소리꾼의 간단한 동작, 북치는 사람이 넣는 추임새, 장단의 변화와 같은 효과를 주어 사람들을 이야기에 깊이 빠져들게 한다.

3 ❶ [창극은 판소리의 형식을 빌려 만든 극음악이다.] ❷ 특별한 무대 장치가 없고 소리꾼이 한 명인 판소리와 달리, 창극은 장면에 따라 무대가 바뀌고 여러 사람이 배역을 맡아 노래를 한다. ❸ 소리를 내는 방식이 같아 판소리와 창극을 구별하기 어렵다면 무대가 바뀌는지, 노래를 몇 명이 부르는지 살펴보면 된다.

4 ❶ 서양의 대표적인 극음악으로는 오페라와 뮤지컬이 있다. ❷ [오페라는 배우들의 노래와 연기, 무대 배경, 무용이 모두 합쳐진 종합 예술이다.] ❸ 16세기에 이탈리아에서 시작된 오페라는 옛날이야기를 소재로 하는 경우가 많으며, 배우들이 노래를 부를 때 움직임이 크지 않다.

5 ❶ [반면 뮤지컬은 오페라보다 무용과 연극적인 요소가 더 많은 현대극이다.] ❷ 다양한 소재의 현대적인 이야기를 주로 다루기 때문에 배우들의 움직임이 많고 극의 흐름이 빠른 편이다. ❸ 여러 배우들이 노래를 하고 장면마다 무대가 바뀐다는 점에서 오페라와 뮤지컬이 비슷하게 느껴질 수 있다. ❹ 하지만 오페라는 처음부터 끝까지 음악으로만 구성되어 배우들의 대사도 노래로 불리는 반면, 뮤지컬은 연극에 노래와 춤이 곁들여져 말과 노래가 섞여 있다는 차이점이 있다.

6 ❶ 이처럼 우리나라와 서양의 극음악은 음악과 극이 어우러졌다는 점에서 모두 공통되지만, 각각이 서로 다른 특색을 지니고 있다. ❷ 앞으로 극음악을 보게 된다면 이와 같은 차이점을 눈여겨보며 각 장르만의 매력을 느껴 보는 것은 어떨까?

1 단락 요약
극음악의 의미

2 단락 요약
우리나라의 극음악 – 판소리

3 단락 요약
우리나라의 극음악 – 창극

4 단락 요약
서양의 극음악 – 오페라

5 단락 요약
서양의 극음악 – 뮤지컬

6 단락 요약
우리나라와 서양 극음악의 공통점과 각각의 특색

✱ 지문 이해

● 이 글은 극음악의 종류와 특성을 알려 주는 설명문입니다. 우리나라의 극음악에는 판소리와 창극이 있고, 서양의 극음악에는 오페라와 뮤지컬이 있어요. 우리나라와 서양의 극음악은 음악과 극이 어우러졌다는 점에서 공통되지만, 각 장르마다 서로 다른 특색을 지니고 있어요.

● **단락 간의 관계**
　1단락에서는 이 글 전체의 중심 낱말인 '극음악'을 소개하고 있어요.
　2단락과 3단락에서는 우리나라의 극음악인 판소리와 창극에 대해 설명하고 있어요.
　4단락과 5단락에서는 서양의 극음악인 오페라와 뮤지컬에 대해 설명하고 있어요.
　6단락에서는 우리나라와 서양의 극음악이 지니는 공통점과 각각의 특색을 이야기하며 글을 마무리하고 있어요.

● **글의 구조도**

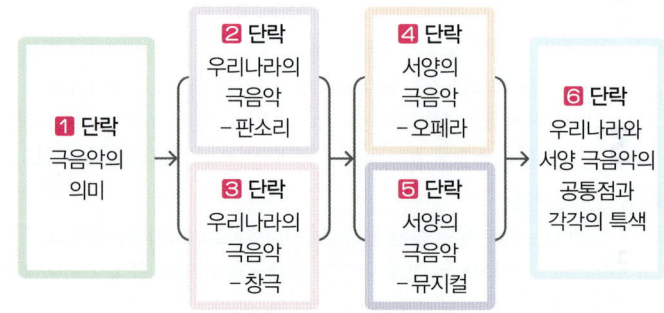

● **주제**: 우리나라와 서양 극음악의 종류와 특성

01 [정답] 극음악 ···································· 글의 구조 이해하기

>왜 정답 ?

①단락에서 '우리나라의 판소리와 창극, 서양의 오페라와 뮤지컬같이 이야기를 음악으로 만든 것을 극음악이라고 한다.'라고 하며 이 글의 중심 낱말인 '극음악'을 소개하고 있어요.
②~⑤단락에서는 우리나라와 서양의 극음악을 나누어 설명하고 있어요.
⑥단락에서는 우리나라와 서양 극음악이 공통점과 각각의 특색을 지닌다고 하며 글을 마무리하고 있어요.
따라서 빈칸에 공통으로 들어갈 말은 '극음악'이에요.

02 [정답] ⑤ ···································· 글쓰기 방식 이해하기

>왜 정답 ?

⑤ 근거: ⑥단락 ❶번째 문장
'우리나라와 서양의 극음악은 음악과 극이 어우러졌다는 점에서 모두 공통되지만, 각각이 서로 다른 특색을 지니고 있다.'라고 했어요. 이 글에서 우리나라와 서양의 극음악 중 더 나은 것이 무엇인지 견주고 있지는 않아요.

>왜 오답 ?

① 근거: ⑤단락 ❹번째 문장
'오페라는 처음부터 끝까지 음악으로만 구성되어 배우들의 대사도 노래로 불리는 반면, 뮤지컬은 연극에 노래와 춤이 곁들여져 말과 노래가 섞여 있다는 차이점이 있다.'라면서 오페라와 뮤지컬의 차이점을 설명하고 있어요.

② 근거: ②단락 ❶번째 문장, ③단락 ❶번째 문장
'판소리는 우리나라의 가장 대표적인 전통 극음악으로, 이야기를 가락이 있는 소리로 들려주는 민속 음악이다.'라고 했고, '창극은 판소리의 형식을 빌려 만든 극음악이다.'라고 했어요. 즉, 판소리와 창극이 무엇인지 각각 밝히고 있어요.

③ 근거: ④단락 ❸번째 문장
'16세기에 이탈리아에서 시작된 오페라'라고 하면서 오페라가 언제, 어디서 시작되었는지 설명하고 있어요.

④ 근거: ②~⑤단락 전체
②단락과 ③단락에서는 우리나라의 극음악인 판소리와 창극을, ④단락과 ⑤단락에서는 서양의 극음악인 오페라와 뮤지컬을 구분하여 설명하고 있어요.

03 [정답] ③ ···································· 내용 이해하기

>왜 정답 ?

③ 근거: ②단락 ❸번째 문장
판소리에 대해 '중간중간 소리꾼의 간단한 동작, 북치는 사람이 넣는 추임새, 장단의 변화와 같은 효과를 주어 사람들을 이야기에 깊이 빠져들게 한다.'라고 했으므로 틀린 설명이에요.

>왜 오답 ?

① 근거: ②단락 ❷번째 문장
'판소리는 소리꾼이 북 치는 사람의 장단에 맞추어 노래와 이야기를 섞는 방식으로 진행된다.'라고 했으므로 맞는 설명이에요.

② 근거: ②단락 ❶번째 문장
'판소리는 우리나라의 가장 대표적인 전통 극음악'이라고 했으므로 맞는 설명이에요.

④ 근거: ②단락 ❷번째 문장
'판소리는 소리꾼이 북 치는 사람의 장단에 맞추어 노래와 이야기를 섞는 방식으로 진행된다.'라고 했으므로 맞는 설명이에요.

⑤ 근거: ②단락 ❸번째 문장
'중간중간 소리꾼의 간단한 동작, 북치는 사람이 넣는 추임새, 장단의 변화와 같은 효과를 주어 사람들을 이야기에 깊이 빠져들게 한다.'라고 했으므로 맞는 설명이에요.

04 [정답] 오페라, 뮤지컬 ······················ 내용 적용하기

다음은 수진이가 뮤지컬 배우를 인터뷰한 내용입니다. ㉠, ㉡에 들어가기에 알맞은 말을 쓰세요.

• 뮤지컬 배우를 인터뷰한 내용: 뮤지컬 배우가 이야기하고 있는 내용은 오페라와 뮤지컬의 차이점이에요.

[즉] ④, ⑤단락에서 설명하고 있는 오페라와 뮤지컬의 차이점을 이해하고, 이를 바탕으로 ㉠과 ㉡에 알맞은 말을 써넣는 문제예요.

>왜 정답 ?

㉠ 근거: ④단락 ❸번째 문장, ⑤단락 ❹번째 문장
'오페라는 옛날이야기를 소재로 하는 경우가 많으며, 배우들이 노래를 부를 때 움직임이 크지 않다.'라고 했고, '오페라는 처음부터 끝까지 음악으로만 구성되어 배우들의 대사도 노래로 불'린다고 했어요. 따라서 ㉠에 들어갈 말은 '오페라'예요.

㉡ 근거: ⑤단락 ❹번째 문장
'뮤지컬은 연극에 노래와 춤이 곁들여져 말과 노래가 섞여 있다'고 했어요. 따라서 ㉡에 들어갈 말은 '뮤지컬'이에요.

05 [정답] 예 판소리는 특별한 무대 장치가 없고 소리꾼이 한 명이지만, 창극은 장면에 따라 무대가 바뀌고 여러 사람이 배역을 맡아 노래를 한다.

[서술형] **채점 기준** – 근거: ③단락 ❷번째 문장
'특별한 무대 장치가 없고 소리꾼이 한 명인 판소리와 달리, 창극은 장면에 따라 무대가 바뀌고 여러 사람이 배역을 맡아 노래를 한다.'라고 했어요. 따라서 이 내용을 바탕으로 판소리는 '특별한 무대 장치가 없고 소리꾼이 한 명'이라는 특징을, 창극은 '장면에 따라 무대가 바뀌고 여러 사람이 노래를 한다.'라는 특징을 쓰면 정답이에요.

휴대 전화 없이는 못 살아!

◯ 각 단락 중심 낱말 ◯ 전체 중심 낱말 [ ] 각 단락 중심 문장 ▨ 전체 중심 문장

1 언제부턴가 스마트폰이 우리의 생활에 없어서는 안 될 물건이 되었다. 그러다 보니 틈만 나면 스마트폰을 들여다보는 사람들이 많아졌고, 심지어 스마트폰을 하다가 교통사고가 났다는 뉴스를 종종 접하기도 한다. [이러한 일들은 어떤 현상과 관계가 있을까?]

2 노모포비아는 영어 '노 모바일폰 포비아(No Mobile-phone Phobia)'의 줄임말이다. '포비아'는 공포증을 뜻하는 말로, 노모포비아란 휴대 전화가 없을 때 초조해하거나 불안감을 느끼는 증상을 말한다. 스마트폰이 발달하면서 휴대 전화만 있으면 많은 일을 할 수 있게 되었고, 덕분에 우리 삶이 더 편해지고 즐거워졌다. 하지만 그만큼 사람들이 휴대 전화를 사용하는 시간이 크게 늘었고, 휴대 전화에 의존하는 정도가 매우 높아졌다. 이에 따라 휴대 전화를 사용하는 것에 중독되어 휴대 전화를 손에 쥐고 있지 않으면 불안감을 느끼는 사람들이 생겨난 것이다.

3 [이렇게 휴대 전화를 지나치게 사용하고 의지하는 것은 일상생활에 안 좋은 영향을 미친다.] 오랜 시간 동안 휴대 전화를 이용하다 보면 실제로 사람을 대하고 사귀는 것이 어색하게 느껴질 수 있고, 시력이 나빠지거나 수면 장애가 생기는 등 신체적으로도 문제가 생길 수 있다. 또, 휴대 전화에 집착하는 증상이 심해지면 불안감을 넘어서 불안 장애나 강박 장애로까지 이어질 수 있다고 한다.

4 스마트폰과 통신 기술의 발달로 인해 노모포비아는 전 세계적으로 문제가 되고 있다. 혹시 자신이 불안감, 외로움, 수면 장애 등 노모포비아의 대표적인 증상을 겪고 있지는 않은지 생각해 보자. [만약 그렇다면 가족이나 친구와 대화하는 시간을 늘리고 명상, 여행, 종이책 독서 등 다른 취미를 가짐으로써 휴대 전화를 손에서 놓으려고 노력해야 한다. 또한 각종 불필요한 정보를 차단하는 애플리케이션을 설치하거나 휴대 전화의 알람을 꺼 두는 등의 방법을 통해 필요할 때만 휴대 전화를 사용하는 습관을 가져야 한다.]

1 단락 요약
스마트폰과 관련된 현상에 대한 물음

2 단락 요약
노모포비아의 의미

3 단락 요약
휴대 전화를 지나치게 사용하는 것의 문제점

4 단락 요약
노모포비아를 극복하는 방법

✱ 지문 이해

● 이 글은 노모포비아의 의미와 극복 방법을 알려 주는 설명문입니다. 노모포비아는 휴대 전화가 없을 때 초조해하거나 불안감을 느끼는 증상을 말해요. 휴대 전화를 지나치게 사용하면 일상생활에 안 좋은 영향을 미치게 돼요. 따라서 노모포비아의 증상을 겪고 있다면 휴대 전화를 손에서 놓으려고 노력하고 필요할 때만 휴대 전화를 사용하는 습관을 가져야 해요.

● 단락 간의 관계
1 단락에서는 스마트폰과 관련된 현상에 대해 물음을 던지고 있어요. 이에 대한 답으로 2 단락에서 노모포비아가 무엇인지 설명하고 있어요. 3 단락에서는 휴대 전화를 지나치게 사용하면 생기는 문제점을 설명하고, 4 단락에서는 이러한 문제가 생기지 않도록 노모포비아를 극복하는 방법을 알려 주고 있어요.

● 글의 구조도

1 단락
스마트폰과 관련된 현상에 대한 물음
↓
2 단락
노모포비아의 의미
↓
3 단락
휴대 전화를 지나치게 사용하는 것의 문제점
↓
4 단락
노모포비아를 극복하는 방법

● 주제: 노모포비아의 의미와 극복 방법

01 [정답] 노모포비아 ····················· 글의 구조 이해하기

왜 정답?

근거: ②단락 ❷번째 문장, ④단락 ❸, ❹번째 문장

②단락에서 '노모포비아란 휴대 전화가 없을 때 초조해하거나 불안감을 느끼는 증상을 말한다.'라면서 노모포비아의 의미를 설명하고 있어요.

④단락에서는 '가족이나 친구와 대화하는 시간을 늘리고 ~ 휴대 전화의 알람을 꺼두는 등의 방법을 통해 필요할 때만 휴대 전화를 사용하는 습관을 가져야 한다.'라면서 노모포비아를 극복하는 방법을 설명하고 있어요.

따라서 빈칸에 공통으로 들어갈 말은 '노모포비아'예요.

02 [정답] ① ····················· 내용 이해하기

왜 정답?

① 근거: ④단락 ❶번째 문장

'스마트폰과 통신 기술의 발달로 인해 노모포비아는 전 세계적으로 문제가 되고 있다.'라고 했어요. 따라서 노모포비아가 우리나라에서만 문제가 되는 것은 아니에요.

왜 오답?

② 근거: ④단락 ❷번째 문장

'불안감, 외로움, 수면 장애 등 노모포비아의 대표적인 증상'이라고 했으므로 맞는 내용이에요.

③ 근거: ④단락 ❸번째 문장

노모포비아를 극복하는 방법으로 '가족이나 친구와 대화하는 시간을 늘리'는 것을 이야기하고 있으므로 맞는 내용이에요.

④ 근거: ②단락 ❷번째 문장

'노모포비아란 휴대 전화가 없을 때 초조해하거나 불안감을 느끼는 증상을 말한다.'라고 했으므로 맞는 내용이에요.

⑤ 근거: ③단락 ❷번째 문장

'오랜 시간 동안 휴대 전화를 이용하다 보면 ~ 시력이 나빠지거나 수면 장애가 생기는 등 신체적으로도 문제가 생길 수 있다.'라고 했으므로 맞는 내용이에요.

03 [정답] ⑤ ····················· 글쓴이의 의도 이해하기

왜 정답?

⑤ 근거: ③단락 ❶번째 문장, ④단락 ❹번째 문장

③단락에서 '휴대 전화를 지나치게 사용하고 의지하는 것은 일상생활에 안 좋은 영향을 미친다.'라고 했어요. 그러면서 ④단락에서 노모포비아의 증상을 겪고 있는 사람이라면 '필요할 때만 휴대 전화를 사용하는 습관을 가져야 한다.'라고 했어요.

즉, 글쓴이는 휴대 전화에 지나치게 의지하지 말고, 필요할 때만 휴대 전화를 사용하는 습관을 가져야 한다고 이야기하고 있어요.

왜 오답?

①, ② 이 글에서는 스마트폰 중독 현상인 노모포비아에 대해 알려 주고, 노모포비아의 문제점과 이를 극복 방법을 설명하고 있어요. 따라서 '스마트폰을 사용하는 것에는 단점보다 장점이 훨씬 많다.', '사람들을 더욱 빠져들게 하는 스마트폰을 만들어야 한다.'라는 것은 글쓴이가 전하려는 내용이 아니에요.

③ 근거: ②단락 ❷번째 문장

'포비아'가 공포증을 뜻한다고 설명하고 있을 뿐, 우리 주변에서 여러 가지 공포증을 겪고 있는 사람들을 도와야 한다고 이야기하고 있지는 않아요.

④ 근거: ③단락 ❷번째 문장

'오랜 시간 동안 휴대 전화만 이용하다 보면 실제로 사람을 대하고 사귀는 것이 어색하게 느껴질 수 있'다고 설명하고 있을 뿐, 휴대 전화를 이용해 실제로 사람을 대하고 사귀는 것을 연습해야 한다고 이야기하고 있지는 않아요.

04 [정답] 과유불급(過猶不及) ··········· 상황에 맞는 표현 찾기

왜 정답?

이 글에서는 스마트폰 중독 현상인 노모포비아에 대해 알려 주면서, 휴대 전화를 너무 많이 사용하면 문제가 생길 수 있다고 이야기하고 있어요.

이러한 상황에 맞는 한자 성어는 '지나친 것은 모자란 것보다 못하다.'라는 뜻을 가진 '과유불급(過猶不及)'이에요.

'다다익선(多多益善)'이란 '많으면 많을수록 더욱 좋다.'라는 뜻으로, 이 글의 내용과 맞지 않아요.

배경지식

아야, 손목이 아파요!

서준이는 하루 중에 스마트폰을 손에서 내려놓는 시간이 거의 없어요. 그러던 어느 날부터 서준이는 손목이 아프기 시작했어요. 원인은 바로 서준이의 손에서 한시도 떨어지지 않던 스마트폰이었어요.

사람의 뼈는 모두 206개예요. 그중에서 양쪽 손에만 54개의 뼈, 즉 전체 뼈의 약 25%가 몰려 있어요. 그리고 뼈가 많은 만큼 뼈를 움직이는 힘줄과 인대도 많아요. 그런데 이 힘줄과 인대를 지나치게 많이 사용하면 염증이 생기거나 붓게 돼요. 이로 인한 대표적인 손목 질병이 바로 '손목 터널 증후군'이에요. 최근 들어 스마트폰을 오랜 시간 동안 사용하는 사람들이 늘면서 이 병에 걸리는 사람들도 많아졌다고 해요.

손목 터널 증후군은 손끝으로 가는 신경이 손목에서 눌려서 생기는 병이에요. 그래서 손이 찌릿찌릿 저리거나 아픈 증상이 나타나요. 또한 증상이 심해지면 엄지손가락에 힘이 없어지고, 글씨를 쓰거나 단추를 잠그는 등의 섬세한 동작을 하기 어려워진다고 해요.

손목 터널 증후군을 예방하기 위해서는 스마트폰 사용 시간을 줄이고, 스마트폰을 사용하는 동안에 중간중간 손목을 가볍게 털어 주는 것이 좋아요.

주장하는 글로 다른 사람 설득하기

◯ 각 단락 중심 낱말 　◯ 전체 중심 낱말 　[ ] 각 단락 중심 문장 　▨ 전체 중심 문장

1 지연이네 반에서는 학급 회의 시간에 '학교 안에서 스마트폰을 사용해도 되는가?'라는 문제를 두고 의견을 나누기로 했다. **2** [평소에 학교 안에서 스마트폰을 사용하면 안 된다고 생각하는 지연이는 친구들을 설득하기 위한 글을 써 보기로 했다.]

2 **1** 다른 사람을 설득하기 위하여 자신의 생각이나 주장을 조리 있고 짜임새 있게 밝혀 쓴 글을 **2** 주장하는 글이라고 한다. 주장하는 글에서 어떤 문제에 대해 내세우는 글쓴이의 생각을 주장이라고 하고, 이러한 주장을 뒷받침하는 내용을 근거라고 한다. **3** ___(가)___ 인 사람처럼 제대로 된 근거 없이 자신의 의견만 고집해서는 다른 사람을 설득할 수 없다. **4** 처음부터 끝까지 한결같은 주장을 펼치면서 그와 관련된 적절한 근거들을 내세워야 한다.

3 **1** [주장을 뒷받침할 근거들은 논리적으로 오류가 없어야 한다.] **2** 지연이는 주장을 뒷받침할 근거로 다음과 같은 내용을 적어 보았다.

> **3** 1. 학교 안에서 스마트폰을 사용하면 학생들이 수업에 집중하지 못한다.
> **4** 2. 어려운 낱말이나 잘 이해가 되지 않는 내용을 스마트폰으로 찾아볼 수 있어서 공부에 도움이 된다.
> **5** 3. 학교 안에서까지 스마트폰을 사용하면 시력이 떨어지고 목이 앞으로 구부러지는 등 우리 몸에 좋지 않다.

6 1과 3은 학교 안에서 스마트폰을 사용하면 안 된다는 주장에 알맞은 근거이지만, 2는 지연이의 의견과 반대되는 주장의 근거로 알맞다. **7** 지연이가 2를 근거로 내세운다면 친구들을 설득하기 어려울 것이다.

4 **1** 지연이는 자신의 주장을 정하고 그에 대한 근거를 준비했으니, 이제 이 내용들을 짜임새 있게 구성하여 주장하는 글을 쓰면 된다. **2** [글의 처음 부분에서 자신의 주장을 소개하면서 주장의 중요성을 간단히 이야기하고, 중간 부분에서 주장을 뒷받침할 수 있는 적절한 근거를 든 다음, 끝부분에서 주장을 다시 한번 강조하면서 글을 마무리한다면 효과적으로 다른 사람을 설득하는 글을 쓸 수 있을 것이다.]

---

1 단락 요약
친구들을 설득하기 위한 글을 쓰려는 지연이의 상황

2 단락 요약
주장하는 글의 개념

3 단락 요약
지연이의 근거 – 알맞은 근거의 예시

4 단락 요약
주장하는 글을 짜임새 있게 구성하는 방법

⁎ **지문 이해**

- 이 글은 주장하는 글의 개념과 구성 방법을 알려 주는 설명문입니다. 주장하는 글은 다른 사람을 설득하기 위해 자신의 생각이나 주장을 조리 있고 짜임새 있게 밝혀 쓴 글이에요. 주장하는 글을 쓸 때는 자신의 주장에 대한 적절한 근거를 내세워야 해요. 그리고 '처음-중간-끝' 부분에 따라 짜임새 있게 구성하면 다른 사람을 효과적으로 설득할 수 있어요.

- **단락 간의 관계**
  1 단락에서 지연이의 상황을 통해 다른 사람을 설득하기 위한 글이 필요한 상황을 보여 주고 있어요.
  2 단락에서 주장하는 글의 개념과 목적을 설명하고 있어요.
  3 단락에서는 지연이의 근거를 예로 들어 주장을 뒷받침하는 근거에 대해 더 자세히 설명하고 있어요.
  4 단락에서는 주장하는 글을 짜임새 있게 구성하는 방법을 알려 주고 있어요.

- **글의 구조도**

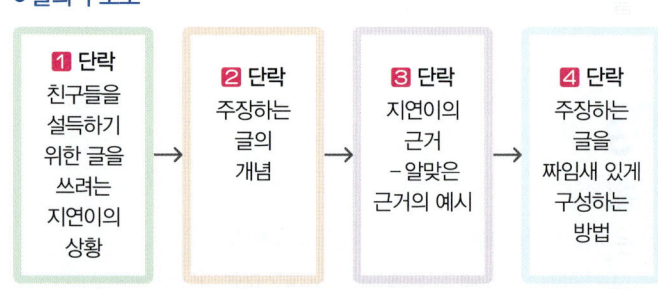

1 단락	2 단락	3 단락	4 단락
친구들을 설득하기 위한 글을 쓰려는 지연이의 상황	주장하는 글의 개념	지연이의 근거 – 알맞은 근거의 예시	주장하는 글을 짜임새 있게 구성하는 방법

- **주제**: 주장하는 글의 개념과 구성 방법

01 [정답] 주장하는 글 ·················· 글의 구조 이해하기

>왜 정답?

근거: ②단락 ❶번째 문장, ④단락 ❷번째 문장

②단락에서 '다른 사람을 설득하기 위하여 자신의 생각이나 주장을 조리 있고 짜임새 있게 밝혀 쓴 글을 '주장하는 글'이라고 한다.'라면서 주장하는 글이 무엇인지 설명하고 있어요.

④단락에서는 '글의 처음 부분에서 자신의 주장을 소개하면서 ~ 다시 한번 강조하면서 글을 마무리한다면 효과적으로 다른 사람을 설득하는 글을 쓸 수 있을 것이다.'라면서 주장하는 글을 짜임새 있게 구성하는 방법을 설명하고 있어요.

따라서 빈칸에 공통으로 들어갈 말은 '주장하는 글'이에요.

02 [정답] ③ ·················· 내용 이해하기

>왜 정답?

③ 근거: ③단락 ❻, ❼번째 문장

지연이가 생각한 근거 2에 대해 '지연이의 의견과 반대되는 주장의 근거로 알맞다.'라고 하면서 '지연이가 2를 근거로 내세운다면 친구들을 설득하기 어려울 것이다.'라고 했어요. 즉, 반대되는 주장의 근거를 내세우면 오히려 주장이 더 약해져요.

>왜 오답?

① 근거: ③단락 ❶번째 문장

'주장을 뒷받침할 근거들은 논리적으로 오류가 없어야 한다.'라고 했으므로 맞는 내용이에요.

② 근거: ②단락 ❷번째 문장

'주장을 뒷받침하는 내용을 근거라고 한다.'라고 했으므로 맞는 내용이에요.

④ 근거: ②단락 ❸번째 문장

'제대로 된 근거 없이 자신의 의견만 고집해서는 다른 사람을 설득할 수 없다.'라고 했으므로 맞는 내용이에요.

⑤ 근거: ②단락 ❶번째 문장

'다른 사람을 설득하기 위하여 자신의 생각이나 주장을 ~ 쓴 글을 '주장하는 글'이라고 한다.'라고 했으므로 맞는 내용이에요.

03 [정답] ④ ·················· 내용 적용하기

다음은 지효가 쓴 주장하는 글의 짜임입니다. 효과적으로 주장하는 글을 쓰기 위해 알맞지 않은 것은 무엇인가요?

• **주장하는 글의 짜임**: 지효가 주장하는 글을 쓰기 위해 '처음-중간-끝' 부분으로 나누어 내용을 구성해 본 것이에요.

[즉] ④단락에서 설명하고 있는 주장하는 글의 구성 방법을 이해하고, 이를 바탕으로 지효가 구성한 글의 짜임 중 알맞지 않은 내용을 고르는 문제예요.

>왜 정답?

④ 근거: ④단락 ❷번째 문장

글의 중간 부분에서는 '주장을 뒷받침할 수 있는 적절한 근거'를 들어야 해요.

그런데 '(3) 악성 댓글을 쓰면서 사물과 현상을 바라보는 비판적 태도를 기를 수 있다.'라는 근거는 이 글의 주장인 '악성 댓글을 달아서는 안 된다.'를 뒷받침하는 근거가 아니에요. 이는 오히려 주장을 약하게 만드는 근거예요.

>왜 오답?

① 근거: ④단락 ❷번째 문장

'글의 처음 부분에서 자신의 주장을 소개하면서 주장의 중요성을 간단히 이야기하'라고 했으므로 맞는 내용이에요.

②, ③ 근거: ④단락 ❷번째 문장

글의 중간 부분에서는 '주장을 뒷받침할 수 있는 적절한 근거'를 들어야 한다고 했어요. (1)과 (2)는 모두 이 글의 주장인 '악성 댓글을 달아서는 안 된다.'를 뒷받침할 수 있는 근거예요.

⑤ 근거: ④단락 ❷번째 문장

'끝부분에서 주장을 다시 한번 강조하면서 글을 마무리'하라고 했으므로 맞는 내용이에요.

04 [정답] ④ ·················· 상황에 맞는 표현 찾기

>왜 정답?

④ 근거: ②단락 ❸번째 문장

(가)의 바로 뒷부분을 보면, (가)는 '제대로 된 근거 없이 자신의 의견만 고집'하는 사람을 가리킨다는 것을 알 수 있어요.

따라서 (가)에 들어갈 말은 '남의 말을 전혀 듣지 않고 자기주장만 계속 내세우는 사람'을 의미하는 '고집불통'이에요.

>왜 오답?

①, ②, ③, ⑤ '제대로 된 근거 없이 자신의 의견만 고집'하는 사람과 관련이 없으므로 (가)에 들어갈 말이 아니에요.

05 [정답] 처음부터 끝까지 한결같은 주장을 펼치면서 그와 관련된 적절한 근거들을 내세워야 한다.

[서술형] 채점 기준 – 근거: ②단락 ❹번째 문장

②단락에서 주장하는 글에 대해 설명하면서 다른 사람을 설득하려면 '처음부터 끝까지 한결같은 주장을 펼치면서 그와 관련된 적절한 근거들을 내세워야 한다.'라고 했어요. 따라서 이 내용을 찾아 쓰면 정답이에요.

통계란 무엇일까?

◯ 각 단락 중심 낱말   ◯ 전체 중심 낱말   [ ] 각 단락 중심 문장   ▨ 전체 중심 문장

① ①통계는 어떤 현상을 종합적으로 한눈에 알아보기 쉽게 일정한 체계에 따라 숫자로 나타낸 것을 말한다. ②통계를 이용하면 작게는 학급 문고에 있는 책의 종류, 가고 싶은 현장 학습 장소부터 크게는 지역별 인구수, 한 해 동안 생산된 쌀의 양 등 다양한 자료의 경향이나 특징을 한눈에 알아볼 수 있다.

② ①[오늘날과 같은 의미의 통계는 17세기쯤 유럽에서 생겨났다.] ②당시 영국은 다른 나라에서 들어온 세균이나 전염병으로 인해 죽는 사람이 늘어나 문제가 되고 있었다. ③그래서 죽은 사람들의 병명과 수를 조사하기 시작했고, 이를 통해 밝혀진 사실들을 알기 쉽게 정리하여 나타냈다. ④이 방식이 전 유럽으로 빠르게 퍼져 나가 통계라고 이름 붙여지게 되었고, 사람들은 통계를 이용하여 사회나 자연 현상을 조사한 후 얻은 많은 양의 자료를 이해하고 분석할 수 있었다.

③ ①[그렇다면 통계는 어떻게 나타낼까?] ②우선 여러 가지 자료를 정리하여 통계 결과가 나오면 이를 표로 정리하는데, 이것이 통계표이다. ③그리고 통계표를 각 자료의 특성에 맞게 도표로 나타낸다. ④도표란 통계를 비롯한 여러 자료를 더 쉽게 알아볼 수 있도록 그림으로 나타낸 표로, 막대·띠·원그래프와 꺾은선 그래프 등이 있다. ⑤예를 들어 학급 문고에 있는 책의 종류를 막대그래프로 나타내려면, 우선 가로와 세로로 직선을 긋는다. ⑥가로에는 소설책, 시집, 그림책, 사전 등 '책의 종류'를 쓰고 세로에는 '권수'를 표시할 수 있도록 눈금을 숫자로 표시한다. ⑦그리고 책의 종류에 따른 권수만큼 막대로 높이를 표시하면 된다.

④ ①[통계를 이용하면 우리가 살아가는 데 필요한 여러 자료들을 편리하게 분석하고 정리할 수 있으며, 도표는 통계 자료를 누구나 쉽게 이해할 수 있게 해 준다.] ②전달하고 싶은 정보가 있다면 통계와 도표를 이용하여 더 효율적으로 전달할 방법을 생각해 보자.

1 단락 요약
통계의 의미와 쓰임

2 단락 요약
통계의 유래

3 단락 요약
통계를 나타내는 방법

4 단락 요약
통계와 도표의 유용함

....✦ 지문 이해

● 이 글은 통계의 개념과 유래, 유용함을 알려 주는 설명문입니다. 통계란 어떤 현상을 종합적으로 한눈에 알아보기 쉽게 일정한 체계에 따라 숫자로 나타낸 것으로, 통계를 이용하면 다양한 자료의 경향이나 특징을 쉽게 알아볼 수 있어요. 통계는 통계표와 도표를 이용하여 나타내고, 특히 도표를 이용하면 누구나 통계 자료를 쉽게 이해할 수 있어요.

● 단락 간의 관계
  ① 단락에서는 이 글 전체의 중심 낱말인 '통계'의 의미와 쓰임을 소개하고 있어요.
  ② 단락에서는 통계가 생겨난 역사를 설명하고 있어요.
  ③ 단락에서는 통계를 나타내는 방법을 설명하고 있어요.
  ④ 단락에서는 통계와 도표를 사용하면 좋은 점을 이야기하며 글을 마무리하고 있어요.

● 글의 구조도

| **1 단락** 통계의 의미와 쓰임 | → | **2 단락** 통계의 유래 | → | **3 단락** 통계를 나타내는 방법 | → | **4 단락** 통계와 도표의 유용함 |

● 주제: 통계의 개념과 유래, 유용함

01 [정답] 통계 ··· 글의 구조 이해하기

>왜 정답?

①단락에서 '통계는 어떤 현상을 종합적으로 한눈에 알아보기 쉽게 일정한 체계에 따라 숫자로 나타낸 것을 말한다.'라면서 통계의 의미를 설명하고 있어요.

②단락에서는 통계의 유래를, ③단락에서는 통계를 나타내는 방법을 설명하고 있어요.

④단락에서는 '통계를 이용하면 ~ 자료를 누구나 쉽게 이해할 수 있게 해 준다.'라면서 통계와 도표의 유용함을 이야기하고 있어요.

따라서 빈칸에 공통으로 들어갈 말은 '통계'예요.

02 [정답] ② ··· 내용 이해하기

>왜 정답?

② 근거: ③단락 ❷번째 문장

'여러 가지 자료를 정리하여 통계 결과가 나오면 이를 표로 정리하는데, 이것이 통계표이다.'라고 하며 통계표가 무엇인지 설명하고 있을 뿐, 통계표를 작성하는 방법은 이 글에 나오지 않아요.

>왜 오답?

① 근거: ③단락 ❹번째 문장

'막대·띠·원그래프와 꺾은선 그래프 등' 도표의 종류를 이야기하고 있어요.

③ 근거: ③단락 ❺~❼번째 문장

'학급 문고에 있는 책의 종류'를 막대그래프로 나타내는 것을 예로 들어, 막대그래프를 그리는 방법을 설명하고 있어요.

④ 근거: ②단락 ❶번째 문장

'오늘날과 같은 의미의 통계는 17세기쯤 유럽에서 생겨났다.'라고 하면서 오늘날과 같은 통계가 생겨난 때를 이야기하고 있어요.

⑤ 근거: ①단락 ❷번째 문장

'작게는 학급 문고에 있는 책의 종류, 가고 싶은 현장 학습 장소부터 크게는 지역별 인구수, 한 해 동안 생산된 쌀의 양 등' 통계로 나타낼 수 있는 여러 가지 자료를 예시로 들고 있어요.

03 [정답] ④ ··· 내용 이해하기

>왜 정답?

④ 근거: ①단락 ❷번째 문장

'통계를 이용하면 ~ 지역별 인구수, 한 해 동안 생산된 쌀의 양등 다양한 자료의 경향이나 특징을 한눈에 알아볼 수 있다.'라고 했으므로 틀린 내용이에요.

>왜 오답?

① 근거: ③단락 ❷번째 문장

'여러 가지 자료를 정리하여 통계 결과가 나오면 이를 표로 정리하는데, 이것이 통계표이다.'라고 했으므로 맞는 내용이에요.

② 근거: ③단락 ❹번째 문장

'도표란 통계를 비롯한 여러 자료를 더 쉽게 알아볼 수 있도록 그림으로 나타낸 표'라고 했으므로 맞는 내용이에요.

③ 근거: ①단락 ❶번째 문장

'통계는 어떤 현상을 종합적으로 한눈에 알아보기 쉽게 일정한 체계에 따라 숫자로 나타낸 것을 말한다.'라고 했으므로 맞는 내용이에요.

⑤ 근거: ②단락 ❶, ❷번째 문장

'통계는 17세기쯤 유럽에서 생겨났다. 당시 영국은 다른 나라에서 들어온 세균이나 전염병으로 인해 죽는 사람이 늘어나 문제가 되고 있었다.'라고 했으므로 맞는 내용이에요.

04 [정답] 종류, 숫자, 막대 ························· 내용 적용하기

다음은 동물원에 있는 동물의 종류를 막대그래프로 나타내는 과정입니다. ㉠~㉢에 들어갈 말을 이 글에서 찾아 쓰세요.

• **막대그래프로 나타내는 과정**: 동물의 종류를 막대그래프로 나타내는 과정을 세 단계로 구분해 놓았어요.

• **㉠~㉢**: 막대그래프의 가로와 세로에 무엇을 표시해야 하는지, 마지막에는 무엇으로 동물의 수를 표시해야 하는지 써넣어야 해요.

[즉] ③단락에서 설명하고 있는 '학급 문고에 있는 책의 종류'를 막대그래프로 나타내는 방법을 이해하고, 이를 동물의 종류를 막대그래프로 나타내는 과정에 적용하는 문제예요.

>왜 정답?

㉠ 근거: ③단락 ❻번째 문장

'가로에는 소설책, 시집, 그림책, 사전 등 '책의 종류'를 쓰'라고 했어요. 따라서 ㉠에 들어갈 말은 '종류'예요.

㉡ 근거: ③단락 ❻번째 문장

'세로에는 '권수'를 표시할 수 있도록 눈금을 숫자로 표시한다.'라고 했어요. 따라서 ㉡에 들어갈 말은 '숫자'예요.

㉢ 근거: ③단락 ❼번째 문장

'책의 종류에 따른 권수만큼 막대로 높이를 표시하면 된다.'라고 했어요. 따라서 ㉢에 들어갈 말은 '막대'예요.

05 [정답] 통계를 이용하면 우리가 살아가는 데 필요한 여러 자료들을 편리하게 분석하고 정리할 수 있으며, 도표는 통계 자료를 누구나 쉽게 이해할 수 있게 해 준다.

[서술형] 채점 기준 - 근거: ④단락 ❶번째 문장

'통계를 이용하면 우리가 살아가는 데 필요한 여러 자료들을 편리하게 분석하고 정리할 수 있으며, 도표는 통계 자료를 누구나 쉽게 이해할 수 있게 해 준다.'라면서 통계와 도표를 이용하면 좋은 점을 설명하고 있어요. 따라서 이 말을 찾아 쓰면 정답이에요.

사회

속담에 담긴 일기 예보

◯ 각 단락 중심 낱말　◯ 전체 중심 낱말　[ ] 각 단락 중심 문장　▨ 전체 중심 문장

1 ❶ 뉴스를 보다 보면 속담을 통해 날씨를 알려 주는 경우를 종종 볼 수 있다. ❷ 속담이 사실은 매우 과학적이고, 그 안에 조상들의 삶의 지혜가 담겨 있기 때문이다. ❸ 몇 가지 속담을 살펴보면 이를 알 수 있다.

2 ❶ ['제비가 땅바닥 가까이 날면 비가 온다.'라는 속담부터 살펴보자.] ❷ 제비는 작은 곤충을 먹고 산다. ❸ 그런데 곤충들은 비가 오기 전에 습도가 높아지면 땅으로 가까이 내려와 머무를 곳을 찾는다. ❹ 이 때문에 땅 가까이 내려온 곤충들을 잡아먹기 위해 제비가 낮게 나는 것이다.

3 ❶ ['개미들이 한 줄로 이동하면 비가 내린다.'라는 속담은 어떨까?] ❷ 개미는 먹이를 발견하면 몸 밖으로 화학 물질을 내보내 동료 개미들에게 알린다. ❸ 이 화학 물질은 공기 중에서 쉽게 흩어지는데, 비가 오기 전처럼 습도가 높을 때는 화학 물질이 덜 흩어져 개미들이 그 흔적을 따라 한 줄로 이동할 수 있게 되는 것이다.

4 ❶ ['종소리가 뚜렷하게 잘 들리면 비가 온다.'라는 속담도 과학적이다.] ❷ 구름이 없는 맑은 날에는 땅이 열을 많이 받아 온도가 높아진다. ❸ 따라서 공기의 아래층은 따뜻해지고, 위층은 차가워지면서 공기의 밀도 차이가 커진다. ❹ 공기의 밀도 차이가 커지면 소리는 멀리 전달되지 않는다. ❺ 반대로 구름이 끼어 땅이 열을 많이 받지 못하면 공기의 위층과 아래층의 기온 차이가 크지 않아 밀도 차이도 작아진다. ❻ 이런 경우 소리는 흩어지지 않고 멀리 나아갈 수 있기 때문에 종소리가 뚜렷하게 잘 들리는 것이다.

5 ❶ [마지막으로, '서리가 많이 내린 날은 날씨가 좋다.'라는 속담이 있다.] ❷ 서리는 공기 중의 수증기가 땅 위에 있는 물체 표면에 얼어붙은 것이다. ❸ 구름이 없는 맑은 날, 특히 밤에는 땅이 열을 사방으로 내보내면서 땅의 온도가 낮아지는데, 이때 땅 가까이에 있던 공기 중의 수증기가 갑자기 차가워지면서 물방울이 아니라 서리가 되는 것이다.

6 ❶ [이처럼 날씨와 관련된 속담에는 과학적 원리가 담겨 있어서 대부분 잘 들어맞는다. ❷ 또한 이를 통해 과학이 충분히 발달하지 않았던 때에도 삶의 경험을 통해 날씨를 예측했던 조상들의 지혜를 엿볼 수 있다.]

1 단락 요약
사실은 과학적인 날씨와 관련된 속담

2 단락 요약
날씨와 관련된 속담과 이에 담긴 과학적 원리 ①

3 단락 요약
날씨와 관련된 속담과 이에 담긴 과학적 원리 ②

4 단락 요약
날씨와 관련된 속담과 이에 담긴 과학적 원리 ③

5 단락 요약
날씨와 관련된 속담과 이에 담긴 과학적 원리 ④

6 단락 요약
날씨와 관련된 속담이 갖는 가치

✦ 지문 이해

● 이 글은 날씨와 관련된 속담과 이에 담긴 과학적 원리를 소개하는 설명문입니다. 날씨와 관련된 여러 가지 속담들에는 과학적 원리가 담겨 있어서 잘 들어맞아요. 또한 이를 통해 과학이 발달하지 않았던 때에도 날씨를 예측했던 조상들의 지혜를 엿볼 수 있어요.

● **단락 간의 관계**
1단락에서는 날씨와 관련된 속담이 사실은 과학적이라는 것을 이야기하고 있어요.
2~5단락에서는 날씨와 관련된 여러 가지 속담들을 예로 들고, 이에 담긴 과학적 원리를 설명하고 있어요.
6단락에서는 날씨와 관련된 속담이 가지는 가치를 이야기하며 글을 마무리하고 있어요.

● **글의 구조도**

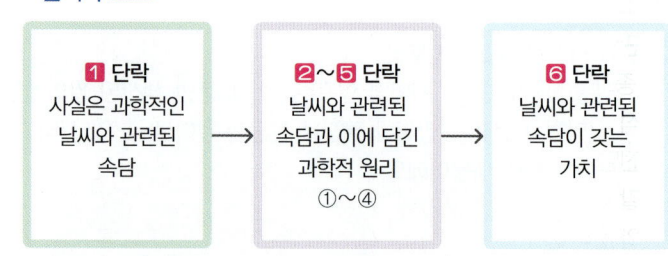

1 단락	**2~5 단락**	**6 단락**
사실은 과학적인 날씨와 관련된 속담	날씨와 관련된 속담과 이에 담긴 과학적 원리 ①~④	날씨와 관련된 속담이 갖는 가치

● **주제**: 날씨와 관련된 속담의 과학적 원리와 가치

01 [정답] 속담 ················· 글의 구조 이해하기

>**왜 정답?**

① 단락에서 '속담이 사실은 매우 과학적'이라고 했고, ② ~ ⑤ 단락에서는 날씨와 관련된 여러 가지 속담에 담긴 과학적 원리를 설명하고 있어요. ⑥ 단락에서는 날씨와 관련된 속담의 가치를 이야기하고 있어요. 따라서 빈칸에 공통으로 들어갈 말은 '속담'이에요.

02 [정답] ① ················· 내용 이해하기

>**왜 정답?**

① 근거: ③ 단락 ❸ 번째 문장
개미가 내뿜는 화학 물질에 대해 '습도가 높을 때는 화학 물질이 덜 흩어'진다고 했으므로 틀린 내용이에요.

>**왜 오답?**

② 근거: ⑤ 단락 ❸ 번째 문장
'공기 중의 수증기가 갑자기 차가워지면서 물방울이 아니라 서리가 되는 것이다.'라고 했으므로 맞는 내용이에요.

③ 근거: ④ 단락 ❹ 번째 문장
'공기의 밀도 차이가 커지면 소리는 멀리 전달되지 않는다.'라고 했으므로 맞는 내용이에요.

④ 근거: ③ 단락 ❷ 번째 문장
'개미는 먹이를 발견하면 몸 밖으로 화학 물질을 내보내 동료 개미들에게 알린다.'라고 했으므로 맞는 내용이에요.

⑤ 근거: ② 단락 ❹ 번째 문장
'땅 가까이 내려온 곤충들을 잡아먹기 위해 제비가 낮게 나는 것이다.'라고 했으므로 맞는 내용이에요.

03 [정답] ③ ················· 알맞은 반응 찾기

>**왜 정답?**

③ 근거: ⑤ 단락 전체
'서리가 많이 내린 날은 날씨가 좋다.'라는 속담에 담긴 과학적 원리를 설명하고 있어요. 즉, 밤새 서리가 많이 내리면 날씨가 좋을 것이므로 우산을 챙겨야겠다는 반응은 맞지 않아요.

>**왜 오답?**

① 근거: ④ 단락 전체
'종소리가 뚜렷하게 잘 들리면 비가 온다.'라는 속담에 담긴 과학적 원리를 설명하면서, 공기의 밀도 차이가 커지면 소리가 멀리 전달되지 않고 공기의 밀도 차이가 작아지면 소리가 멀리 나아갈 수 있다고 했어요. 따라서 소리가 전달되는 것이 공기의 밀도와 관련이 깊다는 것은 맞는 반응이에요.

② 근거: ② 단락 ❸ 번째 문장
'곤충들은 비가 오기 전에 습도가 높아지면 땅으로 가까이 내려와 머무를 곳을 찾는다.'라고 했으므로 맞는 반응이에요.

④ 근거: ③ 단락 ❸ 번째 문장
'비가 오기 전처럼 습도가 높을 때는 화학 물질이 덜 흩어져 개미들이 그 흔적을 따라 한 줄로 이동할 수 있게 되는 것이다.'라고 했으므로 맞는 반응이에요.

⑤ 근거: ② 단락 전체
'제비가 땅바닥 가까이 날면 비가 온다.'라는 속담의 과학적 원리를 설명하고 있으므로 맞는 반응이에요.

04 [정답] ② ················· 글쓴이의 의도 이해하기

>**왜 정답?**

② 근거: ⑥ 단락 ❷ 번째 문장
'과학이 충분히 발달하지 않았던 때에도 삶의 경험을 통해 날씨를 예측했던 조상들의 지혜를 엿볼 수 있다.'라고 하며 날씨와 관련된 속담의 가치를 이야기하고 있으므로 맞는 내용이에요.

>**왜 오답?**

①, ③ 이 글에 나오지 않는 내용이에요.

④ 근거: ⑥ 단락 ❷ 번째 문장
날씨와 관련된 속담을 통해 '과학이 충분히 발달하지 않았던 때에도 삶의 경험을 통해 날씨를 예측했던 조상들의 지혜를 엿볼 수 있다.'라고 했으므로 틀린 내용이에요.

⑤ 근거: ⑥ 단락 ❶ 번째 문장
'날씨와 관련된 속담에는 과학적 원리가 담겨 있어서 대부분 잘 들어맞는다.'라고 했으므로 틀린 내용이에요.

05 [정답] 예 땅이 열을 많이 받지 못해서 공기의 위층과 아래층의 밀도 차이가 작아지기 때문에 소리가 흩어지지 않고 멀리 나가

4단락의 내용을 바탕으로, 다음 대화에서 서연이가 할 말을 쓰세요.

- 4단락의 내용: '종소리가 뚜렷하게 잘 들리면 비가 온다.'라는 속담의 과학적 원리를 알려 주는 내용이에요.

- 서연이가 할 말: 서연이는 '구름이 끼어 흐린 날' 종소리가 더 크게 들리는 이유를 설명하려 하고 있어요.

즉 ④ 단락에서 설명하고 있는 속담의 과학적 원리를 이해하고, 이를 바탕으로 흐린 날에 소리가 더 잘 들리는 이유를 쓰는 문제예요.

서술형 채점 기준 – 근거: ④ 단락 ❺, ❻ 번째 문장
'구름이 끼어 땅이 열을 많이 받지 못하면 공기의 위층과 아래층의 기온 차이가 크지 않아 밀도 차이도 작아진다. 이런 경우 소리는 흩어지지 않고 멀리 나아갈 수 있기 때문에 종소리가 뚜렷하게 잘 들리는 것이다.'라고 했어요. 따라서 '공기의 밀도 차이가 작아진다.'라는 내용과 '소리가 멀리 나간다.'라는 내용이 들어가면 정답이에요.

전기 기구는 어떻게 작동할까?

◯ 각 단락 중심 낱말　◎ 전체 중심 낱말　[ ] 각 단락 중심 문장　🟨 전체 중심 문장

1️⃣ ❶우리는 생활을 편리하게 해 주는 다양한 ◯전기 기구◯를 이용하고 있다. ❷스위치를 켜면 방에 형광등이 환하게 켜지고, 콘센트에 플러그를 끼우고 전원 장치를 켜면 드라이어나 세탁기가 작동한다. ❸[이러한 전기 기구는 어떤 원리로 작동하는 것일까?]
＊1단락 요약: 전기 기구의 작동 원리에 대한 물음

2️⃣ ❶전기 기구가 작동하려면 우선 전기가 흘러야 한다. ❷[전기가 흐를 수 있도록 전지, 전선, 스위치, 전동기 등 여러 가지 전기 부품을 연결한 것을 '◯전기 회로◯'라고 하고, 전기 회로에서 전기가 통하는 것을 '전류가 흐른다'라고 표현한다.] ❸전기 회로는 간단하게 연결할 수도, 복잡하게 연결할 수도 있다. ❹꼬마전구에 불이 켜지는 과정을 통해 전기 회로를 쉽게 이해해 보자.
＊2단락 요약: 전기 회로의 의미

3️⃣ ❶◯꼬마전구◯에 불을 켜려면 전기 에너지를 담아 놓은 전지가 필요하다. ❷가장 대표적인 전지는 우리가 흔히 알고 있는 건전지이다. ❸건전지의 불룩 튀어나온 부분은 플러스(+)극, 반대쪽은 마이너스(−)극이다. ❹전지를 끼우는 장치에는 플러스(+)극과 마이너스(−)극이 표시되어 있는데, 이곳에 제대로 맞춰 끼우면 전류가 흐른다. ❺[이제 전지의 플러스(+)극을 전선을 이용해 꼬마전구의 꼭지와 연결하고, 마이너스(−)극을 꼬마전구의 꼭지쇠에 연결하면 간단하게 꼬마전구에 불을 켤 수 있다.]
＊3단락 요약: 꼬마전구 예시 − 전기 회로에 대한 이해

4️⃣ ❶[꼬마전구의 불을 더 밝게, 혹은 더 오랫동안 켜려면 어떻게 해야 할까? ❷이때는 ◯전지의 연결 방법◯을 바꾸면 된다.] ❸여러 개의 전지를 서로 다른 극끼리 (+)(−)(+)(−)의 순서로 연결하는 것을 '전지의 직렬연결'이라고 하는데, 이때는 전류의 양이 많아져 전구가 더 밝은 빛을 낸다. ❹반면 여러 개의 전지를 (+)는 (+)끼리, (−)는 (−)끼리 모아 놓고 연결하는 것을 '전지의 병렬연결'이라고 한다. ❺이때는 전구의 빛이 밝아지지는 않지만 전구에 불을 더 오랫동안 켤 수 있다.
＊4단락 요약 : 꼬마전구 예시 − 전지의 연결 방법

5️⃣ ❶🟨이와 같은 원리로, 우리 생활을 편리하게 해 주는 다양한 ◯전기 기구◯도 전기 회로를 통해 전류가 흘러 작동한다.🟨 ❷전기 기구를 사용할 때면 이러한 작동 원리를 떠올려 보도록 하자.
＊5단락 요약: 전기 기구의 작동 원리

---

01 정답 전기 기구

이 글에서는 전기 기구의 작동 원리를 설명하기 위해 전기 회로가 무엇인지 알려 주고 있어요. 따라서 이 글 전체의 중심 낱말은 '전기 기구'이고, 주제는 '전기 기구의 작동 원리'예요.

02 정답 ③

4️⃣단락에서는 전지의 연결 방법에 따른 꼬마전구의 '크기 차이'가 아니라, '밝기와 불을 밝히는 시간 차이'를 비교하고 있어요.

03 정답 ⑤

3️⃣단락 ❺번째 문장에서 '전지의 플러스(+)극을 ~ 꼬마전구의 꼭지와 연결하고, 마이너스(−)극을 꼬마전구의 꼭지쇠에 연결하면 간단하게 꼬마전구에 불을 켤 수 있다.'라고 했으므로 맞는 내용이에요.

04 정답 (1) ㉡ (2) ㉠

4️⃣단락 ❸, ❹번째 문장에서 '여러 개의 전지를 서로 다른 극끼리 ~ 연결하는 것'을 전지의 직렬연결이라고 했고, '여러 개의 전지를 (+)는 (+)끼리, (−)는 (−)끼리 모아 놓고 연결하는 것'을 전지의 병렬연결이라고 했어요.

✦ 지문 이해

- 이 글은 전기 기구가 어떻게 작동하는지 알려 주는 설명문입니다. 전기가 흐를 수 있도록 여러 가지 전기 부품을 연결한 것을 전기 회로라고 해요. 전기 회로에 전류가 흐르면 꼬마전구에 불이 켜지는데, 전지의 연결 방법을 바꾸면 불의 밝기와 불을 켤 수 있는 시간도 변해요. 이처럼 다양한 전기 기구도 전기 회로에 전류가 흘러 작동해요.

- **단락 간의 관계**
  1️⃣단락에서 전기 기구가 어떻게 작동하는지 물음을 던지고 있어요. 이를 설명하기 위해 2️⃣단락에서 전기 회로가 무엇인지 설명하고 있어요. 3️⃣단락과 4️⃣단락에서는 꼬마전구 예시를 통해 2️⃣단락의 내용을 보충하여 설명하고 있어요. 5️⃣단락에서는 전기 기구의 작동 원리를 정리하며 글을 마무리하고 있어요.

- **글의 구조도**

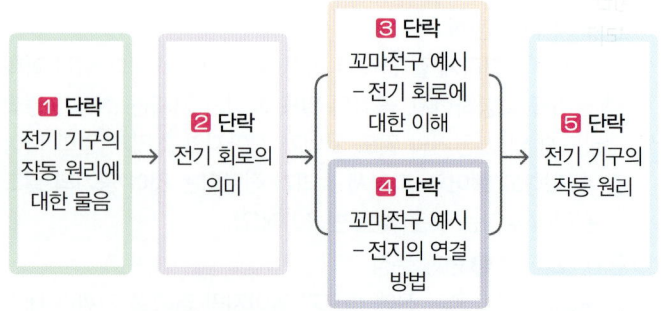

| 1️⃣ 단락 전기 기구의 작동 원리에 대한 물음 | → | 2️⃣ 단락 전기 회로의 의미 | → | 3️⃣ 단락 꼬마전구 예시 − 전기 회로에 대한 이해 / 4️⃣ 단락 꼬마전구 예시 − 전지의 연결 방법 | → | 5️⃣ 단락 전기 기구의 작동 원리 |

- **주제**: 전기 기구의 작동 원리

세계 속의 'K-' 열풍

○ 각 단락 중심 낱말 ○ 전체 중심 낱말 [ ] 각 단락 중심 문장 ▨ 전체 중심 문장

1 미국 최대의 인터넷 쇼핑몰 아마존에서는 우리나라의 한 농기구가 세계적으로 인기를 끌고 있다. 바로 우리나라 농촌에서 쉽게 볼 수 있는 '호미'이다. 미국이나 유럽처럼 정원을 가꾸는 문화가 발달한 나라에서 삽에 비해 끝이 뾰족한 호미가 아이디어 상품으로 주목받고 있는 것이다. [이처럼 세계에서 인정받는 우리나라 상품에는 어떤 것들이 있을까?]

2 [우선, 우리나라의 각종 우수한 기술과 상품들이 해외에서 많이 쓰이고 있다.] 반도체는 오래전부터 우리나라의 주요 수출 상품이었고, 우리나라에서 만든 스마트폰과 가전제품은 최고의 품질로 인정받고 있다. 또, 세계 곳곳의 건설 현장에서는 우리나라 업체가 만든 중장비가 쓰이고 있고, 우리나라에서 만든 거대한 배가 세계의 바다를 누비고 있다. 이 밖에 정보 기술 산업은 세계 최고 수준을 자랑하고, 자동차 타이어와 오토바이 헬멧 등도 제품의 우수성을 인정받아 세계인의 사랑을 받고 있다.

3 [_____(가)_____ 식품과 문화 산업에서도 우리나라의 것이 큰 사랑을 받고 있다.] 김, 김치, 라면 등의 K-푸드는 세계인의 입맛을 사로잡았고, 한국 가수와 드라마, 어린이 캐릭터 등의 K-컬처는 인터넷의 발달과 함께 세계적인 인기를 얻고 있다. 또, 합리적인 가격과 좋은 품질의 화장품, 수준 높은 미용 기술로 주목받고 있는 K-뷰티까지 우리나라의 문화 경쟁력을 높이고 있다.

4 이처럼 각종 기술과 상품뿐만 아니라 K-푸드, K-컬처, K-뷰티 등 우리나라의 다양한 식품과 문화가 세계 시장에서 사랑받고 있다. 전 세계에 'K-' 열풍이 불고 있는 것이다.

1 단락 요약
세계에서 인정받는 우리나라 상품에 대한 물음

2 단락 요약
세계적으로 인정받는 우리나라의 것 - 각종 기술과 상품

3 단락 요약
세계적으로 인정받는 우리나라의 것 - 식품과 문화 산업

4 단락 요약
전 세계에 불고 있는 'K-' 열풍

★ 지문 이해

● 이 글은 'K-' 열풍에 대해 소개하는 설명문입니다. 반도체나 가전제품, 중장비 등 우리나라의 각종 우수한 기술과 상품들이 세계인의 사랑을 받고 있어요. 그리고 우리나라의 식품과 문화 산업도 세계적으로 큰 사랑을 받고 있어요. 즉, 전 세계에 'K-' 열풍이 불고 있다고 할 수 있어요.

● 단락 간의 관계
1 단락에서는 미국에서 인기를 끌고 있는 우리나라의 호미를 예로 들어, 우리나라 상품이 세계에서 사랑받고 있다는 것을 이야기하고 있어요.
2 단락과 3 단락에서는 세계적으로 인정받는 우리나라의 다양한 기술, 상품, 문화 등을 소개하고 있어요.
4 단락에서는 앞에서 이야기한 내용을 'K-' 열풍이라고 정리하며 글을 마무리하고 있어요.

● 글의 구조도

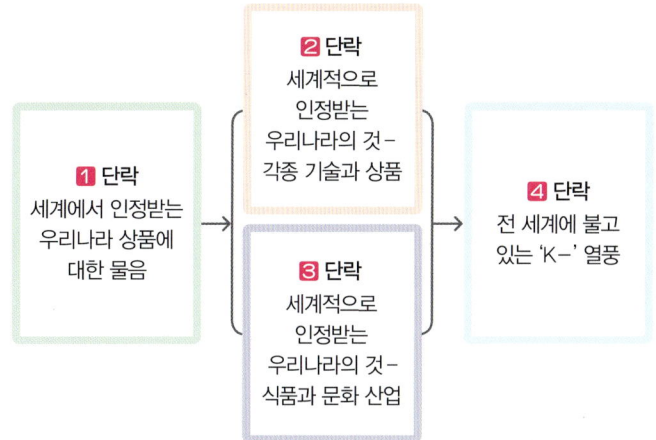

● 주제: 'K-' 열풍 현상과 그 예

01 [정답] 'K-' 열풍 ·········· 주제 알아보기

>왜 정답?

이 글에서는 세계에서 사랑받고 있는 우리나라의 다양한 기술, 상품, 문화 등을 소개하고 있어요. 그리고 이렇게 우리나라의 것이 세계 시장에서 사랑받고 있는 현상에 대해 '전 세계에 'K-' 열풍이 불고 있는 것'이라고 정리하고 있어요.

따라서 이 글의 중심 낱말은 "K-' 열풍'이며, 주제는 "K-' 열풍 현상과 그 예'입니다.

빈칸에 공통으로 들어갈 말은 "K-' 열풍'이에요.

02 [정답] ⑤ ·········· 내용 이해하기

>왜 정답?

⑤ **근거:** ③단락 ❷번째 문장

'김, 김치, 라면 등의 K-푸드는 세계인의 입맛을 사로잡았'다고 했으므로 틀린 내용이에요.

>왜 오답?

① **근거:** ③단락 ❶번째 문장

'식품과 문화 산업에서도 우리나라의 것이 큰 사랑을 받고 있다.'라고 했으므로 맞는 내용이에요.

② **근거:** ③단락 ❷번째 문장

'한국 가수와 드라마, 어린이 캐릭터 등의 K-컬처는 인터넷의 발달과 함께 세계적인 인기를 얻고 있다.'라고 했으므로 맞는 내용이에요.

③ **근거:** ②단락 ❸번째 문장

'세계 곳곳의 건설 현장에서는 우리나라 업체가 만든 중장비가 쓰이고 있다'고 했으므로 맞는 내용이에요.

④ **근거:** ①단락 ❸번째 문장

'미국이나 유럽처럼 정원을 가꾸는 문화가 발달한 나라에서 삽에 비해 끝이 뾰족한 호미가 아이디어 상품으로 주목받고 있는 것이다.'라고 했으므로 맞는 내용이에요.

03 [정답] ⑤ ·········· 내용 이해하기

>왜 정답?

⑤ **근거:** ④단락 전체

'각종 기술과 상품뿐만 아니라 K-푸드, K-컬처, K-뷰티 등 우리나라의 다양한 식품과 문화가 세계 시장에서 사랑받고 있'는 것을 "K-' 열풍이 불고 있는 것'이라고 했어요. 즉, 우리나라의 것이 세계에서 사랑받는 현상이 'K-' 열풍이에요.

미국의 인터넷 쇼핑몰은 우리나라의 기술이나 상품, 문화가 아니므로 'K-' 열풍의 예시가 아니에요.

>왜 오답?

① **근거:** ③단락 ❸번째 문장

'합리적인 가격과 좋은 품질의 화장품, ~ K-뷰티까지 우리나라의 문화 경쟁력을 높이고 있다.'라고 했어요. 따라서 '합리적인 가격과 좋은 품질의 화장품'은 'K-' 열풍의 예시예요.

② **근거:** ②단락 ❷번째 문장

'반도체는 오래전부터 우리나라의 주요 수출 상품이었'다고 했어요. 따라서 '우리나라의 주요 수출 상품인 반도체'는 'K-' 열풍의 예시예요.

③ **근거:** ②단락 ❷번째 문장

'우리나라에서 만든 스마트폰과 가전제품은 최고의 품질로 인정받고 있다.'라고 했어요. 따라서 '최고의 품질을 인정받은 스마트폰과 가전제품'은 'K-' 열풍의 예시예요.

④ **근거:** ②단락 ❹번째 문장

'자동차 타이어와 오토바이 헬멧 등도 제품의 우수성을 인정받아 세계인의 사랑을 받고 있다.'라고 했어요. 따라서 '우수성을 인정받은 자동차 타이어와 오토바이 헬멧'은 'K-' 열풍의 예시예요.

04 [정답] ③ ·········· 올바른 접속어 찾기

>왜 정답?

③ ②단락에서는 우리나라의 우수한 기술과 상품이 세계에서 인정받고 있다는 것을 이야기하고, ③단락에서는 세계적으로 사랑받고 있는 우리나라의 식품과 문화 산업을 이야기하고 있어요. ②단락과 ③단락에서는 같은 종류의 이야기가 이어지고 있는 것이에요. 따라서 ㈎에는 앞 내용과 같은 종류의 이야기가 이어질 때 사용하는 '나아가'라는 말이 들어가야 해요.

>왜 오답?

① '그러나'는 앞 내용과 반대되는 내용이 이어질 때 사용하는 말이므로 ㈎에 들어갈 말이 아니에요.

② '만약에'는 혹시 있을지 모를 뜻밖의 경우를 이야기할 때 사용하는 말이므로 ㈎에 들어갈 말이 아니에요.

④ '그럼에도'는 앞 내용에서 예상되는 결과와 다르거나 반대되는 내용이 뒤에 나타날 때 사용하는 말이므로 ㈎에 들어갈 말이 아니에요.

⑤ '왜냐하면'은 앞 내용에 대한 이유를 설명할 때 사용하는 말이므로 ㈎에 들어갈 말이 아니에요.

05 [정답] ⑩ 우리나라의 화장법을 알려 주는 유튜버, 해외에서 많이 팔리고 있는 우리나라의 라면 등

서술형 채점 기준

이 글에서 설명하고 있는 'K-' 열풍은 우리나라의 다양한 기술이나 상품, 문화가 세계에서 사랑받는 현상을 의미해요.

따라서 우리나라의 기술이나 상품, 문화 중에서 세계에서 널리 사랑받고 있는 것을 쓰면 정답이에요.

세계인이 사랑하는 스포츠

⭕ 각 단락 중심 낱말   ◯ 전체 중심 낱말   [ ] 각 단락 중심 문장   🟨 전체 중심 문장

1 지구촌에서 가장 사랑받는 운동 경기는 무엇일까? 야구, 농구 등 많은 운동 경기가 있지만, 축구를 빼놓고 이야기할 수는 없다. [축구는 4년마다 한 번씩 세계 선수권 대회인 월드컵이 열리는데, 이는 세계인의 축제라고 할 만큼 큰 관심을 받는다.]

2 [축구는 각각 11명으로 이루어진 두 팀의 선수들이 상대팀 골대 안에 더 많은 공을 넣으려고 경쟁하는 경기이다.] 양 팀은 전반과 후반 각각 45분씩 총 90분 동안 경기를 한다. 이때 골문을 막는 골키퍼는 온몸을 사용할 수 있고, 나머지 선수들은 손을 제외한 전신을 사용할 수 있다. 킥, 드리블, 트래핑, 헤딩, 슛 등 선수들이 펼치는 기술과 다양한 전술, 페널티 킥과 같은 경기 요소들은 관중을 경기에 빠져들게 한다.

3 그렇다면 축구는 언제부터 시작되었을까? [축구의 정확한 기원은 밝혀지지 않았지만, 축구와 비슷한 공놀이는 세계 곳곳에 존재했다.] 중국에서는 아주 오래전부터 나무로 만든 공을 가지고 놀았고, 우리나라에서도 삼국 시대부터 가죽 주머니 안에 동물의 털을 넣어 공처럼 만들어 가지고 노는 축국이라는 놀이를 했다. 또, 고대 그리스와 로마에도 공을 차고 던지는 간단한 형식의 놀이가 있었다.

4 [오늘날과 같은 모습의 축구는 1863년 영국에서 통일된 경기 규칙을 정하면서 처음 시작되었다.] 영국이 정한 규칙이 전 세계로 퍼져 나갔고, 1904년에는 국제 축구 연맹(FIFA)이라는 기구가 만들어져 세계적인 조직을 갖추었다. 그 후 1930년부터는 '스포츠의 꽃'이라 불리는 월드컵이 시작되었다. 현재는 월드컵 외에도 축구 클럽 간 경기, 국가 간 경기, 청소년 축구 대회 등 많은 경기가 펼쳐지고 있다.

5 🟨축구는 세계적으로 유명하고 많은 사람들이 즐기는 스포츠이다. 2002년 월드컵에서 우리나라가 4위라는 역대 최고 성적을 거둔 이후로 우리나라에서도 많은 사람들이 축구에 큰 관심을 가지게 되었다. 다가오는 2022년, 카타르 월드컵이 열릴 예정이다. [축구 경기의 규칙을 익혀 세계인의 축제를 함께 즐겨 보는 것은 어떨까?]

1 단락 요약
세계적으로 사랑받는 스포츠, 축구

2 단락 요약
축구의 개념과 특징

3 단락 요약
축구의 기원 – 축구와 비슷한 세계의 공놀이

4 단락 요약
축구의 기원 – 오늘날과 같은 축구의 시작

5 단락 요약
축구 경기를 함께 즐길 것 제안

✴ 지문 이해

● 이 글은 세계적으로 사랑받는 스포츠인 축구의 개념과 기원을 알려 주는 설명문입니다. 축구는 11명의 선수들이 90분 동안 상대편 골대에 공을 많이 넣으면 이기는 경기예요. 축구의 기원은 밝혀지지 않았지만, 세계 곳곳에 축구와 비슷한 공놀이가 존재했어요. 오늘날과 같은 모습의 축구는 1863년 영국에서 시작되었고, 지금까지도 축구는 많은 사람들의 사랑을 받고 있어요.

● **단락 간의 관계**
1단락에서는 이 글 전체의 중심 낱말인 '축구'를 소개하고 있어요.
2단락에서 축구의 개념과 특징을 설명하고 있어요.
3단락과 4단락에서는 축구의 기원을 설명하고 있어요.
5단락에서는 축구 경기를 함께 즐기자고 제안하며 글을 마무리하고 있어요.

● **글의 구조도**

1 단락
세계적으로 사랑받는 스포츠, 축구
→
2 단락
축구의 개념과 특징
→
3 단락
축구의 기원 – 축구와 비슷한 세계의 공놀이
4 단락
축구의 기원 – 오늘날과 같은 축구의 시작
→
5 단락
축구 경기를 함께 즐길 것 제안

● **주제**: 세계적으로 사랑받는 축구의 개념과 기원

01 [정답] 축구 ·· 주제 알아보기

>왜 정답?

이 글에서는 세계적으로 사랑받는 스포츠인 '축구'의 개념과 특징, 기원을 설명하고 있어요.
따라서 이 글 전체의 중심 낱말은 '축구'이고, 주제는 '세계적으로 사랑받는 축구의 개념과 기원'입니다.
빈칸에 공통으로 들어갈 말은 '축구'예요.

02 [정답] ⑤ ·· 내용 이해하기

>왜 정답?

⑤ 근거: ②단락 ❶, ❷번째 문장
'축구는 각각 11명으로 이루어진 두 팀의 선수들이 상대팀 골대 안에 더 많은 공을 넣으려고 경쟁하는 경기이다. 양 팀은 전반과 후반 각각 45분씩 총 90분 동안 경기를 한다.'라고 했으므로 맞는 내용이에요.

>왜 오답?

① 근거: ②단락 ❸번째 문장
'골문을 막는 골키퍼는 온몸을 사용할 수 있고, 나머지 선수들은 손을 제외한 전신을 사용할 수 있다.'라고 했어요. 따라서 축구 경기에서 골키퍼는 손을 사용할 수 있으므로 틀린 내용이에요.

② 근거: ④단락 ❶번째 문장
'오늘날과 같은 모습의 축구는 1863년 영국에서 통일된 경기 규칙을 정하면서 처음 시작되었다.'라고 했어요. 따라서 현대 축구의 기원은 1863년 영국에서 시작된 것이므로 틀린 내용이에요.

③ 근거: ④단락 ❸번째 문장
'1930년부터는 '스포츠의 꽃'이라 불리는 월드컵이 시작되었다.'라고 했어요. 따라서 '스포츠의 꽃'이라 불리는 것은 국제 축구 연맹(FIFA)이 아니라 1930년부터 시작된 월드컵이므로 틀린 내용이에요.

④ 근거: ④단락 ❶번째 문장
'오늘날과 같은 모습의 축구는 1863년 영국에서 통일된 경기 규칙을 정하면서 처음 시작되었다.'라고 했어요. 따라서 오늘날의 축구가 따르는 경기 규칙은 고대 그리스와 로마에서 정한 것이 아니라 1863년 영국에서 정한 것이므로 틀린 내용이에요.

03 [정답] (1) ◯ (2) ✕ (3) ◯ ·················· 내용 이해하기

>왜 정답?

(1) 근거: ①단락 ❸번째 문장
'축구는 4년마다 한 번씩 세계 선수권 대회인 월드컵이 열리는데, 이는 세계인의 축제라고 할 만큼 큰 관심을 받는다.'라고 했으므로 맞는 내용이에요.

(2) 근거: ④단락 ❹번째 문장
'현재는 월드컵 외에도 축구 클럽 간 경기, 국가 간 경기, 청소년 축구 대회 등 많은 경기가 펼쳐지고 있다.'라고 했으므로 틀린 내용이에요.

(3) 근거: ⑤단락 ❷번째 문장
'2002년 월드컵에서 우리나라가 4위라는 역대 최고 성적을 거'두었다고 했으므로 맞는 내용이에요.

04 [정답] 중국, 축국 ······························· 내용 이해하기

다음은 지아와 선생님의 대화입니다. 빈칸에 들어가기에 알맞은 말을 순서대로 쓰세요.

• **지아와 선생님의 대화:** 축구가 언제 처음 시작되었는지에 대해 이야기하고 있어요. 특히 선생님은 옛날부터 세계 곳곳에 축구와 비슷한 공놀이가 존재했다고 이야기하고 있어요.

즉 ③단락에서 설명하고 있는 축구의 기원을 이해하고, 이를 바탕으로 빈칸에 들어갈 말을 써넣는 문제예요.

>왜 정답?

근거: ③단락 ❸번째 문장
'중국에서는 아주 오래전부터 나무로 만든 공을 가지고 놀았'다고 했어요. 따라서 첫 번째 빈칸에 들어갈 말은 '중국'이에요.

근거: ③단락 ❸번째 문장
'우리나라에서도 삼국 시대부터 가죽 주머니 안에 동물의 털을 넣어 공처럼 만들어 가지고 노는 축국이라는 놀이를 했다.'라고 했어요. 따라서 두 번째 빈칸에 들어갈 말은 '축국'이에요.

-------------------------------- 배경지식

세계인의 축제, 월드컵

월드컵(World Cup)은 국제 축구 연맹(FIFA)이 여는 세계 축구 대회예요. 원래 월드컵은 여러 종목의 세계 선수권 대회를 가리키는 말이에요. 그런데 그중 축구 대회가 워낙 유명해져서 '월드컵' 하면 대부분의 사람들이 자연스럽게 축구 대회를 떠올리게 되었어요. 4년마다 열리는 월드컵은 전 세계 축구 팬들의 축제랍니다.

그런데 처음부터 축구의 인기가 높았던 것은 아니에요. 축구는 1908년에 올림픽 정식 종목이 되었는데, 그때는 5개 국가에서만 참가했다고 해요. 그런데 축구의 인기가 점점 높아지면서 1920년에 열린 올림픽에서는 22개 국가의 축구팀이 참가하게 되었어요. 나아가 국제 축구 연맹은 올림픽과 상관없이 월드컵 축구 대회를 열기로 결정했지요.

첫 월드컵은 1930년 우루과이에서 열렸고, 우리나라 선수들이 처음으로 참가한 월드컵은 1954년 스위스 월드컵이에요. 우리나라 축구는 꾸준히 성장했고, 2002년에는 일본과 함께 월드컵을 개최하기도 했어요.

DAY 34 사회

착한 초콜릿? 나쁜 초콜릿?

◯ 각 단락 중심 낱말 ◯ 전체 중심 낱말 [ ] 각 단락 중심 문장 ▮ 전체 중심 문장

1 제과점을 지나다가 '착한 초콜릿'을 판매한다는 광고를 본 민서는 '착한 초콜릿이 뭐지? 착한 사람이 만든 초콜릿인가?'라는 의문이 생겼다. ❷['착한 초콜릿'이 대체 무엇인지 알아보자.]

2 ❶초콜릿의 주원료인 카카오는 아프리카 지역에서 많이 난다. ❷그런데 이곳에서 카카오 열매를 따는 일은 주로 어린아이들의 몫이다. ❸아이들의 노동력이 값싸기 때문이다. ❹카카오 농장에서 일하는 아이들 중 절반 이상이 14세 미만인 어린이들이고, 이 아이들이 일주일에 100시간 가까이 학교에 가지도 못하고 힘들게 일한다. ❺[하지만 이렇게 일하는 카카오 농장의 아이들이 버는 돈은 초콜릿 하나당 20원 정도뿐이다. ❻초콜릿을 팔아서 버는 대부분의 돈은 싼값에 카카오를 사들여 초콜릿을 만드는 몇몇 대기업과 중간 상인들이 나누어 갖는다.]

3 ❶(가)이러한 문제를 해결하기 위해 시작된 것이 공정 무역이다. ❷공정 무역이란 생산자의 노동에 정당한 값을 치르고, 소비자는 질 좋은 제품을 이용할 수 있도록 모두가 협력하는 무역 방식을 말한다. ❸이는 소비자가 중간 상인을 거치지 않고 생산자와 직접 거래함으로써 생산자에게 정당한 노동의 값을 주는 새로운 무역 방식이다.

4 ❶'착한 초콜릿'은 이러한 공정 무역을 통해 거래되는 초콜릿이다. ❷우리가 착한 초콜릿을 사면 카카오 농장의 노동자들은 그만큼 돈을 더 받을 수 있기 때문에 하루 종일 일을 하는 고통에서 벗어날 수 있다. ❸또한 카카오 농장 주인들은 무조건 많이 팔아야 돈을 번다는 생각에서 벗어나 더 좋은 카카오 열매를 얻기 위해 친환경적인 방법으로 농사를 짓는다. ❹그러면 결국 소비자는 더 좋은 초콜릿을 살 수 있게 되고, 친환경적인 방법으로 농사를 지으니 지구의 환경 오염도 줄게 된다. ❺[즉, (나)공정 무역은 생산자와 소비자뿐만 아니라 지구에도 도움이 되어 모두가 행복해지는 거래 형태인 것이다.]

5 ❶처음에 공정 무역은 커피, 초콜릿, 수공예품, 와인 등으로 시작하여 이제는 면으로 만든 제품, 청바지에 이르기까지 다양한 품목에 적용되고 있다. ❷우리가 공정 무역으로 거래되는 상품을 많이 이용할수록 공정 무역은 더 확대될 것이다. ❸[생산자들이 더 나은 삶을 살 수 있게 돕고, 지구 환경까지 생각하는 착한 소비자가 되어 보는 것은 어떨까?]

1 단락 요약
착한 초콜릿에 대한 의문

2 단락 요약
초콜릿이 만들어지고 거래되는 과정의 불공정함

3 단락 요약
공정 무역의 개념

4 단락 요약
착한 초콜릿의 의미와 공정 무역의 장점

5 단락 요약
공정 무역 상품을 이용하여 착한 소비자가 되는 것 제안

········· ★ 지문 이해

● 이 글은 공정 무역에 대해 알려 주는 설명문입니다. 공정 무역은 생산자의 노동에 정당한 값을 치르고, 소비자는 질 좋은 제품을 이용할 수 있도록 협력하는 무역 방식이에요. 공정 무역은 생산자와 소비자, 지구 모두가 행복해지는 거래 형태예요.

● 단락 간의 관계
1 단락에서 착한 초콜릿에 대한 민서의 의문을 소개하고, 이를 설명하기 위해 2 단락에서 초콜릿 생산 및 거래 과정의 불공정함을 이야기하고 있어요. 3 단락에서는 '공정 무역'의 개념을, 4 단락에서는 착한 초콜릿의 의미와 공정 무역의 장점을 설명하고 있어요. 5 단락에서는 착한 소비자가 되자고 제안하며 글을 마무리하고 있어요.

● 글의 구조도

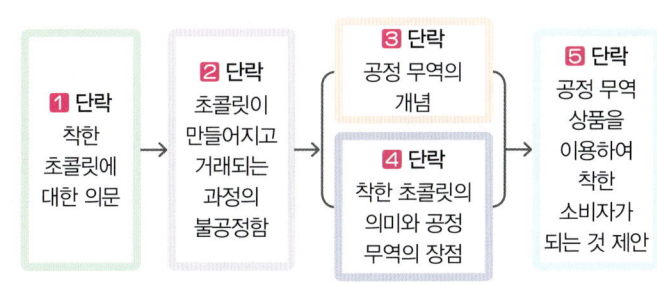

● 주제: 공정 무역의 개념과 장점

01 [정답] 공정 무역 ·············· 주제 알아보기

왜 정답?

이 글에서는 착한 초콜릿을 예로 들어 공정 무역이 무엇인지 알려 주고, 그것의 장점을 설명하고 있어요.
따라서 이 글의 중심 낱말은 '공정 무역'이고, 주제는 '공정 무역의 개념과 장점'이에요.
빈칸에 공통으로 들어갈 말은 '공정 무역'이에요.

02 [정답] (1) × (2) × (3) ○ (4) ○ ············ 내용 이해하기

왜 정답?

(1) **근거**: ④단락 ❸번째 문장
공정 무역을 하면 '카카오 농장 주인들은 무조건 많이 팔아야 돈을 번다는 생각에서 벗어나 ~ 친환경적인 방법으로 농사를 짓는다.'라고 했어요. 즉, 일반 상품보다 공정 무역으로 거래되는 상품이 더 친환경적인 방법으로 만들어지므로 틀린 설명이에요.

(2) **근거**: ④단락 ❸번째 문장
공정 무역을 하면 '카카오 농장 주인들은 무조건 많이 팔아야 돈을 번다는 생각에서 벗어나'게 된다고 했으므로 틀린 설명이에요.

(3) **근거**: ⑤단락 ❶번째 문장
'공정 무역은 커피, 초콜릿, 수공예품, 와인 등으로 시작하여 이제는 면으로 만든 제품, 청바지에 이르기까지 다양한 품목에 적용되고 있다.'라고 했으므로 맞는 설명이에요.

(4) **근거**: ④단락 ❷번째 문장
'착한 초콜릿을 사면 카카오 농장의 노동자들은 그만큼 돈을 더 받을 수 있'다고 했으므로 맞는 설명이에요.

03 [정답] ⑤ ·············· 내용 추측하기

(가)가 의미하는 내용으로 가장 알맞은 것은 무엇인가요?

• (가): (가)는 '이러한 문제'로, '이러한'은 바로 앞의 내용을 가리키는 표현이에요.

[즉] ②단락에서 설명하고 있는 초콜릿 생산과 거래 과정에서의 불공정함을 이해하고, 이를 통해 (가)가 어떤 문제 상황을 의미하는지 알아내는 문제예요.

왜 정답?

⑤ **근거**: ②단락 ❺번째 문장
(가)의 바로 앞 내용인 ②단락을 보면, 카카오 농장의 아이들이 많은 시간을 힘들게 일하지만 '이렇게 일하는 카카오 농장의 아이들이 버는 돈은 초콜릿 하나당 20원 정도뿐'이라고 했어요. (가)는 바로 이러한 문제 상황을 가리키는 것이에요.
따라서 '힘들게 일하는 카카오 농장의 아이들이 돈을 거의 벌지 못하는 문제'가 (가)가 의미하는 내용이에요.

왜 오답?

① ①단락에서 민서가 착한 초콜릿을 알지 못하는 상황을 이야기하고는 있지만, 이는 (가)가 의미하는 내용이 아니에요.

② ②단락에서 초콜릿의 주원료가 대부분 아프리카 지역에서 난다고는 했지만, 이는 (가)가 의미하는 내용이 아니에요.

③ 카카오 열매를 따는 기술이 부족하다는 내용은 이 글에 나오지 않아요.

④ 카카오의 값이 너무 싸서 초콜릿을 비싼 가격에 팔지 못한다는 내용은 이 글에 나오지 않아요.

04 [정답] ② ·············· 상황에 맞는 표현 찾기

'어떤 일이 서로에게 모두 이롭고 좋음.'을 뜻하는 말로, (나)의 상황을 표현하기에 가장 알맞은 것은 무엇인가요?

• (나): 공정 무역이 '모두가 행복해지는 거래 형태'라고 이야기하고 있어요.

[즉] 공정 무역이 모두에게 이로운 거래임을 말하는 (나)의 상황에 가장 어울리는 속담을 고르는 문제예요.

왜 정답?

② (나)에서는 공정 무역이 소비자와 생산자, 지구에게 도움이 되어 '모두가 행복해지는 거래 형태'라고 이야기하고 있어요.
따라서 어떤 일이 서로에게 모두 이롭고 좋음을 뜻하는 '누이 좋고 매부 좋다'가 (나)의 상황을 표현하는 말이에요.

왜 오답?

① '내 코가 석 자'는 자신의 형편도 어려워서 남을 돌볼 여유가 없다는 뜻으로, (나)의 상황과 관계없는 말이에요.

③ '도둑이 제 발 저리다'는 지은 죄가 있으면 저절로 마음이 조마조마해진다는 뜻으로, (나)의 상황과 관계없는 말이에요.

④ '소 잃고 외양간 고친다'는 일이 이미 잘못된 뒤에는 손을 써도 소용이 없다는 뜻으로, (나)의 상황과 관계없는 말이에요.

⑤ '가는 말이 고와야 오는 말이 곱다'는 내가 남에게 말이나 행동을 좋게 해야 남도 나에게 좋게 한다는 뜻으로, (나)의 상황과 관계없는 말이에요.

05 [정답] 생산자의 노동에 정당한 값을 치르고, 소비자는 질 좋은 제품을 이용할 수 있도록 모두가 협력하는 무역 방식

서술형 채점 기준 – **근거**: ③단락 ❷번째 문장
'공정 무역이란 생산자의 노동에 정당한 값을 치르고, 소비자는 질 좋은 제품을 이용할 수 있도록 모두가 협력하는 무역 방식을 말한다.'라고 했어요. 따라서 이 내용을 찾아 쓰면 정답이에요.

문장의 중심이 되는 낱말

DAY 35 국어

○ 각 단락 중심 낱말　◎ 전체 중심 낱말　[ ] 각 단락 중심 문장　▨ 전체 중심 문장

1 하나의 문장은 여러 가지 성분으로 이루어져 있다. ^②'저기에 사람이 셋 있다.'라는 문장에서 밑줄 친 '저기', '사람', '셋'은 각각 대명사, 명사, 수사라고 한다. ^③그리고 이 세 가지 성분은 체언에 해당한다. ^④체언(體言)의 '체(體)'는 몸이라는 뜻으로, 체언은 문장의 중심을 이루는 성분을 말한다. ^⑤체언의 세 가지 종류에 대해 알아보자.

2 ^①[명사는 사물이나 사람의 이름을 나타내는 낱말이다.] ^②'책상', '포도'와 같이 눈에 보이는 대상의 이름뿐만 아니라 '행복'이나 '우정'처럼 눈에 보이지 않는 개념의 이름도 명사에 해당한다. ^③대부분의 명사는 다른 말의 도움 없이 홀로 쓰일 수 있으며, 이런 명사를 자립 명사라고 한다. ^④반면 홀로 쓰일 수 없는 명사를 의존 명사라고 한다. ^⑤'냉장고에는 것이 많다. / 냉장고에는 먹을 것이 많다.'에서 앞의 문장은 어색하고 말이 되지 않는다. ^⑥밑줄 친 '것'은 '먹을'과 같이 꾸며 주는 말이 꼭 필요한 의존 명사이기 때문이다.

3 ^①[대명사는 명사 대신 쓸 수 있는 낱말로, 사람이나 사물, 장소의 이름을 대신 나타낸다.] ^②대명사는 '나, 너, 그, 그녀, 우리' 등 사람을 가리키는 인칭 대명사와, '이것, 저것, 여기, 저기' 등 사물이나 장소를 가리키는 지시 대명사로 나눌 수 있다.

4 ^①[마지막으로 수사는 사물의 수량이나 차례를 나타내는 낱말이다.] ^②'하나, 둘, 셋, 넷' 등 수량을 나타내는 수사는 양수사, '첫째, 둘째, 셋째, 넷째' 등 차례를 나타내는 수사는 서수사라고 한다.

5 ^①[이처럼 체언은 명사, 대명사, 수사로 구분된다. ^②또한 ㈎문장의 중심을 이루는 성분답게 문장에서 행동을 하거나 당하는 대상으로 쓰인다.] ^③'현아는 책을 읽는다.'라는 문장에서 '읽는다'라는 행동을 하는 대상은 '현아'이고, 당하는 대상은 '책'인 것처럼 말이다. ^④체언의 종류와 쓰임을 잘 익혀 더욱 풍성하고 올바른 국어 생활을 하도록 하자.

1 단락 요약	체언의 의미
2 단락 요약	체언의 종류 – 명사
3 단락 요약	체언의 종류 – 대명사
4 단락 요약	체언의 종류 – 수사
5 단락 요약	체언의 종류와 쓰임

★ **지문 이해**

● 이 글은 체언의 의미와 세 가지 종류를 알려 주는 설명문입니다. 체언은 문장의 중심을 이루는 성분을 말하며, 체언의 종류에는 명사와 대명사, 수사가 있어요. 명사는 사물이나 사람의 이름을 나타내는 낱말이에요. 그리고 대명사는 명사 대신 쓸 수 있는 낱말로, 인칭 대명사와 지시 대명사로 나뉘어요. 수사는 사물의 수량이나 차례를 나타내는 낱말로, 양수사와 서수사로 구분돼요. 다양한 체언의 종류와 쓰임을 잘 익히면 더 풍성한 국어 생활을 할 수 있어요.

● **단락 간의 관계**
1단락에서는 이 글 전체의 중심 낱말인 '체언'을 소개하고 있어요.
2~4단락에서는 체언의 세 가지 종류인 명사, 대명사, 수사에 대해 설명하고 있어요.
5단락에서는 체언의 종류와 쓰임을 정리하며 글을 마무리하고 있어요.

● **글의 구조도**

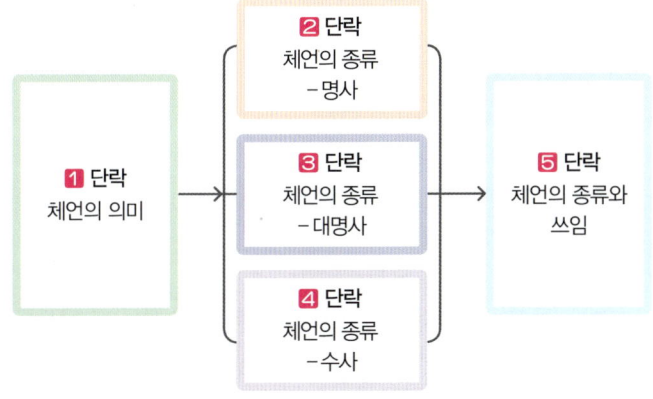

● **주제:** 체언의 의미와 종류

01 [정답] 체언 ·················· 주제 알아보기

>왜 정답?

이 글에서는 '체언'의 의미를 알려 주고, 체언의 세 가지 종류인 명사, 대명사, 수사에 대해 설명하고 있어요.
따라서 이 글 전체의 중심 낱말은 '체언'이고, 주제는 '체언의 의미와 종류'입니다.
빈칸에 공통으로 들어갈 말은 '체언'이에요.

02 [정답] ⑤ ·················· 내용 이해하기

>왜 정답?

⑤ 근거: ②단락 ❷번째 문장
"'행복'이나 '우정'처럼 눈에 보이지 않는 개념의 이름도 명사에 해당한다.'라고 했으므로 틀린 내용이에요.

>왜 오답?

① 근거: ①단락 ❸번째 문장
대명사, 명사, 수사에 대해 이야기하며 '이 세 가지 성분은 체언에 해당한다.'라고 했으므로 맞는 내용이에요.

② 근거: ②단락 ❶번째 문장
'명사는 사물이나 사람의 이름을 나타내는 낱말이다.'라고 했으므로 맞는 내용이에요.

③ 근거: ④단락 ❶번째 문장
'수사는 사물의 수량이나 차례를 나타내는 낱말이다.'라고 했으므로 맞는 내용이에요.

④ 근거: ③단락 ❷번째 문장
'대명사는 '나, 너, 그, 그녀, 우리' 등 사람을 가리키는 인칭 대명사와, '이것, 저것, 여기, 저기' 등 사물이나 장소를 가리키는 지시 대명사로 나눌 수 있다.'라고 했으므로 맞는 내용이에요.

03 [정답] (1) 의존 명사 (2) 서수사 (3) 인칭 대명사
·················· 내용 이해하기

>왜 정답?

(1) 근거: ②단락 ❹~❻번째 문장
'홀로 쓰일 수 없는 명사를 의존 명사라고 한다.'라고 했고, 그 예시로 '먹을 것'의 '것'을 들고 있어요. 따라서 (1)은 '의존 명사'에 해당하는 설명이에요.

(2) 근거: ④단락 ❷번째 문장
"'첫째, 둘째, 셋째, 넷째' 등 차례를 나타내는 수사는 서수사라고 한다.'라고 했어요. 따라서 (2)는 '서수사'에 해당하는 설명이에요.

(3) 근거: ③단락 ❷번째 문장
"'나, 너, 그, 그녀, 우리' 등 사람을 가리키는 인칭 대명사'라고 했어요. 따라서 (3)은 '인칭 대명사'에 해당하는 설명이에요.

04 [정답] 우리, 밥, 체언 ·················· 내용 적용하기

다음은 (가)와 관련하여 문장을 이해한 것입니다. ㉠~㉢에 들어가기에 알맞은 말을 쓰세요.

- (가): 체언이 문장에서 행동을 하거나 당하는 대상으로 쓰인다는 것을 알려 주는 내용이에요.

[즘] 바로 뒤에 이어지는 예시를 통해 (가)의 내용을 이해하고, 이를 바탕으로 주어진 문장에서 행동을 하는 대상과 당하는 대상을 찾는 문제예요.

>왜 정답?

(가)의 바로 뒤 내용을 살펴보면, '현아는 책을 읽는다.'라는 문장에서 '읽는다'라는 행동을 하는 대상은 '현아'이고, 당하는 대상은 '책'이라고 했어요.
이 내용을 문제에 주어진 '우리는 함께 밥을 먹는다.'라는 문장에 적용하면 답을 쉽게 알 수 있어요.

㉠ 주어진 문장에서 '먹는다'라는 행동을 하는 대상은 '우리'이므로 ㉠에 들어갈 말은 '우리'예요.

㉡ 주어진 문장에서 '먹는다'라는 행동을 당하는 대상은 '밥'이므로 ㉡에 들어갈 말은 '밥'이에요.

㉢ ③단락의 내용에 따르면 '우리'는 대명사이고, ②단락의 내용에 따르면 '밥'은 명사예요. 그리고 ①단락에서 대명사, 명사, 수사는 모두 체언에 해당한다고 했으므로 ㉢에 들어갈 말은 '체언'이에요.

05 [정답] 예 '그것'이 앞에서 이야기한 '빵'이라는 사물의 이름을 대신 나타내기 때문이야

[서술형] 채점 기준 – 근거: ③단락 전체
'대명사는 명사 대신 쓸 수 있는 낱말로, 사람이나 사물, 장소의 이름을 대신 나타낸다.'라고 했고, '이것, 저것, 여기, 저기'와 같이 사물이나 장소를 가리키는 대명사를 '지시 대명사'라고 했어요.
이를 바탕으로 이해하면, '그것'은 앞에서 이야기한 '빵'의 이름을 대신 나타내는 말이므로 지시 대명사에 해당해요.
따라서 <u>'그것'이 '빵'의 이름을 대신 나타낸다</u>는 내용을 쓰면 정답이에요.

호흡은 헥헥, 심장은 두근두근

⬭ 각 단락 중심 낱말 ◯ 전체 중심 낱말 [ ] 각 단락 중심 문장 🟨 전체 중심 문장

1️⃣ 평소에 우리는 숨소리와 심장 박동을 크게 신경 쓰지 않지만, 달리기를 하고 난 뒤에는 헥헥거리는 호흡과 두근두근 빠르게 뛰는 심장 소리가 유독 크게 느껴진다. 🟨이때 우리 몸에서는 어떤 일이 일어나고 있는 것일까?🟨

2️⃣ 우리가 숨을 들이마실 때는 산소가 몸속으로 들어오고 내쉴 때는 이산화 탄소가 몸 밖으로 나간다. 이 과정을 숨을 들이마실 때와 내쉴 때로 구분하여 살펴보면, 숨을 들이마실 때 코와 입으로 들어온 산소는 호흡 기관과 기관지를 거쳐 폐로 이동한다. 그리고 이 산소가 폐를 둘러싼 혈관 속의 혈액을 통해 온몸으로 전달되며 에너지를 만든다. 반대로 숨을 내쉴 때는 온몸을 거쳐 돌아온 혈액 속의 이산화 탄소가 폐, 기관지, 호흡 기관을 거쳐 코와 입을 통해 몸 밖으로 나간다. [이처럼 산소를 들이마셔 우리 몸에 필요한 에너지를 만들고, 에너지를 만드는 과정에서 생긴 불필요한 이산화 탄소를 몸 밖으로 내보내는 모든 과정을 호흡이라고 한다.]

3️⃣ 그렇다면 호흡을 통해 들어온 산소는 어떻게 우리 몸속 구석구석을 돌 수 있을까? 그것은 바로 심장의 운동과 관련이 있다. 산소는 혈액을 통해 몸속을 도는데, 이때 심장이 펌프질을 해 주어야 혈액이 몸속을 돌 수 있는 것이다. [심장에서 나온 혈액은 혈관을 따라 온몸을 거친 다음 다시 심장으로 돌아오는 과정을 반복하는데, 이것을 순환이라고 한다.]

4️⃣ 운동을 할 때 우리는 평상시보다 더 많은 에너지가 필요하다. [더 많은 에너지를 만들려면 더 많은 산소가 필요하므로 우리 몸은 짧은 시간에 호흡을 더 많이 하여 산소를 더 빨리, 많이 들이마시려고 한다. 동시에 이 산소를 온몸에 빨리 날라 주기 위해 심장이 더 빨리 운동을 하게 된다.] 혈액을 통해 산소를 더 빨리 순환시켜야 에너지를 빨리 만들 수 있기 때문이다. 이로 인해 헥헥거리며 호흡이 거칠어지고, 심장 박동이 빨라지는 것이다.

5️⃣ 정리하면, 호흡을 통해 들어온 산소는 우리 몸을 순환하고, 이 과정에서 생긴 이산화 탄소는 다시 호흡을 통해 몸 밖으로 나간다. [호흡과 순환은 밀접한 연관을 가지고 우리 몸이 살아갈 수 있도록 끊임없이 일하고 있는 것이다.]

---

1 단락 요약
운동을 할 때 우리 몸에서 일어나는 변화에 대한 물음

2 단락 요약
호흡의 개념

3 단락 요약
순환의 개념

4 단락 요약
운동을 하면 호흡과 순환이 빨라지는 이유

5 단락 요약
밀접한 관계를 맺고 있는 호흡과 순환

✱ 지문 이해

● 이 글은 호흡과 순환의 개념과, 운동 후에 호흡이 가빠지고 심장 박동이 빨라지는 이유를 알려 주는 설명문입니다. '호흡'은 산소를 들이마시고 이산화 탄소를 내보내는 과정이며, '순환'은 심장에서 나온 혈액이 혈관을 따라 온몸을 거쳐 다시 심장으로 돌아오는 과정이에요. 그런데 운동을 하면 평소보다 많은 에너지가 필요하기 때문에 호흡과 순환이 모두 빨라져요.

● 단락 간의 관계
1단락에서는 운동할 때 일어나는 우리 몸의 변화에 대해 물음을 던지고 있어요.
이에 답하기 위해 2단락에서 호흡의 개념을, 3단락에서 순환의 개념을 각각 설명하고 있어요.
4단락에서는 운동을 하면 호흡과 순환이 빨라지는 이유를 설명하고 있어요.
5단락에서는 호흡과 순환이 밀접한 관계를 맺고 있음을 이야기하며 글을 마무리하고 있어요.

● 글의 구조도

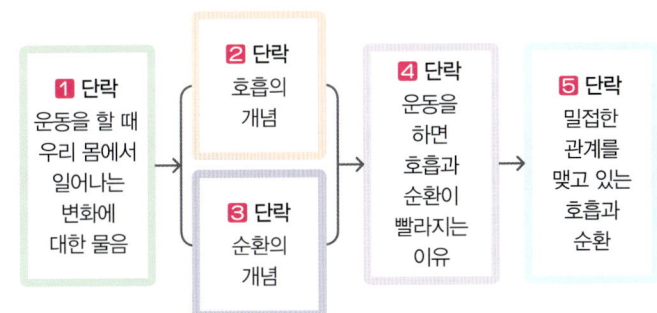

● 주제: 호흡과 순환의 개념, 운동할 때 우리 몸의 변화

정답과 풀이 **69**

01 [정답] 호흡, 운동 ······················· 주제 알아보기

>왜 정답?

이 글에서는 호흡과 순환의 개념을 설명하고, 이를 통해 운동을 하면 호흡과 순환이 빨라지는 이유를 알려 주고 있어요.
따라서 이 글 전체의 중심 낱말은 '호흡과 순환'이고, 주제는 '호흡과 순환의 개념, 운동할 때 우리 몸의 변화'입니다.
빈칸에 들어갈 말은 순서대로 '호흡'과 '운동'이에요.

02 [정답] ④ ······························· 내용 이해하기

>왜 정답?

④ 운동을 하면 건강해지는 이유는 이 글에 나오지 않아요.

>왜 오답?

① 근거: ②단락 ❺번째 문장
'산소를 들이마셔 우리 몸에 필요한 에너지를 만들고, 에너지를 만드는 과정에서 생긴 불필요한 이산화 탄소를 몸 밖으로 내보내는 모든 과정을 '호흡'이라고 한다.'라면서 호흡의 개념을 설명하고 있어요.

② 근거: ③단락 ❹번째 문장
'심장에서 나온 혈액은 혈관을 따라 온몸을 거친 다음 다시 심장으로 돌아오는 과정을 반복하는데, 이것을 '순환'이라고 한다.'라면서 순환의 개념을 설명하고 있어요.

③ 근거: ⑤단락 ❷번째 문장
'호흡과 순환은 밀접한 연관을 가지'고 있다며 호흡과 순환의 관계를 설명하고 있어요.

⑤ 근거: ④단락 ❷, ❸번째 문장
'더 많은 에너지를 만들려면 더 많은 산소가 필요하므로 우리 몸은 짧은 시간에 호흡을 더 많이 하여 산소를 더 빨리, 많이 들이마시려고 한다. 동시에 이 산소를 온몸에 빨리 날라 주기 위해 심장이 더 빨리 운동을 하게 된다.'라면서 운동을 하면 심장이 빨리 뛰는 이유를 설명하고 있어요.

03 [정답] ㉢, ㉡, ㉠, ㉣ ················· 내용 이해하기

>왜 정답?

근거: ②단락 ❷~❹번째 문장
②단락에서 설명하고 있는 호흡의 과정을 하나씩 살펴볼게요.
'숨을 들이마실 때 코와 입으로 들어온 산소는 호흡 기관과 기관지를 거쳐 폐로 이동한다.'라고 했고, 다음으로 '산소가 폐를 둘러싼 혈관 속의 혈액을 통해 온몸으로 전달'된다고 했어요.
그리고 '온몸을 거쳐 돌아온 혈액 속의 이산화 탄소가 폐, 기관지, 호흡 기관을 거쳐' 마지막으로 '코와 입을 통해 몸 밖으로 나간다.'라고 했어요.
따라서 호흡의 과정을 순서대로 정리하면 '㉢ → ㉡ → ㉠ → ㉣'예요.

04 [정답] ⑤ ······························· 내용 적용하기

다음은 나연이가 쓴 일기입니다. 이 글의 내용과 맞지 <u>않는</u> 것은 무엇인가요?

• **나연이가 쓴 일기**: 나연이가 건후와 줄넘기를 한 후 숨이 가빠지고 심장이 빨리 뛰었던 일을 적은 일기예요.

[즉] 이 글에서 설명하고 있는 호흡과 순환의 개념, 운동할 때 일어나는 우리 몸의 변화를 이해하고, 이를 통해 나연이가 쓴 일기 내용 중 틀린 내용을 고르는 문제예요.

>왜 정답?

⑤ 근거: ④단락 ❶, ❷번째 문장
'운동을 할 때 우리는 평상시보다 더 많은 에너지가 필요하다.'라고 하며, '더 많은 에너지를 만들려면 더 많은 산소가 필요하므로 우리 몸은 짧은 시간에 호흡을 더 많이 하여 산소를 더 빨리, 많이 들이마시려고 한다.'라고 했어요. 즉, 운동을 하면 우리 몸은 더 많은 양의 이산화 탄소가 아니라 산소를 들이마셔요.

>왜 오답?

①, ② 근거: ①단락 ❶번째 문장, ④단락 ❺번째 문장
①단락에서 '달리기를 하고 난 뒤에는 헥헥거리는 호흡과 두근두근 빠르게 뛰는 심장 소리가 유독 크게 느껴진다.'라고 했고, ④단락에서도 운동을 하면 '헥헥거리며 호흡이 거칠어지고, 심장 박동이 빨라'진다고 했어요.

③ 근거: ④단락 ❷, ❸번째 문장
운동을 하면 우리 몸은 평상시보다 더 많은 에너지를 만들기 위해 '짧은 시간에 호흡을 더 많이 하여 산소를 더 빨리, 많이 들이마시려고' 하며, 동시에 '산소를 온몸에 빨리 날라 주기 위해 심장이 더 빨리 운동을 하게 된다.'라고 했어요. 즉, 운동을 하면 호흡과 순환이 빨라져요.

④ 근거: ②단락 ❸번째 문장, ④단락 ❷번째 문장
②단락에서 '산소가 폐를 둘러싼 혈관 속의 혈액을 통해 온몸으로 전달되며 에너지를 만든다.'라고 했고, ④단락에서 '더 많은 에너지를 만들려면 더 많은 산소가 필요'하다고 했어요. 즉, 우리 몸이 에너지를 만들려면 산소가 필요해요.

05 [정답] 산소를 들이마셔 우리 몸에 필요한 에너지를 만들고, 에너지를 만드는 과정에서 생긴 불필요한 이산화 탄소를 몸 밖으로 내보내는 모든 과정

[서술형] 채점 기준 – 근거: ②단락 ❺번째 문장
'산소를 들이마셔 우리 몸에 필요한 에너지를 만들고, 에너지를 만드는 과정에서 생긴 불필요한 이산화 탄소를 몸 밖으로 내보내는 모든 과정을 '호흡'이라고 한다.'라면서 호흡을 정의하고 있어요. 따라서 이 내용을 찾아 쓰면 정답이에요.

예	월	고	요	키	통	분	진	압	하	다	치
방	원	흡	충	수	사	속	바	으	키	불	보
하	드	성	없	유	지	통	사	입	면	양	편
다	속	이	다	진	의	정	참	화	재	체	적
키	이	요	싸	색	적	니	합	재	잠	화	다
으	준	머	수	억	있	기	요	충	유	행	어
일	율	절	효	양	간	문	먹	압	수	간	평
러	상	과	러	곡	없	윤	의	차	굴	는	풍
불	이	다	하	다	차	롭	다	사	둘	존	산
과	인	안	의	우	유	지	과	보	소	형	혹
율	스	외	이	양	채	준	하	너	억	통	사
효	과	적	편	제	리	다	혼	다	옹	진	자

수학 공식과 **개념**을 머릿속에 사진으로 저장!

형상기억 수학 공식집

NEW 2015 개정

[고등 수학 공식집]

- [고1용] 고1 수학
- [인문계용] 수학Ⅰ + 수학Ⅱ + 확률과 통계
- [자연계용] 수학Ⅰ + 수학Ⅱ + 확률과 통계 + 미적분 + 기하

[중등 수학 공식집]

- [학년편] 중1 수학 / 중2 수학 / 중3 수학
- [종합편] 중1 + 중2 + 중3, 3개년 수학 종합

---

❶ 개념의 압축 정리 + 공식의 형상화 = 형상기억 학습 시스템

내신 + 수능 대비를 위한 교과서 핵심 개념과 공식을 쉽게 공부할 수 있도록 압축 정리하였습니다. 또, 추상적인 개념이나 공식을 형상화하여 머릿속에 확실히 각인시킵니다.

❷ 한 권으로 끝내는 개념 + 공식 총정리

수학은 연계 + 계통 학습이 매우 중요합니다. 초등부터 고등까지 수학 개념의 연계 과정을 알 수 있게 단계별로 관련 내용을 정리하여 개념의 이해를 돕고, 확장 개념에 대한 수학적 사고력을 높여줍니다.

❸ 공식을 문제에 적용하는 훈련으로 수학 실력 완성

수학 공식은 단순히 외우기만 해서는 안 됩니다. 핵심 개념 문제와 종합 연습 문제를 통해 문제에 어떻게 적용하고 풀어야 하는지를 단계별로 학습하면 공식과 개념을 한 층 더 깊게 이해 할 수 있어 수학 실력이 쑥쑥 오릅니다.

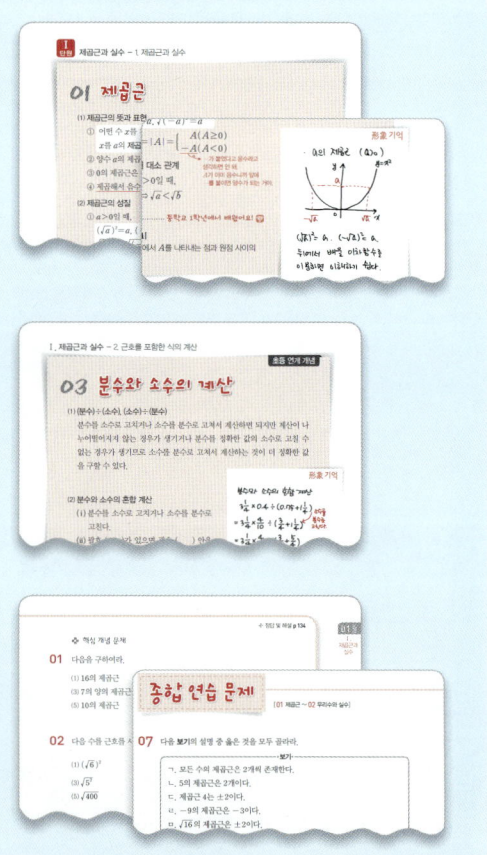

 최초의 융합 학습 만화

〈3학년〉 〈4학년〉 〈5학년〉 〈6학년〉

각 학년별 세트(4권) 융합국어, 융합사회, 융합수학, 융합과학

초등 교과 학습은 **다빈치**로 시작하세요!

교과 내용을 쉽고 재미있게 융합적으로 공부할 수 있습니다.

1 재미있는 만화를 통해 융합적 사고력과 창의력을 쑥쑥 키워요!

★〈한눈에 보는〉 코너를 통해 **학습 원리 복습하기!**

만화를 보면서 자연스럽게 익힌 지식을 다시 한 번 정리할 수 있게 핵심 지식을 체계적으로 정리하여 담았어요.

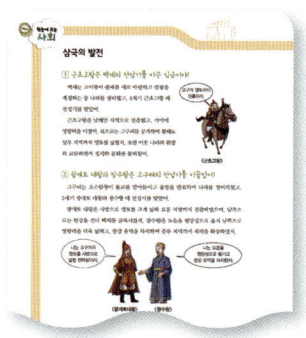

2 다양한 분야의 유용한 상식을 담았어요!

★〈개념 쑥쑥 퀴즈〉로 지식을 **깊이 있게 공부하기!**

무엇을 공부했고, 얼마나 알고 있는지 확인할 수 있어요.

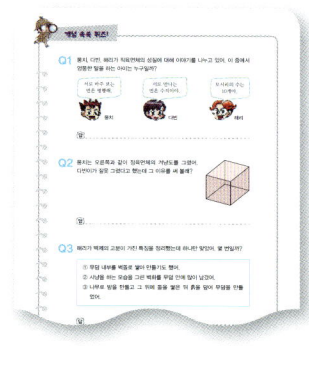

개념 익히기, 생각 넓히기 문제로 수학 실력 100% 충전!!

초등 수력충전	1-1, 1-2 / 2-1, 2-2 / 3-1, 3-2
	4-1, 4-2 / 5-1, 5-2 / 6-1, 6-2

1 개념 익히기, 생각 넓히기 문제로 실력 향상!

- 교과서 개념을 다양한 개념 익히기 문제와 생각 넓히기 문제로 쉽게 익힐 수 있습니다.
- 개념 체크 문제로 교과서 개념을 한 번 더 체크합니다.

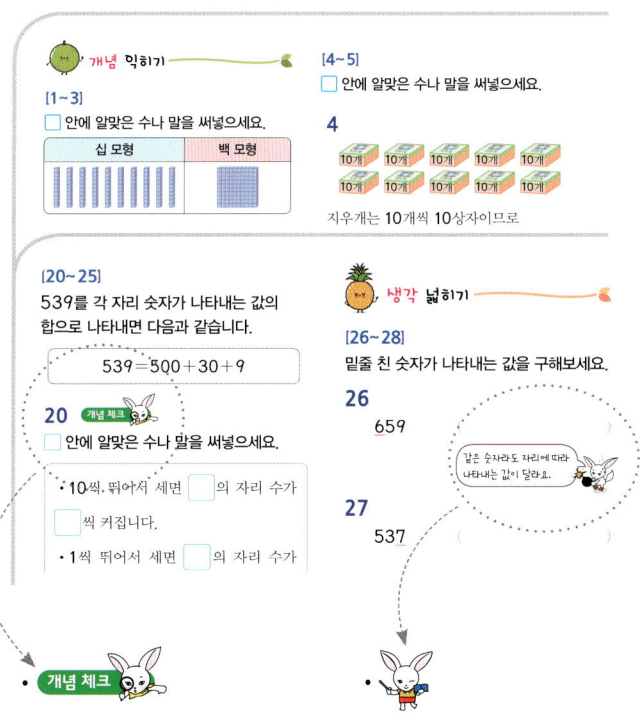

2 서술형 대비 문제, 단원 평가 2회로 실력 향상!

- 서술형 문제를 힌트 체크를 이용해 풀이 박스를 채우며 차근차근 연습할 수 있습니다.
- 학교 시험을 100점 맞도록 단원 평가 2회를 수록했습니다.

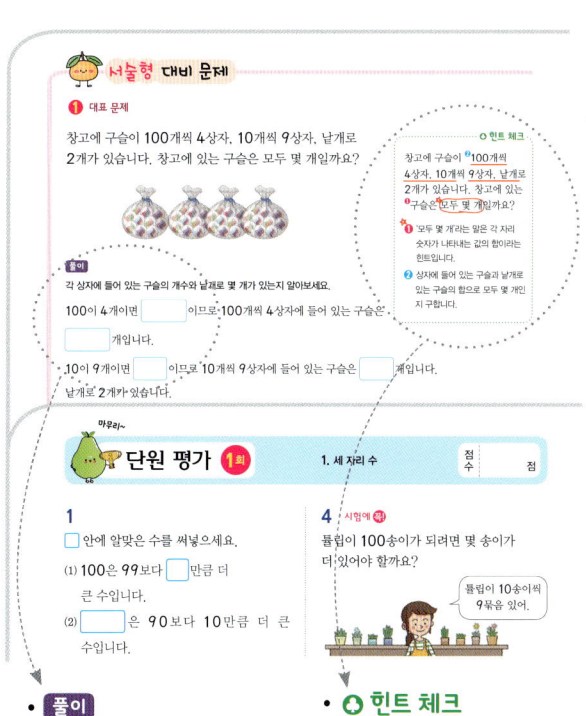

자이스토리

수학 시리즈

개념은 쉽게, 문제는 빠르게 푼다!

★ **고등** 자이스토리 수학

• 촘촘한 유형 분류와 난이도순 기출 문제 배열 • 1등급, 2등급 대비 문제 집중 학습 + 특강 해설 ❶ 출제 경향에 따른 개념정리 ❷ 출제 유형에 따른 기출문제 ❸ 1등급 대비, 2등급 대비 문제만을 위한 풀이 단서 체크 ❹ 1등급 심화 특강, My Top Secret ❺ 다양한 풀이법 + 실수, 함정, 주의까지 분석한 입체 첨삭 해설	고1 수학(상) 고3 수학 I 고1 수학(하) 고3 수학 II 고2 수학 I 고3 미적분 고2 수학 II 고3 확률과 통계 고2 미적분 고난도 1등급 수학 고2 확률과 통계 (인문/자연) 기하 (고2, 3) 전국연합 모의고사 고1 수학 연도별 모의고사 고3 수학

★ **중등** 자이스토리 수학

• 세분화된 유형 문제로 개념 적용 반복 훈련 • 서술형 문제를 단계별로 익히는 서술형 완전 학습 ❶ 개념 다지기 ❷ 유형 다지기 ❸ 잘 틀리는 유형 훈련+1UP ❹ 서술형 다지기 STEP 1,2 ❺ 최고난도 만점 문제 ❻ 단계적 풀이와 오답 피하기	중등 수학1 (상),(하) 중등 수학2 (상),(하) 중등 수학3 (상),(하)

★ **초등** 자이스토리 수학

• 세분화된 유형 문제로 새 교과서 개념 완성 • 서술형 문제 단계별 집중 훈련 • 문장제 문제 힌트 체크, 식 세우기 ❶ 개념 확인 문제 ❷ 시험 유형 문제 ❸ 고난도 유형 문제 ❹ 서술형 완성 문제 ❺ 단원 총정리 문제 ❻ 생활 속 수학 스토리	1-1, 1-2, 2-1, 2-2 3-1, 3-2, 4-1, 4-2 5-1, 5-2, 6-1, 6-2